本文库受到“中国社会科学院登峰
战略中国哲学优势学科”经费资助

□ 李存山／著

◎经史传统与中国哲学文库◎

现代中国哲学研究论集

中国社会科学出版社

图书在版编目（CIP）数据

现代中国哲学研究论集 / 李存山著 .—北京：中国社会科学出版社，2021.9
（经史传统与中国哲学文库）
ISBN 978 - 7 - 5203 - 9032 - 3

Ⅰ.①现…　Ⅱ.①李…　Ⅲ.①哲学—研究—中国—现代　Ⅳ.①B261

中国版本图书馆CIP数据核字（2021）第179903号

出 版 人　赵剑英
责任编辑　郝玉明
责任校对　张爱华
责任印制　张雪娇

出　　版　中国社会科学出版社
社　　址　北京鼓楼西大街甲158号
邮　　编　100720
网　　址　http://www.csspw.cn
发 行 部　010 - 84083685
门 市 部　010 - 84029450
经　　销　新华书店及其他书店

印刷装订　北京市十月印刷有限公司
版　　次　2021 年 9 月第 1 版
印　　次　2021 年 9 月第 1 次印刷

开　　本　710 × 1000　1/16
印　　张　25.25
插　　页　2
字　　数　362千字
定　　价　149.00元

经史传统与中国哲学文库总序

经史传统与中国哲学文库是中国社会科学院哲学研究所中国哲学学科集中展示本学科研究成果的平台。我们以“经史传统与中国哲学”作为本文库的主题，有三点考虑。

首先，近年来中国哲学研究的领域逐渐扩展，研究方法和研究范式日益多元，其中最为引人注目的是经学研究的兴盛。经学研究的兴盛，一方面是多年来传统复兴不断深化的结果，而另一方面更是当代中国自我意识的复杂反映。思想意识不仅仅是能动反映当下现实的产物，更是对未来不同想象的投射结果。这些都反映在经学研究的不同路径以及关于经学研究理趣的不同认识上。但不论经学研究复兴背后的思想文化肌理如何复杂，它都是由中国哲学学科自身研究的逻辑所推动的，它是中国哲学学科在适应时代需要中的一个发展领域。“经史传统与中国哲学”这样一个主题的凝练，既是我们对当前中国哲学学科发展现状的一个总结，更是对未来中国哲学研究领域扩展方向的一个预流。

其次，需要进一步阐明的是，我们用“经史传统”而不是“经学传统”来概括和总结当前中国哲学研究领域的新潮流，旨在表达我们“经史一体”的“经学观”。“六经皆史”“史即新经”，这不是对“经”的地位的削弱或贬低，而是对“史”的文明价值内涵的高度肯认；六经是三代文明历史实践的产物，同时也是孔子对三代文明历史实践的价值原理化结果;“经史一体”所蕴含着的“道器合一”“理事不二”的道理，旨在说明历史有道：道既在历史中创生同时又是创生历史的力量，并且也在历史的创生中不断展开自身。对历史之道的探寻构成了中国形而上学的基本形态，同时也构成了中华文明“日新日成”的根本特质。因此，“经史一体”的“经学观”必然是以中华文明的内在视野来理解中华文明道路实践的观点，而不是立足于所谓“经学”传统的教条批判中国历史的立场。也正因此，“经史传统与中国哲学”同时也意味着从一种中华文明史视野出发的中国哲学观。

最后，从中华文明史视野出发的中国哲学，是对中华文明价值的哲学自觉。经学、史学、义理学，是中华文明在适应不同历史条件中不得不然分化而出的学术形态，中国哲学也是适应历史的需要而不得不创生的学术形态。中国哲学是以理性反思、道理论证和源流互质的方式对中华文明的核心价值和历史发展进行高度理论概括的学术形态。中华文明是中国哲学的前提，中国哲学是对中华文明道路的哲学总结。中华文明的不断创生需要中国哲学的不断总结，中华文明也在中国哲学的不断总结中不断创生。因此，中国哲学史也是内在于中华文明史的，是对中华文明历史实践中不断进行的理论反思、道理总结在哲学意义上的自觉。从经、史、义理传统的整体出发，立足中华文明道路的未来发展，讲好中国哲学道理和中国哲学史，是新时代中国哲学学者的庄严使命，也是哲学研究所中国哲学学科需要自觉承担的学术责任。

哲学研究所中国哲学学科是1955年哲学所成立时最早建立的研究组之一，冯友兰先生是首任组长。在近60多年的发展中，中国哲学学科涌现出一大批国内外知名的大学者，中国哲学学科在中国哲学界具有十分特殊而且重要的地位。2017年，中国哲学学科荣获了中国社会科学院的登峰计划优势学科的支持，学科发展获得极大动力，也取得了丰硕成果。本文库的设置，就得到了登峰战略优势学科经费的资助，借此机会，感谢中国社会科学院对哲学所中国哲学学科的支持!

党的十八以来，习近平总书记高度重视中国特色社会主义与中华文明的关系，高度重视中华传统文化的创造性转化和创新性发展，高度重视中国特色哲学知识体系建设，中国哲学学科迎来前所未有的发展机遇。我们期待中国哲学学科能够不辜负时代重托、不辜负学科传统，在社会主义文化强国建设中贡献自己的力量。

张志强

2021 年 2 月 25 日

目　录

旧邦新命

——冯友兰先生的文化情怀和文化观

一

冯友兰先生毕生从事哲学和中国哲学史研究，在这种研究中寄托着冯先生殷殷的文化情怀，即“旧邦新命”。

他在 1946 年为西南联大作的纪念碑碑文中写道：

> 我国家以世界之古国，居东亚之天府，本应绍汉唐之遗烈，作并世之先进。将来建国完成，必于世界历史，居独特之地位。盖并世列强，虽新而不古；希腊、罗马，有古而无今。惟我国家，亘古亘今，亦新亦旧，斯所谓“周虽旧邦，其命维新”者也。[①]

当其晚年，在《三松堂自序》中特写有“明志”一章，他认为西南联大纪念碑碑文所说的几点内容已经成为历史的陈迹了，但只有“旧邦

① 冯友兰:《三松堂自序》，人民出版社 1998 年版，第 339 页。

新命”这一点不但没有成为历史的陈迹，而且还是一个新时代的开端。他说：

> 所谓“旧邦”就是祖国，就是中华民族。所谓“新命”，就是建设社会主义。现在我们常说的社会主义祖国，就是“旧邦新命”的意思。①

在这段话的后面，引有他于 1982 年到哥伦比亚大学接受名誉文学博士学位时所作的答词，其中说：

> 我生活在不同的文化矛盾冲突的时代。我所要回答的问题是如何理解这种冲突的性质；如何适当地处理这种冲突，解决这种矛盾；又如何在这种矛盾冲突中使自己与之相适应。②
>
> 我经常想起儒家经典《诗经》中的两句话：“周虽旧邦，其命维新。”就现在来说，中国就是旧邦而有新命，新命就是现代化。我的努力是保持旧邦的同一性和个性，而又同时促进实现新命。③

冯先生总结一生著述，谓“三史释今古，六书纪贞元”；又谓：“这些都是‘迹’，还有‘所以迹’……怎样实现‘旧邦新命’，我要作自己的贡献，这就是我的‘所以迹’。”④“迹”者，冯先生一生的著述也；“所以迹”者，冯先生的文化情怀也。“旧邦新命”的文化情怀，就是实现中国传统文化的现代转型的情怀，亦即：如何理解近代以来中西文化冲突的性质，如何适当地处理这种冲突、解决这种矛盾，又如何在这种矛盾冲突中使自己与之相适应。

如果从“所以迹”的方面说，那么，冯先生不仅是一个哲学家和哲

① 冯友兰：《三松堂自序》，第 347 页。

② 冯友兰：《三松堂自序》，第 349 页。

③ 冯友兰：《三松堂自序》，第 354 页。

④ 冯友兰：《三松堂学术文集》，北京大学出版社 1984 年版，“自序”第 2 页。

学史家，而且更是一个肩负着文化使命、在中国近现代史上与时俱进的文化大师。

在接受哥伦比亚大学授予名誉文学博士学位的答词中，冯先生说，为了解答中西文化冲突的问题，“我的思想发展有三个阶段”，即：

> 在第一阶段，我用地理区域来解释文化差别，就是说，文化差别是东方、西方的差别。在第二阶段，我用历史时代来解释文化差别，就是说，文化差别是古代、近代的差别。在第三阶段，我用社会发展来解释文化差别，就是说，文化差别是社会类型的差别。①

依此划分，冯先生于1921年在美留学期间写的论文《为什么中国没有科学》，是第一阶段；1931年和1934年出版的《中国哲学史》上、下卷，是第二阶段；此后的《贞元六书》及至晚年完成《中国哲学史新编》七册，是第三阶段。

二

冯先生是在经历了五四运动的高潮，于1919年末赴美留学的。受“五四”新文化运动的影响，东西方文化的冲突以及“我们东方，应该怎样改变，以求适应”，这样的问题一直萦绕在他的心间。因此，当1920年印度哲人泰戈尔在美访问期间，他就登门拜访，写了《与印度泰戈尔谈话》（副标题为“东西文明之比较观”）一文。在此次谈话中，冯先生说：“我近来心中常有一个问题，就是东西洋文明的差异，

① 冯友兰：《三松堂自序》，第349页。

是等级的差异（Difference of degree），是种类的差异（Difference of kind）?”泰戈尔回答：

> 西方的人生目的是“活动”（Activity），东方的人生目的是“实现”（Realization）。西方讲活动进步，而其前无一定目标，所以活动渐渐失其均衡。……依东方之说，人人都已自己有真理了，不过现有所蔽；去其蔽而真自实现。[①]

这里所谓“种类的差异”，也就是前说第一阶段“用地理区域来解释文化差别”。冯先生当时以“西方文明是‘日益’，东方文明是‘日损’”说之，泰戈尔表示同意，并且指出“东方人生，失于太静（Passive），是吃‘日损’的亏”，而“真理有动、静两方面”。[②]关于东方“应该怎样改变，以求适应”，泰戈尔说：“我只有一句话劝中国，就是：‘快学科学！’东方所缺而急需的，就是科学。”[③]这次谈话的基本精神，是与“五四”新文化运动对东西方文化的看法和主张相一致的；同“五四”时期出现的一部分“激进”（全盘否定传统文化）的观点相比，这次谈话正确地指出了只有东西方文化的结合才是“真理”（这种观点在“五四”时期李大钊等人的思想中也有，如云“东洋文明与西洋文明，实为世界进步之二大机轴，正如车之两轮、鸟之双翼，缺一不可”[④]）。

1921年，冯先生在哥伦比亚大学哲学系宣读论文《为什么中国没有科学》（副标题为“对中国哲学的历史及其后果的一种解释”）。此文指出，“我们若把中国的历史和若干世纪前欧洲的历史相比较……就看出，它们虽然不同类，然而是在一个水平上。但是现在，中国仍然是旧的，而西方各国已经是新的”。于是提出问题：“是什么使中国落后了？”

---

① 冯友兰：《中国哲学的精神》，国际文化出版公司1998年版，第166页。

② 冯友兰：《中国哲学的精神》，第166页。

③ 冯友兰：《中国哲学的精神》，第168页。

④ 《李大钊文集》第2卷，人民出版社1999年版，第205页。

回答曰："中国落后，在于她没有科学。"[1] 进一步的问题即："为什么中国没有科学？"于是冯先生评述中国哲学的历史并对其后果作出一种解释。冯先生说：

> 地理、气候、经济条件都是形成历史的重要因素，这是不成问题的，但是我们心里要记住，它们都是使历史成为可能的条件，不是使历史成为实际的条件。……使历史成为实际的原因是求生的意志和求幸福的欲望。但是什么是幸福？人们对这个问题的答案远非一致。这是由于我们有许多不同的哲学体系，许多不同的价值标准，从而有许多不同类型的历史。[2]

这里的历史文化观，类似于梁漱溟先生在《东西文化及其哲学》中提出的"意欲"文化观。所谓"求生的意志和求幸福的欲望"，即梁先生所说的"意欲"（will）；所谓"有许多不同的哲学体系，许多不同的价值标准"，即梁先生所说的"文化之所以不同由于意欲之所向不同"[3]。冯先生和梁先生都认为，东西方社会历史的不同是由于东西方文化的"种类"或"生活的样法"不同造成的。

冯先生说，中国历史和西方历史在古代"是在一个水平上"，但"不同类"；因为"不同类"——与泰戈尔谈话中说的"种类的差异"——所以造成了近代以来中西之间的"新""旧"差异。中国文化的"种类"，就是中国的重要哲学体系的价值标准。冯先生分析说，道家的价值标准是"主张自然，反对人为"，而墨家则是"主张人为，反对自然"，"儒家是自然与人为这两种极端观点的中道"，秦以后墨家消失，儒家中比较靠近"人为"一端的荀子思想也没有发展下去，"不久来了佛教，又是属于极端'自然'型的哲学"，宋明时期的新儒家主张"去人欲以存天理"，其"技术"不像欧洲技术那样是"认识和控制物

---

① 冯友兰：《中国哲学的精神》，第 175 页。
② 冯友兰：《中国哲学的精神》，第 176 页。
③ 梁漱溟：《东西文化及其哲学》，商务印书馆 1922 年版，第 54 页。

质”，而是“认识和控制心灵”。依冯先生之见，如果中国人遵循墨家和荀子的“人为”路线，“那就很可能早就产生了科学”，但这条路线“被它的对手战胜了”。“如果善的理念，并不包括理智的确实性和征服外界的力量，科学有什么用呢?”“如果万善永恒地皆备于我，又何必向外在世界寻求幸福呢?”[①]这也就是说，中国之所以没有产生科学，“是因为按照她自己的价值标准，她毫不需要”，非其不能也，是其不为也。

冯先生说：

> 西方是外向的，东方是内向的；西方强调我们有什么，东方强调我们是什么。如何调合这二者，使人类身心都能幸福，这个问题目前难以解答。无论如何，中国人的人生观也许错了，但是中国的经验不会是一种失败。如果人类将来日益聪明，想到他们需要内心的和平和幸福，他们就会转过来注意中国的智慧，而且必有所得。[②]

抽象地谈论西方（文化）如何，东方（文化）如何，即“用地理区域来解释文化差别”，并且以此差别来解释东西方社会历史的不同，这是一种文化史观。这种文化史观的长处是多能指出一定地理区域的文化的特质或特长是什么，因其对文化的评价缺少或较为缺少历史进化的维度，所以文化比较的结论一般是“各有所长”，此倾向于文化的多元论和相对主义，而能够避免陷入文化的一元论或某种文化的中心主义。但是，它忽略了对一定地理区域何以会产生如此文化的解释，因而它也就难以回答文化如何变革或不同的文化“如何调合”的问题。冯先生在与泰戈尔的谈话中问“我们东方，应该怎样改变，以求适应”，泰戈尔只答“快学科学”。依冯先生在《为什么中国没有科学》中所作的解释，“快学科学”必须首先要学西方文化的“外向”的价值标准，这就有一个东

---

① 冯友兰:《中国哲学的精神》，第 194—195 页。
② 冯友兰:《中国哲学的精神》，第 196 页。

方文化如何变革或东西文化“如何调合”的问题，冯先生在此阶段对这个问题还“难以解答”。

作为经历了“五四”新文化运动的洗礼的冯先生来说，中国文化应该学习西方的科学与民主，这一现代性的取向是不言而喻的，但他当时还难以解答中国文化怎样学习西方的科学与民主的问题。此外，因为冯先生当时已经比较充分地认识到中国文化的特质和特长，所以除了中国文化要学习西方的科学与民主外，他还指出了“中国的智慧”在人类的将来会有其价值。这一点在冯先生以后的思想中也一直坚持并加以强调。

三

冯先生于1923年完成博士学位论文《天人损益论》，此书在1924年由商务印书馆出版，题为《人生理想之比较研究》。从博士论文的题目看，此文是延续了《与印度泰戈尔谈话》中的“西方文明是‘日益’，东方文明是‘日损’”之说，以及《为什么中国没有科学》中对中国哲学各派在“自然”与“人为”关系上所作的分析，所谓“人生理想之比较”也就是分析不同的“价值标准”。然而，冯先生在写博士学位论文时对哲学史作了更深入的研究，他发现:“向来认为是东方哲学的东西在西方哲学史里也有，向来认为是西方哲学的东西在东方哲学史里也有。”博士学位论文的主旨不再是“用地理区域来解释文化差别”，而是要论证“人类有相同的本性，也有相同的人生问题”。[①] 这样，对东西方文化的差别就须另作解释，博士学位论文“没有提出新的解释”，而于

① 冯友兰:《三松堂自序》，第349页。

20 世纪 30 年代所作的《中国哲学史》则进入了冯先生文化观的第二阶段，即“用历史时代来解释文化差别”。

此书把中国哲学史分为“子学时代”和“经学时代”，这相当于西方哲学的上古时代和中古时代。冯先生说：

> 普通西洋哲学家多将西洋哲学史分为上古中古近古三时期。……中国哲学史，若只注意于其时期方面，本亦可分为上古中古近古三时期……但自别一方面言之，则中国实只有上古与中古哲学，而尚无近古哲学也。①
>
> 直至最近，中国无论在何方面，皆尚在中古时代。中国在许多方面，不如西洋，盖中国历史缺一近古时代。哲学方面，特其一端而已。近所谓东西文化之不同，在许多点上，实即中古文化与近古文化之差异。②

所谓“近古”即近现代。冯先生在此阶段“用历史时代来解释文化差别”，即把东西文化的差别主要看作“古今之异”。

冯先生在《中国哲学史》自序中说，“海（黑）格尔谓历史进化常经正、反、合三阶段”，而这部书“对于中国古代所持之观点……则颇可为海格尔历史哲学之一例证”。③ 在此书的绪论中，冯先生写有“历史是进步的”一节，谓：

> 社会组织，由简趋繁；学术由不明晰至于明晰。后人根据前人已有之经验，故一切较之前人，皆能取精用宏。故历史是进步的。即观察中国哲学史，亦可见此例之不诬。④

---

① 冯友兰：《中国哲学史》，商务印书馆 1935 年版，第 491 页。

② 冯友兰：《中国哲学史》，第 495 页。

③ 冯友兰：《中国哲学史》，第 2 页。

④ 冯友兰：《中国哲学史》，第 23 页。

由此可以看出，冯先生当时“观察中国哲学史”的方法，以及“用历史时代来解释文化差别”的文化观，是一种进化史观。

冯先生论述了西方的中古哲学与近古哲学，“其精神面目，实有卓绝显著的差异也”。这种差异在形式上主要表现为是否“旧瓶装新酒”，即：中古哲学虽也有新成分和新见解，但“皆依傍古代哲学诸系统，以古代哲学所用之术语表出之”，这就是“旧瓶装新酒”。“及乎近世，人之思想全变，新哲学家皆直接观察真实，其哲学亦一空依傍。其所用之术语，亦多新造。盖至近古，新酒甚多亦甚新，故旧瓶不能容受；旧瓶破而新瓶代兴。”[①] 这样看来，中国哲学与西方哲学有无“近古哲学”的差异，在形式上就是“旧瓶”破与不破的区别。从董仲舒到康有为、廖平，此“经学时代”的哲学都是以注经的形式，“旧瓶装新酒”。“中国与西洋交通后，政治社会经济学术各方面皆起根本的变化。然西洋学说之初东来，中国人如康有为之徒，仍以之附会于经学，仍欲以旧瓶装此绝新之酒。然旧瓶范围之扩张，已达极点，新酒又至多至新，故终为所撑破。经学之旧瓶破而哲学史上之经学时期亦终矣。”[②] 冯先生在写《中国哲学史》时，“经学之旧瓶”已破，“中国哲学史中之新时代，已在经学时代方结束之时开始”，此即所谓“贞下起元”。之所以说当时中国“尚无近古哲学”，是因为“新时代之思想家，尚无卓然能自成一系统者。故此新时代之中国哲学史，尚在创造之中；而写的中国哲学史，亦只可暂以经学时代之结束终焉”。[③]

按照以上的论述，中国新时代的哲学和文化，需把“新酒”增加到“至多至新”，把“旧瓶”撑破，当创造出的新思想“自成一系统”，用“新瓶”装“新酒”之时，就可与西方并驾齐驱了。但这与冯先生后来写《贞元六书》，仍使用了大量传统哲学概念的“旧瓶”，是不相符合的。可见，冯先生在第二阶段“用历史时代”或用是否“旧瓶装新酒”来解释东西文化的差别，是有很大局限的。

---

① 冯友兰:《中国哲学史》，第 492 页。

② 冯友兰:《中国哲学史》，第 496 页。

③ 冯友兰:《中国哲学史》，第 1041 页。

其实,《中国哲学史》的主要价值并不在于指出了东西文化的差别是“古今之异”，而是对中国传统哲学“能矫傅会之恶习，而具了解之同情”(陈寅恪:《〈中国哲学史〉审查报告》)，写出了第一部完整的具有现代意义的中国哲学史；此中国哲学史为“中国哲学的史”，而非“在中国的哲学史”，也就是说，写出了中国哲学的特色。该书绪论在“中国哲学之弱点及其所以”一节中指出：

> 中国哲学家之哲学，在其论证及说明方面，比西洋及印度哲学家之哲学，大有逊色。此点亦由于中国哲学家之不为，非尽由于中国哲学家之不能……①
>
> 中国哲学家多注重于人之是什么，而不注重于人之有什么。……中国人重“是什么”而不重“有什么”，故不重知识。中国仅有科学萌芽，而无正式的科学，其理由一部分亦在于此。②

观此可知，在冯先生第二阶段“用历史时代来解释文化差别”的进化史观中，仍继承了一部分在第一阶段“用地理区域来解释文化差别”的文化史观的观点。盖进化史观并非一元的文化演进，而是多元的文化并进，“用历史时代来解释文化差别”仍少不了要解释在同一历史时代不同民族文化的差别。

在写出《中国哲学史》稍后，冯先生于1933—1934年有欧洲之行，此行后期他参加了在布拉格召开的第八届国际哲学大会，并在会上作了《哲学在当代中国》的报告。在这一报告中，冯先生已经不再把康有为、谭嗣同的思想作为“经学时代”的终结，而是作为“近五十年中”时代精神在中国发展的第一阶段，这一阶段的特点是“用旧的解释新的，用旧的眼光批评新的”(相当于《中国哲学史》所谓“旧瓶装新酒”)；第二阶段的标志是“五四”新文化运动，这个阶段的时代精神是“用新的

---

① 冯友兰:《中国哲学史》，第8页。

② 冯友兰:《中国哲学史》，第9—10页。

眼光批评旧的”（相当于《中国哲学史》所谓新时代之新思想“尚在创造之中”）；第三阶段的标志是1926年的民族运动，“我们现在有兴趣于东方西方的互相解释，而不是互相批评”[①]。这个三阶段的划分，大致反映了“古今中西”之争在中国的发展——“古与今”和“中与西”的冲突是相互渗透、相互蕴含的，“古今”之争中蕴含了“中西”不同民族文化的差别，而“中西”文化的“互相解释”中也有如何由古至今的问题。

四

在冯先生1933年访问英国期间，他注意到英国这个老牌的现代化国家却“善于保护传统，而加之以新内容”，这使他想起“旧瓶装新酒”，并且感到：“只要是新酒，用个旧瓶子装着有什么不可以？怕的是新瓶装旧酒！‘新瓶装旧酒’是‘换汤不换药’，‘旧瓶装新酒’是‘换药不换汤’。只要药换了那就可能解决问题。”[②]这个看法是与《中国哲学史》中认为新时代的哲学和文化须是“旧瓶破而新瓶代兴”不同的。这可能成为冯先生思考新的文化解释，即进至第三阶段“用社会发展来解释文化差别”的起点。

冯先生此行还访问了苏联的几个城市，他的观感为：“苏联既不是人间地狱，也不是天国乐园，它不过是一个在变化中的人类社会。这种社会可能通向天国乐园，但眼前还不是。”他注意到当时苏联的报纸很推崇劳动模范等先进人物，于是得出结论：“封建社会‘贵贵’，资本主

---

① 冯友兰：《中国哲学的精神》，第213—216页。

② 冯友兰：《三松堂自序》，第82页。

义社会‘尊富’，社会主义社会‘尚贤’。”[①]这虽然没有达到对社会主义的正确认识，但说明他对社会主义发生了好感。更为重要的是，在此期间冯先生接受了唯物史观。他在第三阶段的文化观即是用唯物史观来解释社会发展和文化差别。

冯先生在回国后作了《秦汉历史哲学》的讲演，此讲演是“借题发挥”，即借“秦汉历史哲学”来发挥他所了解的唯物史观。他认为，秦汉时期的五德说、三统说和三世说包含有下列几种意思：

> （一）历史是变的。各种社会制度，行之既久，则即“穷”而要变。没有永久不变的社会政治制度。……
>
> （二）历史演变乃依非精神的势力。……依照唯物史观的说法，一种社会的经济制度要一有变化，其他方面的制度，也一定跟著要变。……社会政治等制度，都是建筑在经济制度上的。……一种经济制度之成立，要靠一种生产工具之发明。……
>
> （三）历史中所表现之制度是一套一套的。……有某种经济制度，就要有某种社会政治制度。换句话说：有某种所谓物质文明，就要有某种所谓精神文明。……
>
> （四）历史是不错的。……有许多事情或制度，若只就其本身看似乎是不合理的。但若把它与它的环境连合起来看，则就知其所以如此，是不无理由的了。……资本主义的社会的历史的使命，是把一切事业集中，社会化，以为社会主义的社会的预备。……
>
> （五）历史之演变是循环的或进步的。……我们把循环及进步两个观念合起来，我们就得辩证的观念。……
>
> （六）在历史之演变中，变之中有不变者存。……人类社会虽可有各种一套一套的制度，而人类社会之所以能成立的一些基本条件，是不变的。有些基本条件，是凡在一个社会中的人所必须遵守的，这就是基本道德。这些道德，无所谓新旧，无所谓古今，是不

① 冯友兰:《三松堂自序》，第87、88页。

随时变的。……[1]

以上六点，论及了唯物史观的一些基本原理。其中最后一点，表明了在社会历史的阶段性变化中亦有其连续性，“变之中有不变者存”——这一点与张岱年先生在20世纪30年代接受唯物史观后写的《道德之变与常》一文[2]的观点是相一致的。有变有常，才有“旧邦新命”的问题；如果有变无常，则“旧邦”将不存，“新命”也失去依托。

冯先生说，《秦汉历史哲学》“标志着我的思想上的转变，认识到所谓东西之分，不过是古今之异”[3]。其实，冯先生在《中国哲学史》中已经把东西文化之分看作“古今之异”了（只不过对“古今”的解释很抽象、很不确切）；《秦汉历史哲学》所标志的思想转变应该是：依据唯物史观来划分“古今”历史阶段并解释“古今中西”的文化冲突。

冯先生在1937—1938年“南渡”期间写成《贞元六书》的首书——《新理学》，这使他成为新时代之思想家中“卓然能自成一系统者”。1937年，冯先生写有《论民族哲学》一文，其中说：

> 哲学总是要接着某民族的哲学史讲底，总是要用某民族的言语说底。接着某民族的哲学史讲，对于哲学是偶然底，是表面底，但对于某民族的人的情感上底满足，及精神上团结，却是有大关系底。[4]
>
> 一个民族的新民族哲学，是从他的旧民族哲学“生”出来底。[5]

《新理学》一书就是按照这样的观念来“接着”程朱理学讲的，它是中华民族的新哲学，但不是“全新底哲学”（不是把“旧瓶”撑破），

---

① 冯友兰：《三松堂自序》，第223—228页。
② 参见张岱年《张岱年全集》第1卷，河北人民出版社1996年版。
③ 冯友兰：《三松堂自序》，第229页。
④ 冯友兰：《三松堂全集》第5卷，河南人民出版社1986年版，第316页。
⑤ 冯友兰：《三松堂全集》第5卷，第317页。

而是“接着讲”，是“旧瓶装新酒”。对于中国的新哲学，《新理学》之所以产生了与《中国哲学史》不同的看法，原因就在于冯先生对“古今”有了新的、比较具体和确切的认识。

《新理学》讲“真际”比“实际”更根本，主张“理在事先”和“理在事上”，这对于认识中西文化的冲突没有多少助益；但它着重分析“共相”和“殊相”的关系，讲“理一分殊”（“就一共类之个别类说，个别类皆属于共类，而又各有其所以为别类者”[①]），却正是论及了辩证法的一个核心问题，这对于认识“古今中西”的文化冲突是大有助益的。

《贞元六书》的第二书——《新事论》（副标题为“中国到自由之路”），是冯先生第三阶段文化观的代表作。此书的第一篇“别共殊”，即运用《新理学》中关于“共相”和“殊相”的认识来解释“古今中西”的文化冲突。冯先生说：

> 我们可从特殊的观点，以说文化，亦可从类的观点，以说文化。如我们说，西洋文化，中国文化等，此是从个体的观点，以说文化。此所说是特殊底文化。我们说资本主义底文化，社会主义底文化，此是从类的观点，以说文化。此所说是文化之类。[②]
>
> 若从类的观点，以看西洋文化，则我们可知所谓西洋文化之所以是优越底，并不是因为它是西洋底，而是因为它是某种文化底。……从此类型的观点，以看西洋文化，则在其五光十色底诸性质中，我们可以说，可以指出，其中何者对于此类是主要底，何者对于此类是偶然底。其主要底是我们所必取者，其偶然底是我们所不必取者。……
>
> 照此方向以改变我们的文化，即是将我们的文化自一类转入另一类。就此一类说，此改变是完全底，彻底底，所以亦是全

① 冯友兰：《三松堂全集》第4卷，第45页。
② 冯友兰：《三松堂全集》第4卷，第218页。

盘底。

> 此改变亦是部分底。因为照此方向以改变我们的文化，我们只是将我们的文化自一类转入另一类，并不是将我们的一个特殊底文化，改变为另一个特殊底文化。[①]

这就是说，中国文化与西方文化并不完全是“古今之异”，而是还有不同民族文化之别。将中国文化“自一类转入另一类”，即是实现中国文化的现代转型。中国文化之学习西方文化，并不是要“全盘西化”，而是要“全盘”现代化，同时也要保持我们民族文化的特殊性（冯先生明确指出:“现代化并不是欧化。现代化可；欧化不可。”[②]）。现代化即是中国这个“旧邦”的“新命”，保持我们民族文化的特殊性即是在促进其实现“新命”的同时又“保持旧邦的同一性和个性”。

冯先生在此书的“辨城乡”篇进一步指出，中国自清末以来沦为“乡下”，而英美及西欧等国则是“城里”。他分析说：

> 英美及西欧等国所以取得现在世界中城里人的地位，是因为在经济上它们先有了一个大改革。这个大改革即所谓产业革命。这个革命使它们舍弃了以家为本位底生产方法，脱离了以家为本位底经济制度。经过这个革命以后，它们用了以社会为本位底生产方法，行了以社会为本位底经济制度。这个革命引起了政治革命，及社会革命。有一位名公说了一句最精警底话，他说，工业革命的结果使乡下靠城里，使东方靠西方。[③]

这里所说的“名公”，显然是指马克思；产业革命使西方成为“城里”，东方成为“乡下”，“它使乡村从属于城市”，“使东方从属于西方”，这正是《共产党宣言》中的思想。依据唯物史观的基本原理，冯先生正确

---

① 冯友兰:《三松堂全集》第 4 卷，第 226—227 页。

② 冯友兰:《三松堂全集》第 4 卷，第 314 页。

③ 冯友兰:《三松堂全集》第 4 卷，第 244 页。

地指出了“中国现在最大底需要”就是实行产业革命，“在经济上赶紧使生产社会化”，“把自己亦变为城里人”。[①]

关于文化的时代性及其民族特色，冯先生说：

> 一民族所有底事物，与别民族所有底同类事物，如有程度上底不同，则其程度低者应改进为程度高者，不如是不足以保一民族的生存。但这些事物，如只有花样上底不同，则各民族可以各守其旧，不如是不足以保一民族的特色。[②]

在这里，冯先生已经明确地而且正确地解决了他在第一阶段提出的东西文化冲突是“等级的差异”还是“种类的差异”的问题。所谓“程度上底不同”，即是前说“等级的差异”；所谓“花样上底不同”，即是前说“种类的差异”。“保一民族的特色”是“继往”，“改进为程度高者”是“开新”，“继往开新”便是“旧邦新命”。

在《新事论》中，冯先生还分析了西方列强和日本“想压制中国，叫中国永远当乡下人”，这是使中国沦为殖民地或次殖民地的原因；而由于中国和日本共处东亚，“别底城里人底国家，对于中国的完全成为城里人可以放过，而日本则必不能放过”，这又是中日冲突的根本原因[③]。冯先生认识到，当时的中国已经是“贞下起元”“否极泰来”，处于“中兴的时代”；“一面抗战，一面建国”，这是中国进步中间所必经的一个阶段。冯先生对抗战胜利充满了信心，对中国走向“自由之路”亦有了明确的认识和坚定的信念。

---

① 冯友兰：《三松堂全集》第4卷，第235、246页。

② 冯友兰：《三松堂全集》第4卷，第305页。

③ 冯友兰：《三松堂全集》第4卷，第346、347页。

五

冯先生在中国人民共和国成立以后专门从事中国哲学史研究，他在晚年写的《中国哲学史新编》自序中仍然说：

> 旧邦新命，是现代中国的特点。我要把这个特点发扬起来。我所希望的，就是用马克思主义的立场、观点和方法重写一部《中国哲学史》。①

虽然解放前后冯先生在哲学思想上有所转变（如从“理在事先”转为“理在事中”），但“旧邦新命”的文化情怀是一以贯之的。尤其是从文化观上说，《新事论》与冯先生在解放以后所从事的中国哲学史研究，同属于冯先生文化观的第三阶段。

冯先生在《中国哲学史新编》第7册中评述了《贞元六书》的“新理学”体系，其中对《新事论》亦有评价：

> 现代化之所以成为现代化，“新理学”在《新事论》中已指出，是由于以社会为本位的社会代替了以家为本位的社会。……“新理学”在这一方面，也利用近代逻辑学的形式主义和形而上学的思想方法加以说明，以为理论上的根据，主观上是以此支持中国现代化，但其现实效果就不尽然了。②

这段话应与《三松堂自序》中的相关叙述参照看，后者说：“《新理学》

① 冯友兰：《中国哲学史新编》，人民出版社1982年版，第1册，第1页。

② 冯友兰：《中国现代哲学史》，广东人民出版社1999年版，第213页。

着重讲共相和殊相的关系、一般和特殊的关系，讨论它们之间的区别及联系。……《新事论》就是试图以《新理学》中关于这个问题的讨论为基础，以解决当时的实际问题。”①

所谓“共相和殊相的关系、一般和特殊的关系”，从新实在论的角度说，是“近代逻辑学的形式主义和形而上学的思想方法”的内容之一；而从辩证法的角度说，它又是属于辩证法的核心问题（毛泽东说：“这一共性个性、绝对相对的道理，是关于事物矛盾的问题的精髓，不懂得它，就等于抛弃了辩证法”②）。冯先生在《新事论》中虽然把资本主义文化、社会主义文化归为从“类”（共相、理）的观点以说文化，而把中国文化、西方文化归为从“个体”（殊相、事）的观点以说文化，但他是以民族为“本位”，并没有说资本主义文化、社会主义文化在中、西文化之先或之上已存在，西方文化是“全牛”，资本主义文化是“其五光十色底诸性质中”的一部分，这实际上是讲“共相寓于殊相之中”③。《新事论》以产业革命来说“以社会为本位的社会代替了以家为本位的社会”，这无疑是唯物史观的思想。至于冯先生说“其现实效果就不尽然了”，我认为这主要是因为冯先生当时的思想没有和当时中国正在进行的“新民主主义革命”结合在一起。这一缺陷在冯先生以其晚年最后的精力写成的《中国哲学史新编》（以下简称《新编》）第6、7册中已经弥补上了。

冯先生在《新编》第6册的自序中说，与前5册不同，这一册“没有指出什么真正的哲学问题是这个时代思潮所讨论的中心”，它“看起来好像是一部政治社会思想史，这种情况是有的，但这不是由于我的作风改变，而是由于时代不同了”。④在我看来，《新编》第6、7册主要是延续和发展了《新事论》的思想，它讲的是中国在近现代的“大转变”时期，“关系到中华民族的生死存亡”的“东西文化全面斗争”⑤，讲的是

① 冯友兰:《三松堂自序》，第243页。

② 《毛泽东选集》第1卷，人民出版社1991年版，第320页。

③ 冯友兰:《三松堂自序》，第244页。

④ 冯友兰:《中国哲学史新编》，人民出版社1989年版，第6册，第1页。

⑤ 冯友兰:《中国哲学史新编》，第6册，第1页。

“中国到自由之路”的探索和奋斗进程；由于它把这一时代的哲学、文化同“政治社会思想”密切结合在一起，所以它不仅“主观上是以此支持中国现代化”，而且在“现实效果”上也会有其重要意义。

冯先生以及冯学的研究者曾谓《新编》第6、7册中有一些“非常可怪之论”。其实，这些“非常可怪之论”都是冯先生按照“自己认识”的唯物史观和辩证法思想来讲的。人们之所以有“非常可怪”之感，恐怕大部分原因是“习以为常”“见怪不怪”的一些流行见解与唯物史观和辩证法思想有相抵牾处。

“非常可怪之论”在《新编》第6册出现在对太平天国和曾国藩的评价上。冯先生说：

> 洪秀全和太平天国是主张向西方学习的，但所要学习的是西方的宗教，是西方中世纪的神权政治，这就与近代维新的总方向和中国近代史的主流背道而驰了。中国近代维新的总方向是工业化和学习西方的科学技术，洪秀全和太平天国的神权政治却要把中国中世纪化、宗教化。①
>
> 1919年的五四运动把西方的“长技”归结为两个方面：民主与科学。学习西方和批判封建主义，必须从这两个方面的观点出发，批判才有正确的意义，学习才有正确的方向；如果不从这两个方面出发，而从专制和宗教的观点出发，那就不只是“以五十步笑百步”，而且简直是以百步笑五十步了。②
>
> 曾国藩镇压了太平天国，阻止了中国的中世纪化，这是他的功；他的以政带工延迟了中国近代化，这是他的过。③

中国文化应该向西方文化学什么，这是《新事论》依据唯物史观已经在理论上解决了的问题，《新编》第6册只是把其理论应用在对太平天国

① 冯友兰：《中国哲学史新编》，第6册，第64页。
② 冯友兰：《中国哲学史新编》，第6册，第64页。
③ 冯友兰：《中国哲学史新编》，第6册，第90页。

和曾国藩的评价上。《新事论》把洋务运动的“中学为体，西学为用”批评为“体用两橛”，但指出：“不过他们的办法，即用机器，兴实业等，是不错底。照着他们的办法，一直办下去，他们的错误底见解，自然会改变。”①《新编》第6册则认为，洋务运动“主张以政带工，而不许以商带工”，这延迟了中国近代化。由此可见，《新编》对现代化和中国近现代史的认识更加具体、深刻了。

《新编》第7册指出：

> ［中国］现代革命时期有两次革命，第一次是旧民主主义革命，第二次是新民主主义革命。……
>
> 新文化运动是由两个革命势力发动起来的，所以在一开始，内部就有两个主要派别。其间主要的不同，在于承认或不承认帝国主义的侵略是中国贫穷落后的一个主要原因，接受或不接受马克思主义为政治上和学术上的指导思想。②

承认帝国主义的侵略是中国贫穷落后的一个主要原因（因此，新民主主义革命的任务是既反封建，又反帝国主义），这也是《新事论》中“辨城乡”所有的思想。冯先生在新中国成立后的思想转变，是接受了马克思主义为政治上和学术上的指导思想。这样，冯先生就把自己的研究同中国革命和建设的进程密切联系在一起了。

《新编》第7册评价了毛泽东的思想发展的三个阶段，即：“第一阶段是科学的，第二阶段是空想的，第三阶段是荒谬的。”③这似乎也有些“非常可怪”，但其评价的标准正是：是否根据革命的任务来确定革命的性质。“第二阶段之所以是空想的，是因为革命的领导者认为，革命的性质可以决定革命的任务。这就是认为上层建筑可以决定经济基础。这是和马克思主义的历史唯物主义的根本原则直接违反的，这是一个大问

---

① 冯友兰：《三松堂全集》第4卷，第247页。

② 冯友兰：《中国现代哲学史》，第62页。

③ 冯友兰：《中国现代哲学史》，第168页。

题。”[1]冯先生在这个“大问题”上坚持了唯物史观的根本原则，批判了空想社会主义和荒谬的极左思想。应该说，这是冯先生晚年总结中国现代史的教训，对于“旧邦新命”“中国到自由之路”有了更加深刻的符合科学“常规”（而不是“非常可怪”）的认识。

在《新编》的总结中，冯先生提出“‘仇必和而解’是客观的辩证法”，而马克思主义则可能会说“仇必仇到底”[2]。后一句只是“推测”之词，毛泽东晚年有此倾向，而马克思主义的辩证法则不必如此。冯先生在《新事论》的“明层次”中说，“讲道德时，亦须讲层次”，“人对于人之关系，是在一层次中，国对于国之关系，是在另一层次中”，“在国之上尚没有一个较高层次底社会组织之时，无论哪个国或民族，都须以其自己为本位，‘竞争生存’”。[3]在《新编》的总结中则说：

> 现代历史是向着“仇必和而解”这个方向发展的，但历史发展的过程是曲折的，所需要的时间，必须以世纪计算。联合国可能失败。如果它失败了，必将还有那样的国际组织跟着出来。人是最聪明、最有理性的动物，不会永远走“仇必仇到底”那样的道路。这就是中国哲学的传统和世界哲学的未来。[4]

冯先生在其最后的著述中不仅对实现中国的“旧邦新命”充满了坚定的信念，而且对中国哲学的传统贡献于世界，全球人类走向和解、和谐、和平发展的道路，也寄予了深深的希望。

冯先生在《新原人》的自序中说：“‘为天地立心，为生民立命，为往圣继绝学，为万世开太平。’此哲学家所应自期许者也。”[5]在《新编》的总结中，冯先生仍十分推崇此“横渠四句”。我认为，冯先生在其哲

---

① 冯友兰:《中国现代哲学史》，第 168 页。
② 冯友兰:《中国现代哲学史》，第 253、251 页。
③ 冯友兰:《三松堂全集》第 4 卷，第 230、235、239 页。
④ 冯友兰:《中国现代哲学史》，第 254 页。
⑤ 冯友兰:《三松堂全集》第 4 卷，第 511 页。

学和哲学史研究中所寄托的文化情怀，正是继承了此“横渠四句”的传统。不过，我对于冯先生所说“哲学的性质及其作用”一直心有隔膜。冯先生说，“真正哲学的性质，如我在《新理学》中所说的‘最哲学的哲学’，是对于实际无所肯定”，“哲学不能增进人们对于实际的知识，但能提高人的精神境界”。[①]我的“不敏”在于，觉得冯先生所说的“哲学的性质及其作用”只是其中的一个重要方面。如果哲学只是“对于实际无所肯定”，只是“能提高人（个人）的精神境界”，那么，冯先生的“三史”“六书”又怎能体现出冯先生的“所以迹”——“旧邦新命”的文化情怀呢？因有此困惑，又受到冯先生推崇“横渠四句”的启发，我在进入“新千年”之际写了一篇短文，题为《千年沧桑与“横渠四句”》[②]，文中对“横渠四句”作了一些“现代的新诠”，并且认为瑞士学者皮亚杰在《人文科学认识论》中对“哲学学科”的一个表述可以接受。皮亚杰先说对于“哲学学科”的意见颇不一致，但是又说：

> 唯一肯定的命题——因为各学派看来都同意这一点，是哲学以达到人类各种价值的总协调为己任，也就是说达到一种不仅考虑到已获得的认识和对这些认识的批评，而且还考虑到人类在其一切活动中的各种信念与价值的世界观。[③]

我不知道是否各学派都同意这一表述，但觉得如果把“哲学的性质及其作用”就规定为“达到人类各种价值的总协调”，那么，冯先生的“所以迹”——“旧邦新命”以及人类将走向和解、和谐、和平发展道路的文化情怀，与其“迹”——哲学和哲学史著述，二者的统一就更好理解了。

（原载《南阳教育学院学报》2001 年第 2 期）

---

① 冯友兰:《中国现代哲学史》，第 237、240 页。

② 载于《中国社会科学院通讯》2000 年 1 月 21 日。

③ ［瑞士］皮亚杰:《人文科学认识论》，郑文彬译，中央编译出版社 1999 年版，第 8 页。

冯友兰《中国哲学史》今昔评

在“中国哲学史”的学科建设中，冯友兰先生的《中国哲学史》是海内外影响最大且最久的著作。据近期图资人员的统计，在2000—2007年，冯著《中国哲学史》仍是被国内哲学论文引用最多的学术著作之一[①]。不可否认，在近些年的学术研究中，冯著《中国哲学史》亦受到一些批评。对于一部成书于七十多年前的旧著，就其中的某些观点进行批评当然是正常的。但是，某些批评并不符合实际。如有学者批评冯著《中国哲学史》（以及其他研究中国哲学史著作）是“照着”或“接着”西方哲学讲；又如有学者对冯著《中国哲学史》关于“子学时代”与“经学时代”的划分亦提出了批评。本文仅就此两点，以对冯著《中国哲学史》今昔评论比较的方式来作一辨正。

---

① 其中《三松堂全集》（河南人民出版社版）被引用230次；《中国哲学史》（中华书局1961年版）被引用86次；《中国哲学史》（华东师范大学出版社2000年版）被引用57次。参见胡玥《对我国哲学研究最有影响的历史文献与国内学术著作分析》，《西南民族大学学报》（人文社科版）2010年第1期，转引自许全兴《冯友兰哲学与中国现代哲学》（注：被引用时为未刊稿，后发表在《中国哲学史》2011年第2期）。若将这些次数合计，《中国哲学史》被引用的次数可能要超过居被引用次数之首的杨伯峻著《论语译注》（中华书局1980年版，被引用279次）。

一

在近些年关于“中国哲学合法性”的讨论中，有不少学者都把批评的矛头指向了冯著《中国哲学史》在第一篇“子学时代”的“绪论”中所说：“今欲讲中国哲学史，其主要工作之一，即就中国历史上各种学问中，将其可以西洋所谓哲学名之者，选出而叙述之。”“所谓中国哲学者，即中国之某种学问或某种学问之某部分之可以西洋所谓哲学名之者也。”[①] 在“中国哲学史”学科建设的初创时期，这种表述有其缺陷，应是情有可原的。金岳霖先生在对此书的“审查报告”中提出“中国哲学史”这个名称有其“困难”，即“所谓中国哲学史是中国哲学的史呢？还是在中国的哲学史呢？”[②] 当时提出这样的问题也是完全合理的，并且促进了“中国哲学史”学科建设的发展。张岱年先生即对此问题“经过深入思考”，而在《中国哲学大纲》的“序论”中提出了“哲学”是个“类称”，西方哲学和中国哲学都是这一“类称”中的“特例”[③]，此即以哲学的普遍性与特殊性之辩证关系的观点，解决了“中国哲学”这个名称的“困难”。而金岳霖先生在20世纪40年代所作《中国哲学》一文中主要讲中国哲学的特点，已不再认为“中国哲学”有名称上的“困难”。[④]

在近些年对冯著《中国哲学史》（以及其他研究中国哲学史著作）的批评中，大多以金岳霖先生提出的问题为发端，而其实质的批评则是

---

① 冯友兰：《三松堂全集》第2卷，河南人民出版社2000年版，第245、249页。

② 冯友兰：《三松堂全集》第2卷，第617页。

③ 张岱年：《中国哲学大纲》，中国社会科学出版社1982年版，第2页。

④ 参见拙文《中国哲学的系统及其特点》，载《探寻真善美——汤一介先生80华诞暨从教55周年纪念文集》，北京大学出版社2007年版。

认为以往的中国哲学史研究都是“以西释中”或用中学比附西学（所谓“汉话胡说”），其中一种比较典型的批评是认为以往的中国哲学研究是“照猫画虎式地‘照着’西方哲学讲”或“秉承衣钵式地‘接着’西方哲学讲”，“基本上是以中国哲学注西方哲学，中国哲学成为西方哲学的注脚”。[①]这是否符合冯著《中国哲学史》的实际呢？

与上述对冯著《中国哲学史》的批评相反，陈寅恪先生在为此书写的“审查报告”中说：“今欲求一中国古代哲学史，能矫傅会之恶习，而具了解之同情者，则冯君此作庶几近之。”[②]金岳霖先生在为此书写的“审查报告”中虽然提出了“中国哲学”之名称的“困难”，但也指出：不同于胡适的《中国哲学史大纲》是“根据于一种哲学的主张而写出来的”，冯先生则“没有以一种哲学的成见来写中国哲学史”。“冯先生的思想倾向于实在主义；但他没有以实在主义的观点去批评中国固有的哲学。因其如此，他对于古人的思想未必赞成，而竟能如陈（寅恪）先生所云：‘神游冥想，与立说之古人，处于同一境界。’同情于一种学说与赞成那一种学说，根本是两件事。……从大处看来，冯先生这本书，确是一本哲学史而不是一种主义的宣传。”[③]可以看出，金先生与陈先生对冯著《中国哲学史》有一致的见解，都对其作出了“能矫傅会之恶习，而具了解之同情”的肯定性评价。

在冯著《中国哲学史》上、下册于 1934 年出版后，张岱年先生在 1935 年 4、5 月份就发表了一篇书评，题为《冯著〈中国哲学史〉的内容和读法》[④]，高度肯定了此书的学术价值。张先生说：

> 这实在是一本最好的中国哲学史，在许多方面，都有独到的精彩，为别的中国哲学史所不能及。如说这本书在中国哲学史书中是

① 张立文主编：《中国学术通史（先秦卷）》，人民出版社 2004 年版，“总序”第 2 页；张立文主编：《中国哲学史新编》，中国人民大学出版社 2007 年版，第 6 页。

② 冯友兰：《三松堂全集》第 2 卷，第 613 页。

③ 冯友兰：《三松堂全集》第 2 卷，第 618、619 页。

④ 此篇书评发表在上海商务印书馆《出版周刊》1935 年 4 月 27 日第新 126 号和 5 月 4 日第新 127 号的“读书指导”栏目中，未收入《张岱年全集》，最近由杜运辉博士辑出此佚文。

空前的，实非过甚其词。这实在是近年来出版的一本极有价值的巨著，的确能对于中国哲学思想之发展演变，作一个最清楚的最精审的最有系统最有条理的叙述。读了这本书便可以对于中国哲学思想之发展演变，有一种整个的明确的了解。

张先生具体列出了此书的主要优点有六条，其中第三条即：

此书最能客观，且最能深观。此书善能写出各家哲学之本来面目，能领会各家哲学之精微幽隐之处而以明白透彻的文字表述出之。这实在大非易事。许多哲学史，常失之肤浅；更有依一个观点写成的，结果为此观点所蔽，常不能领会古哲学家思想之隐微处。人总难免有偏好，所以写哲学史亦最易有所偏倚，如喜儒家的人便看不出墨家之深切处，喜墨家的人便领悟不到儒家道家之精妙义。此书则不然，可以说，此书写某一家时即以某一家的观点为观点；如写儒家哲学是以儒家的观点来写的，写墨家哲学是以墨家的观点来写的，写道家，写辩者，亦然。乃至写佛家，则依佛家观点；写宋明道学，则又依道学的观点。然而本书并非四分五裂，本书仍有其一贯的观点，这即是客观。惟其如此，故本书对于各家，皆能通其隐微，会其幽深，能窥透各家之本来面目，尽如实摹状之能事。对于一种哲学，可以说有内观与外观之不同。内观即以同情的态度观察之，外观则只观其表面。对于一个哲学，不以同情的态度来观察之，是绝不能了解其精髓的。此书则的确能以同情的态度观察各家哲学而无所偏倚。

可以说，张先生对冯著《中国哲学史》乃“最能客观，且最能深观”的评价，与陈寅恪先生、金岳霖先生的评价也是相同的。后来张先生把“好学深思，心知其意”作为研究中国哲学史的最根本的方法论，当是从冯著《中国哲学史》得到了启发。此书的另外五条优点，如说此书“是很能应用唯物史观的”“最注意各哲学家之思想系统”“最注意思想发展之源流”“极注意历史上各时代之特殊面目”“取材极其精严有卓识”等等，亦深刻地影响了张先生《中国哲学大纲》的写作。张先生晚年在《研习哲学过程杂忆》中说：我“在中国哲学史研究方面，则与冯友兰先生是同调”[①]。从张先生早年为冯著《中国哲学史》写的书评，可以更深刻地领会其所谓“同调”的意义。

对于冯著《中国哲学史》今昔两种不同的评价，哪一种更符合此书的实际呢？应该说，此书并没有“照猫画虎式地‘照着’西方哲学讲”，更没有“秉承衣钵式地‘接着’西方哲学讲”；相反，此书是很注重表达出中国哲学所不同于西方哲学之特点的。如冯先生在“绪论”中所说：

> 盖中国哲学家多未有以知识之自身为自有其好，故不为知识而求知识。……中国哲学家，多讲所谓内圣外王之道。“内圣”即“立德”，“外王”即“立功”。其最高理想，即实有圣人之德，实举帝王之业，成所谓圣王……
>
> 中国哲学家之不喜为知识而求知识，然亦以中国哲学迄未显著的将个人与宇宙分而为二也。
>
> 中国哲学家多未竭全力以立言，故除一起即灭之所谓名家者外，亦少人有意识地将思想辩论之程序及方法之自身，提出研究。故……逻辑，在中国亦不发达。
>
> 又以特别注重人事之故，对于宇宙论之研究，亦甚简略。
>
> 有时哲学中一问题之发生，或正以其研究者之人格为先决条件。
>
> 各哲学之系统，皆有其特别精神，特殊面目。一时代一民族亦各有其哲学。[②]

以上所论，对于尔后张先生在《中国哲学大纲》、金先生在《中国哲

---

① 张岱年:《张岱年全集》第8卷，河北人民出版社1996年版，第463页。
② 冯友兰:《三松堂全集》第2卷，第249—251、253—254页。

学》中论述中国哲学的特点亦有重要影响。在《中国哲学史》出版之后，冯先生又在1937年所作《论民族哲学》一文中指出："哲学或文学可以有民族的分别"，"一个民族的哲学是一个民族的民族性在理论上底表现"，"如此分别底民族哲学，对于一民族在精神上底团结及情感上底满足，却是有大贡献底"，"某一个民族的民族哲学是'接着'某一个民族的哲学史讲底"。[①] 显然，在冯先生的中国哲学史著述中，虽然对西方哲学有所参照借鉴（这属于哲学的普遍性问题），但并不存在"照着"或"接着"西方哲学讲的问题。陈寅恪先生和金岳霖先生所说冯著"能矫傅会之恶习，而具了解之同情"，张岱年先生所说"此书最能客观，且最能深观"，"善能写出各家哲学之本来面目，能领会各家哲学之精微幽隐之处而以明白透彻的文字表述出之"，这种评价应是符合冯著之实际的。

关于"照着讲"与"接着讲"，此语出自冯友兰先生的《新理学》，即谓：

> 我们现在所讲之系统，大体上是承接宋明道学中之理学一派。……我们说"承接"，因为我们是"接著"宋明以来底理学讲底，而不是"照著"宋明以来底理学讲底。因此我们自号我们的系统为新理学。[②]

在《论民族哲学》一文中，冯先生更明确地说：

> 因为没有全新底哲学，所以我们讲哲学，不能离开哲学史。我们讲科学，可以离开科学史……但讲哲学则必须从哲学史讲起……讲哲学都是"接着"哲学史讲底。
>
> 事实上讲哲学不但是"接着"哲学史讲底，而且还是"接着"

---

① 冯友兰：《三松堂全集》第5卷，第270—274页。

② 冯友兰：《三松堂全集》第4卷，第4页。

某一个哲学史讲底。某一个民族的民族哲学是"接着"某一个民族的哲学史讲底。

"接着"哲学史讲哲学，并不是"照着"哲学史讲哲学。照着哲学史讲哲学，所讲只是哲学史而不是哲学……他的哲学如接着某一民族的哲学史，他的哲学即可以是某一民族的民族哲学。[①]

在这里，无论是"照着讲"还是"接着讲"，都不存在"照着"或"接着"西方哲学讲的问题。而其中还有一个重要的区分，即"照着讲"是讲哲学史，而"接着讲"是讲哲学。就冯先生的著述而言，其《中国哲学史》是"照着讲"，故其"能矫傅会之恶习，而具了解之同情"，亦张先生所说"善能写出各家哲学之本来面目"，"写某一家时即以某一家的观点为观点"。冯先生的《新理学》则不是"照着讲"而是"接着讲"，即其是"'接着'宋明以来底理学讲底"，亦即"接着"中国的哲学史，他的哲学即可以是中国的"民族哲学"。这里有"哲学史"与"哲学"的相对区分，也有一般哲学与"民族哲学"的关系问题。而近些年对冯著《中国哲学史》的批评，所谓"照猫画虎式地'照着'西方哲学讲"或"秉承衣钵式地'接着'西方哲学讲"，不仅把冯先生所注重的"民族哲学"改换成了"西方哲学"，而且其取而代之、自我标榜的所谓"自己讲"或"讲自己"，把"哲学史"与"哲学"的相对区分也混为一谈了。

二

冯著《中国哲学史》分为上、下册，即第一篇讲"子学时代"，第

① 冯友兰:《三松堂全集》第5卷，第274—275页。

二篇讲“经学时代”。“子学时代”的社会背景即“自春秋迄汉初，在中国历史上，为一大解放之时代。于其时政治制度、社会组织，及经济制度，皆有根本的改变”。“上古时代哲学之发达，由于当时思想言论之自由；而其思想言论之所以能自由，则因当时为一大解放时代，一大过渡时代也。”“子学时代”不是终于战国之末，而是延至汉初，自汉武帝采纳董仲舒“独尊儒术，罢黜百家”的建议，则由“子学时代”进入“经学时代”，即“董仲舒之主张行，而子学时代终；董仲舒之学说立，而经学时代始”。①

把春秋战国延至汉初的哲学史称为“子学时代”，从大的叙述框架来说，除了有孔、老先后等问题的争论外，一般不会有异议。但把汉武帝之后迄至清末的哲学史称为“经学时代”，如果不仔细读冯先生的书，则容易引起误解。最近（2009 年 4 月 26 日），余英时先生接受电话访谈，其内容经整理之后，题为《余英时教授谈宗教、哲学、国学与东西方知识系统》，所涉问题广泛，而余先生以其深思博识，言简意赅地发表了许多精辟的见解。但我认为其中也有一处“败笔”，即余先生对冯著《中国哲学史》“分为子学、经学两个时代”的批评。这个话题的缘由是余先生讲“在中国系统中，只有‘子学’大致相当于西方的‘哲学’，而内容仍然差异很大”，访问者说“我刚开始看到‘先秦诸子’的英文翻译（early Chinese philosophers）的时候，觉得有点怪怪的，因为子学并不完全包含哲学的内容”。余先生便接着说：

> 可是中国经、史、子、集中处处都可以找到哲学问题。由此可见冯友兰的哲学史分为子学、经学两个时代实在无道理。他是以西方哲学史为坐标，把自汉至清末都看作西方中古“神学”主导的时代，也就是说中国两千年中思想无大变化，可谓荒谬。其实宋明理学诸家，我们也称之为“子”，如二程子、朱子、陆子。理学并不

① 冯友兰:《三松堂全集》第 2 卷，第 262—263、268、269 页。

能简单地分入“经学”的范畴。[①]

这段话大致可理解为三层意思：其一，因为“中国经、史、子、集中处处都可以找到哲学问题”，而并非只有经学中才有哲学问题，所以冯友兰把自汉至清末的哲学史称为“经学时代”实在无道理；其二，冯友兰认为中国哲学在自汉至清末的两千年中“思想无大变化”，此见解“可谓荒谬”；其三，冯友兰把宋明理学“简单地分入‘经学’的范畴”，这也是没有道理的。

以上三层意思，按之冯先生所谓“经学时代”的本意，可以说是有所误解而无的放矢。冯先生说：

> 自此（独尊儒术）以后，自董仲舒至康有为，大多数著书立说之人，其学说无论如何新奇，皆须于经学中求有根据，方可为一般人所信爱。经学虽常随时代而变，而各时代精神，大部分必于经学中表现之。故就历史上中国学术思想变迁之大概言之，自孔子至淮南王为子学时代，自董仲舒至康有为则为经学时代也。
>
> 儒家独尊后，与儒家本来不同之学说，仍可在六艺之大帽子下，改头换面，保持其存在。……经学在以后历史上中国思想中之地位，如君主立宪国之君主。君主固“万世一系”，然其治国之政策，固常随其内阁改变也。[②]
>
> 在经学时代中，诸哲学家无论有无新见，皆须依傍古代即子学时代哲学家之名，大部分依傍经学之名，以发布其所见。其所见亦多以古代即子学时代之哲学中之术语表出之。（自注：中古哲学家有新意义而不以新术语出之，此即以旧瓶装新酒也。）
>
> 盖旧瓶未破，有新酒自当以旧瓶装之。必至环境大变，旧思想不足以适应时势之需要；应时势而起之新思想既极多极新，旧瓶不

---

① 《余英时教授谈宗教、哲学、国学与东西方知识系统》，载《中国哲学与文化》第七辑，广西师范大学出版社 2010 年版，第 231 页。

② 冯友兰：《三松堂全集》第 2 卷，第 609、611 页。

> 能容，于是旧瓶破而新瓶代兴。……经学之旧瓶破而哲学史上之经学时期亦终矣。①

综观以上论述，冯先生所谓“经学时代”的本意，主要就“经学”在那个时代所具有的统帅地位而言，亦就那个时代大多数思想家所“依傍经学之名”或“依傍古代即子学时代哲学家之名”的思维方式和立说方式而言。在汉代刘歆的“七略”和以后逐渐形成的“经、史、子、集”四部分类中，经学无疑居于“独尊”的统率地位。冯先生所说“大多数著书立说之人，其学说无论如何新奇，皆须于经学中求有根据，方可为一般人所信爱”，这应是符合那个时代之历史事实的。但冯先生并没有说在“经、史、子、集”四部分类中只有经部或经学中才有哲学。魏晋南北朝时期玄学家之注《老》注《庄》，其著作不在经部，但其思维方式和立说方式仍有经学的特点。玄学家仍“以孔子为最大之圣人”，其以道家之学说注《周易》注《论语》等,此即“玄学家之经学也”②。在“经学时代”，“中国思想，有一全新之成分，即外来异军特起之佛学是也。……盖中国之佛学家，无论其自己有无新见，皆依傍佛说，以发布其所见。其所见亦多以佛经中所用术语表出之。中国人所讲之佛学，亦可称为经学，不过其所依傍之经，乃号称佛说之经，而非儒家所谓之六艺耳”③。由此可见，“经学时代”之所谓“经学”，虽然主要指儒家之经学，但广义地也包含玄学家之注《老》注《庄》和中国佛教之经学，其不仅限于四部分类之经部，而更主要从那个时代的思维方式和立说方式而言。

自汉武帝“独尊儒术”以后，中国主要学术思潮经历了今文经学、古文经学、“道家思想之复兴”的玄学、“外来异军特起之佛学”、宋明道学乃至清代之今文经学等等，冯著《中国哲学史》对这些都有精详的论述，而没有“中国两千年中思想无大变化”的意思。只不过，在此两千年中社会环境没有根本性的“大变”，应时势而起之新思想还没有

① 冯友兰:《三松堂全集》第3卷，第7、9页。

② 冯友兰:《三松堂全集》第3卷，第94、103页。

③ 冯友兰:《三松堂全集》第3卷，第7—8页。

“极多极新”，故一直保持了经学的统帅地位，延续了经学的思维方式和立说方式。[①]至1840年以后，中国处在“数千年未有之变局”中，“政治社会经济学术各方面，皆起根本的变化。此西来之新事物，其初中国人仍以之附会于经学，仍欲以此绝新之酒，装于旧瓶之内。……牵引比附而至于可笑，是即旧瓶已扩大至极而破裂之象也”[②]，此即康有为、廖平之今文经学为“经学时代”之结束。

因为“经学时代”的哲学并不限于讲经部之哲学，所以宋明理学诸家如二程子、朱子、陆子等也称为“子”，并无碍于把他们的哲学称为“经学时代”的哲学。余英时先生说“理学并不能简单地分入‘经学’的范畴”，其意即或指理学家的著作大部分不在经部。但宋代庆历以后“诸儒发明经旨，非前人之所及”，此即经学史上的“变古时代”。[③]钱穆先生亦曾说：“宋学精神，厥有两端：一曰革新政令，二曰创通经义，而精神之所寄则在书院。……创通经义，其业至晦庵而遂。”[④]此“创通经义”即可谓宋代新儒家之新经学，故钱穆先生又说：“既有新儒学，因亦要求有新经学。……北宋理学家虽能创出一套新的理学来，以与佛学相抗，却并未能完成一套新的经学来直接先秦与两汉之旧传统。直到南宋朱子，才在中国经学史上掀起绝大的波澜，上接古代传统，而完成了一套新经学。”[⑤]北宋理学家的思想自称是“反求之六经而得”，故其思维方式和立说方式仍是属于经学的，只不过尚未完成使儒家经典的理学化，“盖自有朱子，而后使理学重复回向于经学而得相绾合”[⑥]。由此而言，虽然“理学并不能简单地分入‘经学’的范畴”，但理学家终是

---

① 宋明理学家和清代“反理学”思想家都概莫能外，如朱熹说他解经“惟本文本意是求，则圣贤之指得矣”（《朱文公文集》卷四十八《答吕子约》）；提出“六经注我”的陆九渊说“解书只是明他大意，不入己见于其间，伤其本旨，乃为善解书”（《陆九渊集·年谱》）；王阳明深悟“吾性自足”，但其“致知格物”说也要以恢复《大学》古本为依据；戴震批评程朱理学，其著作是以《孟子字义疏证》为代表。

② 冯友兰：《三松堂全集》第3卷，第435页。

③ 皮锡瑞：《经学历史》，中华书局1959年版，第220页。

④ 钱穆：《中国近三百年学术史》，商务印书馆1997年版，第7页。

⑤ 钱穆：《中国学术通义》，台北：台湾学生书局1975年版，第9—10页。

⑥ 钱穆：《朱子学提纲》，生活·读书·新知三联书店2002年版，第163页。

“缩经学与理学而一之”[①]，朱子虽然著作等身，但他最看重的，也是历史上起了最重要作用的是《四书集注》，故把理学称为“经学时代”的哲学也是有其根据和道理的。

不同于当今一些学者对冯著《中国哲学史》划分“子学时代”与“经学时代”的误解，张岱年先生在1935年所作《冯著〈中国哲学史〉的内容和读法》中说：

> 这书把中国哲学思想之发展分为两期，即子学时代与经学时代。子学时代，始于孔子终于《淮南王书》；经学时代，始于董仲舒终于康有为廖平。普通中国哲学史书都把中国哲学思想的发展分为三期，即上古中古近古，此书著者则谓中国尚无近古哲学。这实在是一种卓见。……中古哲学系以上古哲学为根据而加以推衍或加以新的解说，总不敢越过上古哲学之限际，不敢创立完全新的系统，即有新见解，亦依傍古人，并以古人之名词表述之。……其根本态度却与周秦诸子完全自创学说自立系统的态度不同。自汉以至清末，所有的思想家差不多都保持这种态度，所以著者通名之为经学时代，而谓中国尚无近古哲学，这点实表现著者的犀利的眼光。

应该说，张先生的这一评价是深得冯著划分“子学时代”与“经学时代”之要义的。

在康有为、廖平的今文经学之后，中国的学术思想确实有一划时代的变化，此即“哲学”这一“学科”的引入。我认为，在中国传统学术中有其固有的“哲学思想”，但“哲学”这一“学科”则是在甲午战争之后从西方转经日本而引入的，其发端是郑观应在1895年把《盛世危言》的原五卷本增订为十四卷本，同年黄遵宪的《日本国志》亦首次刊刻，在这两部书中都出现了“哲学”的译名。[②]1902年梁启超作《论中国学

---

① 钱穆:《朱子学提纲》，第181页。

② 参见拙文《反思经学与哲学的关系》(上)，《哲学研究》2011年第1期。

术思想变迁之大势》，其中不仅使用了“哲学”概念，而且率先使用了“中国哲学”概念（其谓“中国之哲学，多属于人事上，国家上，而于天地万物原理之学，穷究之者盖少焉……自佛学入震旦，与之相备，然后中国哲学乃放一异彩”①）。在此书中，梁启超评价康有为之功绩在于：

解二千年来人心之缚，使之敢于怀疑，而导之以入思想自由之途径而已。……自董仲舒定一尊以来，以至康南海《孔子改制考》出世之日，学者之对于孔子，未有敢下评论者也。恰如人民对于神圣不可侵犯之君权，视为与我异位，无所容其私议，而及今乃始有研究君权之性质。夫至于取其性质而研究之，则不惟反对焉者之识想一变，即赞成焉者之识想亦一变矣。所谓脱羁轭而得自由者，其几即在此而已。②

此所谓“脱羁轭而得自由”，即走出了“经学时代”而进入“哲学”（学科）观念引入之后的学术独立和思想自由的时代。

1905 年王国维在《奏定经学科大学文学科大学章程书后》中说：

余谓不研究哲学则已，苟有研究之者，则必博稽众说而唯真理之从。

今日之时代，已入研究自由之时代，而非教权专制之时代。苟儒家之说而有价值也，则因研究诸子之学而益明其无价值也，虽罢斥百家，适足滋世人之疑惑耳。……若夫西洋哲学之于中国哲学，其关系亦与诸子哲学之于儒教哲学等。③

此所谓“必博稽众说而唯真理之从”，即打破“经学时代”之“旧瓶”后出现的“绝新之酒”；而“研究自由之时代”，即装此“新酒”之

① 梁启超:《文集》之七,《饮冰室合集》，中华书局 1989 年版，第 2 册，第 76—77 页。

② 梁启超:《文集》之七,《饮冰室合集》，第 2 册，第 99—100 页。

③ 王国维:《王国维文集》第 3 卷，中国文史出版社 1997 年版，第 69、71 页。

“新瓶”也。有了这个“新瓶”，王国维就确立了学术的新标准：“自科学上观之，则事物必尽其真，而道理必求其是。”经学的权威真理遂被这个新标准所取代：“何则？圣贤所以别真伪也，真伪非由圣贤出也；所以明是非也，是非非由圣贤立也。”①

冯友兰先生说：

> 历史上时代之改变，不能划定于某日某时。前时代之结束，与后时代之开始，常相交互错综。在前时代将结束之时，后时代之主流，即已发现。在廖平未死之前，即在其讲经学五变之前，撇开经学而自发表思想者，已有其人。……不过此时代之思想家，尚无卓然能自成一系统者。故此新时代之哲学史，尚在创造之中；而写的中国哲学史，亦只可暂以经学时代之结束终焉。②

冯先生在《中国哲学史》最后讲的这段话，也是很精确而有卓识的。所谓“撇开经学而自发表思想者，已有其人”，则1902年以后的梁启超、王国维等当在其内。所谓“撇开经学”并非不研究经学，亦非否定经学的学术文化价值，而是不再把经学作为“天下之公理”，不再认为“经禀圣裁，垂型万世……（后人）所论次者，诂经之说而已”（《四库全书总目提要·经部总叙》）；把经学纳入现代的学术研究中，“取其性质而研究之，则不惟反对焉者之识想一变，即赞成焉者之识想亦一变矣”。这里取代经学之权威真理地位的就是“哲学”（学科）观念引入之后的“必博稽众说而唯真理之从”。因此，把“哲学”（学科）引入之前的哲学史称为“经学时代”，正可以深刻领会“哲学”（学科）的引入对于中国现代学术文化所具有的重要意义。

（原载《中州学刊》2011年第2期）

---

① 王国维：《王国维文集》第4卷，中国文史出版社1997年版，第366页。

② 冯友兰：《三松堂全集》第3卷，第435—436页。

张申府的“大客观”思想

——兼论其对张岱年思想的重要影响

张申府先生是中国现代的著名哲学家。他在1945年6月23日发表于《新华日报》的《我自己的哲学》一文中，首列“我的大客观主义”；其次是“我的具体相对论”和“我所见到的辩证唯物论的心传精蕴”，而文中主要论述了他的“大客观主义”。[①]由此可见，“大客观”思想在他的哲学中占有重要的位置。这一思想也深深地影响了张岱年先生，成为岱年先生从事哲学研究的一个“引导”，兄弟二人遂亦成为哲学理论上的“同调”[②]。

---

① 张申府:《张申府文集》第2卷，河北人民出版社2005年版，第334—337页。

② 张岱年先生在为《张申府文集》写的“序”中说:“申府是我的长兄，我青年时期初习哲学，曾受到申府的引导。我从事哲学思维，是从阅读罗素原著《我们的外界知识》开始，后来钻研马克思、恩格斯、列宁的哲学著作，也受到了申府的指引。”张申府:《张申府文集》第1卷，第2页。张岱年先生在《研习哲学过程杂忆》一文中亦曾说:“我在哲学思想方面，与吾兄申府是同调；在中国哲学史研究方面，则与冯友兰先生是同调。”张岱年:《张岱年全集》第8卷，河北人民出版社1996年版，第463页。

一

所谓“大客观主义”，早期亦被称为“纯客观主义”或“纯客观法”。张申府先生在 1925 年写的《所思》中就已提出“纯客观主义”，他说：

> 一切皆是物，人是在一切之外的么？思想就不是一种物质的力量么？一切东西，都有力量，人这种东西，则是除外的，独无力量么？思想如是一种物质的力量的话，就不能也有助于进化或退化么？……在现在所谓进步的国度的思想界里，有一个我认为对的趋势，已在日益加多的方面，日益显明出来了，这是什么？这便是“纯客观主义”（Pure Objectivism）。不论在天文，生物，社会，物理，心理，哲学，那一种的学问里，以至于宗教神学中，都是可以看得出来的。数学是纯科学，更是不待言的。……我以“诚实”为对的标准，我确信这种趋势是对的。[①]

据此可知，“纯客观主义”本是基于唯物论和科学方法，而申府先生的所谓“纯”实即“扩大”之意。他要打破物与人及其思想的对立，并且统括了自然科学、社会科学、哲学乃至宗教神学等学科，把它们都归之于“纯客观”。“纯客观”并不是“还原”于客观，而是在肯定人及其思想的能动性的前提下，扩大客观的范围，把主观与客观都统之于“纯客观”。申府先生“以‘诚实’为对的标准”，所谓“诚实”即是中国传统

---

① 张申府：《张申府文集》第 2 卷，第 57—58 页。

哲学讲的“真实无妄”，它统括了天道之“诚”和人道的“诚之”。(《中庸》云：“诚者，天之道也；诚之者，人之道也。”朱熹《中庸章句集注》：“诚者，真实无妄之谓。”“诚之者，择善而固执之者也。”)

他在1925年写的《所思》中又有云：

> 唯其人是每每为主观所宰制于不自觉的，所以“纯客观主义”的方法可宝。如果人类除“是”以外，还应有个“应”的话。如果内觉己之有，即外感他或她之有，而己与他她它们还要结种种关系以过活的话。①

把主观与客观合而为一，这在哲学史上“每每为主观所宰制”，从而陷入唯心论或唯我论。申府先生的“纯客观主义”也是主张把主观与客观合而为一，但他反对唯心论或唯我论，他是要在客观主义的基础上把主观纳之于“纯客观”。“是”指事实判断，而“应”指价值判断，一般认为价值判断是主观的，而申府先生认为价值判断亦应有其客观的基础，在此基础上价值判断与事实判断可合之为“纯客观”。道德的前提是“内觉己之有”，出于自觉与自律就是孔子所说的“为仁由己”(《论语·颜渊》)，“我欲仁，斯仁至矣”(《论语·述而》)，但道德亦必须处理好人与人之间的关系，即孔子所说的“己欲立而立人，己欲达而达人”(《论语·雍也》)，“己所不欲，勿施于人”(《论语·颜渊》)。由此而言，道德的前提除了“内觉己之有”之外，还必须是“外感他或她之有”，承认他人以及外物的真实存在，且与己结成种种关系，由此才能有“应该”的道德生活。申府先生的“纯客观主义”即是在客观的基础上，把“是”与“应该”、科学与道德统之于“纯客观”。

正是基于以上对“纯客观”的考虑，申府先生才提出了儒家之“仁”与西方近代以来的“科学法”的结合。他说：

---

① 张申府:《张申府文集》第3卷，第62页。

> “仁”与“科学法”，是我认为人类最可宝贵的东西的。仁出于东，科学法出于西。我往在《每周评论》上（一九一九年春），已说过，“科学法是西洋文明最大的贡献”。……其实这法的精神，本不外乎诚实二字，即是孔子之四绝：“勿意，勿必，勿固，勿我”，而祛培根之四妄：“种妄，穴妄，市妄，戏妄。”[①]

承认“科学法是西洋文明最大的贡献”，进而将“仁”与“科学法”（主要指罗素的“逻辑解析法”[②]）统一起来，以“诚实”二字概括之，认为此即孔子所说的“四绝”，亦培根对“种族”“洞穴”“市场”和“剧场”四种假象的解蔽，这就是“纯客观”。由此，申府先生有了将孔子之“仁”与罗素的“逻辑解析法”结合起来的思想，进而又提出了孔子、罗素与列宁“三流合一”之说。[③]这对于张岱年先生所理解的“新唯物论”并提出“今后哲学之一个新路，当是将唯物、理想、解析，综合于一”[④]有着开启和决定性的影响。

申府先生在1927年写有《纯客观法》一文，此“纯客观法”亦是他此前所称的“纯客观主义”。他说：

> “纯客观法”：跳出主客，主亦为客：是为纯客。纯客所证：厥为事情。[⑤]

在这段话之后，他以甲、乙、丙三圆之间的关系画图示之：甲、乙表示客观与主观，认为“主客本是对待的，相对的，依它的”；而丙则表示

---

① 张申府：《张申府文集》第3卷，第64页。

② 张申府先生在1920年10月1日《新青年》第8卷第2号发表的《罗素》一文就已指出：“罗素最可注意的就是他所抱持的科学精神。他是最能实行科学法的。”张申府：《张申府文集》第2卷，第36页。

③ 据学者考证，张申府先生在1932年10月22日《大公报·世界思潮》的“编余”中写道：“我的理想：百提（罗素），伊里奇（我本曾译伊里赤），仲尼（孔子），三流合一。”

④ 张岱年：《张岱年全集》第1卷，第133、262页。

⑤ 张申府：《张申府文集》第2卷，第95页。

“跳出主客的，就是要跳出这个甲乙对待的关系”。要跳出主客，“先要跳出乙的主观地位”。当达到了丙的“跳出主客”，则“主亦为客”，此“客”就已是扩大了客观之范围而将主客合而为一的“纯客”。“纯客所证：厥为事情”，此“事情”既是客观的，又是属人的，故云“一切皆成自事情”。[①] 所谓“纯客观法”还是要解决主观与客观如何统一的问题，它被称为“纯客观”，意图是要反对把客观统之于主观，因为唯我论的“主观我见”，即以“‘我’所见的如此，而乃以为本来实在如此”，这不免是“以虚为实，以幻为真”。而“纯客观法”首先承认主客的对待，由此所要达到的“客观”就是“以实为实，怎么样子的还它怎么样子的”，亦即罗素所说的“虚心、切实、如实地对付事实”。因此，“纯客观法”不是取消主客的对待，而是在承认客观不依“我”（主观）而存在的前提下，追求认识论和价值观上的主客统一。这种统一“跳出主客”，而实亦人所达到的一个“见地”或“境界”；它在认识论上所要达到的“客观”和在价值观上所要实现的“理想”，实亦一个进进不已的过程。在此意义上，“跳出主客”就是“跳跳不已”，“一跳就是一进”。[②]

在 1927 年底至 1928 年初写的《所思》中有云：“纯客观法”，“实事求是”，“毋意，毋必，毋固，毋我”，“无稽之言勿听”。[③] 此可证“纯客观法”就是前所称的“纯客观主义”。又有云：“今日世界的问题是如何把仁的生活，与科学或与由科学而生的工业，融合在一起。”“中国人必须相信，中国以前对于世界文明或文化，是有过极大的贡献的，对于将来世界的文明或文化，必更有更大的贡献，以跻人类于天人谐和之域。”[④] 这也显然是发挥了前所说“仁”与“科学法”对于人类有“最可宝贵”之价值的思想。

在《纯客观法》一文中，申府先生已认识到，“‘纯客观法’这个名

---

① 张申府:《张申府文集》第 2 卷，第 96 页。
② 张申府:《张申府文集》第 2 卷，第 96—97 页。
③ 张申府:《张申府文集》第 3 卷，第 118 页。
④ 张申府:《张申府文集》第 3 卷，第 123 页。

字，诚然不无可议……因想不出一个更妥的来，所以只有仍之”[①]。而在1933年发表于《大公报》的《客观与唯物》一文中，他就已把“纯客观”改称为“大客观”。他说：

> 大客观之为说，原在“跳出主客，主亦为客”。从客观出发，扩大客观的范围，把主观也容纳于其中。不以主观为观点，更不僭以主观当客观，但也不抹杀主观的地位。这便是所以叫作大客观。[②]

显然，“大客观”可以更贴切地表达“跳出主客，主亦为客”之意，而此时申府先生对“大客观”的解说也比以前要清晰明确。更进一步的是，此时所说的“客观与唯物”已经把“大客观”思想与辩证唯物论密切结合在一起。如申府先生所说：

> 客观者是承认有公共世界，承认实在是不依附于人的。辩证法唯物论的根本义便也在此。辩证唯物论乃是一整个的哲学系统：既有它的方法态度，也有它的元学，知识论，更有它的人生观，人生哲学。它的最根本义则在认有不依附人的客观存在。
>
> 但是平常的客观主义却也常是一种边执，且常不免于二病。或则默许现状，成了现状的说客，或则流于宿命，自居于客，客观便又只成了旁观。
>
> 大客观是不如此的。大客观乃是要如实认识事实；但更要加以价值判断。客观地根据事实，而建设主观的理想，而更尽人力以求价值理想的实现。……
>
> 大客观绝不轻视人的努力，绝不忽视人的影响。客观所重本在于实。人的实践，也是大客观所极重视。……必须不离现实，也不局于现实，即能扬弃现实，乃有理想的实现。

---

① 张申府：《张申府文集》第2卷，第97页。

② 张申府：《张申府文集》第2卷，第179页。

> 平常客观只是科学的方法态度，大客观更是辩证唯物论的方法态度。①

“大客观”本是从客观出发，承认有不依附于“人”（主观）的客观存在，同时亦对主观与客观持辩证的理解，破除了“平常”（机械）的客观主义的偏执，而主张既要“如实认识事实”，又要“加以价值判断”，通过“尽人力”即人的社会实践而扬弃现实、变革现实，“以求价值理想的实现”。此即是申府先生所理解的“辩证唯物论的方法态度”。

在1933—1934年写的《续所思》中有云：

> 社会问题是由现实以达理想。……其实，但能实践，理想不外现实。
>
> 能大客观者，既能作如实观，也能作平等观，也能作差别观。
>
> 大客观非单客观，是要为主观地的，无碍于人之理想，奋斗，审美，感情。
>
> 大客观，相反相成，于爱皆有焉。
>
> 变动的时代斯生变动的科学。御变动的时代与变动的科学，斯需辩证的方法。此现在唯物辩证之法之所以最为贵。
>
> 中国哲学的言仁，生，易，实深有合乎辩证法，有顺乎大客观。②

以上都是申府先生在肯定唯物辩证法之“最为贵”（最有价值）的前提下论证“大客观”，其中也都强调了将“仁”与“科学法”结合起来的思想。

---

① 张申府：《张申府文集》第2卷，第178—179页。

② 张申府：《张申府文集》第3卷，第136、140、141、144、176、181页。

二

张申府先生的“大客观”思想形成于1925—1933年，而此时也正是张岱年先生在中学和大学“初习哲学”的时期。据岱年先生《八十自述》中的回忆，他在初中二年级（1924—1925年）时，已初读《老子》，后来读了一本《新解老》，“对于老子学说有所理解”，又读了《哲学概论》一类的书，“对于哲学有所领会”。在他高中一年级（1926—1927年）时，班主任汪震先生开了“中国哲学史”课程，并常与学生们“谈论当时学术界的情况”。汪师在一篇论述当时中国哲学界的文章中“评述了胡适、梁漱溟、朱谦之、张崧年（申府）的思想”，此时岱年先生“才稍知长兄申府与当时中国哲学界的关系”。1928年暑假后，岱年先生入北京师范大学学习，而在1931—1933年“虽在师大听课”，但大部分时间用于研读中国哲学、西方哲学和辩证唯物论的著作，通过比较而认为辩证唯物论“实为最有价值的哲学”[①]。此期间，他发表了关于中、西哲学史和关于哲学理论的一系列论文。在这些论文中，凡关于哲学理论的，都已可见申府先生对岱年先生的重要影响，而岱年先生更亦显露出擅长于精密的解析和系统的论证的哲学才华。

申府先生在《一九二九年的哲学界》一文中介绍了康德、黑格尔、爱丁顿、杜威、怀特海、罗素等人的几部重要著作，而对罗素的《我们的外界知识》尤给予表彰，认为“真能随顺近代科学，能善用其方法，能懂理其原理者，究竟还是罗素”[②]。岱年先生研读西方哲学著作就是从

---

① 张岱年：《张岱年全集》第8卷，第575—577页。

② 张申府：《张申府文集》第2卷，第141页。

罗素的《我们的外界知识》开始的[①]，后来又研读马克思、恩格斯和列宁的哲学著作，这一阅读经历是在申府先生的“指引”下进行的。

申府先生的“大客观”思想本是从客观出发，而反对唯我论的“以虚为实，以幻为真”。岱年先生在哲学理论上发表的第一篇论文就是《破“唯我论”》，此文用解析方法和生活实践的原则批判唯我论的种种“困难”，这已体现了逻辑解析法与辩证唯物论的结合。在《知识论与客观方法》一文中，岱年先生将知识论上的“非内省法”称为“客观方法”，认为“罗素的知识论，不少部分是由非内省的观察所得”，而“辩证唯物论的知识论，尤最趋向于此”。[②] 以上两篇论文都发表于 1932 年，岱年先生所主张的“客观方法”虽然未用“纯客观法”的表述，但无疑受到这一思想的影响。

在 1933 年发表的《哲学的前途》一文中，岱年先生将马克思主义的“新唯物论，即辩证法的唯物论”与西方各派哲学作比较，认为“社会主义者的哲学思想与自然科学家的哲学思想……在不久将会结为一体”，将来世界哲学发展的重心当是“唯物的或客观主义的”“辩证的或反综的”“批评的或解析的”。[③] 将辩证唯物论与逻辑解析法相结合，这一哲学方向在此文中已经十分明确，而且这也是岱年先生终生不渝的哲学方向。

申府先生在 1933 年 3 月 9 日的《大公报》发表《事、理或事实》一文，这是对冯友兰与张荫麟两先生关于“理”之讨论所作的分析和评述。虽然申府先生在此文中申明“我自己也是唯名论者”（相对于“共相的实在论”而言），但此文亦只是为冯、张两先生的辩论“聊供一些可供讨论的资料而已”[④]。紧接着，岱年先生在同月 30 日的《大公报》

---

① 据张申府先生晚年的《所忆》，他在北大读预科和本科时常去藏书楼（北大图书馆的前身），有一天发现了罗素的《我们的外界知识》，“接连看了两遍，真有点爱不释手。由此我发现了罗素，并对之产生了兴趣”。（张申府：《张申府文集》第 3 卷，第 467 页）由此可知，二张兄弟初习哲学都是从罗素的《我们的外界知识》开始的。

② 张岱年：《张岱年全集》第 1 卷，第 58 页。

③ 张岱年：《张岱年全集》第 1 卷，第 72—73 页。

④ 张申府：《张申府文集》第 2 卷，第 177 页。

发表《谭“理”》一文，指出中国哲学所谓“理”至少有“形式”“规律”“秩序”“所以”和“至当”五项意谓，前四项可称为“自然的规律”，而“至当”即是“应当的准则”。“中国哲学家常不分自然与当然”，而戴震以为“当然是自然的倾向之完成”。岱年先生循此认为，应把“自然的规律”与“应当的准则”作层次的区分，“事实上，应当的准则不能离开自然的规律，而自然的规律可离开应当的准则”[①]。就“应当的准则不能离开自然的规律”而言，岱年先生的观点同于申府先生把“是”与“应该”、科学与道德统之于“纯客观”；而就“自然的规律可离开应当的准则”而言，岱年先生对“是”与“应该”、科学与道德又作了申府先生没有讲明的分殊。

在《谭“理”》一文中更重要的观点是，岱年先生提出对“所以”和“规律”须作层次的区分，“一物之规律有二：一、所根据并遵循之规律，二、所只遵循之规律”，前者即是一类事物与他类事物所共同遵循的普遍规律，而后者则是此类事物所遵循的特殊规律。岱年先生明确指出：“（一）我觉得理是实有的，外界有理，共相是外界本来有的，不因我们的认识而始存在。且外界本有之理，我们可以知之。”在这第一点上，岱年先生与冯、张两先生的观点是一致的。“（二）我觉得外界虽有理，但无独立自存之理，理依附于个别的事物，并没有理的世界。”在这第二点上，岱年先生不同于冯先生的观点，而与张荫麟的观点为近。这里分歧的“中心争点”在于，“‘理’是离个体的还是存在于个体之中的呢？‘理’是超时空而独立存在的还是存在于时空之中的呢？换言之，就是事物世界之外是不是还有一个‘理’世界？”[②]依岱年先生的观点，“理”只能存在于具体的事物之中，而没有一个超时空的独立于事物世界之外的“理”世界。针对冯先生的“未有甲物之先已有甲物之理”的观点，岱年先生指出，只有在甲物与他物所共同遵循之“理”（普遍规律）的意义上，才可说“未有甲物之先已有甲物之理”，而在

---

① 张岱年：《张岱年全集》第1卷，第97、98页。

② 张岱年：《张岱年全集》第1卷，第98、99页。

甲物所只遵循之“理”（特殊规律）的意义上，则不能说“未有甲物之先已有甲物之理”。针对冯先生的可有超时空的“理”（共相）世界的观点，岱年先生指出，“共相只是不限于在特定时空之中，而非不在时空之中，以明不得有超时空之有”①。

《谭“理”》一文是岱年先生早年的一篇代表作，此文与申府先生的《事、理或事实》一文有密切的关系，亦可以说是在申府先生的“指引”下写成的。但就此文对中国哲学概念和一般哲学理论问题的解析深度、所提哲学观点的创意深刻性和论证的逻辑严密性而言，已显露出岱年先生独特而卓越的哲学才华。在中国哲学史研究方面，岱年先生早年亦深受冯友兰先生的《中国哲学史》（上、下册）的影响②，而在“理在事中”还是“理在事先”的问题上，两先生有着观点分歧③。因此，岱年先生与冯先生只能说在中国哲学史研究方面是“同调”，而在哲学理论上则与申府先生是“同调”。

岱年先生在1933年还发表了《关于新唯物论》一文，阐发辩证唯物论在宇宙论方面的精义有三：“一，宇宙为一发展历程之说；二，宇宙根本规律（即辩证规律）之发现；三，一本多级之论。”其在知识论方面的精义亦有三：“一，从社会与历史以考察知识；二，经验与超验之矛盾之解决；三，以实践为真理准衡。”“新唯物论之特长，尤在其方法，即唯物的辩证法。”在肯定“新唯物论之为现代最可信取之哲学”的基本观点下，岱年先生指出“新唯物论欲求完成，则又必更有取于现代各派哲学，而最应取者则为罗素一派之科学的哲学”④。此后，岱年先生引述“本刊编者”（即主编《大公报·世界思潮》的张申府先生）曾云：“我的理想：百提（罗素），伊里奇（列宁），仲尼（孔子），三流合

① 张岱年：《张岱年全集》第1卷，第100—103页。

② 参见拙文《冯友兰〈中国哲学史〉今昔评》，《中州学刊》2011年第2期。

③ 张岱年先生晚年在《悼念冯友兰先生》一文中对金岳霖、冯友兰二先生后来接受了“共相寓于殊相之中”的观点给予高度肯定，认为“金、冯二先生从‘共相潜在’的新实在论转向辩证唯物论，这是中国现代哲学史上的一件大事，也是世界哲学史上的一件大事”。张岱年：《张岱年全集》第8卷，第475—476页。

④ 张岱年：《张岱年全集》第1卷，第130—133页。

一。”“解决问题总要解析的，数量的，辩证的，大客观的。”在这里，岱年先生明确地引用了“大客观”一词，而对“三流合一”之说极表赞成。他说：

> 吾以为将来中国之新哲学，必将如此言之所示。将来之哲学，必以罗素之逻辑解析方法与列宁之唯物辩证法为方法之主，必为此二方法合用之果。而中国将来如有新哲学，必与以往儒家哲学有多少相承之关系，必以中国固有的精粹之思想为基本。①

岱年先生所要建构的哲学思想体系至此已经有了明确的方向，或者说，这一思想体系的主要架构至此已经基本奠定，这应是申府先生与岱年先生的共同哲学成果。

申府先生在 1927 年底至 1928 年初写的《所思》中有云：

> 唯我论（独在论）一个意思是唯有我。
>
> 唯我论又一个意思是以我起证，自我以外皆不可证明。
>
> 罗素说，唯我论，在逻辑上是不可驳的。但也无信之之必要。②

申府先生对“自我以外皆不可证明”，“唯我论，在逻辑上是不可驳的”很不以为然，故又云：

> 他人，外物，世界，自然之存在，是确实的。西洋历来的逻辑，如不能证明之，这只证明西洋历来的逻辑必有毛病。③

岱年先生最初所作《破“唯我论”》实就是要弥补这一逻辑上的“毛

---

① 张岱年：《张岱年全集》第 1 卷，第 133 页。

② 张申府：《张申府文集》第 3 卷，第 131—132 页。

③ 张申府：《张申府文集》第 3 卷，第 132 页。

病”，而他在 1933 年发表的《论外界的实在》一文就更是对人之“感觉”作缜密的分析，由此而证明“我如承认我自己是实在的，则亦当承认外物是实在的”，“我所感觉之对象，并非因我之感觉与不感、知与不知而生灭或有无”，“物原非心造，心只能知之；如欲将物改造之，当由身有所动作”。[①] 此文解决了由申府先生提出而没有解决的问题，故而申府先生特为此文加编者按语，谓“季同此篇，析事论理，精辟绝伦”[②]。

岱年先生在同年又发表《批评的精神与客观的态度》一文，针对学术界存在的“盲信”和“盲诽”现象，提出：

> 如真有诚心求真理，如真有诚心努力于学，批评的精神与客观的态度是第一必要的。
>
> 有批评的精神，有客观的态度，则必精细谨慎，广大宽容，常要作审慎的考察，精密的分析，虚心的体会。
>
> 客观之极，乃得本刊编者所谓大客观，也即彻底客观，于此乃将主观亦纳于客观之中而客观地来观主观，不抹杀主观，此则尤难而尤可贵。[③]

在这里，岱年先生所主张的“批评的精神与客观的态度”，实就是申府先生所说的“辩证唯物论的方法态度”；岱年先生所说的“客观之极”，也就是申府先生所主张的“大客观”。二张兄弟在哲学的“方法态度”上完全是“同调”。而且，岱年先生对这一“方法态度”是信奉终身的，如他在 20 世纪 30 年代所作《人与世界》中说“哲学家须有寻求客观真理之诚心”[④]，在 40 年代所作《哲学思维论》中把“求真之诚”作为哲学工夫所必需的“精神修养”[⑤]，在其晚年则更明确“‘修辞立其诚’是我的

---

① 张岱年:《张岱年全集》第 1 卷，第 147 页。
② 张岱年:《张岱年全集》第 1 卷，第 148 页。
③ 张岱年:《张岱年全集》第 1 卷，第 150 页。
④ 张岱年:《张岱年全集》第 1 卷，第 358 页。
⑤ 张岱年:《张岱年全集》第 3 卷，第 69 页。

治学宗旨”①。

在岱年先生1933年发表的论文中，《道德之“变”与“常”》尤应予以重视。此文运用唯物辩证法的“变中有常”观点，一方面指出“道德依时代不同而不同，随社会之物质基础之变化而变化”；另一方面指出“在各时代之道德中，亦有一贯者在”，“新道德与旧道德之间是有连续性的”，而贯穿新旧道德的一个“根本的大原则”即是“仁”。②此文在中国现代哲学史上解决了在唯物史观的基本原理下是否应该继承和弘扬传统文化的道德之“常”的问题，这是岱年先生在哲学理论上的两个重要贡献之一。③而这也使申府先生提出的“仁”与“科学法”的结合有了唯物史观视域下的理论正当性。

1933年秋以后，岱年先生任教于清华大学哲学系，此后发表的《论现在中国所需要的哲学》《哲学上一个可能的综合》《生活理想之四原则》等论文，已经是岱年先生在既有的哲学方向上“试图提出自己关于哲学理论问题的系统观点”；而岱年先生在40年代所作的《天人五论》，则意在以哲学专著的形态“实现‘将唯物、解析、理想综合于一’的构想”④。虽然《天人五论》还不是这一“构想”的完整著作形态（原拟写的“真知论”“心物论”等因40年代的特殊环境而没有完成），但这已经标志着岱年先生在中国现代哲学史上创建了一个自己的“新综合”哲学体系。

申府先生晚年回忆，他在19岁时曾以“赤子”为笔名，写了一些短小的文字在天津《民国报》上发表，“总题目为《零金碎玉》”。“在此之前，于右任常以‘骚心’的笔名，在上海《民立报》上发表一些短

---

① 张岱年：《张岱年全集》第7卷，第403页。

② 张岱年：《张岱年全集》第1卷，第160、161页。

③ 另一个重要贡献是岱年先生自20世纪30年代始就重视“和谐”，把“兼和”作为人类最高的价值准则。参见拙文《张岱年先生的两个重要理论贡献》，《哲学动态》2007年第6期。就岱年先生重视“和谐”而言，这也应是受到申府先生的重要影响，参见本文前所引申府先生所说“中国人必须相信……对于将来世界的文明或文化，必更有更大的贡献，以跻人类于天人谐和之域”，他在《所思·序言》中亦有云“相反而相成，矛盾之谐和”。张申府：《张申府文集》第3卷，第53、123页。

④ 张岱年：《八十自述》，《张岱年全集》第8卷，第583、592页。

小精悍、生动活泼的文字，对我的思想和文风影响甚大，我一生中常喜欢写短文，实肇端于此。”[①] 的确，早年形成的“喜欢写短文”的文风在他后来的写作中一直保持着，加之他不仅是一个“书生”，而且是一个“不能缄默的书生”[②]，也就是说，他不仅是一个哲学家，而且是一个政治活动家，这使得他最终“没有写出一本大书来”[③]。尽管有此遗憾，但申府先生以短文形式写的未成系统的“零金碎玉”的确深深地影响了岱年先生，他所初创的哲学方向开启了岱年先生的哲学之路，而岱年先生所建构的“新综合”哲学体系，其基础是由兄弟二人共同奠定的。

岱年先生晚年写有《客观世界与人生理想——平生思想述要》一文，其中除简述了他的“物我同实”“物统事理”“一本多级”“物体心用”“思成于积”“真知三表”“充生达理”“本至有辨”“群己一体”“兼和为上”十大命题外，又概括地指出：

> 这些观点的基本倾向是，在理论上是唯物的，在方法上兼综了逻辑分析法与唯物辩证法。这些观点，总起来看，既肯定客观世界的实在性，又昂扬人的主体自觉性。……人的主体能动性在于改变客体，而改变客体必然有一定的目标，也就是必然依照一定的准则。这一定的准则即是人生理想，人生理想的核心是“当然”的自觉，亦即道德的自觉。道德的自觉也不是纯粹主观的，而必然参照客观世界的实际，这是我的基本认识。[④]

可以看出，岱年先生一生所持守的“基本认识”，与申府先生最初所提出的把“是”与“应该”、科学与道德结合起来的“大客观”思想是一致的。

（原载《哲学研究》2013 年第 10 期）

---

① 张申府：《张申府文集》第 3 卷，第 464 页。

② 张申府：《张申府文集》第 1 卷，第 725 页。

③ 张岱年：《回忆张申府》，《张岱年全集》第 8 卷，第 548 页。

④ 张岱年：《张岱年全集》第 7 卷，第 411 页。

默而好深湛之思　诚而创综合之论

——张岱年学术生涯录

我国现代著名的哲学家和哲学史家张岱年先生，字季同，别署宇同，河北省献县人，1909 年 5 月出生在一个书香之家。其父亲是清末进士，曾任翰林院编修。其兄长张申府先生是我国最早接受马克思主义的先驱者之一，对张岱年先生哲学思想的形成和发展有重要影响。张岱年先生幼年随母乡居，后来到北平入小学、中学。他自幼勤奋好学、博览群书，尤其对哲学发生浓厚兴趣。1926 年，他的第一篇哲学史论文《评韩》在《师大附中月刊》上发表。1928 年，他同时被北京师范大学和清华大学录取。在清华上课月余，因生性好静默沉思，不习惯于当时清华的军事训练，而从清华退学到北师大就读。

1931 年，冯友兰先生的《中国哲学史》上卷出版，随即使 20 年代开始的关于孔、老孰先孰后的讨论转趋热烈。张岱年先生在此之前曾用两个假期的工夫对老子的年代问题作过考证，他于是年 6 月写成《关于老子年代的一假定》，连续发表在《大公报 · 文学副刊》上。此文后被收入《古史辨》第 4 册，罗根泽先生在“附跋”中说：“在我见到的讨论老子及《老子》书的论文，与我见解同点最多者为张季同先生此文，他说老子的年代在孔墨之后，孟庄之前，是我极表同意的。”冯友兰先生在报刊上读此文后，“心颇异之”，意作者必为“一年长宿儒也”，“后知其为一大学生，则大异之”。冯先生在回忆与张先生初次会面的印象时说：“其为一忠厚朴实之青年，气象木讷，若不能言者，虽有过人聪明而绝不外露，乃益叹其天资之美。”[①] 张先生旋即与冯先生之堂妹订婚。此后，两位当代中国哲学史界的巨擘虽然哲学观点各异，承继的学术源流不同，但一直保持着亲密的友谊。

在《关于老子年代的一假定》的文末，张先生写道：“我自己在二年前对于考证发生过兴趣，现在却久已离考证国土了，并已离开古书世界了。”[②] 此话反映了张先生青年时期的学术志趣：他立志要成为一个哲学家，而不是考据学家、哲学史家。虽然他以后的学术生涯一直没有“离开古书世界”，但他在三四十年代主要致力的是建立一个新唯物论的哲学体系，他的中国哲学史研究是为这样一个体系的建立而展开的。

1932 年秋至 1933 年秋，这是张先生在大学就读的最后一年，他致力于哲学研究的最旺盛时期就是从这一年开始的。在此期间，他先后在《大公报 · 世界思潮》副刊上发表了《破“唯我论”》《知识论与客观方法》《辩证法与生活》《辟“万物一体”》《辩证法的一贯》《谭“理”》《关于新唯物论》《论外界的实在》等哲学论文。这些论文标志着张先生在大学学习期间接受了辩证唯物主义的思想，他“为之心折”，确认马克思主义哲学是“现代最可信取之哲学”。[③]

1932 年 9 月，冯友兰先生在《大公报 · 世界思潮》副刊上连续发表三篇《新对话》，论证“理”是超时空而独立存在的，“在甲物之前已有甲物之理”。这是冯先生继承程朱传统，建立新理学哲学体系的嚆矢。张荫麟先生随后发表文章对冯先生“理在事先”的思想进行批评。张岱年先生被这一争论所吸引，写出《谭“理”》一文，解析“理”至少有“形式”“规律”“秩序”“所以”“应当的准则”五种意义：就事理关系而言，他强调要把“所以”与“规律”区别开来，“所以乃一物所根据之规律，而不得谓之即某物之规律”，换言之，“一物之规律有二：一、

---

① 《冯友兰序》，载张岱年《张岱年文集》第 1 卷，清华大学出版社 1989 年版。

② 张岱年：《张岱年文集》第 1 卷，第 103 页。

③ 张岱年：《张岱年文集》第 1 卷，第 190 页。

所根据并遵循之规律，二、所只遵循之规律。如以生物现象而论，物理规律是其所根据并遵循之规律，而生物学的公律则是所只遵循的规律”。张先生的这一区分充分显示了他卓越的理论洞察和分析能力，此说不仅瞄准了“理在事先”说的要害，而且开了他以后“一本多级之论”思想的先河。张先生指出，只有把“理”当作“所以”解时，才能说“未有甲物之前已有甲物之理”（如未有飞机之前已有飞机所根据的空气力学规律）；而甲物所只遵循的规律在甲物之前是不存在的（如飞机的共相只有在制造飞机之后才有）。张先生强调，“大多数的理是随一类个体之生灭而生灭的”，“只有最根本的理（如对立统一、矛盾发展等）才可言永存不易”。他又指出，没有超时空的、独立自存的理，“理并不是不在时空之中，而是不限于在特定的时空之中”，“理依附于个别的事物，并没有理的世界,理只在事物的世界中”。[①]《谭“理”》一文用辩证唯物主义的观点阐述了事理关系，批驳了新实在论和中国传统的唯心主义，为张先生以后一直坚持并不断加强论证的“理在事中”的思想奠定了坚实的基础。

1933年5月25日,《大公报·世界思潮》副刊发表了张先生青年时期的一篇代表作——《论外界的实在》。他写道:“在生活上不承认外界的实在是不可能的，而在理论上怀疑或否认外界的实在却很易，证明外界的实在则甚难。”这段话使人们不由得想起狄德罗在批判贝克莱主观唯心论时发出的感慨:“这种体系虽然荒谬之至，可是最难驳倒，说起来真是人类智慧的耻辱、哲学的耻辱。”张先生的这篇论文可以说就是要洗刷这一耻辱，用理论分析来证明外界的实在，批判“存在就是被感知”和“离识无境”的唯心主义观点。他首先从对知觉这个事实的分析出发，指出“物有不随心俱变者，心变物可不变，物变而心未有变”，以此证明“物之有，非缘于心”。他接着从对知觉主体的分析来证明我之身是实在的，“内外实并无绝对的判隔”，“我如承认我身之实在，则不得不承认他人身体之实在，亦即不得不承认外物之实在”。这一论证

① 张岱年:《张岱年文集》第1卷，第15、19页。

方式是从我感进至我实（我并非常知常觉，当我无思无感觉之时我仍然存在），再从我实进至人、物亦实，是颇具理论说服力的。张先生在这篇文章中还说："物原非心造，心只能知之：如欲将物改造之，当由身有所动作。"① 这说明他对外界实在的理论证明是同实践的观点密切结合在一起的。《大公报》在发表这篇文章时特加了一条编者按语："季同此篇，析事论理，精辟绝伦。切望平津读者不可因敌迫城下，心神不宁，遂尔忽之。同时更宜信：有作出这等文字的青年的民族，并不是容易灭亡的。"②

张先生在宣传、论述辩证唯物主义思想的同时，还有针对性地开展了对中国哲学史的研究。他于1932年9月至12月间，连续发表了《先秦哲学中的辩证法》和《秦以后哲学中的辩证法》。这两篇文章比较系统地考察了中国古代辩证法的固有范畴、基本思想和发展历程，是研究中国古代辩证法史的奠基性文献。在1933年2月，他又发表《颜李之学》一文，突出强调了颜李之学"与科学精神相结合，即一重事物，二重习行"的特点。他指出"颜李是唯物的思想家，他们的基本理论是唯物的，反对唯心的"，并且问道："探索了颜李的思想，我们是不是更觉得唯物论是应信取的呢？"③ 显然，他对颜李之学的论述，以及对中国古代辩证法的论述，并不是单纯的中国哲学史研究，而是要为辩证唯物主义在中国的传播提供历史的依据，建立一个理论的结合点。

在此期间，张先生还形成了他对辩证唯物主义理论的独具特色的看法。在《辩证法与生活》一文中，他说：现在所讲的辩证法"形式未免粗疏，尚待精密化"。在《哲学的前途》一文中，他说："我不相信将来哲学要定于一尊……但我相信，将来哲学必有一个重心或中心。"这为将来哲学之重心或中心的哲学当有三个特点：（1）唯物的或客观主义的；（2）辩证的或反综的；（3）批评的或解析的。这后一个特点即是针对着当时新唯物论的"粗疏"而言的。在《关于新唯物论》一文中，他

---

① 张岱年：《张岱年文集》第1卷，第3、7、9页。

② 张岱年：《张岱年文集》第1卷，第9页。

③ 张岱年：《张岱年文集》第1卷，第155页。

诠解辩证唯物主义在宇宙论方面的精义有三点：（1）宇宙为一发展历程之说；（2）宇宙根本规律（即辩证规律）之发现；（3）一本多级之论（即物质为一本，宇宙事物之演化有若干级之不同，各级有各级之特殊规律）。知识论方面的精义也有三点：（1）从社会与历史以考察知识；（2）经验与超验的矛盾之解决；（3）以实践为真理准衡。他认为，“新唯物论之特长，尤在其方法，即唯物的辩证法。……唯应用辩证法，然后能连一切‘见’，去一切‘蔽’；乃不至于以偏赅全，乃不至于顾此失彼”。他还指出：“现在形式之新唯物论所缺乏者实为解析方法，而罗素哲学则最能应用解析方法者”，“将来之哲学，必以罗素之逻辑解析方法与列宁之唯物辩证法为方法之主，必为此二方法合用之结果。而中国将来如有新哲学，必与以往儒家哲学有多少相承之关系，必以中国固有的精粹之思想为基本”。[①] 以上观点表明，张先生当时已经开始为发展辩证唯物主义进行新的探索，并初步形成了自己的理论特色。

1933 年秋，张先生在北师大毕业后任教于清华大学哲学系，讲授哲学概论，1936 年起兼授中国哲学问题课程。在此期间，张先生先后发表了《科学的哲学与唯物辩证法》《逻辑解析》《辩证唯物论的知识论》《辩证唯物论的人生哲学》《中国思想源流》《中国知论大要》《论现在中国所需要的哲学》《哲学上一个可能的综合》《生活理想之四原则》等重要文章。在《哲学上一个可能的综合》一文中，他提出了自己的哲学思想的基本纲领：“今后哲学之一个新路，当是将唯物、理想、解析，综合于一。”他通过论述新唯物论与旧唯物论之区别、物质与理想之关系、哲学与解析之关系、中国哲学思想之趋向等等，证明“唯物、理想、解析之综合，实乃新唯物论发展之必然的途径”。他说：这样一种综合“乃是以唯物论为基础而吸收理想与解析，以建立一种广大深微的唯物论”，“也可以说是中国哲学与西洋哲学之新的综合，实际上更可以说是唯物论之新的扩大”。[②] 在这篇文章的最后部分，他提出了这个“三

---

① 张岱年：《张岱年文集》第 1 卷，第 188、190、191 页。

② 张岱年：《张岱年文集》第 1 卷，第 210、221 页。

综合”哲学体系的理论雏形，在当时产生了较大的影响。孙道升在发表于 1936 年 10 月 7 日《北平晨报》上的《现代中国哲学界之解剖》一文中，将其称为“解析法的新唯物论”。

在《哲学上一个可能的综合》发表之后，张先生原拟刊印他在 1931 年至 1935 年写的一部分研思札记——题为《人与世界》(又名《宇宙观与人生观》，即“研思札记之一”)，目的是为“新哲学之纲领”作进一步的论证。但是，由于当时抗日战火迫在眉睫，此计划未能实现。这篇直至 1988 年才公开发表的札记共有 46 节，内容基本按方法论、知识论、宇宙论、人生论的次序排列。这篇札记包含了张先生 20 世纪 30 年代哲学思想的丰富内容，同时又为他 40 年代的五部哲学论稿奠定了基础。在这篇札记中，张先生提出了一个不同凡响、意蕴精深的观点：“在哲学的战斗中，应夺取对方之精锐的武器。”这一观点鲜明地表明了他创立“唯物、理想、解析”综合之论绝不是搞折衷调和，而是充满战斗性的，他的目的不是要为唯心主义保留一席之地，而是要更加增强辩证唯物主义的战斗力。他还提出：“哲学家须有寻求客观真理之诚心。”这一点在他 40 年代写的《哲学思维论》“哲学之修养”一节中表述为：“存诚。即有求真之诚。哲学乃所以求真。既已得真，然后可由真以达善。如无求真之诚，纵聪明博辩，亦止于成为粉饰之学。”“求真之诚，为哲学工夫之基础。”[①]“诚”之一字代表了张先生一生的治学之道和人格风范。1988 年春，冯友兰先生在为《张岱年文集》写的“序”中说：“张先生治学之道为‘修辞立其诚’，立身之道为‘直道而行’，立身与为学，初非两橛。‘修辞立其诚’‘直道而行’只是一事。一事者何？诚而已矣。”[②]

1936 年 9 月 15 日，张先生在为以上札记写的“后记”中说：“我生平最喜沉思，有如庄子所讥‘无思虑之变则不乐’。”[③]50 年过后，他在《自述四十岁前为学要旨》中又写道：“昔扬雄自称‘默而好深湛之

① 张岱年：《真与善的探索》，齐鲁书社 1988 年版，第 71、72 页。

② 《冯友兰序》，载张岱年《张岱年文集》第 1 卷。

③ 张岱年：《张岱年文集》第 1 卷，第 352 页。

思'。我三四十岁时亦喜思考深湛的问题。"[①] 庄子所讥和扬雄自谓恰到好处地表达了张先生所富有的哲学家的职业性格。正如一位青年学者在描述张先生七十多年的学术生涯时所说:"任他纵横驰骋的疆场是书斋、教室,他得心应手的武器是钢笔、粉笔,哲学是他的专业,思索是他的天职。"[②]

在 20 世纪 30 年代中叶,张先生还积极参与了关于中国文化建设的大讨论。他在《世界文化与中国文化》《关于中国本位的文化建设》《西化与创造》等文章中提出:"一个民族的文化,如果不与较高的不同的文化相接触,便易走入衰落之途。……但若缺乏独立自主精神,也有被征服被消灭的危险。"[③] 他主张对东西方文化"加以分别抉择",将东西方文化的优秀遗产作为发展之基础,进行"创造的综合"。他指出,"凡创造的综合,都必对于所综合的东西加以进一步的发展而综合之,同时并有新创造以为主导的因素","文化创造主义之目标,是社会主义的新中国文化的创成"。[④] 这些观点在他参与 80 年代的文化讨论时被继承和发展。

在 1935 年至 1936 年,张先生还完成了他在中国哲学史研究领域的一部代表性巨作——近 60 万字的《中国哲学大纲》。此书以中国哲学问题为纲,分门别类地叙述其源流发展,以显出中国哲学的固有范畴和条理系统,无论从内容还是从体例上说都是独创性的。关于此书的方法,张先生说"我所最注重者有四点":第一,审其基本倾向;第二,析其辞命意谓;第三,察其条理系统;第四,辨其发展源流。其中,第二点"可以说是解析法在中国哲学上之应用",第四点"可以说是辩证法在中国哲学上之应用"。[⑤] 由此我们可以说,《中国哲学大纲》是张先生在 30 年代应用其初创的哲学体系的方法论而在中国哲学史研究领域取得的重

---

① 张岱年:《真与善的探索》,第 379 页。

② 范学德:《综合与创造——论张岱年的哲学思想》,教育科学出版社 1989 年版,第 1—2 页。

③ 张岱年:《张岱年文集》第 1 卷,第 250—251 页。

④ 张岱年:《张岱年文集》第 1 卷,第 278、281 页。

⑤ 张岱年:《中国哲学大纲》,中国社会科学出版社 1982 年版,"自序",第 18、19 页。

大成果。此书写成后经冯友兰、张荫麟审阅而推荐给商务印书馆。正当商务印务馆做成纸型准备付印时，抗日战争爆发，此书的出版第一次受阻。1943年，北平私立中国大学将此书印成讲义。1948年，商务印书馆再次决定将此书付印，但战争又使此书的出版第二次受阻。1957年，商务印书馆第三次决定出版此书，而张先生却在这一年的“反右运动”中因言罹祸，商务印书馆冒着政治风险于1958年将此书出版，而作者“张岱年”却不得不改署为“宇同”。1974年，此书的日文译本在日本出版，译者在“后记”中特注明:“宇同”即北京大学教授张岱年。直到1982年，署名为“张岱年”的《中国哲学大纲》才由中国社会科学出版社出版。此书历经坎坷而终能以作者的真姓实名而见诸学术界，它的经历伴随着中国现代史的几次重大转折，它的沉浮也正是作者历经磨难而自强不息的学术生涯的一个缩影。当《中国哲学大纲》正在张先生的脑海里处于孕育阶段时，它的作者在前面提到的那篇札记中写下了他一生学术文章中的可能唯一的一次“游记”:“尝与友人同游北平郊野，至右安门，见城墙之上有一树，生于砖隙之中，乃将城上之砖挤落十数，曲干挺出，甚具雄姿，因悟生命之本性，而叹此树真能表现生命力者……”①不知作者是否想到,他这一“悟”就使这棵“树”成为他的一生及其学术著作的生命力的一个象征。

1937年抗日战争爆发，张先生未能随校南行，在北京蛰居读书。1943年，他受私立中国大学之聘，任哲学教育系讲师，次年改任副教授，讲授中国哲学概论。1946年，他复回清华大学哲学系，任副教授，讲授哲学概论和中国哲学史等课程。在1937年至1948年，张先生的哲学体系由初创阶段进入基本成熟时期。

1942年，张先生完成了他的哲学专著《天人新论》中的三部论稿——《哲学思维论》《知实论》《事理论》。《哲学思维论》是《天人新论》的第一部分即方法论部分。《知实论》是《天人新论》的第二部分即致知论部分的上篇，此论的主题是通过对感觉的分析来证明客观世界

---

① 张岱年:《真与善的探索》，第270页。

的实在，亦即“离识有境”。致知论部分原拟有下篇《真知论》，论证经验与理性、知与行的关系和真知标准等，但在当时困难的条件下此论没有完成，部分思想保存在1937年以后的一部分札记——题为《认识、实在、理想》(即“研思札记之二”)中。《事理论》是《天人新论》的第三部分即天论(宇宙论)部分的上篇，此论的主题是系统地阐述事与理俱属实有而“理在事中”的思想。张先生特注明：他的思想与冯友兰先生思想之不同，“颇近于王船山天下唯器论、李恕谷理在事中论与程朱学派理在气先论之不同”；他还指出：他的思想与主观唯心论者用心统赅理“乃以冯先生舍心言理为病”之说，“益加冰炭之相异矣”。[①] 这清楚地表明张先生以接续张载、王夫之、李塨、戴震的唯物主义传统为己任，既不同于接续程朱传统的客观唯心主义，又更异于接续陆王传统的主观唯心主义。在《事理论》之后，张先生原拟写天论部分的下篇——《心物论》，重点阐述事物、理与心之关系，强调“如无人，如无心，而事物之理依然自有”，“陆王学派讲心即理，实为大谬”。[②] 但《心物论》在当时也没有完成，只是在“研习札记之二”中谈到了此论的主要思想。

1943年以后，由于物价“昂腾”，张先生的家庭经济状况十分窘迫，他原拟要写的《天人新论》的第四部分即人论部分已没有从容完成的可能。于是在艰苦的条件下，他以文言的形式写成了一个简略的提纲——《品德论》，重点提出了人生之道在于“充生以达理”“胜乖以达和”等命题。

1945年抗战胜利，张先生欢欣之至，但经济窘迫的压力并没有因此而减轻。1946年返回清华任教后，在课务繁忙和生活困顿的双重压力下，张先生愈感书稿难成，最后竟至辍笔。然而，对真理的追求和探索在他的心中是不可抑止的。1948年夏，他对自己20年来所思考的各个方面的哲学问题作了一次系统的反思和总结，并且写了一篇概括性的

① 张岱年:《真与善的探索》，第129—130页。

② 张岱年:《真与善的探索》，第340页。

简述，这就是作为他40岁前哲学思想总纲的《天人简论》。在此论中，张先生明确界定："哲学为天人之学。……哲学所研究者即自然之根本原理与人生之最高准则。哲学即根本原理与最高准则之学。"[①]此论提出的十大命题即张先生对"自然之根本原理与人生之最高准则"进行深入探索而作的最集中、最简要的表述。《天人新论》终没有最后完成，而《天人简论》作为《天人新论》的一个概要便成为张先生所创"解析的辩证唯物论"哲学体系的纲领性代表作。《天人简论》与张先生在此之前完成的四部哲学论稿合称为《天人五论》。

1949年中华人民共和国成立以后，由于种种原因，张先生的学术生涯又经历了几次大的曲折。1950年至1951年，他曾撰写了《关于哲学的统一战线》《唯物观点的应用》《论哲理科学之意义》《学习"实践论"》等论文，但这些论文均未能在杂志上发表。1951年，张先生在清华大学哲学系改任教授，1952年院系调整后到北京大学哲学系任教授。1953年秋，张先生自觉他在40年代末完成的《天人新论》内容颇异于时论，于是将《天人五论》和有关札记收入箱笥之中，告别了他曾上下求索的哲学原理研究领域。直到1988年，这些书稿才以《真与善的探索》为题由齐鲁书社出版。

从1954年起，张先生专门从事中国哲学史的教学与研究。在1954年至1957年，他陆续发表了《王船山的唯物论思想》《张横渠的哲学》《中国古代哲学中若干基本概念的起源与演变》《中国古代哲学的几个特点》等论文，并出版了单行本《中国伦理思想发展规律的初步研究》和两本通俗性著作《张载——十一世纪中国唯物主义哲学家》《中国唯物主义思想简史》。仅从著述的题目就可以看出，张先生在这一时期的中国哲学史研究继承了《中国哲学大纲》的主要特点，即注重阐明中国哲学中的唯物主义传统，注重分析中国哲学固有的范畴和特点。

正当张先生在中国哲学史研究领域焕发出其深入探索的学术激情时，这个一生与进步的政治保持着密切的学术联系而又一生没有参与直

---

① 张岱年：《真与善的探索》，第220页。

接的政治活动的学者，竟然在中华人民共和国成立后的一场政治运动中遭受到直接的无情的政治打击。1957年9月，他被诬以“反对知识分子思想改造”的罪名，受到公开点名的批判，他的学术文章也被定性为“中国哲学史研究方向上的右派纲领”。他研究中国哲学史的权利被剥夺了，他原拟要撰写的“王廷相哲学研究”和“明代唯物论史”被浸入一片冰水之中。在蒙受奇耻大辱的岁月里，他下决心以自强不息的精神活下去，等待着洗去身上污水的那一天。从1959年至1965年，他所从事的主要工作是中国哲学史教学资料的注释。1966年以后的十年动乱期间，资料注释工作也被无休止的自我检查所代替。

1978年12月党的十一届三中全会召开，1979年1月北京大学党委宣布张先生的右派问题属于错划。已届耄耋之年的张先生在政治上、思想上、学术研究上获得了解放，由此开始了他学术生涯的第二个高峰时期。1980年中国哲学史学会成立，张先生被推举为会长，1989年被选为名誉会长。1983年，张先生加入中国共产党。在近十余年间，他壮心不已，笔耕不止，培养出十几名硕士、博士，发表了数十篇学术论文，出版了三部论文集——《中国哲学发微》《玄儒评林》和《文化与哲学》，撰写了四部专著——《中国哲学史史料学》《中国哲学史方法论发凡》《中国伦理思想研究》和《中国古典哲学概念范畴要论》，并且与他的学生合著了《中华的智慧》《中国文化与文化论争》等等。张先生现在自谓“垂垂老矣”，但他对中国哲学和文化的探索与建树仍在继续之中，全面评价张先生的学术成果还有待于将来，而我们今天可以肯定的是：他始终以“求真之诚”致力于中国哲学和文化的“创造的综合”。在哲学上，张先生自谓“主要坚持三点”：第一，唯物论的基本观点“世界的统一性在于物质性”，以及辩证法的三规律、十六条要素，是必须肯定的真理；第二，对于中国古代唯物论和辩证法的优秀传统，特如王夫之的哲学遗产，应深入研究、继承发扬；第三，对于现代西方各流派的哲学思想，亦应加以考察分析，注意摄取其中符合科学精神的观点和方法。他认为，“这三点之间是没有矛盾的”，也就是说它们是可以而且应该进行“创造的综合”的。在文化问题上，他认为“中国文化是一个包含多方面、多层次内容的体系，其中哲学思想居于主导地位”。“自强不息”“厚德载物”是中华民族得以延续发展的思想基础和内在动力，亦即“中华精神”。中国传统文化与现代化的冲突主要有四个方面：(1)尊官贵长与民主精神的冲突；(2)因循守旧与革新精神的冲突；(3)家庭本位与个性自由的冲突；(4)悠闲散漫与重视纪律、效率的冲突。中国文化发展的根本途径是“综合创新”，即综合中西文化之所长，创新出符合新时代要求的中国新文化，“民主、科学、社会主义”是中国文化综合创新的主导要素和根本原则。

57 年前，张先生曾说：“中国能不能建立起新的伟大的哲学，是中国民族能不能再兴之确切的指标”；“创造的综合是拔夺（扬弃）东西两方旧文化而创成新的文化”，“文化创造主义之目标，是社会主义的新中国文化的创成”。[①] 张先生的一生可以说就是为创成中国“新的伟大的哲学”和社会主义的新文化而不停息地奋斗的一生。

（原载《社会科学战线》1992 年第 8 期）

① 张岱年：《张岱年文集》第 1 卷，第 281 页。

并非“陈迹”

——张岱年先生早期哲学思想的今日启示

张岱年先生不仅是我国现代著名的哲学史家，而且也是重要的哲学家。他在20世纪30年代中期完成了近60万字的巨著《中国哲学大纲》，从而奠定了他在中国哲学史研究领域的重要地位。然而在此前后，他主要从事哲学原理的艰苦探索，致力于建立一个新唯物论的哲学体系。他在30年代发表了数十篇重要的哲学论文，在30年代完成了《天人五论》（即《哲学思维论》《知实论》《事理论》《品德论》和《天人简论》）。这些文献近几年收集在清华大学出版社1989年出版的《张岱年文集》第1卷（以下简称《文集》，文中所引，只随文标明书名、页码）和齐鲁书社1988年出版的《真与善的探索》（以下简称《探索》，文中所引，只随文标明书名、页码）中。张先生在“自序”和“附识”中屡言这些文献不过是保存了昔日中国哲学园地“一隅之痕迹”，“作为一段历史陈迹仍保存下来”。这一方面是张先生的自谦；另一方面说明张先生的早期哲学思想确有某些历史局限。但是，这绝不意味着张先生的早期哲学思想在今日失去了价值。张先生在三四十年代所创“解析法的新唯物论”体系不仅在中国现代哲学史上占有重要地位，而且为我们今日坚持和发展马克思主义哲学提供了珍贵的启示。从张先生的早期哲学思想在今日仍具有价值而言，它并非“陈迹”。

一

张岱年先生早年初习哲学从先秦诸子入门，以后广泛阅读了西方哲学著作，特别是英国新实在论者罗素、穆尔、怀特海和博若德等人的著作。在研读了马克思、恩格斯、列宁的哲学著作以后，他“为之心折”，确认辩证唯物主义是“现代最可信取之哲学”（《文集》第190页）。在发表于1933年的《哲学的前途》一文中，他说：“我不相信将来哲学要定于一尊……但我相信，将来哲学必有一个重心或中心。”这为将来哲学之重心或中心的哲学有三项特点，即“一、唯物的或客观主义的”“二、辩证的或反综的”“三、批评的或解析的”（《文集》第46页）。这后一项特点是指辩证唯物主义要吸收新实在论的逻辑分析方法。在发表于1935年的《论现在中国所需要的哲学》一文中。他又指出：“一种哲学必与其民族的本性相合，乃能深入人心，必能矫正其民族的病态，乃有积极的作用。……建立哲学不顾及本国的特殊精神是不成的。”（《文集》第205页）这就是说，辩证唯物主义要与中国传统哲学的特色相结合。张先生的早期哲学思想可以概括为：学宗辩证唯物主义，熔铸中西，进行“创造的综合”。

张先生提出“创造的综合”，其哲学立场是非常坚定明确的。他在《哲学上一个可能的综合》（1936年）一文中，提出了他所创新唯物论哲学体系的基本纲领：“今后哲学之一个新路，当是将唯物、理想、解析，综合于一。”他同时指出：“凡综合皆有所倚重，如康德之综合即是倚重于唯心，其实是一种唯心的综合；今此说之综合，则当倚重于唯物，而是一种唯物的综合。此所说综合，实际上乃是以唯物论为基础而吸收理想与解析，以建立一种广大深微的唯物论。”（《文集》第210页）

我认为，张先生在这里不仅提出了坚持和发展马克思主义哲学的立场问题，而且提出了一个重要的方法问题。马克思主义哲学是“现代最可信取之哲学”，但马克思主义哲学既有的理论形态并不是马克思主义哲学体系的最后建成。它没有结束真理，而是为继续认识真理开辟道路。在坚持和发展马克思主义哲学的过程中，我们既要对各种非马克思主义哲学、唯心主义哲学的谬误进行批判和斗争，同时又要采取分析的态度，辨识其中合理的因素而吸取之。在人类认识史上，毫无所见、毫无所得的哲学体系是不攻自破甚至是不可能存在的，而我们需要对其进行批判和斗争的那些哲学体系往往包含着我们需要辨识和吸取的合理因素。辨识和吸取这些合理因素，正是为了更加有效、有力地对其进行批判和斗争。张先生在 30 年代写的《研思札记》中说：“在哲学的战斗中，应夺取对方之精锐的武器。”（《文集》第 310 页）这清楚地表明了张先生当时所创“唯物、理想、解析”综合之论，绝不是搞折衷调和，而是为了坚持和发展辩证唯物主义，更加增强其战斗力。

张先生在《辩证法的一贯》（1933 年）一文中指出：“辩证学说的发展应亦是辩证的。”（《文集》第 64 页）他坚决回击了当时一些人对于马克思主义哲学的“盲诽”态度，但他同时也反对对于马克思主义哲学的“盲信”和“墨守”，反对“凡宗师所已言，概不容批评；宗师所未言及者，不可有所创说”。他主张“对于已有之理论应更加阐发，而以前未及讨论之问题，应补充研讨之”。（《文集》第 225 页）正是因为张先生坚持以辩证的态度对待唯物辩证法本身，所以他在指出新唯物论与旧唯物论之不同、新唯物论“最可信取”的同时，又认为当时所讲的辩证法“形式未免粗疏，尚待精密化”（《文集》第 55 页），“现在形式之新唯物论，实只雏形，完成实待于将来”（《文集》第 190 页）。把确认马克思主义哲学为真理和发展马克思主义哲学有机地统一起来，这是张先生在三四十年代从事哲学探索、哲学创造的最基本的立场和信念。

张先生作为一个职业哲学家，在当时服膺马克思主义哲学，并且批判吸收其他哲学流派的思想，同他具有“寻求客观真理之诚心”是密不可分的。他在 30 年代写的《研思札记》中就提出“哲学家须有寻求客观真理之诚心”(《文集》第309页)。在40年代写的《哲学思维论》中,他更把“求真之诚”作为“哲学工夫之基础”。他说:“哲学乃所以求真。既已得真,然后可由真以达善。如无求真之诚,纵聪明博辩,亦止于成为粉饰之学。”(《探索》第71页)正是因为张先生具有“求真之诚”,所以他在考察了物本论、心本论、理本论、生本论和实证论的基本思想之后,确认:“物为根本,此乃真理,而心本,理本,生本,实证论,皆以非本者为本,其宗旨皆误。”(《探索》第8页)也正是因为张先生具有“求真之诚”,所以他在确认物本论为真理后,对其他派别之哲学思想亦能予以充分的重视,指出:“对于任何哲学理论,不应完全排斥之,而亦应容纳其对的成分……”(《文集》第309页)

张先生在三四十年代对西方哲学史特别是西方现代哲学作了较为深入的研究。他曾把亚里士多德、哥白尼、伽利略、培根、笛卡儿、卢梭、黑格尔、达尔文和马克思列为“中国所缺乏的思想家”,并认为“西方其余大思想家,如柏拉图、赫拉克利特、斯宾诺莎、康德等,中国尚有其类似者”(《探索》第365页)。在西方近代哲学家中,张先生最钦佩斯宾诺莎,因为“他是近代第一个伟大的自然主义者,是近代第一个伟大的一元论者,他又是近代第一个创出博大精深的人生哲学的人”(《文集》第244页)。张先生尤注重对西方现代哲学的研究,他认为“唯以新唯物论与现代他派哲学对较,然后乃可见新唯物论之为现代最可信取之哲学”(《文集》第190页)。他对柏格森的创造进化论、摩根的突创进化论、胡塞尔的现象学、怀特海的有机哲学、尼采的超人哲学、詹姆士和杜威的实用主义、罗素和博若德等人的新实在论、维也纳学派的逻辑实证论,以及新康德主义、新黑格尔主义等等,都曾有所评介。由于张先生当时认为“新唯物论如欲进展,必经一番正名析辞之工作”(《文集》第193页),所以他对罗素和维也纳学派的逻辑分析方法格外重视,他早期初创的哲学体系亦被当时的评论家称为“解析法的新唯物论”。

张先生对中国传统哲学有着深厚的功底,他在大学就读期间发表的第一篇哲学史论文是《关于老子年代的一假定》(1931年)。在此文的末尾,他说:“我自己二年前对于考证发生过兴趣,现在却久已离考证国土了，并已离开古书世界了。”（《文集》第 103 页）这说明张先生青年时期的学术志趣是成为一个哲学家，而不是考据学家、哲学史家。可以推定，张先生广泛阅读西方哲学著作并且确认马克思主义哲学为真理，就是从这里所说“离开古书世界”的两年间开始的。然而，张先生在此后的学术生涯中却又一直没有“离开古书世界”。就在发表关于老子年代文章的一年以后，他又陆续发表了《先秦哲学中的辩证法》《秦以后哲学中的辩证法》《颜李之学》《中国哲学中之非本体派》《中国元学之基本倾向》等重要哲学史论文。如果再看一看张先生同期发表的《破“唯我论”》《知识论与客观方法》《辩证法与生活》《辩证法的一贯》《关于新唯物论》《论外界的实在》等重要哲学论文，就很清楚张先生当时对中国哲学史的研究是围绕着哲学原理的探索而展开的，他接受并且发展辩证唯物主义学说是同他注重对中国古代辩证法和唯物论的研究相辅相成的。在《颜李之学》（1933 年）一文的末尾，他写道：“探索了颜李的思想，我们是不是更觉得唯物论是应信取的呢?”（《文集》第 155 页）显然，这种研究是要为辩证唯物主义的传播提供历史的依据，并且要在辩证唯物主义与中国传统哲学之间建立理论的结合点。在《世界文化与中国文化》（1933 年）一文中，他说：“一个民族的文化与较高的文化相接触，固然可以因受刺激而获得大进，但若缺乏独立自主精神，也有被征服被消灭的危险。”（《文集》第 251 页）在《论现在中国所需要的哲学》（1935 年）一文中，他进一步指出：维护与发扬中国哲学中好的东西，矫正与克服中国哲学中病态的、有害的东西，这是“中国今后治哲学者的责任”（《文集》第 253 页）。对中国传统哲学采取批判继承的态度，取其精华，弃其糟粕，将这项工作视为发扬民族独立自主精神和熔铸中西、发展马克思主义哲学的重要一环，这是张先生从事中国哲学史研究的根本宗旨。

张先生致力于“唯物、理想、解析”的综合，“中国哲学与西洋哲学”的综合，其综合的理论依据和方法是辩证法。他指出：“唯应用辩证法，然后能连一切‘见’，去一切‘蔽’；乃不至于以偏赅全，乃不至于顾彼失此。欲综合‘见’而不以辩证法，则又必成庸俗的折衷论。”

（《文集》第 190 页）这种综合充分肯定了唯物论“最有征验，最合科学，且最符协于生活实践”，同时认为唯物辩证法的发展也是辩证的；在此基础上，“对于任何哲学……且扬举且抛弃，且擢拔且摈除，且吸纳且扫荡”（《文集》第 309—310 页），从而使这种综合成为“唯物论之新的扩大”。

张先生早期所创“解析法的新唯物论”哲学体系，从讲述的内容和表述的形式上说，在今天看来终不免带有历史的局限，但他对马克思主义哲学既坚持又发展的态度，他的“寻求客观真理之诚心”，他的“连一切‘见’，去一切‘蔽’”，吞吐百家，熔铸中西，进行“创造的综合”的方向，在今日是有现实意义的。尤其值得今日学者学习的是，张先生为求达到“致广大而尽精微”之哲学发展的目的，学贯马克思主义哲学、西方哲学和中国传统哲学。他说：“致广大即是‘观其会通’，尽精微即是‘极深研几’。”（《文集》第 219 页）张先生的早期哲学思想之所以创获甚丰，是因为他把“极深研几”和“观其会通”有机地结合起来。笔者以为，中华人民共和国成立以后治哲学者之一大弊，是将马克思主义哲学原理、西方哲学和中国传统哲学分而治之，各自为学，史论分家，中西不相涉。这样，虽在“极深研几”方面有所进展，但毕竟因眼界不宽而开拓有限，尤其是未能出现高扬马列并且荟萃中西于一炉的哲学大家。我们常言实现哲学与自然科学的联盟，甚至哲学与文学的联盟，但我们是否更应该实现哲学内部各分科之间的联盟呢？

二

张岱年先生早期哲学思想的内容是非常丰富的（参见《探索》附录：《自述四十岁前为学要旨》），其中许多内容在今天仍有价值，而且在今后也会放射出真理的光辉。因本文篇幅所限，以下仅将张先生早期哲学思想中与当今哲学界的讨论有较密切关系的几个问题简要分述之。

1. “外界的实在”的证明

外界的实在问题即思维与存在的关系问题，用中国传统哲学的术语表述即“离识有境”还是“离识无境”的问题。张先生说：“凡无待于知，即不随知而起灭者，则谓之实在。”（《探索》第107页）显然，这个命题与列宁把物质的“唯一特性”规定为“存在于我们的意识之外”“不依赖于我们的感觉而存在”[①]的思想是等价的。

张先生是一位坚定的唯物主义哲学家，他提出外界的实在问题首先是针对着传统的主观唯心主义和客观唯心主义而言的。在他的早期哲学论文中，《破“唯我论”》（1932年）是他反对主观唯心主义的代表作，《谭“理”》（1933年）则是他反对客观唯心主义的代表作。除此之外，张先生提出外界的实在问题，更是针对着实证主义把外界的实在问题归入“无意谓”和“不可证明”而言。

从哲学路线斗争的需要着眼，张先生反驳了所谓“自然先于意识，常识而已，不足为哲学之论”的观点。他说：“如哲学史上无执精神先于自然者，则特主此论或不必，今哲学史上执精神先于自然者甚众，何得不特扬真理以驳之？”（《文集》第188页）张先生还揭露了实证主义所谓超越唯物唯心的“中立一元论”立场是虚伪的。他指出：“马赫等只以感觉要素为宇宙根本，虽云以主客未分者为本，实以主观为客观之因，是亦唯心。”（《文集》第187页）这就是说，论述外界的实在问题，不仅对于反驳传统的唯心主义而且对于反驳实证论的隐蔽唯心主义，都是必要的。

张先生认为，旧唯物主义有独断论之弊，而实证主义是“最批评的或最远于独断的”（《探索》第8页）。因此，他在唯物主义的立场上充分肯定了实证主义凡真实命题必属“有谓”，而”有谓”在于“有验”

---

① 《列宁选集》第2卷，人民出版社2012年版，第125、189页。

（即可证明）的观点。

张先生坚信，外界的实在是可以而且应该证明的。这种证明始于对感觉的理论分析，即：知识中之不可疑者，谓之“原给”；“原给”中之分际就是“感相”；“感相”之中有因“能知”（心与感官）之变动而不同者，亦有不因“能知”之变动而不同者，决定“感相”之内容的另一要素便是“感相”之“外在所待”，此“外在所待”便是外界实在之事物。张先生认为，“感相”不同于事物，而事物乃“感相”现起之必要条件。“感相可谓一函数，其变数有二：一为能知，一为外在事物。”（《探索》第99页）因感相的“外缘成分”中有“缘境成分”（即因其他“感相”之变异而变异者）和“缘性成分”（即缘于此感相之外在所待事物之自性者），所以“感相与外在事物之间，有如此大致相应关系，故感相可谓为外在事物之映象”（《探索》第101页）。显然，张先生通过对感觉的理论分析而证明“外界的实在”，大有以实证论之道还治实证论之身的味道。它不同于旧唯物主义的独断论，即它不是把外界的实在作为不加证明的理论前提，也不是把“感相”等同于外界的实在。它始于对感觉的理论分析，但不像实证论那样止于“感觉的要素”，而是从“感觉的要素”进而分析出其“外缘成分”，由“外缘成分”证明感觉所待之外界的实在。

张先生在肯定实证论关于真实命题必属“有谓”，而“有谓”在于“有验”的观点时，对何为“有谓”、何为“有验”又作了唯物主义的改造。他指出：“过去哲学实过于注重静观经验，实则活动经验尤为重要。”所谓活动经验即“人活动之时，身体之活动部分有内在的活动感觉，而且大部分之活动，主体自己之目更可以加以外在的观察……活动经验亦可称为实践经验”（《探索》第13、12页）。人之饥渴、寒暖等等属于内感经验，而人食物以充饥（画饼则不能充饥），着衣以御寒（想象的衣服则不能御寒），这是最简单的活动经验之例。由此经验即可证明：“所食之物与人同等实在，故可以充饥；人所着之衣，与人同等实在，故可以蔽体。”（《探索》第16页）如果不承认所食之物和所着之衣为实在，那么则与人必食物才能充饥、必着衣才能御寒的活动经验有违。“不承认外物之实在，且将有无法生活之大困难。”（《文集》第 75 页）如果承认所食之物与所着之衣为实在，那么由此等基本命题为真可以总括出“外界的实在”这一“统赅命题”亦为真。张先生指出：“物为心之本原，世界是实在的，实皆统赅命题，虽非特殊经验之所能证成，而实为大部经验之所证成。”（《探索》第 15 页）因此，外界的实在并非超经验或离经验的，而是“有验”“有谓”的。在这里，“活动经验”即实践范畴的引入成为突破实证论畛域的关键环节，诚如张先生所说：“实证论专以奉述外感经验内容之命题为基本命题，故认为外界实在之命题为无意谓的。实则活动经验为重要经验之一，而外界实在之主要征验，在于人之活动经验。”（《探索》第 16 页）由此我们可以说，张先生关于外界的实在的证明，是把理论分析的证明和实践的证明有机地结合在一起的。实践的证明以理论分析的形式出之，这正是张先生早期哲学思想贡献于唯物主义学说的一大成果；而实践范畴的引入以及通过实践证明外界的实在，则构成了张先生早期哲学思想与实证主义思想之间的一道分水岭。

近几年，我国哲学界开展了关于实践唯物主义的讨论，对实践范畴在马克思主义哲学中的地位和性质作了新的、有益的探讨。但其中有些学者欲借助实践范畴“超越”唯物主义与唯心主义，把外界的实在问题视为应予“拒斥”的“形而上学”。这样势必模糊了马克思主义哲学与实证主义哲学之间的界限。这里需要提示的是，在张岱年先生的早期哲学思想中，实践范畴的引入不是将马克思主义哲学和实证主义哲学合在一起，而是将二者区别开来。如张先生所说：“实证论之征信表准为经验或可验，新唯物论之征信表准则是实践。所以，新唯物论乃是实践哲学。惟其以实践为表准，故不认为现象背后之实在［按指旧唯物论之终极本体的实在——引者］之问题为有意义的，而又不认为外界实在的问题为无意义的。以此，故既反对玄学而又不走入实证论，虽遮拨旧唯物论而不以实在论为满足。”（《文集》第 212 页）如果真正将实践的标准贯彻到底，不会也不应得出与唯物主义相违的结论。列宁对此也曾说过：“生活、实践的观点，应该是认识论的首要的和基本的观点。这种观点必然会导致唯物主义……”[①] 实际上，马克思主义的实践哲学所超越的只是唯心主义的玄想和旧唯物主义的直观、独断，而其所确立的则是经过分析、证明的新唯物论。

当我们强调实践观点与外界的实在问题必然相连时，当然也不同意这样的观点，即为了强调外界的实在或“外部自然界的优先地位”，而或隐或显地否认实践观点“是认识论的首先的和基本的观点”。须知，如果离开了实践观点（包括实践的证明）而“首先承认”外界的实在，则重蹈了旧唯物主义的独断论。

2.“本体”概念的扬弃

本体是一个古老的而且延续至今的哲学概念。从一般的含义说，本体是指万物或现象背后的终极实在。在西方唯心主义哲学（以及中国佛教哲学）中，精神、观念性的本体是实（真）而不现，而现象是现而不实（真）的，这就是所谓“自然之两分”。在旧唯物主义哲学中，本体是指万物由以产生、构成并且复归的物质元素；万物虽由物质元素产生，但并非虚幻，所以物质元素实只是物质的一部分，而不是物质的全部或“各种实物的总和”[②]。由于旧唯物主义不是在思维和存在的关系“这个认识论的基本问题的范围内”[③] 来规定物质的根本属性，而是用某种物质的具体性质如广延、质量等等来界说物质，所以旧唯物主义在讲到物质时实又是指物质本体或物质元素。万物之所以实在，是因为万物可以还原为物质元素。这样，物质元素便比万物更为实在，而万物不同于物质元素的那些属性则往往被看作偶然、不实在或主观的。就此而言，旧唯物主义仍可谓有“自然之两分”。实证主义反对“自然之两分”，唯以“经验”为真实，提出“拒斥形而上学”，而“形而上学”实乃“本体论”之别名。辩证唯物主义不同于实证主义，并非因其反对旧的本体论，而是因其否认了“经验”所待之“外界的实在”。“外界的实在”不是旧唯物主义的所谓“本体”，而是“各种实物的总和”，不依人

① 《列宁选集》第 2 卷，第 103 页。

② ［德］恩格斯：《自然辩证法》，人民出版社 1971 年版，第 214 页。

③ 《列宁选集》第 2 卷，第 10 页。

的意识而存在的“物质”。

张岱年先生的早期哲学思想在证明“外界的实在”区别于实证主义的同时，充分注意到辩证唯物主义与旧唯物主义的不同。他在《关于新唯物论》一文中说：“新唯物论与旧唯物论之异，无减于新实在论与朴素的实在论之殊……新唯物论已舍弃旧唯物元学［按即本体论——引者］所谓本体观念。是故旧唯物论所谓唯物者，谓物质为本体也；新唯物论之谓唯物者，谓自然先于心知也。自然者何谓，心所对之外境，离心而固存之世界。”（《文集》第 187 页）显然，“离心而固存之世界”已取消了本体与万物或现象的“自然之两分”。在《哲学上一个可能的综合》一文中，他又指出：“新唯物论所谓唯物，非谓物质为宇宙本体，为一切现象背后之究竟实在，乃谓物质为最基本的，为生与心之所从出。”（《文集》第 211—212 页）从阐明物质在生命和心之先已存在以及物质的自身运动等意义考虑，辩证唯物主义虽废弃了旧的本体论，但仍不得不有宇宙论（或称宇宙观、世界观）。张先生说：“谓新唯物论讲本体……或者又因新唯物论反对形而上学，遂谓根本不讲宇宙论，俱属大谬。”（《文集》第 212 页）张先生在表述新唯物论的宇宙论时，有一重要思想即“一本多级”——“宇宙中事物……统而言之皆物，析而言之有物有生有心。物为一本，生、心为二级。生、心皆物发展之结果，以物为基本”。（《文集》第 223 页）这里所谓“以物为基本”并非旧的本体概念，即它不是从物质元素乃万物或现象之究竟实在的角度立论，而是从生、心乃物质演化的结果着眼；生、心虽后出，但仍是物质演化的“二级”，“物质是实体，生命心知是性能”（《探索》第 339 页）。“实体”概念原与本体概念意思相近或相同，辩证唯物主义所谓“物质实体”是指客观实在的各种性能的载体，与本体概念已有区别。辩证唯物主义在说生、心“以物为基本”时，只是指出具有生、心性能之物在宇宙演化中的位置，而丝毫没有否认具有生、心性能之物或物所具生、心性能也是客观实在的（物质与心之区别超出认识论的范围不再具有绝对意义）。张先生说：“所谓实在，仅是独立［按即不依意识而存在——引者］之谓，并非永在之谓。”（《探索》第 108 页）质言之，辩证唯物主义的宇宙论（或称宇宙观、世界观）是依据辩证唯物主义的认识论原理而对宇宙演化和生命进化等现代自然科学成果的哲学概括，它与凭借玄思和猜测而寻求并且断言现象背后之终极实在的本体论有着根本的不同。

在近几年关于“实践唯物主义”的讨论中，有些学者提出了“实践本体论”的观点。这一观点无法将宇宙演化和生命进化等现代自然科学成果概括在内，无法解释实践本体何由产生实践的对象——不断被人化的自然界的问题。实践本体论欲“超越”唯物主义和唯心主义，而这一“超越”首先就与“实践的**唯物主义**”相矛盾。有些学者针对“实践本体论”而重新提出“物质本体论”。但“物质本体”是否已将全部客观实在概括在内？如果沿用旧的“本体”概念，那么势必陷入“自然之两分”，得出“自在自然”比“人化自然”更为基本、更为实在的错误结论。[①] 如果说这里的“物质本体”只是从物质第一性和精神第二性的意义而言，那么又何以解释列宁所说“物质和意识的对立……仅仅在承认什么是第一性的和什么是第二性的这个**认识论**的基本问题的范围内才有绝对的意义”[②]。显然，由于辩证唯物主义已经不是从物质的某种具体形态和属性而是在“**认识论**的基本问题的范围内”界定了物质，那么“物质本体论”的概念就不能再成立（本体论自古至今都是区别于、“高于”认识论的，本体论又称“第一哲学”）。如果为了强调在人类实践活动之先已有物质存在，那么这只能依据辩证唯物主义的认识论原理和现代自然科学成果作出宇宙观或世界观的表述。如果我们把宇宙观或世界观同旧的本体论**区别**开来，同认识论和自然科学**联系**起来，那么辩证唯物主义的宇宙观或世界观[③] 就不再是旧本体论的独断和绝对，而成为不

---

① 马克思和恩格斯说：“在工业中向来就有那个很著名的‘人和自然的统一’，而且这种统一在每一个时代都随着工业或快或慢的发展而不断改变……这种活动、这种连续不断的感性劳动和创造、这种生产，正是整个现存的感性世界的基础……”（《马克思恩格斯选集》第 1 卷，人民出版社 2012 年版，第 156–157 页）据此可以说，在马克思主义哲学中，将自然“两分”，提出孰更基本、更实在的问题是没有意义的。

② 《列宁选集》第 2 卷，第 108 页。重点符号为引者所加。

③ 如果有的学者囿于习惯而仍愿称此为“本体论”，那么则有必要说明这种“本体论”并非高于或先于认识论的“第一哲学”，而是依据认识论原理对当代科学成果的哲学概括。

断证明、不断发展的学说。

另需指出的是，张岱年先生在表述辩证唯物主义的宇宙论时提出“一本多级”的思想，强调生命、心、社会“不违物之规律而又自有其规律”，“未有生物则无生物之理，未有人类则无人伦之理”。(《文集》第188、223页）这对于批判西方近代的生本论和中国传统的泛道德论有重要意义。近几年，有些学者把生命、技术等领域的“全息”现象扩大到整个宇宙，提出了“宇宙全息统一论”。此论脱离物质演化的不同层次、结构和相互作用机制来讲“宇宙全息”，势必得出一个宇宙演化的“全息元”本体概念。这一概念违背了唯物主义的“一本多级”思想，最终将流入神秘主义和唯心主义。

3. 概念范畴的客观基础

张岱年先生曾说：“心在知识过程中是能动的，所知者不惟是‘给’，且亦是‘取’。在知识中不惟是发现，且亦是造作。观念范畴之类，皆人心之所造作，其造作也盖逾出经验之限，然又非不根据经验，盖在经验之后，而非在经验之先。”(《文集》第189—190页）“经验之条件乃是外界，乃是社会，乃是实践，而非所谓内心格式。范畴成立之后，虽能制约其以后之经验，然其成立实根据其以前之经验。”(《文集》第318页）“范畴概念起于思，虽常不尽合于物，而皆有其物的基础。”(《文集》第223页）这里的思想一方面强调了认识主体、概念范畴在认识过程中的能动作用；另一方面也否认了所谓先验的“内心格式”，强调了概念范畴之所以成立的客观基础。

近几年，我国哲学界对认识的主体性问题也展开了讨论，能动反映论和机械反映论的区别在讨论中得到了深化。但有些学者在强调认识的主体性时自觉不自觉地沿袭了康德“人为自然界立法”的思想，提出以“选择论”“建构论”取代反映论。这一倾向的错误不在于承认概念范畴的选择、建构作用，而在于否认了概念范畴之所以成立和演变的客观基础。

辩证唯物主义认为，认识来源于实践。实践不仅是主体作用于客体的外化过程，而且同时也是客体作用于主体的内化过程。在实践中，客体逐渐被打上主体的印迹，而主体也逐渐形成把握客体的概念范畴之网。[①] 正如人的“感相”不等同于外物但又是外物近似正确的反映一样，主体的认知结构也“常不尽合于物”但也仍然“有其物的基础”。认知结构虽对于认识的对象——客体有制约、选择、建构作用，但仍不失是以客体之“道”还治客体之“身”。

概念范畴的先验论者无法解释主体间何以形成大致相同的认知结构（倘若无大致相同的认知结构，则无共同的语言、无知识的交流），也无法解释认知结构何以有历史的演变（例如今日之时空、因果范畴已不同于牛顿、康德时代之时空、因果范畴）。

张岱年先生指出：“范畴非是必然的永常的格式，而乃某一时代人类思想之思维的工具。……时代如变，新经验大增，旧概念、范畴不能范围过多之新经验，便不得不废弃之，而成立新的概念、范畴。”（《文集》第 318 页）新的概念范畴之成立，正是概念范畴有其客观基础的证明。承认概念范畴的客观基础，不是把人们的认识引入僵化、绝对，而是引入相对与绝对、阶段性与过程性的辩证统一。相反，如果否认了概念范畴的客观基础，则一方面导致认识内容的相对主义（否认了知识的客观性），另一方面导致认识形式的绝对主义（概念范畴成为先验的绝对）。

4. *辩证法与形式逻辑*

张岱年先生早期哲学思想的一大特色是把“逻辑解析”引入新唯物论。所谓“逻辑解析”就是运用形式逻辑，“考察常识中科学中的根本概念与根本命题”，“把不同的意谓分别开，把混淆的语言弄清楚”，“解析的目的在精确”。（《文集》第 235 页）就张先生早期哲学思想欲求通过“逻辑解析”而使新唯物论“精确”而言，其旨意与加拿大现代著名哲学家马里奥·本格（Mario Bunge）的“科学的唯物主义”有相同之处。但本格在提出唯物主义的“精确化”时，又认为：“单凭这一条件

---

① 列宁说：“人的实践经过千百万次的重复，它在人的意识中以逻辑的格固定下来。这些格正是（而且只是）由于千百万次的重复才有着先人之见的巩固性和公理的性质。”（《列宁全集》第 38 卷》，人民出版社 1959 年版，第 233 页。

就足以判定辩证法并非唯物论的有价值的伙伴，因为它是含糊的、不清楚的和隐喻的。现代唯物论是逻辑的而非辩证的。”[①] 张先生与本格的不同在于，他认为“现在所讲的辩证法，虽形式未免粗疏，尚待精密化，但其大体却不容否认”，“辩证法既是宇宙的规律，也是一种科学方法”，因而“辩证法与逻辑解析法，必结为一，方能两益”。（《文集》第55、233页）

在三四十年代，许多马克思主义哲学家是把形式逻辑等同于形而上学，因而反对形式逻辑的。如艾思奇曾说：“在现在，真正的前进的思想里，决不能让形式论理学占据地盘。”“我们现在既已有了高级的动的逻辑，就用不着形式论理学了。”[②] 李达也曾说：“形式逻辑完全缺乏发展的观点”，“辩证论理学是唯一的科学的方法”。[③] 张岱年先生在当时异于众论，一方面承认宇宙“最根本之规律即辩证之律”，另一方面又认为辩证法“亦非否认所谓思想律［按：即形式逻辑的基本规律——引者］……对立统一则与思想律并无不两立之冲突”。（《文集》第212页）

张先生在30年代初期写的《相反与矛盾》一文中说，相互矛盾的性质“不能于同一时空点内作为同一物或事的谓词”，“辩证法之所示，正在矛盾的性质虽不能在同一时空点上并存，而必在邻近的时空点上并存”；这一思想还应再加以限制，即矛盾的性质“不能于同一时空点内，对于同一指对体说，作同一事物的谓词。对于不同的指对体说，则亦可在同一时空点内作同一事物的谓词。辩证法之要旨，正在示一物对于不同的指对体说，有时可有矛盾的性质”。（《文集》第70—71页）这一段很精彩的论述，为张先生解决辩证法与形式逻辑的关系问题奠定了坚实的基础。在40年代初期写的《哲学思维论》中，他更明确地指出：“形式逻辑谓一物有此性，即非有彼性。辩证法则谓一物之有此性，乃就某一观点而说，在此方面有此性，在另一方面亦可有彼性。然而辩证法……并非认为在同一方面可有彼此对立之二性。故辩证法并非不承认

---

① ［加拿大］马里奥·本格：《科学的唯物主义》，上海译文出版社1989年版，第18页。

② 《艾思奇文集》第1卷，人民出版社1981年版，第235、236页。

③ 《李达文集》第2卷，人民出版社1981年版，第271、267页。

形式逻辑所承认者，乃是在承认形式逻辑所承认者之外，更承认若干形式逻辑所未讲者。”（《探索》第 60 页）这就是说，辩证法虽超出了形式逻辑所讲的范围，但并没有违背形式逻辑的基本规律，辩证法与形式逻辑是相容的。就辩证法与形式逻辑之演绎法和归纳法各自的适用范围而言，张先生认为：“演绎法为用名立辞之方法，归纳法为发现一般重复屡现的现象之规律的方法，辩证法则为勘察独特而不易重复的演化历程之内在的发展规律之方法。此三者实各有其适用范围，而全然不相冲突。”（《探索》第 28 页）他针对将辩证法与形式逻辑对立起来，各执一端，互相排斥的观点指出：“今之喜形式逻辑者则鄙弃辩证法，而好谈辩证法者则非薄形式逻辑，实皆蔽于一曲之见。”（《探索》第 28 页）在张先生看来，辩证法“以统全的观点观物”，最精于“别宥解蔽”；实现辩证法与形式逻辑的结合，正是辩证法优于其他方法的表现。

张先生在讲到辩证法之客观规律的性质时列出四点。“（1）此等客观规律或客观情状之陈述，乃相对真理。（2）此等客观规律或客观情状之陈述，并非唯一的客观规律。（3）此等规律之获得实由于归纳。（4）在方法论中，此等规律乃居于基本前提之位置。”（《探索》第 50 页）这四点是张先生将辩证法与归纳法、演绎法相结合，并且将唯物主义之反映论运用于辩证法本身的十分精湛的思想。张先生说，辩证法的规律“与其他科学的规律相同，实由归纳得来”，而“归纳的基础，实仅能是实践的基础”。（《探索》第 50、25 页）正因为辩证法的规律是在实践经验的基础上归纳得来的，所以它同其他由归纳得来的科学规律一样具有概然的、相对的性质；当它在方法论中作为演绎之前提时，“并非武断的教条，而为研究之指导”（《探索》第 51 页）。张先生说，辩证法的规律“为真乃基于其所根据之征验之存在。……随世界之演变与人类知识之发展，此种真理，在形式上可以改易，在内容上可以损益”（《探索》第 50 页）。张先生在 30 年代提出“辩证学说的发展应亦是辩证的”，当他在 40 年代将辩证法与归纳法、演绎法相结合时，这一思想不再仅仅是辩证法向自身的推衍，而是具有了唯物主义反映论的坚实基础。

在三四十年代，张先生运用逻辑解析法对辩证法的概念和命题作了一番“厘清”的工作。如他在解说“对立”概念时，将“对立”区分为“相反”与“矛盾”：“相反即一类之两极，即一类事物中之最相异之两端，其间有居中者”；“矛盾即相互否定者，为一个畴域中之相互外在之二分野。在此畴域之中，非属于此分野，即属于彼分野，而无居中者”。（《探索》第 32 页）这一区分为形式逻辑之同一律、矛盾律和排中律在辩证法中的适用范围作了界定，而且对于解决今人常讨论的“二分法”与“三分法”问题或有启发。在“对立”概念之外，张先生又分别解说了“冲突”“统一”“同一”“和谐”“联系”“内在矛盾”等概念。其中最有特色者是对“和谐”的解说：“对待不唯相冲突，更有与冲突相对待之现象，是谓和谐。……和谐含括四方面：一相异，即非绝对同一；二不相毁灭，即不相否定；三相成而相济，即相互维持；四相互之间有一种均衡。”（《探索》第 33 页）张先生继承发展了中国传统辩证法中“和实生物”的思想，对于“和谐”在事物发展中的重要作用予以充分的重视。他说：“如无冲突则旧物不毁，而物物归于静止。”“如无和谐则新物不成，而一切止于破碎。”“生命之维持，尤在于和谐。如有机体之内部失其和谐，则必致生之破灭，而归于死亡。人群亦然，如一民族内部斗争过甚，则必亡国、灭族。”（《探索》第 199 页）张先生认为，“事物变化，一乖一和”，冲突与和谐的对立统一正是辩证法的应有之义。本格在批评辩证法“是一种具有危险的实际结果的教条”时说：“它使人们沉溺于冲突并乐于去从事冲突，它使人们对合作的可能性和好处视而不见。”[①] 本格的书出版于 1981 年，倘若本格见张先生的 40 年代之论，或可免去对辩证法的这一无谓之讥，或正如本格往往把辩证法的全称命题改为“较弱的”特殊命题一样，他对辩证法的批评也只适用于“某些”辩证法。

张先生在 30 年代曾说：“一般言新唯物论者，如析辩证法的内容为数条，则每每此条以方法言，彼条以规律言，混糅不判，实不为小过。”（《文集》第 192 页）为将辩证法的规律与方法厘析清楚，他在 40 年代

① ［加拿大］马里奥·本格：《科学的唯物主义》，第 63 页。

列出辩证法之要义有六大观点，每一观点分为两个程式，“即第一作为客观规律或客观情况之程式，第二作为方法指导之程式，简称为第一程式、第二程式。每一程式又有两个表示，即第一直陈命题之表示，第二假设命题之表示，简称为第一诠、第二诠”（《探索》第35—36页）。今人对于这一分别或可讥为烦琐、无谓，但比之于本格的科学唯物论，张先生为辩证法的精确化所做的工作还远远不够。辩证法能否从“含糊的、隐喻的”形式发展为严密的、精确的形式，或者说辩证法能在何种程度上达到精确化、形式化，这可能是需要几代哲学家艰苦探索的问题。本格在将唯物主义精确化、形式化时抛弃了辩证法（正如一些学者指出的那样，本格的科学唯物论因有现代自然科学和系统科学为背景，所以当它与辩证法离异时并不能被归入形而上学或机械唯物论①），这当然应该引以为鉴。但满足于辩证法既有的形式，故步自封，不走精确化的道路，则辩证法的普及和正确运用必然受到限制。从这个意义上说，张先生在三四十年代为辩证法的精确化所做的努力是难能可贵的。恩格斯曾经说：“剥去它们［辩证法的运动规律］的神秘形式，并使人们清楚地意识到它们的全部的单纯性和普遍有效性，这是我们的期求之一。”②为达此目的，马克思主义哲学家尚需做出更多的努力。

在辩证法获得其最大限度的精确的表达形式之前，辩证法与形式逻辑的关系问题是个常新的问题。在50年代，我国有关于这一问题的热烈讨论，主要分歧仍然是：一种观点认为辩证思维也得遵守形式逻辑规律；另一种观点认为在辩证思维中形式逻辑规律必然会失去效力③。在80年代，有的学者依据现代科学理论的清晰性和无矛盾性要求，提出把“不确定性升华为对立统一规律的精确表达”，取代矛盾范畴在辩证法中的核心地位；这一观点随即受到其他学者的批评，认为“不确定性”不能包容矛盾范畴的全部内容，“辩证矛盾的描述看上去不符合科

---

① 参见张华夏《评M.邦格的科学唯物论》，《哲学研究》1988年第8期。

② 《马克思恩格斯选集》第3卷，第386页。方括弧注为引者所加。

③ 上海市社会科学界联合会编：《社会科学争鸣大系·哲学卷》，上海人民出版社1990年版，第668页。

学对理论清晰性的要求，然而正是它才揭示了事物的真正本质”[①]。这样的争论在短期内是不会止息的。如何在这样的争论中使辩证法理论得到辩证的发展，这是马克思主义哲学家必须解决的问题。虽然现代自然科学正在为辩证法的发展提供更多的基础，但本格的科学唯物论提醒我们，辩证法的发展不会一帆风顺。对于本格的“对于辩证法的批判”，辩证唯物主义做出何种有效的回应，这也是马克思主义哲学家无可回避的问题。

张岱年先生说：“因新的经验、新的事物将永远时时涌出而无有穷竭，哲学家所尝试建立之摹写客观实在之理论系统，亦将永是‘未济’，永须更新。”（《探索》第6页）人类追求真理的历史长河是无穷无尽的，每一代哲学家都不免有其历史的局限，但他们所发现的真理的颗粒又不会因时间的流逝而失去其价值。否认了前人的成果，也就降低了今人的历史起点。从张岱年先生早期哲学思想中获得的启示，将催发人们在追求真理的道路上继续前行。

（原载《中国社会科学》1991年第11期）

① 金观涛：《发展的哲学》，《走向未来》1987年第1期；王干才：《矛盾含义辨析》，《中国社会科学》1990年第1期。

张岱年先生的学术成就和思维类型

——祝贺《张岱年全集》出版

继清华大学出版社于1995年将《张岱年文集》(以下简称《文集》)六卷本出齐之后，河北人民出版社又于1996年决定编纂出版《张岱年全集》(以下简称《全集》)八卷本，除重新编订《文集》所收入的论著外，又主要补充了张先生的专著《中国古典哲学概念范畴要论》和90年代的大量论文，并且将张先生为许多学术著作写的序跋以及一些文史漫笔、悼念回忆友人的文章等等合编为第8卷。河北人民出版社在编纂《全集》的过程中，不仅尽量将张先生的著作收全，而且精心校对，核查引文，补正了以前出版发表时的一些漏衍错字。这样就为展示张先生的著作成果和思想风貌提供了一个全本、精本。现《全集》八卷本正式出版发行，这是学术界值得祝贺的一件喜事。

河北人民出版社编纂出版《全集》，首先是为了满足广大读者研读张先生的著作，从中汲取精神营养的需要；同时也是为了进一步推动学术界对张先生的哲学思想和他在中国哲学史、中国文化领域许多重要建树的研究工作。这不仅对于当前加强社会主义精神文明建设，提高哲学理论、中国哲学史和中国文化研究的学术水平有重要意义，而且也为后人、为中国哲学和中国文化的长期发展积累了一宗重要的史料、一笔珍贵的思想财富。

去年，我曾应约为《炎黄文化研究》第3期的“中华学人”专栏写了一篇介绍张岱年先生的学术生涯和思想要旨的文章，题为《自强不息，创造综合》。在此文中，我已从哲学理论研究、中国哲学史研究和文化研究三个方面论列了张先生的主要思想和创获。就我的体会而言，如果细读张先生的著作，会从中发现许多有重要价值、能给人以深刻启示的思想观念和观点，一些当今学术界正在讨论或争论的问题，在张先生早年所写的著作中可能会得到启发而寻出正解。这一点，我在数年前发表的《并非“陈迹”——张岱年先生早期哲学思想的今日启示》一文[①]中稍作了尝试。

张岱年先生自幼勤奋好学，在中学和大学期间逐渐对哲学产生了浓厚的兴趣，以至于“拟穷究天人之故，思考哲学问题，常至废寝忘食”[②]。其兄张申府先生对于他学术生涯的起步和哲学思想的形成起了直接的引导作用。在大学期间，张先生不仅积累了较深厚的国学基础，而且广泛阅读了西方哲学中逻辑实证论一系的著作，更重要的是他已确立了马克思主义哲学为“现代最可信取之哲学”的学术方向。在大学读书和在清华任助教期间，他已在报刊上发表了数十篇关于中国哲学、西方哲学和马克思主义哲学以及关于中国文化建设讨论的论文，而且他的以中国哲学问题为纲、在内容和体裁上均具有开创意义的哲学史名著《中国哲学大纲》就是在1935年至1936年写成的。张先生可谓学业早成，但也命运多舛。当七七事变的战火临近清华园，师生们仓促撤离时，张先生与学校失去联系，滞留北平，于是开始了他八年的蛰居读书和砥志著述的艰苦岁月。在此期间以至于抗战胜利后重返清华任教，他为充实论证他在30年代提出的“哲学上一个可能的综合”——建构“唯物、理想、解析”的三结合哲学体系，写成了“拟穷究天人之故”的五部哲学论稿（后称为《天人五论》），然而时事艰难使他最初的写作计划并没有最终完成。他的《中国哲学大纲》，在商

① 载于《中国社会科学》1991年第6期。
② 张岱年:《真与善的探索》，齐鲁书社1988年版，“自序”第2页。

务印书馆迁入香港后已排版制成纸型，但未及开印而香港沦陷；1943年，当他受聘在北平私立中国大学任教时，此书印成讲义。而五部哲学论稿以及三四十年代的一些研思札记，一直到1988年才得以面世。1953年后，张先生专门从事中国哲学史的教学与研究，1957年因言罹祸，被打入另册，于是沉寂20年，当1958年商务印书馆出版《中国哲学大纲》时不得不将作者改署为“宇同”；直到“文革”结束，张先生在政治上、思想上得到解放，遂焕发学术青春，于耄耋之年勤奋笔耕，已近90岁高龄仍著述不止。

由于张先生的特殊学术经历，他在大学毕业前后留下了一段辉煌，但其早期的重要著作成果，除《中国哲学大纲》在1958年正式出版外，其余都是在1977年以后面世的。张先生晚年著述丰赡，成果卓著，除发表大量的中国哲学史论文外，也有不少阐发哲学、文化理论的文章，而其专著仍于中国哲学史贡献良多。在我看来，张先生的最具有特色、最具有价值的学术成就可能主要有三个方面。（1）他在哲学理论上的主要贡献是在20世纪30年代提出了将中西哲学之精华熔为一炉的“唯物、理想、解析”三结合哲学体系，这一体系就是要将马克思主义哲学同中国传统哲学的精华相结合，将马克思主义哲学、中国传统哲学的辩证法同西方哲学中的逻辑分析方法相结合，他在40年代撰写的《天人五论》是对这一体系雏形的充实和论证。虽然这一体系最初的写作计划没有最终完成，但是它所体现的理论方向及其所包含的理论成果对今人和后人都有重要的价值。（2）他在中国哲学史研究领域的主要贡献是系统地梳理、阐释了中国哲学的主要理论问题和概念范畴，突出地标识了气本论在宋明道学中、唯物论在中国哲学发展中的存在和地位，并且对中国哲学的辩证法、伦理观和价值观进行了深入的研究。（3）他在中国文化研究领域的主要贡献是他娴熟地将唯物辩证法用于文化研究，较早地提出并且一贯地坚持了对中国传统文化的批判继承、对中西文化之优长的综合创新，他所强调的“自强不息”“厚德载物”体现了中国文化自鸦片战争以来衰而复兴，自我更新，容纳世界文化之精华，综合创造，具有光明发展前途的内在民族精神。

在尝试对于张先生在中国现代哲学史和思想史上的地位进行评价时，我觉似可联系张先生从 1978 年被推举为中国哲学史学会的会长，到 1989 年后为名誉会长，这期间他在中国学术界的威望所发生的微妙然而也比较显著的变化。当然，这种变化不是因职务的变化而引起的，而是由于随着学术思想的进一步解放和开放，中国学术界的状况发生了变化。

自 1953 年全国高校院系调整后，北京大学哲学系在中国哲学界处于很特殊的地位。就中国哲学史而言，凡中华人民共和国成立以后在这一领域成长起来的学有成就的学者，绝大部分都与北大有着直接或间接的关系。而 50 年代在北大开讲中国哲学史的教授只有冯友兰和张岱年二先生。1977 年后，当冯先生因此前有未能“修辞立其诚”的失误而受到自责和他责时，张先生则在蒙受了 20 年的冤屈后重新振作于讲坛、学界。1978 年末，中国哲学史学会成立，张先生被推为会长，是众望所归。此后的一段时期，是张先生学术威望的高峰时期。在 80 年代后期，“文化热”兴起，张先生对于文化理论和中国文化建设问题本已有一些深思熟虑，但在当时各种文化观点和思想倾向的百花齐放中，张先生的观点似已处于“即使正确但并不显赫”的地位。随之而来的是，一些中国港台地区学者的大量著作被引进，新儒家研究兴起，中国现代哲学史上的新心学（广义的新心学，包括熊十力一系和梁漱溟、贺麟早期的思想）、新理学逐渐受到重视，而张先生的思想和学术地位则似影响较小了。

我认为这种状况在一定程度上再现了中国传统思想文化的固有格局。中国传统思想文化，从近代以来的哲学高度进行分析，可作出唯物主义与唯心主义之分；就中国历史上固有的学派而言，秦以前是诸子百家，秦以后是儒、释、道三教并举，宋以后占据思想主流的是宋明道学；在宋明道学中，最显赫的是程朱理学和陆王心学，关于张载一系，《宋元学案·序录》论之云：“横渠先生，勇于造道，其门户虽微，有殊于伊洛，而大本则一也。”在近代以来的宋明道学研究中，一般只讲程朱理学和陆王心学，自张先生的《中国哲学大纲》出，张载一系气本论的存在遂被标识出来，此说已基本得到学术界的公认。冯友兰先生在其《中国哲学史新编》中称张载一派为“气学”，并谓王廷相、罗钦顺的思想为“气学的复兴”，王夫之的哲学体系为“后期道学的高峰”。[①]气论之思想在“五四”以前尚见之于康有为、谭嗣同、孙中山等人的思想，然而“五四”以后，新理学和新心学渐出，而新气学则似与世无缘。

“理”可以解释为规律、共相，“心”本就是指心灵、观念，此皆可与西方哲学中的某一派思想结合而“接着讲”；但“气”之一说，在“五四”时期陈独秀的《敬告青年》中则被视为与科学相对立的“其想象之最神奇者”之尤，被归入“无常识之思维，无理由之信仰”，并且说“试遍索宇宙间，诚不知此‘气’之果为何物也”。实际上，“气”在中国哲学史上是指能够化生世界万物的始基，如果用西方语言翻译之，它近于“matter-energy”（物质和能量），它与现代物理学的“field”（场）概念相通。如果“五四”以后有人试建构一个以类似于“气”的一种特殊物态为本原的哲学体系，则显然已落后于哲学理论形态的发展，这是中国现代哲学史上无人标举“新气学”的原因，而“气”范畴却仍可运用于现代医学和现代人体科学等学科中。但是，张载一系的思想，并非因“气”范畴不能新，就也不能新了。就“气”范畴在中国哲学史上所担当的角色或所起的作用而言，它表征的是物质的实在。因为“气”是化生世界万物者，所以中国哲学史上一般是气、形对举或气、物对举，但特殊情况下也有称“气”为“物”者，如《管子·内业》有“一物能化谓之神”，《管子·心术下》解之为“一气能变曰精”，“一物”就是“一气”。

如果试对宋明道学的三派作一简明的分析，似可说：气学是先肯定这个世界是实在的（张载所谓“先识造化”），然后肯定这个世界是道德的；理学是先肯定这个世界是道德的（二程所谓“先识仁”），然后肯定这个世界是实在的；心学则强调这个世界的道德是依赖于人心的（王阳

① 冯友兰：《中国哲学史新编》，人民出版社1988年版，第5册，第246、274页。

明所谓“心外无物”）。我认为，这三种理论形态代表了中国哲学、中国文化的三种思维路向或思维类型。这三种思维路向或思维类型在中国现代和将来的哲学、文化发展中会长期延续下去，只是其理论形态将有所变化、发展而已。

在中国现代哲学史上，马克思主义的新唯物论被中国人接受、在中国的大地上发展，从文化的输入、选择、接纳和融汇上说，就是因为它接续、发展了中国传统文化或中国人传统思维方式中的一种思维路向或思维类型。而明确地在理论形态上将马克思主义的新唯物论同中国传统的唯物论相结合的，就是张岱年先生所要建立的哲学体系。它不称为“新气学”，而称为“新唯物论”；而新唯物论可以说是“接着”张载一系的气学讲的。

当张先生在30年代提出“哲学上一个可能的综合”时，他就已明确地指出：“这个综合的哲学，对于西洋方面说，可以说是新唯物论之更进的引申，对于中国哲学方面说，可以 说是王船山、颜习斋、戴东原的哲学之再度的发展，在性质上则是唯物论、理想主义、解析哲学之一种综合。”张先生在此话之后也清醒地认识到“这个综合，当然不能说是惟一可能的综合”，但他确信这“的确是一个真实可能的而且比较接近真理的综合”。[①] 在张先生40年代为《事理论》(《天人五论》之三）所作的“自序”中，他更明确地写道：“宗陆王之说者，绍程朱之统者，皆已有人。而此篇所谈，则与横渠、船山之旨为最近，于西方则兼取唯物论与解析哲学之说，非敢立异于时贤，不欲自违其所信耳。”[②] 张先生晚年在经历了20年的屈辱之后，虽面对社会上时起时伏的欲否定马克思主义哲学的思潮，以及中国哲学史界时起时伏的欲贬低唯物主义的地位和作用的观点，他却始终坚信马克思主义哲学为真理，又自号“渠山拙叟”(“渠”乃横渠，“山”乃船山），这也不是“立异于时贤”，更非趋附于正统，而是在他的思想中马克思主义哲学与中国传统的唯物论已

① 张岱年：《张岱年全集》第1卷，河北人民出版社1996年版，第277—278页。

② 张岱年：《张岱年全集》第3卷，第114页。

经紧密地结合在一起，他坚信这是中国哲学发展的一条正路，实亦“不欲自违其所信耳！”

中国唯物论在中国传统哲学发展中的地位和作用，以及它在中国古代社会发展中的地位和作用，这是一个有争议的、需要继续讨论的问题。就宋明道学的三种理论形态而言，张载一系的传承是门户淡薄的，也正如《宋元学案·序录》所云：在张载在世时“关学之盛，不下洛学”，而张载去世后“再传何其寥寥也！……《伊洛渊源录》略于关学，三吕之与苏氏，以其曾及程门而进之，余皆亡矣”。《宋元学案·吕范诸儒学案》又云：“南渡后，少宗关学者，故洛中弟子虽下中之才皆得见于著录，而张氏诸公泯然，可为三叹！”在朱熹所作的《伊洛渊源录》中，不仅“略于关学”，而且还承袭了程门弟子所谓“横渠之学，其源出于程氏”之误。南宋之后，关学作为一个学派，实已融入、消失在由朱熹所汇总的“伊洛渊源”中。明中期，伴随阳明心学的兴起，气学虽有复兴之势，但“有明之学”之大势，一般认为仍可以《明儒学案》卷五“至白沙始入精微……至阳明而后大”概括之。罗钦顺、王廷相的思想至明末已隐而不彰，而王夫之所建立的“后期道学的高峰”至清末《船山遗书》刊布才逐渐显露出来。

总的来说，宋明道学有三派，程朱理学和陆王心学可谓占据主潮，而张载一系的气学虽然“勇于造道”，但门户远不如理学和心学之盛。这可以说是宋元明清总的思想格局。当中国现代哲学史研究中，新心学和新理学逐渐受到重视，而张先生的思想则似影响较小时，可以说这是中国固有的思想格局在现时代的一定程度的再现。当然，这种历史的思想格局不会完全重现在现代，更不能用这种历史的思想格局来预测中国哲学和文化的未来发展。

在我看来，宋明道学之三种理论形态所代表的三种思维路向或思维类型将在中国长期延续，而其势力消长将由中国在现代和将来的社会发展需要来决定。当张先生在30年代着手建构其哲学体系时，曾经以中国哲学史上“刚动”思想与“柔静”思想的论争与消长为基本线索，叙述了中国哲学的辩证发展。随后，他审视了中国正在面临的历史境遇，指出："中国民族现值生死存亡之机，应付此种危难，必要有一种勇猛宏毅能应付危机的哲学。此哲学必不是西洋哲学之追随摹仿，而是中国固有的刚毅宏大的积极思想之复活，然又必不采新孔学或新墨学的形态，而是一种新的创造。"[①] 张先生所要建构的哲学体系，充分考虑了中国现时代的社会需要，其目的和其情感所眷注是"中国民族之再兴"。我认为，只要中国民族再兴这一过程还在继续，那么张先生的哲学体系无论其具体内容有何局限，它所体现的理论方向，即将马克思主义哲学与中国传统哲学的精华相结合，同时亦吸取西方哲学的长处，是将鼓舞和指导中国民族前进的！

"刚动"与"柔静"也是划分中国传统哲学思维路向或思维类型的一种方式。就张先生的思想而言，他是一贯崇尚"刚动"的，虽然他对"柔静"的合理因素特别是其陶冶人的性情的作用也给予了肯定。除此之外，"玄虚"与"蹈实"的相互作用似也是中国哲学发展中的一条线索。在先秦哲学中，老庄重在玄思，而于个人性情之培养有益；名家重在思辨，而其旨意在就实；阴阳家讲天人灾异，似偏于玄虚，而其政治目的（要求执政者"无变天之道，无绝地之理，无乱人之纪"《吕氏春秋·孟春纪》）在蹈实；其余儒、墨、法家都是蹈实之学，孔子平和，孟子重在道德理想，荀子则完全就实。至汉代，董仲舒出于政治目的（"屈君而伸天"《春秋繁露·玉杯》），在人性论上"美孙（荀）卿"，而于自然观上一反荀学而接受了阴阳家的天人灾异思想；至谶纬盛，有扬雄出；至谶纬大盛，有王充出；谶纬虚妄，扬雄、王充都是蹈实之学。魏晋玄学和佛教都流于玄虚，至隋唐，佛教大盛。而后宋明道学出来加以矫正，横渠之学先讲实在再讲道德，程朱之学先讲道德再讲实在；至明中期，阳明心学兴，促成罗钦顺、王廷相的气学复兴之势；罗、王之后，阳明学大兴，至明末清初又有顾炎武、黄宗羲、王夫之等出来加以矫正。虚、实消长之大势与中国社会的发展有密切关系。

张岱年先生的根本思想是"由本达至"，即由物之一本，承认外界

---

① 张岱年：《张岱年全集》第 1 卷，第 199 页。

的实在，实践“充生以达理”的人生之道，达到生命之合理、和谐的道德理想境界。张先生的思维类型是蹈实而追求理想，此与追求理想而流于玄虚的路向不同。我想，在中国实现现代化、实现民族复兴的进程中，我们需要发扬光大的正是蹈实而追求理想的精神。

（原载《哲学研究》1997 年第 7 期）

充生以达理　胜乖以达和

——张岱年先生论人生之道

张岱年先生是我国现代著名哲学家和哲学史家。他在20世纪三四十年代，不仅完成了五十多万字的《中国哲学大纲》，而且创造了一个“将唯物、理想、解析，综合于一”的哲学体系。在这一体系中，人生论占有重要的地位。如果说辩证唯物论与解析法的综合是张先生哲学体系的根干，那么在此根干上繁茂生长的则是“继承、修正和发挥”了中国传统哲学之精华的道德理想主义。

一

关于唯物与理想的综合，张先生强调理想需以唯物为基础。他批评唯心主义：“离开物的基础而只谈理想，不过是空想而已。把宇宙、人生理想化，讲先于自然统乎一切的大心，也不过是自欺而已。”同时，他也指出：“一个伟大的有力的哲学，必能悬定伟大的理想。不敢悬理想与不敢看实际，是一样的病态。”[①] 张先生综合唯物与理想，其基本原则是他所提出的“一本多级”“物本心至”或“天人本至”等命题。

张先生在30年代以自己的理解来诠释新唯物论，指出其宇宙论之精义最重要的有三点，即：“一，宇宙为一发展历程之说；二，宇宙根本规律之发现；三，一本多级之论。”此三点相互贯通，其要义是指出宇宙的运动、发展和普遍联系，“一切皆在变动，而变中有常”，此“常”即事物运动的规律或理，“理有二：一根本的理，或普遍的理，即在一切事物之理……二非根本的理，即特殊事物之理”，“一本多级”之论即谓“宇宙事物之演化，有若干级之不同，各级有各级之特殊规律。简言之，物为一本，而生、社会、心等为数级，生心社会不违物之规律而又自有其规律”[②]。张先生认为，在宇宙运动、发展的大历程中，最基本的是物，生命、社会和心乃物之衍生的不同层级，基本者可简名“先”，衍生者可简名“后”，“先”虽是基本的却“粗而卑”，“后”虽是衍生的却“精而卓”。他批评“旧哲学有一普遍的倾向，即认为宇宙之最基本者必即是宇宙之最精微者”，而实际上，“最基本者与最精微者乃是先后之两端”，物为本，心为至，“宇宙一本一至，本与至乃是两端而非即一事”。[③] 张先生在这里对旧哲学之一个“普遍的倾向”的批评，可以说是切中了中国古代哲学之缺陷的一个要害。中国古代哲学家大都高悬理想的境界或价值的标准，而遂即将此境界或标准作为宇宙的本原。如老庄崇尚无为之“道”，遂把“道”作为宇宙的本原；程朱和陆王崇尚道德之“理”或“心”，遂把“理”或“心”作为宇宙的本原。张先生提出“一本多级”“物本心至”，“本与至乃是两端而非即一事”，这是坚持唯物论而扬弃旧哲学之道德理想主义的一个重要观点。

宇宙大化中，有心之生物即人类；物为自然，即“天”。因而“物本心至”又称“天人本至”，也就是说，“天为人之所本，人为天之所至”。人之所以为“至”，是因为人“不惟能认识自然，而且能知当然之

① 张岱年：《张岱年文集》第1卷，清华大学出版社1989年版，第207页。
② 张岱年：《张岱年文集》第1卷，第188、223页。
③ 张岱年：《张岱年文集》第1卷，第215—216页。

准则，能依当然之准则以改变自然，并改变自己之生活以达到人生之理想境界”[1]。张先生认为，哲学即“天人之学”，亦即关于宇宙、人生的根本原理的学说。中国古代哲学家都围绕着“究天人之际”的主题而建立体系，对天人关系的根本看法实决定了他们所建立的各种不同哲学体系的性质。张先生在40年代写成五部哲学论稿，合称为《天人五论》，其中简述其新论要旨的是《天人简论》，“天人本至”即为《天人简论》的十大命题之首。据此可以说，“天人本至”是张先生所创哲学体系的一个根本的、核心的思想，这也是张先生哲学思想的一个基本特点。

张先生指出：“能知‘本’与‘至’的区别，则综合唯物与理想，无难。”[2]这样一种坚持“物本心至”的综合，不取与宇宙演化之客观事实相违的以“心”或“理”为本的形式，也不取道德之“心”或“理”（当然之则）泛在于世界万物的形式，而认为道德理想是宇宙发展之最高层级——人类社会所特有，是将道德理想主义建立在现代唯物主义的基础之上。

二

张先生强调新唯物论认为“一切皆在变动，而变中有常”。当时（20世纪30年代），熊十力先生曾对张先生说：我看过许多新唯物论的书，没有看到“变中有常”这样的话。其实，新唯物论中也有关于事物运动之规律的思想，此规律亦可谓变中之“常”。但是，“常”还包含事物发展（特别是社会发展）不同阶段的特殊规律之间亦有恒常联系的意义，当时的新唯物论对此并不重视。张先生特别强调“变中有常”，这

---

① 张岱年：《张岱年文集》第3卷，清华大学出版社1992年版，第209页。
② 张岱年：《张岱年文集》第1卷，第216页。

是他以己意诠释新唯物论思想的一个特色，而这一点更鲜明地表现在他对人类道德的继承与发展的论述中。

在 30 年代初期，张先生著有《道德之变与常》一文。在此文中，他一方面接受了新唯物论的“道德依时代而不同，随社会之物质基础之变化而变化”的观点；另一方面指出，“在各时代之道德中，亦有一贯者在……各时代之道德同为一根本的大原则之表现”，此大原则“可谓道德中之常”。[①] 这就是说，每一时代的道德都是道德之变（特殊形态）与常（共性）的辩证统一，新的时代需要建立与新的社会生活相适应的新道德，此新道德是道德之常的更彻底、更圆满的表现，是“旧道德之变革，亦旧道德之发展，旧道德之充实”，新旧道德之间不仅有阶段性的区别，而且有历史的连续性，有批判继承和创新发展的关系。

关于道德的阶级性，张先生认为这是“彰然显著”的。但他指出，马克思在阐明道德与阶级的联系时，“亦非根本反对人道主义，乃是要求更彻底的人道主义，真实的人道主义，要彻底的取消压迫”，因而马克思主义“最合道德”。[②] 据此可以说，张先生认为人道主义就是“道德中之常”，马克思主义的人道主义是以往的人道主义之更彻底、更真实的发展，所以其为更高阶段的道德。

张先生说：“吾人言旧道德含残忍成分及其有阶级性，然亦非谓旧道德当全部摈弃，其中因亦有非残忍之成分及非为阶级之工具者在，是亦不可不辨。即如吾国旧道德中如仁如信，皆何尝可废。”[③] 关于“仁”，张先生认为其含义虽多，但最根本的是“己欲立而立人，己欲达而达人”，这样一种使人、我皆有所“立”“达”的思想，应该说是道德的基本原则。“信”即诚实不欺，亦为道德的基本原则。故“仁”与“信”在新道德中不可废。又如“旧道德中之耻字亦不可废，人而无耻，将何以为人？但旧道德中当耻而不耻，不当耻而耻者甚众，是亦不可不有所革”。总之，“旧道德中有虽旧而仍新者存：于此当明道德之变与常的辩

---

① 张岱年：《张岱年文集》第 1 卷，第 79—80 页。
② 张岱年：《张岱年文集》第 1 卷，第 78 页。
③ 张岱年：《张岱年文集》第 1 卷，第 79 页。

证法”[①]。对旧道德取分析的态度，既承认旧道德有时代性的特点、有残忍的成分和阶级性，同时也承认旧道德中包含超越时代性、阶级性的普遍性内容，新道德摈弃的是前者，而对后一部分内容则应继承之、发展之，这就是张先生所讲的“道德之变与常的辩证法”。

张先生在20世纪八九十年代所著的《中国伦理思想研究》（上海人民出版社1989年版）等书中，对道德的特殊性与普遍性、阶段性与连续性的辩证统一作了更为深入、详细的论述，对“三纲”“五常”等传统道德范畴亦作了十分具体的分析。道德的批判继承与创新发展，是张先生的一贯思想。

在马克思主义传入中国后，唯物史观的“经济基础和上层建筑”理论被用于解释、论证新旧道德更替的必然性和合理性，这对于将所谓“百世不可变更”的中学之“体”转变为随着经济基础的变革而变革的中国社会之“用”，具有极其重要的意义。但一部分马克思主义者往往对“经济基础和上层建筑”作简单的、机械的理解，往往把不同历史阶段的“经济基础和上层建筑”看得真如一幢幢楼房那样是分离断裂的，忽视了历史发展的继承性、连续性，这也是不能正确对待传统道德乃至传统文化的一个重要原因。张先生较早认识到，并且一贯坚持道德乃至文化发展的阶段性与连续性的辩证统一，这是难能可贵的，是其思想的深刻性、周全性的一个重要体现。

三

张先生在30年代提出“理生合一”的命题：“所谓生，即是生命、生活；所谓理，即是当然的准则，或道德的规律。”理与生应该并重，

① 张岱年：《张岱年文集》第1卷，第79页。

“理离开生，便是空洞的；生离开理，必至于卤莽灭裂”[①]。在40年代，他将人生之道概括为“充生以达理”“胜乖以达和”[②],亦即充实、发展人的内在的生命力，克服生之乖违（“对立之相互冲突谓之乖违”[③]），以达到生之和谐、圆满的道德理想境界。

在中国传统哲学中，生与理或生与善是一对矛盾的范畴。如告子提出“生之谓性”，孟子反驳之，提出“人之性善”；程朱理学讲理为气本，作“天命之性”与“气质之性”的区分，把“天理”与“人欲”对立起来。张先生超越这一对立，提出“理生合一”，强调理只是生之理，理以生为基础，“理离开生，便是空洞的”，而生需有当然的准则，遵循道德的规律，“生离开理，必至于卤莽灭裂”。[④]由此亦可见，张先生首先承认生命、生活是一客观的现实，在承认这一现实的唯物论的基础上高扬道德的理想主义。

张先生指出，“人生之大务有二：一曰生力之充实，二曰道德之提高。生力之充实，所以扩充其异于无生之物质者；道德之上达，所以发扬其贵于非人之禽兽者”[⑤]。人生之道就是要履行这两项“大务”,“充生以达理”“胜乖以达和”。析言之，凡生命皆具有克服环境、胜物而不屈服于物的生命力，此生命力即为刚健，可谓“生之本性曰健”。有生命则必有欲望，“尽绝乎欲，而生之机息”，“然纵欲无度，必至戕生”。[⑥]因此，生不可绝欲，亦不可纵欲，合理的生活乃在于以理节欲。自然之道既有乖违也有和谐，生活本身包含着冲突，人生之道就是争取合理的生存，即改善自然，克服生之冲突，以达到生之和谐。生之和谐即是理，理之基本内容即是“遂我之生，亦遂人之生，善我之生，亦善人之生”，可以说“人之至德曰公”。“充生以达理”“胜乖以达和”，也就是

① 张岱年:《张岱年文集》第1卷，第194、195页。
② 张岱年:《张岱年文集》第3卷，第201页。
③ 张岱年:《张岱年文集》第3卷，第188页。
④ 张岱年:《张岱年文集》第1卷。第195页。
⑤ 张岱年:《张岱年文集》第3卷。第206页。
⑥ 张岱年:《张岱年文集》第1卷。第333页。

“增健以为公”[①]，由扩充人的刚健的生命力，改善自然，克服生之冲突，以达到“公”的和谐境界，此即是生活之圆满。

张先生还强调，“道德不仅在于求众人饮食男女之满足而已，乃更在于求众人之所以贵于禽兽者之扩充，亦即不惟求人人身体需要之满足，而更求人人精神需要之满足。人于身体需要之外，更有精神的需要，此乃事实”[②]。在中国历史上，墨家重视人的物质生活，而轻视人的精神生活（“非乐”是其突出表现）；儒家之主流则相反，重视人的精神生活，而轻视人的物质生活（孟子所谓“饱食煖衣，逸居而无教，则近于禽兽”）。张先生对身体需要和精神需要两方面的强调，可谓得儒墨两家之折衷。就道德“求人人身体需要之满足”而言，张先生倾向于墨家，是其道德的现实主义的体现；就道德“更求人人精神需要之满足”而言，张先生的最高价值取向又是儒家的，是其道德的理想主义的体现；而肯定人的身体需要和精神需要都是“事实”，则可见其道德的现实主义和理想主义是统一的。张先生又指出，为求群生之圆满，而牺牲一己之生命，“杀身以成仁”，“舍生而取义”，这是坚持人格的尊严，达到以人群为一体的境界，“虽丧其小我，而得大我”，实现崇高卓越之精神的价值，此乃“道德实践之至极”[③]。

在张先生的“理生合一”思想中，内在地包含着中国传统哲学范畴德与力、义与利、理与欲等矛盾的合理解决。所谓“力”，就个人而言，是指人的生命力，包括意志力、体力、脑力等等；就社会而言，是指社会的生产力、科技能力等等；就民族、国家而言，是指民族、国家的经济、政治、军事实力等等。张先生赞成汉代王充的“德力具足”观点，认为力是德的基础，二者不可偏废，而二者相较，德更具有崇高的价值。张先生区分公利与私利、精神生活与物质生活，认为社会群体利益不能脱离个人利益，而道德的基本原则是群体利益高于个人利益；精神生活需以物质生活为基础，而精神生活的价值高于物质生活的价值。就

---

① 张岱年:《张岱年文集》第3卷，第202页。
② 张岱年:《张岱年文集》第3卷。第276页。
③ 张岱年:《张岱年文集》第3卷。第207页。

群体的功利而言，应该“正其义必谋其利，明其道必计其功”；然而，“义”或“道”并非只求人人物质欲望的满足，而更在于求真、求善、求美，求人人精神生活的满足。张先生在晚年著有《论价值的层次》和《生命与道德》等文[①]，对以上问题续有阐发，“理生合一”也是张先生一贯的思想。

张先生的思想是现代唯物主义与道德理想主义的综合，是在现实生活中不断追求、实现崇高的理想境界。这样的一种综合，可谓有两个最显著的特点，即：（1）既注重实际，又高扬理想；（2）既正视现实生活中的矛盾，又谋求矛盾的合理解决而达到和谐的境界。

关于实际与理想，张先生说：“实际之中，无往而非变化，变化之所以然在于对立之相互作用。对立相互冲突，而变化起。理想则在于调节对立之相互作用，克服其冲突，以达到相对的和谐。”“理想与实际相对待，然而有其统一。理想必以实际之变化为根据。理想乃是实际之变革。”[②]注重实际而不虚悬理想，将理想贯彻于对实际之变化的认识和改造变革之中，理想以实际之变化为根据，实际以理想之实现为归趋，此所以重实际而不陷于僵滞和保守，崇理想而不流于虚玄和虚妄。这是张先生的哲学思想——不同于只诉诸“心”的主观能动性、只以标识道德理想主义为满足——的一个重要特色。

注重实际而不虚悬理想，则必正视现实生活中的矛盾而不以理想中的和谐来粉饰之。张先生说：“一切生活现象，皆由生之矛盾而展开。有生之物与非生之物有矛盾，生物与生物亦有矛盾。”[③]“生物与生物之斗争，如人兽之相食，人与虫菌之斗争”；“个人生活中之矛盾，如病与苦，欲与欲之冲突”；“社会生活中之矛盾，人与人之冲突，及群中之阶级与不平”。[④]生活的提高与圆满，在于克服这些矛盾，而得生活之和谐。人与自然之矛盾的克服，在于“戡天与乐天的统一”，即以物

---

① 参见张岱年《张岱年全集》第7卷，河北人民出版社1996年版。

② 张岱年：《张岱年文集》第3卷，第295页。

③ 张岱年：《张岱年文集》第3卷，第201页。

④ 张岱年：《张岱年文集》第1卷，第333页。

质的力量改造自然，使合于人的理想，“正当的戡天本不是毁坏自然，而是改善自然，使自然更合于美善的理想”，“人须一方面开导自然，一方面遵循自然；天不违人，人亦不违天，乃得天人之协调”，此为“动的天人合一”。[①]个人生活中之矛盾的克服，在于“以理来裁制生”，使生受理的支配，“生之扩大与生之裁制，可以说是相反，但正是相成的”。“个人生活不能单独的获得圆满，只有在好的社会中，才能有好的个人生活”，因此改善生活的问题，也是“变革社会”即克服社会生活中之矛盾的问题。宋明理学家曾讲“穷理、尽性、至命，是一事”；张先生扩而言之，说:“克服自然、变革社会、改善人生，是一事。”[②]此“一事”即求现实生活中矛盾的合理解决，以达到天人之协调、人生与社会之和谐。

中国传统文化崇尚“和谐”或“和合”，而略于讲竞争；自近代以来，西方文化的进化论传入中国后，“物竞天择，适者生存”说又成为一时风尚。张先生的“理生合一”思想，亦是对生之竞争与理之和谐的折衷。他指出:“人生之历程，即人之竞存进德之历程。竞存则与妨害人之生存者斗争，进德则与妨害生活之合理者斗争。”[③]易言之，竞存即是“充生”，进德即是“达理”，竞存进德之历程也就是“充生以达理”“胜乖以达和”的人生之道。进德以竞存为基础，竞存需要斗争，进德亦不免“与妨害生活之合理者斗争”，此斗争就是辨别“义与不义”，而与“不义”斗争。张先生说:“生之竞争无时或息，人之所以贵于禽兽者，在于能辨争之义与不义。不义之争，不可有；合义之争不可无。义之实现，有待于不义之克服。”[④]与不义做斗争，从而克服不义，如此才能“胜乖以达和”。

张先生提出以“刚善”替代“柔善”的思想。他说:“传统的善之观念应改造——仅柔善实不足，必有刚善”，“不能制恶非真善，善与力

① 张岱年:《张岱年文集》第1卷，第201—202页。
② 张岱年:《张岱年文集》第1卷，第198页。
③ 张岱年:《张岱年文集》第3卷，第201页。
④ 张岱年:《张岱年文集》第3卷，第201页。

的结合，乃足为真善”。[①]真善即在现实生活中真能实现的善，是能够克服生之矛盾，制恶、胜乖的“善与力的结合”，即“刚善”，也即“增健以为公”的善。张先生把《易传》之“刚健”与“厚德”结合起来。他认为，中国在现时代需要一个既“注意物质的现实”，又敢于变革现实、克服现实，有伟大的力量和伟大的理想的哲学。“刚善”的思想是这一哲学的一个重要体现。

张先生还提出“以兼和易中庸”的思想。他认为，“中庸易致停滞不进之弊，失富有日新之德”，而“兼和”则是“兼赅众异而得其平衡”，“惟日新而后能经常得其平衡，惟日新而后能经常保其富有”。[②]“兼和”之义，一是“兼赅众异”；二是“得其平衡”，此平衡是由变革现实、解决实际中对立的冲突而获得的，平衡并非“停滞不进”，而是“富有日新”。因此，平衡、和谐亦只是相对的，世界上并无绝对的“至善”。张先生说：“善要求二事：一完满，二进步。此二者不能并存，故至极之善是不可达到的。完全之善包含静止，绝对和谐将是寂静。然宇宙无静止，故绝对的善为不可能。”[③]相对的和谐中蕴含着新的冲突，“如无冲突则旧物不毁，而物物归于静止”，“如无和谐则新物不成，而一切止于破碎”，和谐与冲突相对待，此亦是宇宙永恒之“两一”，“此乃世界之所以运动不已，变化无息，而追求理想之努力亦永远无止”。[④]张先生的“兼和”思想，体现了唯物辩证法与道德理想主义的统一。“兼和”包含着注重实际，正视矛盾，崇尚和谐，不断追求富有之大业、日新之盛德的思想——这与时下某些学者所标榜的“和合学”相比，具有更深刻、丰富的内容。

张先生说：“在人生论，中国哲学不喜出世的理想，而讲不离乎日常生活的宏大而平实的生活准则。”“中国过去的哲学，更有一根本的倾向，即是自然论与理想论之合一。……西洋的自然主义与理想主义那种

① 张岱年：《张岱年文集》第 3 卷，第 279 页。
② 张岱年：《张岱年文集》第 3 卷，第 212 页。
③ 张岱年：《张岱年文集》第 3 卷，第 276—277 页。
④ 张岱年：《张岱年文集》第 3 卷，第 189、295 页。

决然对立的情形，在中国是没有的。”[①] 张先生综合唯物与理想，即在新的时代体现了“宏大而平实”的精神，是对中国传统哲学之根本倾向的继承、发展和创新，亦是对西方哲学自然主义与理想主义（以及科学主义与人本主义）之决然对立的扬弃。

（原载《学术界》1999 年第 4 期）

① 张岱年:《张岱年文集》第 1 卷，第 220 页。

新唯物论："接着"气论讲

一　中国哲学之新路

自先秦以来，中国哲学有一个延续不绝的唯物主义传统，气论（又称唯气论、气本论、气一元论或气学）是这一传统的主要理论形态。在宋明道学中，以前著述一般只讲程朱理学和陆王心学；张岱年先生在20世纪30年代著《中国哲学大纲》，始讲明宋明道学中实际上还存在着一个从张载到王夫之的气论学派。张先生说：

> 在中国哲学中，注重物质，以物的范畴解说一切之本根论，乃是气论。中国哲学中所谓气，可以说是最细微最流动的物质，以气解说宇宙，即以最细微最流动的物质为一切之根本。西洋哲学中之原子论，谓一切气皆由微小固体而成；中国哲学中之气论，则谓一切固体皆是气之凝结。亦可谓适成一种对照。[①]

时隔六十余年，这段话至今仍是对中国气论哲学的性质和特点所作的最

① 张岱年：《中国哲学大纲》，中国社会科学出版社1982年版，第39页。

基本、最具有比较性的表述。在《中国哲学大纲》所述“本根论”的内容中，“道论”“理气论”“唯心论”等各占一章，气论则以“气论一”和“气论二”两章出之，较详细地叙述了自先秦至清代的气论思想源流，由此亦可见张先生对气论的重视。

在30年代，张先生的主要职志是从事哲学理论的研究。在写成《中国哲学大纲》之前，他已有《论外界的实在》《谭“理”》《关于新唯物论》《论现在中国所需要的哲学》等重要论文在报刊上发表。大约在写成《中国哲学大纲》的同时（1936年），他又发表了提出“一个新哲学之纲领”的重要论文，即《哲学上一个可能的综合》。在这篇文章中，他较详细地论证了：

> 今后哲学之一个新路，当是将唯物、理想、解析，综合于一。凡综合皆有所倚重……今此所说之综合，则当倚重于唯物，而是一种唯物的综合。此所说综合，实际上乃是以唯物论为基础而吸收理想与解析，以建立一种广大深微的唯物论。①

可以说，张先生哲学思想之形成体系是与《中国哲学大纲》的完成密切联系在一起的。传统与现代、中学与西学、哲学与哲学史，在这里有着一种有机的融合。

张先生所说的“唯物”，首先是指马克思主义的“新唯物论或辩证的唯物论”。在1933年发表的《关于新唯物论》一文中，他已肯定“新唯物论之为现代最可信取之哲学”②。他又多次强调，今日中国的新哲学，“必与过去中国哲学有相当的继承关系”，“必以中国固有的精粹之思想为基本”③，因而他所说的“唯物”又是指继承中国固有的唯物论传统，特别是宋以后哲学中张载、王夫之一系的气论或唯气论（在《哲学上一个可能的综合》中，张先生说：“唯气论其实即是唯物论”）。张先生要

---

① 张岱年:《张岱年文集》第1卷，清华大学出版社1989年版，第210页。

② 张岱年:《张岱年文集》第1卷，第190页。

③ 张岱年:《张岱年文集》第1卷，第219、191页。

建立一个将"唯物、理想、解析，综合于一"的哲学体系，这个体系是"以唯物论为基础"，而唯物论包括马克思主义的新唯物论和中国传统哲学的气论，二者在张先生的思想中紧密结合在一起。因而，"这个综合的哲学，对于西洋方面说，可以说是新唯物论之更进的引申，对于中国方面说，可以说是王船山、颜习斋、戴东原的哲学之再度的发展，在性质上则是唯物论、理想主义、解析哲学之一种综合"[①]。

在《关于新唯物论》等论文发表后，孙道升著有《现代中国哲学界之解剖》一文，其中称张先生的哲学思想为"解析法的新唯物论"，意为"把解析法输入于新唯物论中"，而"新唯物论亦称辩证唯物论"。[②]苏渊雷在1936年秋写给张先生的信中称："尊论谓以新唯物论为本，先求唯物与理想二义之综合，而兼综解析法，以此求一真的可信的有力的哲学，能作生活之指导的哲学……切问近思，真探本抉微之谈也。"[③]

无论从张先生的思想实际而言，还是从当时哲学界的评论来说，张先生的哲学思想属于新唯物论，或者说是新唯物论中之"一派"（孙道升文在对新唯物论的分析中指出："一派是想把解析法输入于新唯物论中去的，另一派是沿袭俄国日本讲马克思学说的态度的。前者可称为解析法的新唯物论，此派具有批判的、分析的精神，其作品在新唯物论中，可谓最值得注意的、最有发展的"[④]）。然而，近年有人仿效中国现代哲学史上"新理学"和"新心学"的称谓，将张先生的哲学思想称为"新气学"。如果"新气学"只是表示张先生的哲学思想与张载、王夫之一系的气论或气学有着一种继承的关系，那么似乎是可以的。但论者将新理学、新心学和新气学并称为"新三学"，又将"新三学"统看作"现代新儒学"，认为现代新儒学不过是宋明理学"一直延续到现在"，其思维模式"都还属于道德形上学本体论的传统……'新三学'并没有

① 张岱年：《张岱年文集》第1卷。第225页。

② 郭湛波：《近五十年中国思想史》，北平人文书局1936年版，第402、403页。

③ 苏渊雷：《中国思想文化论稿》，华东师范大学出版社1989年版，第137页。

④ 郭湛波：《近五十年中国思想史》第403页。

超越宋明新儒学的‘旧三学’”。[①] 这种评价不但贬低了新理学、新心学的意义，而且对于张先生的哲学思想尤其是一种主观随意的曲解。

我认为，严格地说，张先生的哲学思想不能称为“新气学”，而应称作“新唯物论”。这首先是指张先生的哲学思想以马克思主义的新唯物论为基础（马克思在《关于费尔巴哈的提纲》中就称自己的哲学思想为“新唯物主义”，而与旧唯物主义相区别[②]），并且与中国传统的气论有着不仅是继承而且是发展和创新的关系；其次是指它综合了理想与解析，“是唯物论之新的扩大”。在《关于新唯物论》一文中，张先生强调了新唯物论与旧唯物论的区别，创造性地诠释了新唯物论在宇宙论、知识论和方法论方面的精旨之所在，同时亦指出：

> 现在形式之新唯物论，实只雏形，完成实待于将来。新唯物论欲求完成，则又必更有取于现代各派哲学，而最应取者则为罗素一派之科学的哲学。[③]
>
> 要之，新唯物论如欲进展，必经一番正名析词之工作。辩证法与逻辑解析法，必结为一，方能两益。[④]

在同文中，张先生还指出了“中国将来如有新哲学，必与已往儒家哲学有多少相承之关系，必以中国固有的精粹之思想为基本”。据此可以说，张先生关于“唯物、理想、解析，综合于一”的思想，在《关于新唯物论》一文中就已初步形成了。他之所以提出哲学上这一可能的综合，是欲求新唯物论之进展、完成，亦如在《哲学上一个可能的综合》中所说：“在今日，我们实应顺着新唯物论的创造者们之趋向，而更有所扩充。”[⑤] 因此，新唯物论一方面是指当时形式尚未免粗疏的新唯物论之既

---

① 张立文:《东亚意识与和合精神》,《学术月刊》1998年第1期。

② 参见《马克思恩格斯选集》第1卷，人民出版社2012年版，第136页。

③ 张岱年:《张岱年文集》第1卷，第190页。

④ 张岱年:《张岱年文集》第1卷，第193页。

⑤ 张岱年:《张岱年文集》第1卷，第222页。

有形态，另一方面又是指“新唯物论之更进的引申”“唯物论之新的扩大”。这种引申、扩大的新唯物论，当然仍可称作“新唯物论”，它是马克思主义哲学在中国发展的一个形态，是张先生所说“现在中国所需要的哲学”，是中国的现代唯物论，即中国的新唯物论。

可作为比较的是，冯友兰先生在30年代上半叶陆续完成了两卷本的《中国哲学史》，随后便着手创建其哲学体系“新理学”。他在《新理学》一书的“绪论”中说：

> 我们现在所讲之系统，大体上是承接宋明道学中之理学一派。我们说“大体上”，因为在许多点，我们亦有与宋明以来底理学，大不相同之处。我们说“承接”，因为我们是“接著”宋明以来底理学讲底，而不是“照著”宋明以来底理学讲底。因此我们自号我们的系统为新理学。①

“接着”讲不同于“照着”讲，冯先生是将西方的新实在论与程朱理学相结合，而成为中国现代哲学的一个形态，即“新理学”。

从一定意义上说，张先生的哲学思想是“接着”中国传统的气论讲。它“与过去中国哲学有相当的继承关系”，是气论的“再度的发展”，但它又是以马克思主义的新唯物论为基础，是新唯物论与气论的结合；它要创建中国的现代唯物论，而与中国古代的气论有许多“大不相同之处”，且又是马克思主义的新唯物论之“更进的引申”。

张先生在《哲学上一个可能的综合》一文中指出，中国近三百年来“最伟大卓越的思想家，是王船山、颜习斋、戴东原”，“我们可以说，这三百年来的哲学思想，实以唯物为主潮”，“我觉得，现代中国治哲学者，应继续王、颜、戴未竟之绪而更加扩展……新的中国哲学，应顺着这三百年来的趋向而前进”。② 这里所说的“继续……而更加扩展”，

---

① 冯友兰:《三松堂全集》第4卷，河南人民出版社1986年版，第5页。

② 张岱年:《张岱年文集》第1卷，第221页。

“顺着……趋向而前进”，也就是“接着”讲的意思。怎样“接着”讲？即以马克思主义的新唯物论为基础，综合理想与解析，而“接着”气论讲。

张先生在40年代所作《事理论》的“自序”中说：

> 民初以来，时贤论学，于绍述西哲之余亦兼明中国往旨，于程朱、陆王、习斋、东原之学时有阐发。学人之中，述颜戴之指者，宗陆王之说者，绍程朱之统者，皆已有人。而此篇所谈，则与横渠、船山之旨为最近，于西方则兼取唯物论与解析哲学之说，非敢立异于时贤，不欲自违其所信耳。①

这段话更有“接着”讲的意思，这种“接着”讲即是“于绍述西哲之余亦兼明中国往旨”；就张先生的哲学思想具体地说，即是一方面绍述西哲中的新唯物论与解析哲学之说，另一方面阐明中国以往的气论之旨，由此而得一“创造的综合”。

在张先生于30年代创建其哲学体系时，中华民族正处于危机四伏、生死存亡之机。1933年，张先生发表《论外界的实在》，此时日寇的铁蹄已迫近平津城下，故此文的编者写下了“有作出这等文字的青年的民族，并不是容易灭亡的”云云。当时在思想文化界，马克思主义正广泛传播，其他西方思想也大量引进，关于中国文化的发展前途、中国哲学的发展方向的讨论也日趋热烈。张先生在30年代著有《世界文化与中国文化》《关于中国本位的文化建设》《西化与创造》等文，参加关于中国文化的讨论，提出“在现在中国，全盘接受西洋文化与谋旧文化之复活，同样都是死路一条”，力主对中西文化之精华进行“创造的综合”，指出“惟有赖文化之再生，然后中国民族才能复兴”。②与此相应，张先生认为“文化之重建，须先有思想之独立，而如欲思想独立必须有哲学

① 张岱年:《张岱年文集》第3卷，第111页。

② 张岱年:《张岱年文集》第1卷，第257、262页。

之创造"，"中国若不能创造出一种新哲学，则民族再兴只是空谈"。[1] 正是在这样的历史背景和文化背景下，他提出了现在中国所需要的哲学必须是"真的哲学，可信的哲学，有力的哲学，能作生活之指导的哲学"，它必须具有唯物的、理想的、对理（辩证）的、批评（解析）的等性质。他说：

> 中国民族现值生死存亡之机，应付此种危难，必要有一种勇猛宏毅能应付危机的哲学。此哲学必不是西洋哲学之追随摹仿，而是中国固有的刚毅宏大的积极思想之复活，然又必不采新孔学或新墨学的形态，而是一种新的创造。[2]

之所以必是一种"新的创造"，张先生认为，"中国固有的刚毅宏大的积极思想"必借马克思主义以及西方其他进步思想的输入而"复活"。这种"复活"是一种"新的创造"，它不是"西洋哲学之追随摹仿"，亦不是"新孔学或新墨学"，而是中国的适应新时代之需要、担负着民族复兴和文化重建之使命的一种新哲学，即中国的新唯物论。

二　新唯物论之要旨

当《哲学上一个可能的综合》发表时，张先生在此文之后写有三点附识，其中"附识二"指出了当时对新唯物论有"墨守""盲诽"和"修正"三种态度。他表示对这三种态度都不赞成，如针对"墨守"的态度提出"学术之进，端赖自由思想与批评态度，以水济水，实非真

---

① 张岱年：《张岱年文集》第 1 卷，第 209、161 页。

② 张岱年：《张岱年文集》第 1 卷，第 161 页。

学”；针对“盲诽”的态度提出“不求知之即反对之的态度，更属狂谬”。他说：“我的态度是发挥扩充：对于已有之理论应更加阐发，而以前未及讨论之问题，应补充研讨之。”——这是一种既坚持又发展的态度。他认为，“中国现代唯物论者”有以下任务：

> （1）以解析为方法将新唯物论中根本观念剖析清楚；（2）以唯物对理法为方法讨论新唯物论创造者所未及讨论的哲学问题；（3）以新唯物论为基本，而推阐所未明言之含义；（4）以不违乎对理唯物为原则，以吸收它派哲学中之合理的东西；（5）根据唯物对理法处理中国哲学中之传统问题；（6）寻求中国哲学中之对理唯物的传统而继承发挥之。①

从这六点任务可以看出张先生当时主要的致思趋向，这也可以说是张先生哲学思想的基本性质和特点之所在。其中前四点是讲如何“发挥扩充”马克思主义的新唯物论，后两点则是讲如何处理中国哲学中之传统问题，所谓继承发挥“中国哲学中之对理唯物的传统”即是“接着”气论讲的意思。

张先生阐扬新唯物论的思想，首重新唯物论与旧唯物论之区别。在《关于新唯物论》一文中，他说：“新唯物论立说异于旧唯物论之点，详说甚繁，兹只举二。”这两点是：“第一，新唯物论已舍弃旧唯物玄学所谓本体之观念。是故旧唯物论所谓唯物者，谓物质为本体也；新唯物论之谓唯物者，谓自然先于心知也。自然者何谓，心所对之外境，离心而固存之世界。”“第二，旧唯物论是机械的，新唯物论是辩证的。”②从这两点可以看出，张先生所说的唯物之物，是指不依人的意识而存在的客观实在，而不是指作为现象世界之本原或本体的某一具体的物质形态；新唯物论不仅超越了古代的素朴唯物论，而且超越了近代的机械唯

---

① 参见张岱年《张岱年文集》第1卷，清华大学出版社1989年版，第225—226页。

② 张岱年：《张岱年文集》第1卷，第187、188页。

物论。

张先生认为，中国哲学中所谓“气”，从本质上说属于物质的范畴，它是一种“最细微最流动的物质”。它是“由一般所谓气体之气而衍出的”，“气非无，乃是有;气又非形，乃是无形之有而能变成形的”[①]。中国古代气论哲学家所谓“有”，即“实有”之义，亦即客观实在之义。因而，将“气”归入物质的范畴，这是符合气论之本义的。但“气”又是一种“无形之有”，而非具体有形之物，它比有形之物更根本，是无形而能变成有形的。虽然“气”在古人看来是无形的，但以今日的哲学眼光分析之，气论仍是以某一具体的物质形态（譬如物理学中的“场”，虽然无形体，但从哲学上说仍是某一具体的物质形态）来解说宇宙中的一切，气论毕竟是古代的素朴唯物论。张先生以马克思主义的新唯物论为基础，而“接着”气论讲，这种“接着”讲不是以古代的无形之“气”为核心范畴，而是以列宁所界定的“物质”为核心范畴（张先生在说“心所对之外境，离心而固存之世界”时，随即引“列宁之释物，有云‘物质是人类感官作用于其上而生感觉者’”）；所谓“接着”气论讲，实即“接着”气论的唯物主义路线或趋向讲，把中国古代的素朴唯物论提升到中国现代的新唯物论。

在《哲学上一个可能的综合》中，张先生重申:“机械唯物论所谓唯物，乃谓物质是宇宙本体，而新唯物论的宇宙论已废去本体观念。新唯物论根本不主张所谓‘自然之两分’，根本不承认有所谓现象背后之实在。”[②]关于“自然之两分”，即英国新实在论哲学家怀特海所反对的“本体实而不现，现象现而不实”的观点，张先生对怀氏的这一思想给予充分肯定，认为新唯物论也是主张“即现象即实在”的。同时，张先生又指出，新唯物论所谓唯物，“乃谓物质为最基本的，为生与心之所从出”[③]，这与生机论、唯心论以及新实在论划清了界限。

反对“自然之两分”，这也是中国传统哲学的一大特点。张先生在

① 张岱年:《中国哲学大纲》，第 40 页。

② 张岱年:《张岱年文集》第 1 卷，第 211 页。

③ 张岱年:《张岱年文集》第 1 卷，第 212 页。

30 年代及以后的中国哲学史研究中，对这一特点始终予以强调。如在《中国哲学大纲》中，他说：

> 印度哲学及西洋哲学讲本体，更有真实意，以为现象是假是幻，本体是真是实。本体者何？即是唯一的究竟实在。这种观念，在中国本来的哲学中，实在没有。中国哲人讲本根与事物的区别，不在于实幻之不同，而在于本末、源流、根支之不同。万有众象同属实在，不惟本根为实而已。……在先秦哲学中，无以外界为虚幻者。佛教输入后，始渐有以现象为虚幻之思想，然大多数思想家都是反对佛家以外界为虚幻之思想的。中国哲学家大都主张：本根是真实的，由本根发生的事物亦是真实的，不过有根本不根本之别而已。①

在中国气论思想中，“根本不根本之别”即是无形之气（形上）与有形之物（形下）的区别。张先生所讲的唯物，已取消这种区别，而认为唯物之物即是指“外界的实在”。在张先生看来，“外界的实在”是可以被实践经验以及对经验的理论分析来加以证明的，它并非古代哲学家的独断和玄想，亦非如现代实证论者所说是不可证明而无意义的。张先生从认识论的意义上定义“实在”，故他在 40 年代所作的《知实论》中说：“此所谓实在，乃对知而言。……凡无待于知，即不随知而起灭者，则谓之实在。”② 在 40 年代所作《事理论》的最后结论中，张先生说：“往昔中国哲学中，程朱以为理方为形上……张横渠与戴东原则以为气无定形，亦为形上。王船山亦以理为形上，而以为形上以形为本，而非形之本。……自今言之，形上形下之分已无重要意谓。宇宙为事理浑然俱在之永恒历程，事事相续而有一定之理之固定历程谓之物。事、理、物，俱为离心而独立的实在。”③ 我们由此可以看出，张先生的新唯物论对中

① 张岱年：《中国哲学大纲》，第 9—10 页。
② 张岱年：《张岱年文集》第 3 卷，第 101 页。
③ 张岱年：《张岱年文集》第 3 卷，第 195 页。

国传统气论的一种既继承又超越的关系：所继承者是外界的事、理、物均为实在的思想，所超越者是不再讲无形之气与有形之物的“根本不根本之别”。

张先生还指出，新唯物论有“理论与实践之统一”和“人群、社会”两个基本出发点。关于第一点，他说:“实践是新唯物论之意谓表准，真妄表准。……新唯物论乃是实践哲学。惟其以实践为表准，故不认为现象背后之实在之问题为有意义的，而又不认为外界实在的问题为无意义的。以此，故既反对玄学而又不走入实证论，虽遮拨旧唯物论而不以实在论为满足。”关于第二点，他说:“旧哲学之知识论系讲个人知识，以反省为方法；新唯物论之知识论则讲人群之知识，以客观考察历史研讨为方法。新唯物论的人生论亦不是以前所谓人生论，因新唯物论的人生论乃是讲人群的生活，而注重变革世界之实际道路。”[①] 从这两点亦可看出，张先生所阐发的新唯物论完全是站在马克思主义哲学的新高度来“接着”气论讲。

在张先生于30年代所拟订的“新哲学之纲领”中，主要包括方法论、知识论、宇宙论和人生论四大部分。在他于40年代所作的《天人新论》中，则是《哲学思维论》《知实论》《事理论》《品德论》和《天人简论》。这“五论”是与“新哲学之纲领”的四大部分相对应的:《哲学思维论》是《天人新论》中的方法论部分,《知实论》是其知识论部分的上篇（下篇《真知论》未完成),《事理论》是其宇宙论部分的上篇（下篇《心物论》未完成),《品德论》是其人生论的简纲缩写,《天人简论》则是以上四论主要思想的归纳概括。对照《中国哲学大纲》，可见中国传统哲学所讲的主要内容是宇宙论、人生论和致知论，在致知论中包括了知识论和方法论；与宇宙论、人生论相比，致知论所占的篇幅较少，这是与中国传统哲学的认识论不发达，且方法论更为薄弱相适应的。张先生所要建立的“新哲学”体系则首先讲明方法论，表现了对于哲学方法的高度自觉；其次将知识论立于宇宙论和人生论之前，避免了

---

① 张岱年:《张岱年文集》第1卷，第212、213页。

旧哲学对于天人哲理的主观猜测和独断。这种哲学框架无疑是现代意义的。“新哲学”之基本观点包括四个方面。

第一，方法论，注重三事：（1）知行合一（理论与实践的统一）；（2）解析法；（3）对理法（辩证法）。这“三事”首先突出了实践的观点，表明了“新唯物论乃是实践哲学”；（2）和（3）则体现了将逻辑分析与辩证法综合起来的哲学特色。张先生认为，哲学理论、哲学命题必须有确定的意义，而欲明确其所说之确定的意义，则必须依靠解析法。因此，“解析是哲学之基本工夫”[①]。辩证法并不否认形式逻辑的基本规律，只不过认为其非充足的而已。辩证法反映了宇宙运动的最根本规律，能应用辩证法“则能见相反之相成，矛盾之统一”[②]。在30年代，信服辩证法的学者大多排斥形式逻辑，而推崇形式逻辑的学者大多鄙弃辩证法；张先生则始终认为，辩证法与解析法各有适用的范围，二者“必结为一，方能两益”。

张先生认为，“解析法是新实在论的大贡献”，“新唯物论如欲进展，必经一番正名析词之工作”。他在评价中国传统哲学时说：“解析似不为中国哲学所重视，中国哲学在此方面可以说颇缺乏。但正因为中国哲学缺乏此方面，现在乃更应注重。然中国哲学中亦非全无解析，上古公孙龙即颇重解析，中世朱子亦有重解析的倾向，而清代戴东原尤重解析……这种潜伏的注重解析之流，我们应扩充而发展之。”[③] 由此可见，张先生“把解析法输入于新唯物论中”，不仅是求新唯物论之进展，而且也是“接着”气论讲，补充和发展中国传统哲学所缺乏或薄弱的方面。

第二，知识论，注重五事：（1）“知之物的基础”，即物质是认识的基础，不是存在即被感知，而是存在决定认识；（2）知与行之两一（对立统一），知源于行而成于行；（3）知之群性（社会性），个人认识不能脱离社会，认识有其社会性；（4）感与思之两一，理性思维源于感觉经

---

① 张岱年：《张岱年文集》第1卷，第217页。

② 张岱年：《张岱年文集》第1卷，第190页。

③ 张岱年：《张岱年文集》第1卷，第220—221页。

验而又能超越感觉经验，"范畴概念起于思，虽常不尽合于物，而皆有其物的基础"；(5)真知之变与常，真知是相对的、发展的，此为真知之变，在相对中有绝对、变中有不变，此为真知之常，真理的相对与绝对亦是对立统一的。张先生所讲的知识论，贯彻了唯物辩证法的原则。他所谓"知之物的基础"，一方面是反对西方唯心论的"存在就是被感知"的观点，另一方面也是反对中国唯心论的"离识无境"和"心外无物"的观点。他对"范畴概念"的解说，着眼于它们是外界所得经验在人们头脑中的内化，不同于新老实在论的共相实在说，亦超越了康德的先验模式说。

张先生指出："在知识论，中国哲学根本不认为存在依附于心(只有陆王一派例外)，更根本承认外界是可知的。中国哲学更多将知与行合为一。"① 张先生所阐发的知识论"五事"，一方面继承了中国哲学固有的唯物论趋向；另一方面也以认识的社会性，感性认识与理性认识的辩证关系，以及相对真理与绝对真理的辩证关系等内容，丰富发展或者说超越了中国传统的认识论。

第三，宇宙论，注重三事：(1)历程与事物，宇宙为一大历程，为一生生日新之大流，在此历程中"逝逝无已者为事"，"较事常住者为物"；(2)理或物则(规律)，一物之性即一物之理，理即在事物之中，离事物则无所谓理，理有根本的"与宇宙同久"的普遍之理，亦有非根本的依于特殊事物而有的特殊之理；(3)"一本多级"，宇宙事物之演化有若干级之不同，各级有各级之特殊规律，物为一本，生命、社会、心等为数级，此数级不违物之规律而又自有其规律。

从宇宙论更可见新唯物论对中国传统气论的继承与超越。关于"宇宙为一大历程"，张先生是将《易传》的"生生之谓易"和怀特海的"过程"思想纳入新唯物论的思想体系中，宇宙生生不息，万事万物都处于宇宙的变易、发展之中，一事即一具体的发展过程，具体之物即具体发展过程中的较常住者，一物发展至一定阶段即向他物转化，故

① 张岱年：《张岱年文集》第1卷，第220页。

宇宙生生日新，统万事万物为一大历程。关于“理或物则”，张先生继承、发展了中国传统的“性即理”和“理在事中”的思想，“理”实即事物运动发展的内在本质和规律。张先生分“理”为根本的普遍之理与非根本的特殊之理，普遍之理（如对立统一规律）遍在于万事万物，故“与宇宙同久”；特殊之理仅存在于一类特殊事物之中，“有此特殊事物乃有此理，无此特殊事物即无此理”，“如未有生物则无生物之理，未有人类则无人伦之理”。[①]张先生在30年代作有《谭“理”》一文，参与关于冯友兰先生《新对话》的讨论，当时冯先生主张“理在事先”，张先生则主张“理在事中”，其命题是传统的，而思想则反映了新唯物论与新实在论的分歧。张先生在40年代所作《事理论》中特注明：“本书之思想与冯先生思想之不同，颇近于王船山天下惟器论、李恕谷理在事中论与程朱学派理在气先论之不同。王船山李恕谷之学说可谓一种唯物论。……吾之态度，可谓不舍事物而谈理道，不离现象而诠实在。”[②]关于“一本多级”，张先生依唯物辩证法的“由量转质”思想，吸收、解释鲁意摩根等人的突创进化论，强调“生、心皆物发展之结果”，“生、心、社会不违物之规律而又自有其规律”。“一本多级”之论实际上与区分普遍之理和特殊之理的思想紧密相连，此两说又构成了张先生关于“天人本至”命题的重要内容。

张先生说：“能知‘本’与‘至’的区别，则综合唯物与理想，无难。”[③]所谓“本”即宇宙演化之基本、在先者；所谓“至”即宇宙演化所最后生者，“最基本者即物，最后生者即心”。张先生指出，在先者“粗而卑”，最后生者“精而卓”，“宇宙一本一至，本与至乃是两端而非即一事”。他批评“旧哲学有一普遍的倾向，即认为宇宙之最基本者必即是宇宙之最精微者。如老子之道，朱子之太极，黑格尔之绝对精神，柏格森之‘生命内浪’”。实际上，气论哲学家张载等人的思想亦未能免于这一倾向，如其“太虚之气”或“太和”既是宇宙之本又是宇宙之

---

① 张岱年：《张岱年文集》第1卷，第223页。

② 张岱年：《张岱年文集》第3卷，第123页。

③ 张岱年：《张岱年文集》第1第，216页。

最精微者。对旧哲学这一普遍倾向的克服，就是提出物质为本，人心为至，“心出于物而可以克服物，人为境所制约而可以变化境”[①]，从而既坚持唯物论，又高扬人的主体能动性，在唯物论的基础上综合理想主义。由本达至，这是宇宙演化的客观历程；由物本而达于人生理想，这也是张先生哲学思想的一个主要特色。对于中国哲学的发展来说，这一特色的重要意义在于：它突破了泛道德主义的藩篱，挣脱了道德本体论的束缚，在弘扬唯物论的基础上重新安置和伸展了人生理想论或道德理想主义。

第四，人生论，注重五事：(1)天与人之两一，人乃天之所生，天制约人，而人亦能改变天，天人有矛盾，克服此种矛盾乃得天人之谐和，此为“动的天人合一”；(2)群与己之两一，个人与社会不可相离，改善人生须改造社会，个人修养之最高境界是与群为一；(3)生与理之两一，生指生命、生活，理指道德准则，理只是求生之谐和圆满，人生之道在于扩充生命力，而又受理的裁制，克服生之矛盾，以得生之谐和，即达于理（张先生在40年代所作《品德论》中将此表述为“充生以达理”“胜乖以达和”）；(4)义与命之两一，命是自然的限制，义是当然的理想，知命（认识自然）而遵循、驾驭、改造之，乃能有理想的实现；(5)战斗与谐和之两一，生活中常遇逆阻，与之战斗而克服之，乃能达到真实的谐和。

在人生论中，张先生也始终贯彻了“两一”（对立统一）的观点，正视矛盾而崇尚谐和，由自然而克服自然、达于理想，或由本达至，这是张先生对于人生的既客观而又充满理想的态度。张先生在30年代所作《道德之变与常》一文中强调：“道德依时代而不同，随社会之物质基础之变化而变化；然在各时代之道德中，亦有一贯者在，由此而各时代之道德皆得名为道德。”“新旧道德之对待关系，亦对立而统一的，变革之而同时亦有所保持，且系发展之。”[②]站在历史唯物主义的高度，讲

---

① 张岱年:《张岱年文集》第1卷，第216页。

② 张岱年:《张岱年文集》第1卷，第79、80页。

明道德发展的历史阶段性和连续性，讲明新旧道德之间批判继承和变革发展的关系，这也是张先生哲学思想的深刻、卓越之处。

张先生指出，中国传统哲学的人生论有一基本倾向，即："中国哲学不喜出世的理想，而讲不离乎日常生活的宏大而平实的生活准则。中国哲学家所认为最高境界者，是在日常生活中表现至理。""中国过去哲学，更有一根本倾向，即是自然论与理想论之合一。……综合唯物与理想，实正合于中国哲学之根本倾向。"[①] 张先生认为，中国哲学的这些根本倾向虽不专属唯物论，但"颇合于唯物义"。所谓"合于唯物义"，也就是符合唯物主义精神。张先生提出由本达至，综合唯物与理想，是把这一精神发扬光大了，将其提升到了中国的新唯物主义的高度。

三 "渠山拙叟"矢志不渝

张先生在30年代完成了《中国哲学大纲》，发表了一系列重要的哲学论文，提出了将"唯物、理想、解析，综合于一"的"新哲学之纲领"；在40年代，他对"新哲学之纲领"进行充实、论证，写成了《天人五论》，由于国难当头，环境恶劣，生活艰苦，原拟订的《天人新论》之完整著作形态没能最后完成。1949年中华人民共和国成立后，张先生曾热情地宣讲"辩证唯物论与历史唯物论"。但自1952年全国高校院系调整后，由于教学分工和当时学术研究的环境所限，张先生专门从事中国哲学史的教学与研究，对于哲学理论问题"存而不论"了。经过25年的风风雨雨，特别是经过1957年被打入"另册"的厄运后，至1977年张先生于耄耋之年才又焕发学术青春，在中国哲学史、哲学理

① 张岱年：《张岱年文集》第1卷，第220页。

论和中国文化等研究领域辛勤耕耘，著述丰赡。

张先生在50年代和1977年以后对中国哲学史进行了更为深入、全面的研究。注重对中国哲学史的理论和范畴的分析，是张先生继《中国哲学大纲》之后一以贯之的研究特色。30年代在史学界有“疑古”思潮，冯友兰先生矫“疑古”之弊而提出“释古”，张先生的研究特色则为“析古”，这包括对史料真伪的辨析和对史料义理的解析。可以说，张先生始终把对“解析哲学”的重视运用到其对中国哲学史的研究中。“析古”是张先生研究中国哲学史的重要方法，而就内容来说，特别注重表彰中国哲学中的唯物论和辩证法传统以及道德理想的传统，这也是他研究中国哲学史的重要特色。“唯物、理想、解析，综合于一”的哲学思想，在张先生的中国哲学史研究中得到了实际的运用。

张先生在50年代陆续发表了《王船山的唯物论思想》《张横渠的哲学》《中国古典哲学的几个特点》《道德的阶级性和继承性》等论文，并且出版了《张载——十一世纪中国唯物主义哲学家》《中国唯物主义思想简史》《中国伦理思想发展规律的初步研究》三部著作。同时，他还广泛收集资料，准备撰写《王廷相哲学研究》和《明代唯物论史》两部书稿。这些都体现了他对唯物与理想的重视。在他同期发表的《中国古代哲学中若干基本概念的起源和演变》一文中，首列的概念是“气”，他说：

> 气是中国古代唯物主义的基本概念。①
>
> 中国古代哲学中所谓气，就是客观实体，也就是今日所谓物质。②

在《中国唯物主义思想简史》一书中，张先生指出，中国古代哲学著作中与今天所谓物质大致相近的名词有好几个，“比较不易了解的，然而

① 张岱年:《张岱年文集》第4卷，第8页。

② 张岱年:《张岱年文集》第4卷，第11页。

却是最重要的，是‘气’这个观念”。他说：

> 中国古代哲学中的“气”的观念，本来是从气体的现象抽引出来的，然而却又把意义扩大了，便成为与今天所谓物质意义大致相同的观念。……中国古代哲学中所谓“气”，可以说具有三个特点：第一，气是不依靠人的认识而独立存在的东西。……第二，气是构成一切物体的东西，一切特殊的物体都是气所构成的。……第三，气是体现运动变化的东西。①

在《中国古典哲学的几个特点》一文中，张先生指出，中国古典哲学有四个基本特点，即：

> 第一，本体与现象统一的观点；第二，生活与思想一致的传统；第三，在唯物主义方面，唯物主义与辩证观念相互结合的传统；第四，生死自然的观点与无神论在哲学发展中的深刻影响。②

以上论述，大体属于中国哲学史研究中的“照着”讲；虽然是“照着”讲，却是有所侧重或有所选择的“照着”讲，亦即特别注重表彰中国哲学史中的气论唯物主义传统，其目的是继承和弘扬这一传统。就此而言，张先生在50年代的中国哲学史研究仍具有“接着”气论讲的意义。

1977年，随着“文革”的结束，张先生也结束了他自1957年以来二十年的政治屈辱、学术沉寂时期。作为此时期结束的标志，张先生在复出后写的第一篇论文就是为中华书局出版《张载集》写的“前言”——《关于张载的思想和著作》。此后，张先生进入晚年的学术高峰时期，出版发表了大量中国哲学史、哲学理论和中国文化研究的论文和著作。关于中国哲学中的“气”范畴，张先生亦作了一些新的阐发。

---

① 张岱年：《张岱年文集》第4卷，第214页。

② 张岱年：《张岱年文集》第4卷，第35页。

如在《开展中国哲学固有概念范畴的研究》一文中，他说：

> 作为哲学范畴，气指构成万物的原始材料。……气是中国哲学中的物质概念。……中国古代哲学中讲气，强调气的运动变化，肯定气是连续性的存在，肯定气与虚空的统一，这些都是与西方的物质概念不同的。①

在《中国古典哲学概念范畴要论》一书中，他除了指出“气”具有一些与西方哲学的物质概念类似的特点外，还指出：

> （1）气没有不可入性，而贯通于有形有质之物的内外；（2）气具有内在的运动性，经常在运动变化之中。②

在张先生主编的《中国唯物论史》“导论”中，他又指出：

> “气”的观念与西方唯物论的主要观念“原子”有很大的不同，原子是一个一个互相分别的，具有分离性，而“气”具有连续性，“气”与近代物理学所谓“场”有近似之处。③

除了对“气”范畴作了进一步的解析外，张先生对中国古代的唯物论特别是气论的思想源流也作了更为深入、全面的阐述。这些都具有“照着”讲和“接着”讲的双重意义。张先生晚年对于中国古代的伦理学说、价值学说，特别是儒家思想中包含的道德理想主义精华，也作了细致入微的分析和极具现代意义的阐发。张先生始终认为，唯物与理想是中国哲学的优良传统和精华所在。

张先生晚年自号“渠山拙叟”（“渠”即横渠，“山”乃船山），表

---

① 张岱年:《开展中国哲学固有概念范畴的研究》,《中国哲学史研究》1982 年第 1 期。

② 张岱年:《张岱年全集》第 4 卷，第 491 页。

③ 张岱年:《张岱年全集》第 7 卷，第 367 页。

现了对继承和发展中国气论传统的矢志不渝。同时，他也撰写了《坚持唯物论，发展唯物论》《我为什么信持辩证唯物主义》等哲学论文。当80年代初以来，社会上出现对马克思主义的信仰危机时，他却始终“肯定辩证唯物论是当代最伟大的哲学”，“对于哲学唯物主义之为真理深信不疑”。[①]1988年，齐鲁书社以《真与善的探索》为题，首次发表张先生在40年代撰写的《天人五论》和三四十年代的两部分“研思札记”，他在为此书写的“自序”中讲明，30年代至40年代，他“以为中国古代确有唯物论传统，又富于辩证思维，意图将中国古典唯物论与现代唯物论，将中国古典辩证法与现代科学辩证法结合起来，采取民族的形式，而以概念分析的方式出之”[②]。1993年，张先生撰写《客观世界与人生理想——平生思想述要》，他说：“在哲学上，我仍坚持30至40年代的一些观点而略有补充。我信持唯物论，推崇辩证法，而认为应该把马克思主义哲学唯物论与中国古典哲学中的唯物论优良传统结合起来。”[③]在此文中，他将其哲学基本观点概括为十大命题：（1）物我同实；（2）物统事理；（3）“一本多级”；（4）物体心用；（5）思成于积；（6）真知三表；（7）充生达理；（8）本至有辨；（9）群己一体；（10）兼和为上。他指出：

> 这些观点的基本倾向是，在理论上是唯物的，在方法上兼综了逻辑分析法与唯物辩证法。这些观点，总起来看，既肯定客观世界的实在性，又昂扬人的主体自觉性。……人的主体能动性在于改变客体，而改变客体必然有一定的目标，也就是必然依照一定的准则。这一定的准则即是人生理想，人生理想的核心是“当然”的自觉，亦即道德的自觉。道德的自觉也不是纯粹主观的，而必然参照客观世界的实际，这是我的基本认识。[④]

---

① 张岱年：《张岱年全集》第7卷，第157页。

② 张岱年：《张岱年全集》第8卷，第82页。

③ 张岱年：《张岱年全集》第7卷，第405页。

④ 张岱年：《张岱年全集》第7卷，第411页。

由此可以看出，张先生晚年仍然坚持了将“唯物、理想、解析，综合于一”的哲学新路。他一生矢志不渝的哲学方向就是坚持和发展马克思主义哲学的基本原理，继承和弘扬中国哲学固有的优良传统，并且吸收西方各哲学流派的思想精华，进行“创造的综合”。这种“创造的综合”，即是“接着”气论讲，创建中国现代的新唯物论。

张先生一生治学，贯彻一个“诚”字。在30年代，他提出“哲学家须有寻求客观真理之诚心”[①]。在40年代，他把“求真之诚”作为哲学工夫所必需的首要的“精神修养”，提出:“哲学乃所以求真。既已得真，然后可由真以达善。如无求真之诚，纵聪明博辩，亦止于成为粉饰之学。”[②]在其晚年，他更明确:“‘修辞立其诚’是我的治学宗旨。”[③]如果说，张先生一生求真求善的学术历程是其“迹”，那么，“诚”就是其“所以迹”。

（原载《思想与文化》第一辑，华东师范大学出版社2001年版）

① 张岱年:《张岱年文集》第1卷，第309页。
② 张岱年:《张岱年文集》第3卷，第66页。
③ 张岱年:《张岱年全集》第7卷，第403页。

张岱年先生学术思想述要

中国现代哲学家、哲学史家和国学大师张岱年先生，字季同，河北省献县人，1909 年 5 月出生在一个书香之家。张先生自幼承受家学渊源，好学深思，博闻强记，读孔、孟、老、庄之书，萌发了浓厚的哲学兴趣，“有如汉代扬雄所称‘默而好深湛之思’，拟穷究天人之故，思考哲学问题，常至废寝忘食”[①]。1928 年至 1933 年，张先生在北师范大学就读。此期间，他一方面从事中国古代哲学的研究；另一方面在其兄长张申府先生的引导下，广泛阅读了英国哲学家罗素、穆尔、怀特海等人的著作，对他们所提倡的逻辑分析方法和“过程哲学”的思想颇为赞赏，继而研读马克思、恩格斯和列宁的哲学著作，认为辩证唯物论不仅正确解决了“物质与精神”的关系问题，而且正确解决了西方哲学史上的“唯理论与经验论”之争。经过与各派哲学的比较，他确信马克思主义哲学是“现代最可信取之哲学”。

张先生于 1933 年秋大学毕业后，到清华大学哲学系任教。20 世纪 30 年代是张先生早年的学术创作高峰时期，他在报刊上发表了许多研究中、西哲学的论文，完成了哲学史名著《中国哲学大纲》，并且撰文参加关于中国文化建设的讨论；更为重要的是，他发表了一系列创造性地阐发新唯物论（即辩证唯物论）思想的论文，提出“今后哲学之一个

① 张岱年：《真与善的探索》，齐鲁书社 1988 年版，“自序”第 2 页。

新路，当是将唯物、理想、解析，综合于一”，建构了一个包括方法论、知识论、宇宙论和人生论的“新哲学之纲领”。当时哲学界将张先生的哲学思想称为“解析法的新唯物论”，并且说“此派具有批判的、分析的精神，其作品在新唯物论中，可谓最值得注意的、最有发展的”[①]。抗战爆发后，张先生未及南下，留滞北平，蛰居读书，拟对“新哲学之纲领”进行充实论证，撰写其哲学专著《天人新论》；在 40 年代上半叶和抗战胜利后到清华重新任教期间，他完成了《哲学思维论》《知实论》《事理论》《品德论》和《天人简论》五部哲学论稿，合称为《天人五论》。

1949 年中华人民共和国成立后，张先生曾热情宣讲“辩证唯物论与历史唯物论”。自 1952 年全国高校院系调整，张先生调入北京大学哲学系任教后，由于教学分工以及当时学术研究的环境所限，他专门从事中国哲学史的教学与研究，对于哲学理论问题“存而不论”了。1957 年秋，张先生在所谓“反右运动”中遭受政治诬陷，被剥夺了教学研究的权利，直至“文革”结束，他度过了二十年的政治屈辱、学术沉寂时期。此后，已届耄耋之年的张先生在政治上和学术思想上得到解放，焕发学术青春，进入其晚年的学术创作高峰时期。他重登讲坛，循循善诱，培养了多名哲学硕士、博士；辛勤笔耕，孜孜不倦，发表了大量研究中国哲学史、哲学理论和中国文化等方面的学术论文和专著。1989 年至 1994 年，清华大学出版社陆续出版《张岱年文集》六卷本，其中后两卷一百多万字，为张先生 1978 年至 1989 年的主要论著；1996 年，河北人民出版社出版《张岱年全集》八卷本，补充收入张先生于 1989 年以后的论著。张先生现在虽已达九十有二的高龄，但仍以“自强不息，厚德载物”的精神鞭策自己，为“穷究天人之故”而上下求索，壮心不已，有如他所欣赏的张载《咏芭蕉》诗中所云：“愿学新心养新德，旋随新叶起新知。”

---

① 孙道升：《现代中国哲学界之解剖》，载郭湛波《近五十年中国思想史》，北平人文书局 1936 年版，第 403 页。

张先生的学术思想实际而精湛，深邃而广博。其治学领域如果析而言之，主要包括哲学理论研究、中国哲学史研究和中国文化研究三个方面。他在这三个方面的创获相互发明、有机联系，皆贯穿着“创造的综合”或“综合创新”这一学术宗旨。

一 哲学理论研究

张先生认为，哲学是“天人之学”，即对宇宙和人生的基本问题的研讨。哲学家的任务就是根据已有的实践经验和知识对宇宙和人生的基本问题进行深入的思考，从而提出一些有理由的信念，以作为立身处世的依据、指导行动的方针。张先生在30年代从事哲学理论研究时，中华民族正处于生死存亡的危难之中。他提出，“应付此种危难，必要有一种勇猛宏毅能应付危机的哲学”，中国现在所需要的是“真的哲学，可信的哲学，有力的哲学，能作生活之指导的哲学”，它必须具有唯物的、理想的、对理（辩证）的、批评（解析）的等性质，“此哲学必不是西洋哲学之追随摹仿，而是中国固有的刚毅宏大的积极思想之复活，然又必不采新孔学或新墨学的形态，而是一种新的创造”。[①]

张先生所说的“新的创造”，就是将“唯物、理想、解析，综合于一”。他指出：“凡综合皆有所倚重……今此所说之综合，则当倚重于唯物，而是一种唯物的综合。此所说综合，实际上乃是以唯物论为基础而吸收理想与解析，以建立一种广大深微的唯物论。”[②]这种广大深微的唯物论，一方面是马克思主义哲学之“更进的引申”；另一方面又是“接着”中国传统的气论讲，是中国唯物主义传统之“再度的

① 张岱年:《张岱年文集》第1卷，清华大学出版社1989年版，第161页。
② 张岱年:《张岱年文集》第1卷，第210页。

发展”。

在张先生的思想中，唯物之“物”即是指外界的实在，“心所对之外境，离心而固存之世界”[①]，“凡无待于知，即不随知而起灭者，则谓之实在”[②]。张先生坚定不移地信守唯物论，反对“存在即是被感知”或“离心无境”的唯心论。他对逻辑实证论凡真实命题必属“有谓”（有意义）而有谓在于“有验”（可验证）的观点给予肯定，但不同意逻辑实证论取消哲学命题，把哲学的职能只局限于作逻辑解析。他认为，传统哲学中关于“绝对精神”以及“大意志”“大生命”的命题都无可验证，因而是无意义的；但把关于外界实在的命题也归于无可验证、无意义，就陷于偏谬了。他早年力图通过对感觉经验的逻辑分析来证明外界的实在，并且进一步指出“活动经验”即实践是更为重要的意义标准，人们的生活实践充分证明了外在世界的实在性。

关于哲学方法，张先生肯定辩证法对于哲学问题的研究最为重要。中国古代思想家宋鈃讲“别囿”，荀子讲“解蔽”，而辩证法是最精的别囿、解蔽之法。在三四十年代，许多马克思主义理论家把形式逻辑等同于形而上学，从而只承认辩证法，排斥形式逻辑。张先生则指出辩证法与形式逻辑的解析法“必结为一，方能两益”。形式逻辑的规律和辩证法的规律都是思维的基本规律，它们不是相互矛盾的，而是各有其畴域，应将二者结合起来，相互补充。

关于人类的认识，张先生主要提出“物为知基”“名出积思”“真知三表”等命题。“物为知基”即认为认识是主客体的相互作用，无论感性认识还是理性认识，虽然都包含主体的因素，但也都有其客观的基础。“名出积思”是说人类的认识由感而思，感觉经验是个人的，而理性认识则具有社会性和历史性，理性认识所运用的概念范畴（“名”）都是在历史发展过程中经过长期的积累而逐渐确立起来的。概念范畴固然先于个人的经验，却非先于社会人群的经验。荀子说：“圣人积思虑习

---

① 张岱年：《张岱年文集》第1卷，第187页。

② 张岱年：《张岱年文集》第3卷，第101页。

伪故，以生礼义而起法度。”（《荀子·性恶》）张先生认为用“积思虑”来说明概念范畴的来源，是符合实际的。概念范畴源于思虑的长期积累，具有社会性和历史性，而并非先验的格式。“真知三表”即认为正确的认识（真理）有三个标准：第一，自语贯通，不自相矛盾；第二，与感觉经验相符；第三，依之实践，结果如所预期。实践是最重要的真理标准，但真理必不自语相违，必合乎感觉经验。

关于宇宙本原问题，张先生主要继承和发展了中国传统唯物论的思想，将其与现代新唯物论结合起来，提出了“生生两一”“物统事理”“物原心流”“一本多级”等命题。“生生两一”即谓宇宙是生生不已的变易之大历程，变易的动因与规律在于“两一”即对立统一。张先生强调，中国哲学不同于西方哲学和印度哲学的一大特点是不把本体与现象对立起来，反对所谓“本体实而不现，现象现而不实”的“自然之两分”。中国哲学虽讲本末、体用等区别，但本末同属实在，“体用一原，显微无间”。英国哲学家怀特海曾对“自然之两分”的观点提出批评，张先生对怀氏的这一思想给予肯定，并且吸取其“过程哲学”的合理因素，将之纳入中国传统唯物论与现代新唯物论相互结合的体系之中。

张先生认为，中国古典哲学中的“道器”“理气”问题相当于西方哲学的“思维与存在”的问题，“形神”“心物”问题则相当于“精神与物质”“主体与客体”的问题。以前许多论者都把宋明哲学区分为两派即程朱理学与陆王心学，张先生在《中国哲学大纲》中始讲明宋明哲学当分为三派，即在程朱与陆王之外，还有张载、王夫之一系的气论学派。气论是中国传统唯物论的主要形态。与程朱学派主张“道在器先”“理为气本”不同，张载提出“由气化，有道之名”，王廷相、王夫之等人都主张“道在器中”“理载于气”。朱熹又曾讲“理在事先”，清初李塨则强调“理在事中”。张先生提出“物统事理”的命题，是“接着”中国传统的气论讲。他在40年代所作《事理论》中特注明：“本书之思想与冯（友兰）先生思想之不同，颇近于王船山天下惟器论、李恕谷理在事中论与程朱学派理在气先论之不同。王船山李恕谷之学说可谓一种唯物论。……吾之态度，可谓不舍事物而谈理道，不离现象而诠实在。”[①]“物统事理”的“物”，即指一切客体，凡物都是逝逝不已的过程。就过程中的逝逝不已者而言，谓之事。事事相续，即是变易。变易之中，有其恒常，此恒常谓之理。凡物皆具有一定的恒常之理，此即物的本性。物之性即在物之内，事之理即在事之中。

在“形神”“心物”问题上，张先生也是“接着”气论讲。他提出“物原心流”，即谓物是本原，心（思维）乃是物质演化的结果；人之有心，能知物，遂亦能宰物。与此相联系，张先生诠释新唯物论的精旨之一为“一本多级”：宇宙大化，物为一本，物质演化而有生命，生物演化而有人类社会，人具有能思之心，物、生命、人类社会及心为多级。生命、人类社会不违物之普遍规律而又自有其特殊规律，未有生物则无生物之理，未有人类则无人伦之理。张先生的这一思想是依据唯物辩证法的“由量转质”规律，兼综了中国古代哲学家如荀子等讲的事物层次论和西方近代突创进化论者的宇宙演化有不同层次之说，对于批判生本论、心本论和泛道德论有重要意义。

关于人生论，张先生最注重阐发人生理想的学说。他认为，“根据生活实践以创立伟大切实的理想以为人类努力之标的，正是哲学之重要任务”；而且，“综合唯物与理想，实正合于中国哲学之根本倾向”。[②]他综合唯物与理想的基本原则是依据“一本多级”之论提出了“天人本至”之辨。他指出，“旧哲学有一普遍的倾向，即认为宇宙之最基本者必即是宇宙之最精微者。如老子之道，朱子之太极，黑格尔之绝对精神，柏格森之‘生命内浪’。实际上，最基本者与最精微者乃是先后之两端”[③]。宇宙大化中，物是最基本的，但却“粗而卑”；心是由物衍生的，却“精而卓”。天为人之所本，人为天之所至。人不仅能认识自然，而且能知当然之准则，能依当然之准则以改变自然，并改变自己的生活以达到人生之理想境界。

---

① 张岱年:《张岱年文集》第 3 卷，第 123 页。

② 张岱年:《张岱年文集》第 1 卷，第 218、220 页。

③ 张岱年:《张岱年文集》第 1 卷，第 216 页。

张先生在30年代接受了历史唯物论的“道德依时代而不同，随社会之物质基础之变化而变化”的观点，同时，他也注重探讨了“道德之变与常”的辩证关系，指出在各时代不同的道德中“亦有一贯者在……各时代之道德同为一根本的大原则之表现”，此大原则“可谓道德中之常”。[①] 每一时代的道德都是道德之变（特殊形态）与常（共性）的统一，新的时代需要建立与新的社会生活相适应的新道德，此新道德是道德之常的更彻底、更圆满的表现，是“旧道德之变革，亦旧道德之发展，旧道德之充实”，新旧道德之间有批判继承与创新发展的关系。

张先生在30年代应用唯物辩证法，提出“理生合一”的命题。“所谓生，即是生命、生活；所谓理，即是当然的准则，或道德的规律。”理与生应该并重，“理离开生，便是空洞的；生离开理，必至于卤莽灭裂”[②]。在40年代，他将人生之道概括为“充生以达理”“胜乖以达和”，亦即扩充人的内在的生命力，克服生之矛盾、乖违，以达到生命之合理、和谐的道德理想境界。在张先生的“理生合一”或“充生达理”的命题中，内在地包含着中国传统哲学范畴德与力、义与利、理与欲的矛盾的合理解决。张先生赞成汉代王充的“德力具足”观点，又特别表彰王夫之的“珍生务义”之说。他认为力是德的基础，德力不可偏废，而二者相较，德更具有崇高的价值。重义轻利、存理去欲是错误的，而见利忘义、纵欲违理更是荒谬的，正确的原则应该是遵义兴利、循理节欲。关于人生理想，张先生还提出了“群己一体”“兼和为上”“义命合一”“动的天人合一”等命题。“群己一体”即社会与个人之间应该达到一体之和谐。“兼和为上”是继承中国古代的“和实生物”思想，“兼和”即兼容众异，达到多样性的和谐统一。“义命合一”指遵循客观必然性和发挥道德自觉性的统一。“动的天人合一”则指人能动地认识自然和改造自然，克服人与自然的矛盾，达到人与自然的协调。

张先生在晚年写有《客观世界与人生理想——平生思想述要》一

---

① 张岱年:《张岱年文集》第1卷，第79、80页。

② 张岱年:《张岱年文集》第1卷，第195页。

文，他说："在哲学上，我仍坚持30至40年代的一些观点而略有补充。我信持唯物论，推崇辩证法，而认为应该把马克思主义哲学唯物论与中国古典哲学中的唯物论优良传统结合起来。"[①] 在此文中，他将其哲学基本观点概括为十大命题：(1) 物我同实；(2) 物统事理；(3) 一本多级；(4) 物体心用；(5) 思成于积；(6) 真知三表；(7) 充生达理；(8) 本至有辨；(9) 群己一体；(10) 兼和为上。他指出："这些观点的基本倾向是，在理论上是唯物的，在方法上兼综了逻辑分析法与唯物辩证法。这些观点，总起来看，既肯定客观世界的实在性，又昂扬人的主体自觉性。……人的主体能动性在于改变客体，而改变客体必然有一定的目标，也就是必然依照一定的准则。这一定的准则即是人生理想，人生理想的核心是'当然'的自觉，亦即道德的自觉。道德的自觉也不是纯粹主观的，而必然参照客观世界的实际，这是我的基本认识。"[②] 张先生一生矢志不渝的哲学方向就是坚持和发展马克思主义哲学的基本原理，继承和弘扬中国哲学固有的优良传统，并且吸收西方各哲学流派的思想精华，进行"创造的综合"，以建立一种"广大深微的唯物论"，亦即中国现代的新唯物论。

二　中国哲学史研究

张先生的哲学思想融会中西，贯通古今，学宗辩证唯物论，采西方哲学之精华，而其根柢深扎在中国传统哲学中。他的一生大部分时间用于中国哲学史的研究，其哲学理论以此为基础，而且他晚年对其早期哲学思想的推阐大多以中国哲学史研究的形式出之。他在中国哲学史研究

① 张岱年：《张岱年全集》第7卷，河北人民出版社1996年版，第405页。
② 张岱年：《张岱年全集》第7卷，第411页。

领域的著述广博精深，创获实难于细举。如果大而言之，张先生所注重者有五个方面。

1. 对于中国传统哲学的理论系统和基本特点的探索

张先生同意冯友兰先生关于中国哲学虽无形式上的系统而有实质上的系统的观点，他在 30 年代撰写《中国哲学大纲》，认为此书的一个主要目的就是“显出中国哲学之整个的条理系统”。他认为，中国传统哲学重在“究天人之际”，天道论（宇宙论或自然观）与人生论是其主要内容；中国哲学中的认识论与方法论虽不发达，但中国哲学也有“致知”“为学之方”的学说。因而，中国传统哲学的理论系统应包括宇宙论（相当于西方哲学所讲的本体论与宇宙论）、人生论和致知论三大部分。在《中国哲学大纲》中，宇宙论析为本根论与大化论，人生论析为天人关系论、人性论、人生理想论与人生问题论，致知论析为知论与方法论。在 50 年代和 80 年代关于中国哲学史研究范围的讨论中，他又认为“通古今之变”也是中国哲学的主要内容之一。因而，其理论系统还应包括历史观，这主要涉及历史发展的性质、历史发展的规律、物质生活与精神生活的关系、社会国家的起源、伟人与人民的历史作用等问题。

虽然中国哲学与西方哲学在研究范围上大致相同，但中国哲学有其自身的特点。张先生在《中国哲学大纲》中列出中国哲学之特点重要的有三，次要的有三，共为六，即：第一，合知行；第二，一天人；第三，同真善；第四，重人生而不重知论；第五，重了悟而不重论证；第六，既非依附科学亦不依附宗教。在 50 年代所作《中国古典哲学的几个特点》一文中，他举出中国哲学的基本特点有四：第一，本体与现象统一的观点；第二，生活与思想一致的观点；第三，在唯物主义方面，唯物主义与辩证法相互结合的传统；第四，生死自然的观点与无神论在哲学发展中的深刻影响。在八九十年代，张先生进一步思考这一问题，撰文提出中国传统哲学至少表现了四个基本特点：第一，本体论、认识论与道德论的统一；第二，整体与过程的观点；第三，现实生活与道德理想统一的观点；第四，经学与哲学的结合。与此相联系，张先生也对中国传统哲学的思维方式作了深刻的说明，这主要是：中国传统哲学富于辩证思维，推崇直觉方法，分析思维不发达而表现了一定程度的模糊性，长期沿用了阴阳五行思维模式和经学思维模式。

2. 对于中国传统哲学概念范畴的疏释

哲学体系和哲学命题都以概念范畴为基本单位，中国传统哲学的特点突出表现为它有其自身独特的概念范畴。张先生在《中国哲学大纲》中就把“析其辞命意谓”、考察“概念意谓之变迁与转移，分解与融合”作为研究的重点，《中国哲学大纲》既是“中国哲学问题史”，实际上也可作为中国哲学范畴史来读。在50年代，张先生发表了《中国古代哲学中若干基本概念的起源与演变》一文，主要疏释了中国哲学宇宙观中的一些重要概念，如“气”“太虚”“天”“道”“太极”“理”“神”“体用”等等。在八九十年代，张先生又发表了《论中国古代哲学的范畴体系》等文，并撰写了专著《中国古典哲学概念范畴要论》。前一文依历史顺序考察了中国上古至近古各主要哲学家和学派的哲学范畴体系的演变，然后对中国古代哲学范畴的总体系从逻辑层次上分别列出单一范畴和对偶范畴的总表，前一表划分为最高范畴、虚位范畴和定名范畴，后一表划分为天道范畴、人道范畴和知言范畴，进而又对中国哲学范畴的循旧与立新作了精湛的说明。专著《中国古典哲学概念范畴要论》则按自然哲学、人生哲学与知识论的顺序，选择重要而又比较深奥难解、歧义较多的概念范畴，列为60专条，一一作出深切的义理解析和动态的历史考察。张先生在哲学理论上主张将解析法与辩证法相结合，他对中国哲学概念范畴的疏释，正体现了这种结合在中国哲学史研究中的具体应用。

3. 表彰中国哲学中的唯物论传统和辩证法思想

张先生自从事哲学研究之始，就注重表彰中国哲学中的唯物论传统和辩证法思想。在他的思想中，坚持与发展马克思主义的辩证唯物论同继承与弘扬中国古代的唯物论传统和辩证法思想是有机地结合在一起的，他所要建立的“综合的哲学”既是辩证唯物论之“更进的引申”，也是“接着”中国传统的气论讲，是中国哲学唯物论传统和辩证法思想之“再度的发展”。张先生在《中国哲学大纲》中以“气论一”和“气论二”两章叙述了自先秦至清代的气论思想源流，突显了唯物论在中国哲学发展中的地位。他在30年代还发表了《先秦哲学中的辩证法》和《秦以后哲学中的辩证法》，这两篇论文可以说是中国哲学研究中的首部辩证法史。在50年代，张先生著有《张横渠的哲学》《王船山的唯物论思想》等文，并且出版了专著《张载——十一世纪中国唯物主义哲学家》和《中国唯物主义思想简史》。在其晚年，他更大量撰文强调唯物论和辩证法是中国哲学和文化的优良传统，并且领衔主编了70多万字的《中国唯物论史》。他认为，中国哲学自先秦时代就产生了唯物论和无神论的思想，以后每一时代都出现了杰出的唯物主义思想家，形成了不断发展的唯物论传统，虽然唯物论在不同时代具有不同的形式，但肯定客观实在、坚持从世界本身说明世界却是一致的。不仅如此，中国哲学从整体上表现出的本体与现象统一、生活日用与道德理想统一的特点也与唯物论有着契合关系。唯物论与唯心论既相互斗争又相互渗透、相互影响，从而促进了中国哲学的发展。中国哲学家普遍长于辩证思维，在许多唯物主义哲学家的思想中，其唯物论也是同辩证法结合在一起的。张先生晚年自号“渠山拙叟”，“渠”即横渠（张载）、“山”即船山（王夫之）。他既是坚定的马克思主义哲学家，又是以横渠、船山为代表的中国唯物论传统和辩证法思想的继承发扬者。

4. 对于中国传统道德伦理和价值论思想的研究

中国哲学的主要内容包括宇宙论、人生论、认识论和历史观，而人生论是中国哲学的中心部分，人生论中道德伦理思想又最为突出。张先生对中国哲学有全面的研究，而道德伦理思想是其研究的一个重点。他认为，重视道德理想也是中国哲学和文化的优良传统。在《中国哲学大纲》中，人生论占有几近一半的篇幅，其中大部分是道德伦理思想。在张先生30年代的论文如《道德之变与常》《人生理想之四原则》等和40年代《天人五论》的人论部分中，也有对中国传统道德的评述。他始终认为，新时代的道德不仅是新的社会关系的反映，而且必与传统道德有着继承与发展的连续性。在50年代和80年代，张先生除发表多篇研究中国古代道德伦理的论文外，还撰写了《中国伦理思想发展规律的初步研究》和《中国伦理思想研究》两部专著。其中后一书重在讲对于中国伦理思想的分析方法，涵括了对中国古代人性论、仁爱学说、义力之辨与理欲之辨、“三纲五常”“力命”“义命”“志功”等问题以及天人关系论、道德修养与理想人格等方面内容的精辟评析。

张先生晚年还撰写多篇论文提出：中国哲学中有比较丰富的价值论（axiology）思想。价值论的名称是西方近代才提出的，而关于价值（value）的思想则在中国与西方都是古已有之。在中国古代，与价值一词相当的是“贵”，如孔子弟子有子所云“和为贵”，孟子所云“良贵”，《孝经》所云“天地之性人为贵”。张先生从人的价值和价值类型（内在价值与功用价值等）、价值的层次、价值的标准等方面，评述中国古代的人本主义思想，儒、墨、道、法等学派的价值观，生与义、德与力、义与利、理与欲等关系问题以及“善”“美”“诚”“真”等观念。张先生晚年的价值论研究，不仅深化了以往对中国哲学人生论的理解，而且开拓出中国哲学史研究的一个新领域。

5. 对于中国哲学史史料的梳理和方法论的探索

张先生既擅长理论分析，又精于史料考证，其中国哲学史论著都体现了这两方面的结合。张先生的《中国哲学大纲》是对中国哲学进行理论分析的杰作，同时又极重视史料的考实和引证，重视“拿证据来”。作为一个主张唯物辩证法与解析法相结合的哲学家，张先生认为研究中国哲学史的最基本方法或原则就是“观察的客观性”“实事求是”，从中国哲学史的实际情况（真实史料）出发，进行辩证的、具体的理论分析，从而“心知其意”，领会中国哲学思想的真实意谓，发现其历史发展的客观趋势和规律。他在晚年给研究生开设了两门主要课程，一是中国哲学史史料学，一是中国哲学史方法论，并在此基础上形成了两本专著。这充分体现了他对史料和方法的重视。他提出史料学的任务有二：第一是对于史料的广泛调查和探索；第二是对于史料的年代、真伪的考订和鉴别。他在《中国哲学史史料学》中评述群籍，考镜源流，论列了中国哲学自先秦至近代的主要史料，厘清了这些史料的年代和真伪。他在《中国哲学史方法论发凡》中，讲述了整理史料的方法，也讲述了正确运用阶级分析的方法，而最突出强调了对于哲学思想的理论分析方法，这主要包括哲学概念范畴的分析、哲学命题的分析和哲学体系的分析。司马迁说过“非好学深思、心知其意，固难为浅见寡闻道也”（《史记·五帝本纪》）。张先生认为，研究哲学史就是要有“好学深思”的正确态度，通过“好学深思”而达到“心知其意”，要力戒浅尝辄止、不求甚解。他还强调，对于古人不能盲目崇信，也不应轻率地蔑视；对于史料的分析论断要“不虚美，不隐恶”，“信则传信，疑则传疑”。中国古代有“信古”的传统，五四运动以后出现“疑古”的思潮，30 年代冯友兰先生矫“疑古”之弊而提出“释古”；张先生最重视的则是“析古”，一是史料真伪的辨析，二是史料义理的解析。“析古”之目的，不仅在于知古，而且更在于对古人思想的批判继承和综合创新。

三　中国文化研究

张先生在 30 年代参加了关于中国文化建设的大讨论，在 40 年代写有《文化通诠》一文。在 80 年代和 90 年代的“文化热”“国学热”中，他更抱定一贯的宗旨，以严谨的科学态度和炽热的民族情怀，撰写了一系列论文，力倡文化的“综合创新”。

张先生在文化理论上较早地探讨了文化发展的阶段性与连续性、世界性与民族性等问题。这得益于他较早地接受了唯物史观关于生产力和生产关系的发展是历史发展的基础的观点，也得益于他纯熟地把辩证法之变与常、共性与个性对立统一的观点运用于文化研究中。他在 30 年代发表的《世界文化与中国文化》《关于中国本位的文化建设》《西化与创造》等文章中指出，文化的发展是“符合辩证法的”，“惟用对理法（按即辩证法），然后才能见到文化之实相，才不失之皮毛，才不失之笼统。惟用对理法，才能既有见于文化之整，亦有见于文化之分；既有见于文化之变，亦有见于文化之常；既有见于文化之异，亦有见于文化之同”[①]。文化的发展因生产力的不同而有阶段性，然而前后阶段之间也有连续性和累积性，“在文化变革之时，新的虽然否定了旧的，而新旧之间仍有一定的连续性”，前一阶段的文化之精粹是不能毁弃而需要继承的。文化有世界性，然而也有民族性，处于同一发展阶段的不同民族的文化仍有不同的特色，即使将来没有了东西文化的对立，但也不可能取消各民族文化的特殊性。东西文化都包含着相互对立的积极成分和消极成分，“有些要素有必然关系，必须并取；有些要素则无必然关系，却可取此舍彼”，因而文化是“可析取的”，应对东西文化“加以分别抉择”。针对当时全盘西化和文化复古主义的观点，张先生强调：“在现在中国，全盘接受西洋文化与谋旧文化之复活，同样都是死路一条。”[②]文化发展的正确道路是在抉择东西文化之优长的基础上进行“创造的综合”，亦即“拔夺（扬弃）东西两方旧文化而创成新的文化”。张先生当时称其文化发展的主张为“文化创造主义”；他说：“文化创造主义之目标，是社会主义的新中国文化的创成。”[③]

张先生在40年代发表《文化通诠》一文，此文从广义上界说文化：“人之所以异于禽兽者，在于有文化或能创造文化”，“文化可谓自然之改造”。[④]文化系统有五要素，即正德、利用、厚生、致知、立制；亦可别为三层次：“第一层曰产业，即生产事业。第二层曰群制，即群体制度；第三层曰学术，即道德学问思想艺术。”利用、厚生就是生产事业，亦即物质文明；立制就是建立群体制度，亦即制度文明；正德、致知则是学术，亦即精神文明。文化变迁的原动力“在于生产事业之变迁”，“产业之形式有变，则群制随之而变。群制有变，则学术思想亦随之而

① 张岱年：《张岱年文集》第1卷，第269—270页。
② 张岱年：《张岱年文集》第1卷，第257页。
③ 张岱年：《张岱年文集》第1卷，第181页。
④ 张岱年：《张岱年文集》第3卷，第299页。

变”。人类的产业形式经历了畜牧、农业和工业三个阶段，农业文化不同于畜牧时代的文化，而工业文化又不同于农业文化，这是文化发展的阶段性或时代性；然而，农业文化包容了畜牧时代的文化端绪，工业文化也包容了农业文化的成就，这是文化发展的连续性或继承性。“人类文化大体相同，以人性大体相同故，以地上环境大体相同故”，因而文化有世界性或普遍性；但各民族独立创造的文化又各有其特色，“此一文化之农业时代，与彼一文化之农业时代，亦有其不同”，这是文化的民族性或特殊性。由此，张先生又提出人类文化可别为三类型：“希腊型者，以战胜天然而餍生之欲为基本倾向。印度希伯来型者，以人神合一而消弭生之欲为基本倾向。中华型者，以天人和谐而节适生之欲为基本倾向。”[①] 显然，张先生的文化三类型说有似于梁漱溟先生在“五四”时期提出的中、西、印文化之“三路向”说。但两说之不同又在于：梁先生的观点是“意欲”文化史观；而张先生的思想则是在唯物史观中涵融了文化史观的合理因素。

《文化通诠》中还有一些很精彩的文化发展辩证观点。如：虽然生产是文化变迁的原动力，利用、厚生是正德、致知之基础，但“德正则人之群居益和，知致而生产之技术益精，此数者亦交致其功矣”，“是故利用、厚生、立制、致知、正德五者，得其均衡则治而盛，失其均衡则衰而乱，此文化之大常也”[②]，这是主张物质文明、制度文明与精神文明相互作用、协调发展的观点。又如：“文化有其内在之乖违。第一，文化之创造非尽精纯……常有谬妄之因素，其流弊常甚烈。第二，文化之利器可利用于违反文化之目的。……第三，文化遗产固为文化进步之基础，而亦常成为阻挠进步者。”文化发展“祸福相伏，利害相依。得之于此，或失之于彼”。农业之民较之畜牧之民“失之于弱而佞”，工业之民较之农业之民“失之于躁而奢”。这是说文化创造有正价值但也包含着负价值，文化遗产是财富但也可成为包袱，在文化的进步中包含着退

① 张岱年:《张岱年文集》第 3 卷，第 303 页。
② 张岱年:《张岱年文集》第 3 卷，第 301 页。

化甚至异化的因素。张先生说："工业文化亦非文化之极规。由工业文化而再进，则可有超工业文化。超工业文化者，能保工业文化之长而免其短者也。"① 张先生在40年代所说的"超工业文化"，相当于今日所谓"后工业文化"。

在张先生80年代至90年代的多篇论文中，大多使用了次广义的文化概念，即文化是相对于经济、政治而言的精神文明成果。张先生把文化分为三个层次，即底层是社会心理、民间风俗；中层是科学技术和文学艺术等等；最高层则是哲学与宗教。张先生认为，中国文化有以哲学代宗教的传统，哲学思想居于中国文化的主导地位。在阐明中国文化的发展道路时，张先生继续强调了文化的阶段性与连续性、世界性与民族性辩证统一的观点；除此之外，他还分析了民族文化中的"共同文化"与"两种文化"，即：在一个民族文化的内部，一方面包含着各阶级、阶层所共同创造的共同文化，它是一个民族对于人与自然的关系、民族关系、家庭关系等问题处理方式的总和，主要表现为共同的价值观念和思维方式；另一方面也包含着代表不同阶级、阶层和派别的不同文化，这些文化之间有对立、有斗争，如专制主义与反专制主义的斗争、科学与宗教的斗争、抗战派与投降派的斗争等等。针对讨论中重新泛起的全盘西化论等观点，张先生更加强调了文化的系统性与可析取性。他指出，任何一种文化都是包含若干要素的一个系统，不同的文化系统既包含一些共同的文化要素，又各自包含一些不同的文化要素。文化要素与文化系统有可离与不可离的两种情况，有些文化要素是某民族所特有而不可脱离其原系统而存在的，还有些文化要素是具有普遍性而可以被其他文化系统所容纳吸收的。文化要素之间也有些是不可相离的，还有些是不相容的，如学术自由与科学技术的发展是不可相离的，而君主专制与科学技术的发展则是不相容的。文化的可析取性就在于，发挥民族主体意识，有选择地析取其他民族文化中那些具有普遍性、可以被本民族文化所吸收、可以促进本民族发展的要素，使这些要素与本民族的优秀

① 张岱年:《张岱年文集》第3卷，第302页。

文化传统实现创造的综合，从而成为一个新的系统。

关于中国传统文化的特点和中西文化的异同，张先生认为：中国文化比较重视人与自然的协调，不把自然界看成一种敌对的力量，西方文化则比较重视人与自然的对立，强调征服自然、战胜自然；中国文化比较重视人与人之间的和谐统一，以家庭为本位，强调人伦关系，西方文化则比较重视个人的独立性，以个人为本位，强调个性自由、个人权利；中国文化主张“协和万邦”，既维护自己民族的独立，又不向外扩张，西方文化则讲究民族之间的竞争和斗争，追求对外民族的征服；中国文化对不同的宗教比较宽容，儒、释、道三教并尊，一个人可信仰不同的宗教，西方文化则有严格的宗教排他性，一个人不能信两个教，甚至在一个宗教中不能同时参加两个教派。关于中国传统文化的弊病，张先生主要指出四点，即：重理想而轻效用；重协同而轻竞争；重继承而轻创新；重直觉而轻知解。矫正这些弊病，需在价值观和思维方式上有所调整、创新，如：应该克服重义轻利和德力分离的倾向，正确的观点应该是义利统一、德力并重；既要发挥辩证思维的优良传统，又要学习西方文化重分析、重实验的科学方法。他还指出，中国文化的两个最大缺点是缺乏实证科学和民主传统。“五四”时期提出科学与民主两个口号，方向是正确的。

张先生在探讨中西文化的异同时，力辩“五四”以来形成的中国文化“主静”、西方文化“主动”之说。他指出，中国固然有“主静”的哲学家，如老子、庄子、王弼、周敦颐等，但先秦时期的儒家、墨家、法家、阴阳家等是主张积极有为的，《周易大传》的“刚健”“自强”思想对中国文化的发展有深远影响，两汉、隋唐都是刚健有为思想占主导地位，宋明理学家大多主张动静合一，而明清之际的王夫之、顾炎武、黄宗羲、颜元、戴震等都主张有为、尚动。中国文化有柔静无为与刚健有为两个方面，而刚健有为是其主导的方面。张先生由此提出了中国文化的“民族精神”问题。他常引古语“国有与立”，说明中华民族之所以经五千余年历史而延续不绝，必定有一个在历史上起主导作用的基本精神，这个基本精神就是中华民族延续发展的思想基础和内在动力。他指出，中华民族的基本精神集中表现在《周易大传》的两句名言之中："天行健，君子以自强不息"，"地势坤，君子以厚德载物"。"自强不息"就是中华民族不断进取、不甘落后、不向恶势力屈服的拼搏奋斗精神；"厚德载物"就是中华民族崇尚道德、爱好和平、容纳众物的博大宽容精神。自强不息、厚德载物可以称为"中华精神"。

张先生自80年代以来更明确地将其文化主张称为"文化综合创新论"。"综合"就是兼综中西文化之优长，"创新"就是创造中国的社会主义新文化。他一贯反对复古主义的"东方文化优越论"和民族虚无主义的"全盘西化论"，他指出：故步自封，因循守旧，以大国自居，以高明自居，走复归中国古代文化的老路，是危险的、没有前途的；全盘接受西方文化，全盘否定民族传统，丧失自己民族的独立性，也同样是危险的、没有前途的。他不同意以中学、西学分文化之"体""用"，而主张发扬中华民族的主体意识，以"今中"为体，即以马克思主义的普遍原理同中国的实际相结合的社会主义原则为体，批判地继承中国传统文化，同时吸取西方文化的先进成果，从而创造出超越中国古代文化和西方资本主义文化的中国的社会主义新文化。张先生坚信：走"综合创新"之路，"这一任务是艰难的，然而前途是光辉的"，"几千年来延续发展的中国文化必将显示出新的生命力"。[①]

（原载《高校理论战线》2001年第6期）

① 张岱年：《张岱年全集》第7卷，第15、247页。

张岱年先生的学术方向

中国现代著名哲学家、哲学史家和国学大师张岱年先生，于2004年4月24日溘然长逝。哲人其萎，精神永存!

张先生有近80年的学术经历，在读中学时就曾发表《评韩》和《关于列子》的文章。他曾回忆说:“吾昔少时，有如汉代扬雄所称‘默而好深湛之思’，拟穷究天人之故，思考哲学问题，常至废寝忘食。”在北京师范大学就读期间，他发表《关于老子年代的一假定》，得到冯友兰、罗根泽等先生的高度评价。也是在此期间，他受兄长张申府先生的引导，阅读新唯物论（马克思主义哲学）和英国新实在论等现代哲学的著作，经“以新唯物论与现代他派哲学对较”，始确信“新唯物论之为现代最可信取之哲学”。1933年至1937年，他在北京师范大学毕业后任教于清华大学哲学系，此期间是张先生的第一个学术高峰时期。

张先生的哲学思想是与社会生活，与他对民族复兴、文化再生的思考和期冀密切联系在一起的。在他早年所作《哲学的前途》一文中，他说:“思想是由生活决定的，且对于生活具有很大的作用。哲学是思想的综合,因而在文化中占了领导的地位。”[①]“将来的社会,定是社会主义的”，新唯物论代表了“社会主义的哲学”，而“科学与社会主义本是不

① 张岱年:《张岱年文集》第1卷，清华大学出版社1989年版，第43页。

可分的”，因此，“将来的哲学便是新唯物论与科学的哲学的结合”。[①]

在《论现在中国所需要的哲学》一文中，张先生更指出：“如没有哲学，没有统一的思想系统，纵即学会了人家的科学工艺，恐也未足以建立一个独立的文化……”“尤其在中国现在，国家与文化都在存亡绝续之交……如企图民族复兴，文化再生，更必须国人对于世界对于人生都有明切的认识，共同统会于一个大理想之下，勇猛奋斗，精进不息。在此时是需要一个伟大的有力的哲学作一切行动事业之最高指针的。”[②]将哲学的发展创新与民族复兴、文化再生联系在一起，张先生认为，中国现在所需要的哲学，首先“必须是综合的”，“对于中国过去哲学须能抉取其精粹而发展之、光大之，辨识其病痛而革正之、克服之，同时对于西洋哲学，亦要批判之、吸收之”；其次，它必须是“一种有力量的哲学，能给中华民族以勇气的哲学”；再次，“真正的综合必是一个新的创造”；最后，它“必与科学相应不违”。为满足这四个条件，现在中国所需要的哲学在内容上必须是唯物的、理想的、对理（辩证）的和批评（解析）的。[③]

1936 年，张先生在《哲学上一个可能的综合》一文中提出了“新哲学之纲领”，即：“今后哲学之一个新路，当是将唯物、理想、解析，综合于一。”这里所说的“唯物”，既指马克思主义的新唯物论，又指继承中国固有的唯物论传统，特别是宋以后哲学中横渠（张载）、船山（王夫之）一系的“气论”或“唯气论”。张先生指出：“一种哲学必与其民族的本性相合，乃能深入人心；必能矫正其民族的病态，乃有积极的作用。”唯物与理想的综合是符合中国传统哲学之“基本倾向”的，而唯物、理想与解析的综合则是要吸收西方分析哲学的方法，使新唯物论的理论形态更加“精确”。张先生说，这个新的综合的哲学，既是马克思主义新唯物论之“更进的引申”，又是中国传统唯物论之“再度的

---

① 张岱年：《张岱年文集》第 1 卷，第 45、46、48 页。

② 张岱年：《张岱年文集》第 1 卷，第 204 页。

③ 张岱年：《张岱年文集》第 1 卷，第 205—207 页。

发展”，“在性质上则是唯物论、理想主义、解析哲学之一种综合”。[①]

在提出“新哲学之纲领”的同时，张先生完成了他在中国哲学史研究领域的代表作，即五十多万字的《中国哲学大纲》。此书选出中国哲人所讨论的主要哲学问题而叙述其源流发展，可以看作一本“中国哲学问题史”。此书所最注重的方法有四点，即“审其基本倾向”“析其辞命意谓”“察其条理系统”“辨其发展源流”。它是张先生将唯物辩证法与逻辑解析法相结合而研究中国哲学史的重要成果。它要把中国传统哲学固有的基本倾向、范畴意涵、条理系统和发展源流彰显出来，而其中特别表彰了中国哲学的唯物论与辩证法相结合、自然论与理想论相结合的优秀传统。此书与张先生提出的“新哲学之纲领”，是中国现代哲学史上史与论同出、古与今并见的杰作，是把对中国传统哲学的“照着讲”与“接着讲”相互结合起来的典范。

1935 年，中国思想文化界有关于中国文化建设的大讨论。张先生在此讨论中发表了《世界文化与中国文化》《关于中国本位的文化建设》、《西化与创造》等文章。他运用辩证法，揭示“文化之实相”，“既有见于文化之整，亦有见于文化之分；既有见于文化之变，亦有见于文化之常；既有见于文化之异，亦有见于文化之同”。他针对当时的全盘西化论和东方文化优越论两种偏颇，指出：“在现在中国，全盘接受西洋文化与谋旧文化之复活，同样都是死路一条。”文化发展的正确道路是在抉择东西文化之优长的基础上进行“创造的综合”，亦即“拔夺（扬弃）东西两方旧文化而创成新的文化”。[②]

抗战爆发后，张先生因与学校失去联系，未及南下，他与滞留北平的一些学友蛰居读书，不与敌伪妥协。自 1937 年至抗战结束，是张先生在极其艰苦的条件下对“新哲学之纲领”进行充实、论证而撰写其哲学专著《天人新论》的时期。此书初具规模，但没有最后完成。抗战结束后，张先生返清华大学哲学系任教，由于教学任务的繁重和时局的动

① 张岱年：《张岱年文集》第 1 卷，第 210、221、225 页。

② 张岱年：《张岱年文集》第 1 卷，第 269—270、257、281 页。

荡、生活的艰苦，《天人新论》中辍写作，以总纲性的《天人简论》为终篇，同以前所撰《哲学思维论》《知实论》《事理论》《品德论》合称为《天人五论》。没有把《天人新论》最后完成，这成为张先生终生的一个遗憾。

张先生在30年代曾批评对新唯物论哲学的两种错误态度，一种是“盲诽”，另一种是“墨守”。所谓“墨守”，就是“凡宗师所已言，概不容批评；宗师所未言及者，不可有所创说”。[①]这种“墨守”的态度，在50年代（及以后）的哲学理论研究中成为学术风气和政治禁锢。加之1952年全国高校院系调整，张先生调入北京大学哲学系中国哲学史教研室。由于教学分工和当时学术研究的环境所限，张先生开始专门从事中国哲学史的教学，而把未完成的旧稿收入箱笥之中，对哲学理论“存而不论”了。

张先生在50年代留下一些论著，对《中国哲学大纲》的成果有所阐述和发展。但不幸的是，在1957年他因言罹祸，由此沉寂20年，这成为他一生最大的一个遗憾。直至1978年，张先生才复出，以耄耋之年而进入他的第二个学术高峰时期。

张先生晚年老当益壮，成果卓著。他抱病授课，精心指导，培养了十多名哲学硕士和博士，而受其教益、奖掖的后学当以百千数。他辛勤笔耕，孜孜不倦，发表了大量研究中国哲学史、哲学理论和中国文化的学术论文与专著。1989年至1994年，清华大学陆续出版《张岱年文集》六卷本，其中后两卷一百多万字为张先生在1978年至1989年的主要论著；1996年河北人民出版社出版《张岱年全集》八卷本，后两卷主要是他1989年以后的论著。直到张先生逝世，还有张先生未及看到的《文化与价值》一书出版。张先生可谓生命不息，著述不止。

在1997年张先生“米寿”（八十八岁寿辰）之时，就有学者评论说：“这样高年的学者还写出这么许多文章，据我所知，在当今的中国学术界，是绝无仅有的。”这种现象可用“穷且益坚”来解释，即张先

---

① 张岱年：《张岱年文集》第1卷，第225页。

生发奋努力，以弥补曾经沉寂20年的缺憾；而更深层的原因，则是张先生努力实践其早年提出的“充生以达理”“胜乖以达和”的人生之道（即扩充内在的生命力，克服生命与生活的乖违，以达到合理、和谐的道德境界），他已把《易传》所谓“天行健，君子以自强不息”，“地势坤，君子以厚德载物”，深深地化入他的伟大人格之中。

张先生在晚年写有《客观世界与人生理想——平生思想述要》一文，他说：“在哲学上，我仍坚持30至40年代的一些观点而略有补充。我信持唯物论，推崇辩证法，而认为应该把马克思主义哲学唯物论与中国古典哲学中的唯物论优良传统结合起来。”在此文中，他将其哲学基本观点概括为十大命题：（1）物我同实；（2）物统事理；（3）一本多级；（4）物体心用；（5）思成于积；（6）真知三表；（7）充生达理；（8）本至有辨；（9）群己一体；（10）兼和为上。

张先生在晚年更明确地提出文化发展的“综合创新”论。他指出：故步自封，因循守旧，以大国自居，以高明自居，走复归中国古代文化的老路，是危险的、没有前途的；全盘接受西方文化，全盘否定民族传统，丧失自己民族的独立性，也同样是危险的、没有前途的。他不同意以中学、西学分文化之“体”“用”，而主张发扬中华民族的主体意识，以“今中”为体，兼综东西文化之优长，创造出超越中国古代文化和西方资本主义文化的中国的社会主义新文化。

张先生常引古语“国有与立”，说明中华民族之所以经五千余年历史而延续不绝，必定有其文化的优秀传统和在历史上起主导作用的基本精神。他指出，这个精神就是“自强不息，厚德载物”。“自强不息”就是中华民族不断进取、不甘落后、不向恶势力屈服的拼搏奋斗精神，“厚德载物”就是中华民族崇尚道德、爱好和平、容纳众物的博大宽容精神。“自强不息，厚德载物”可以称为“中华精神”。

张先生也曾指出，中国传统文化在近代没有产生实证科学和民主政体，这说明中国传统文化也有其缺陷，这也是中华民族在近代遭受西方列强的侵略和欺辱的原因。但中华民族终于衰而不亡、衰而复起，这又是中国文化的优秀传统和其基本精神起了作用。中华民族和中国文化的复兴之路就是兼综东西文化之优长，创造中国的社会主义新文化。

在2002年中华孔子学会召开的春节团拜会上，被会中同仁尊称为“张岱老”的老会长充满深情地说：19世纪是中华民族遭受屈辱的世纪；20世纪是中华民族奋起抗争而站起来的世纪；21世纪将是中华民族走向复兴的世纪！

张先生一生治学，贯彻一个“诚”字。在30年代，他提出“哲学家须有寻求客观真理之诚心”。在40年代，他把“求真之诚”作为哲学修养之基础；在《事理论》的“自序”中，他说“此篇所谈，则与横渠、船山之旨为最近，于西方则兼取唯物论与解析哲学之说，非敢立异于时贤，不欲自违其所信耳”[①]。他在晚年，自号“渠山拙叟”（“渠”即横渠，“山”乃船山），并以“直道而行”示其一生立身之则，又说“‘修辞立其诚’是我的治学宗旨”。[②]

张先生认为，哲学之“可信的”即是“可爱的”。“可信的”哲学之所以“可爱”，是因为张先生爱中华民族，爱张横渠之“民吾同胞，物吾与也”的境界；他相信，只有“可信的”哲学才能引导中华民族走向复兴，才有望实现人类的和平相处与天人和谐。

把真与善，哲学之“可信”与“可爱”，“修辞立其诚”与实现中华民族的复兴、实现全人类的和平相处和天人和谐，有机地统一起来。我想，这就是张岱年先生身虽殁而精神永存的学术方向。

（原载《光明日报》2004年5月11日）

---

① 张岱年：《张岱年文集》第3卷，第111页。

② 张岱年：《张岱年全集》第7卷，河北人民出版社1996年版，第403页。

张岱年先生的中国哲学史研究

张岱年先生自 1926 年、1928 年发表《评韩》和《关于列子》，又于 1931 年发表《关于老子年代的一假定》，其近 80 年的学术生涯和思想创获可谓广博而又专精，丰富而又深邃。就主要的治学领域而言，张先生的学术研究大致可分为哲学理论研究、中国哲学史研究和中国文化研究三个方面。[①] 张先生在这三个方面的研究成果相互发明、有机联系，皆贯穿着“综合创新”的学术宗旨。

我曾应《高校理论战线》“社科学人”栏之约，写成《张岱年先生学术思想述要》一文[②]，即从哲学理论研究、中国哲学史研究和中国文化研究三个方面概要地介绍了张先生的学术思想。关于张先生的中国哲学史研究，我在文中说：“张先生的哲学思想融会中西，贯通古今，学宗辩证唯物论，采西方哲学之精华，而其根柢深扎在中国传统哲学中。他的一生大部分时间用于中国哲学史的研究，其哲学理论以此为基础，而且他晚年对其早期哲学思想的推阐大多以中国哲学史研究的形式出之。他在中哲史研究领域的著述广博精深，创获实难于细举。如果大而言之，张先生所注重者有以下几个方面”，即 1. 对于中国传统哲学的理论

---

① 张岱年先生自谓：“我的学术研究，分三个方面：一是中国哲学史的阐释；二是哲学理论的探索；三是文化问题的研讨。”《我与中国 20 世纪》，《张岱年全集》第 8 卷，河北人民出版社 1996 年版，第 525 页。

② 载于《高校理论战线》2001 年第 6 期。

系统和基本特点的探索；2. 对于中国传统哲学概念范畴的疏释；3. 表彰中国哲学中的唯物论传统和辩证法思想；4. 对于中国传统道德伦理和价值论思想的研究；5. 对于中国哲学史史料的梳理和方法论的探索。

本文对以上五个方面不再作概要式的阐述，而拟结合我近期研究中思考的一些问题，作几点补充性和展开式的研讨。

一　关于中国哲学之“名”的合法性①

中国近现代意义的“中国哲学史”学科是在五四新文化运动时期由胡适的《中国哲学史大纲》确立的。胡适在此书中并没有先讲中国古代有没有“哲学”的问题，而是先为“哲学”下了一个“定义”，即：“凡研究人生切要的问题，从根本上著想，要寻一个根本的解决，这种学问叫作哲学。”②在胡适之前，已经有陈黻宸的“中国哲学史讲义”和谢无量的《中国哲学史》（中华书局 1916 年版），他们都是从“三皇五帝”讲起，如冯友兰先生回忆说：“给我们讲中国哲学史的那位教授，从三皇五帝讲起，讲了半年，才讲到周公。”③因此，中国近现代意义的“中国哲学史”不是先立“中国哲学史”之“名”（这个“名”在胡适之前就已存在了），而是先要与陈黻宸、谢无量等人的“中国哲学史”有所区别，胡适的《中国哲学史大纲》以“证明的方法”“扼要的手段”“平等的眼光”“系统的研究”（蔡元培“序”）完成了这种区别。

中国古代有“哲”（《尚书·皋陶谟》：“知人则哲”）和“哲人”（见《尚书》《诗经》，孔子临终亦慨叹“哲人萎乎”）的表述，也有“哲”之

---

① 中国哲学史和思想史界近期讨论“中国哲学的合法性”问题，我遂有此思考。

② 胡适：《中国哲学史大纲》，商务印书馆 1919 年版，第 1 页。

③ 冯友兰：《三松堂自序》，人民出版社 1998 年版，第 189 页。

学问（司马迁所谓“究天人之际”，邵雍所谓“学不际天人，不足以谓之学”），但没有“哲学”这样一个规范性的学科，因而也就没有哲学的“形式上的系统”。蔡元培先生在胡适《中国哲学史大纲》“序”中说：“我们要编成系统，古人的著作没有可依傍的，不能不依傍西洋人的哲学史。”① 冯友兰先生在《中国哲学史（上）》“绪论”中指出，中国哲学虽然没有“形式上的系统”，但有“实质上的系统”，“讲哲学史之一要义，即是要在形式上无系统之哲学中，找出其实质的系统”。中国古代“研究天道之部分，即约略相当于西洋哲学中之宇宙论。其研究性命之部分，即约略相当于西洋哲学中之人生论。”“所谓中国哲学者，即中国之某种学问或某种学问之某部分之可以西洋所谓哲学名之者也。”② 冯先生在此已经考虑到“中国哲学（史）”之“名”的合法性问题，但所论未能莹澈。金岳麟先生在冯著的“审查报告”中指出，“有哲学的实质而无哲学的形式，或有哲学的形式而无哲学的实质的思想，都给哲学史家一种困难。‘中国哲学’，这名称就有这个困难问题。所谓中国哲学史是中国哲学的史呢？还是在中国的哲学史呢？”他举出写中国哲学史至少有两个根本态度：“一个态度是把中国哲学当作中国国学中之一种特别学问，与普遍哲学不必发生异同的程度问题；另一态度是把中国哲学当作发现于中国的哲学。”“根据前一种态度来写中国哲学史，恐怕不容易办到。”而胡适和冯友兰都是取第二种态度，即“以中国哲学史为在中国的哲学史”③。尽管金先生对冯著有比较高的评价，但冯先生未必同意金先生的观点。因为冯先生认为中国古代所讲“性与天道”的那部分内容“约略相当于”西方哲学所讲的宇宙论和人生论，既然是“约略相当于”，这里就有“异同的程度问题”，如果能讲出中国哲学之“异”，那它就不仅是“在中国的哲学史”，而且是“中国哲学的史”。

金先生在冯著的“审查报告”中还说：“现在的趋势，是把欧洲的哲学问题当作普遍的哲学问题”，这虽然“有武断的地方，但是这种趋

① 胡适：《中国哲学史大纲》，“蔡序”第1页。

② 冯友兰：《三松堂全集》第2卷，河南人民出版社2000年版，第252—253、248—249页。

③ 冯友兰：《三松堂全集》第2卷，第617—618页。

势不容易中止”[①]。据此，上述金先生所谓“普遍哲学”，实是把西方哲学“当做普通的哲学”。冯著上册是1931年出版，上下全书是1934年出版。此书对张岱年先生于1935年至1936年所作《中国哲学大纲》有重要的影响。[②]金先生对冯著提出的“困难”问题，是张著在“序论”中所要解决的。张先生说：

> 如所谓哲学专指西洋哲学，或认为西洋哲学是哲学的唯一范型，与西洋哲学的态度方法有所不同者，即是另一种学问而非哲学；中国思想在根本态度上实与西洋的不同，则中国的学问当然不得叫作哲学了。不过我们也可以将哲学看作一个类称，而非专指西洋哲学。可以说，有一类学问，其一特例是西洋哲学，这一类学问之总名是哲学。如此，凡与西洋哲学有相似点，而可归入此类者，都可叫作哲学。以此意义看哲学，则中国旧日关于宇宙人生的那些思想理论，便非不可名为哲学。[③]

张先生把“对于哲学一词的看法”分为两种：第一种是以西方哲学为“哲学的唯一范型”；第二种是“将哲学看作一个类称”，西方哲学只是此类的一个“特例”。这后一种看法也就是要避免“武断”地把西方哲学当作“普遍哲学”。依后一种看法，中国古代关于宇宙人生的思想即使“在根本态度上”与西方不同，也仍可“名为哲学”。它与西方哲学同属“家族相似”（“有相似点”）的一类，而各是其中的“特例”。《中国哲学大纲》又名“中国哲学问题史”，它所讲的中国哲学问题不是“把欧洲的哲学问题当作普通的哲学问题”，而是讲“中国（的）哲学问题”；换言之，它不是讲“在中国的哲学史”，而是讲“中国哲学

---

① 冯友兰：《三松堂全集》第2卷，第616页。

② 张岱年先生回忆说：“1931年，冯友兰先生的《中国哲学史》上卷，考察之精，论证之细，使我深深敬佩！”“我在哲学思想方面，与吾兄申府是同调；在中国哲学史研究方面，则与冯友兰先生是同调。”《我与中国20世纪》和《研习哲学过程杂议》，《张岱年全集》第8卷，第504、463页。

③ 张岱年：《中国哲学大纲》，中国社会科学出版社1982年版，“序论”第2页。

的史”。这样，金先生对胡、冯“中国哲学史”著作提出的“名称”之“困难”，就由张先生的《中国哲学大纲》解决了（张先生最近曾对笔者说，这种解决方式在当时是经过“深入思考”的）。

有了哲学的“类称”与“特例”之分，“中国哲学”之名方可安立。现代新儒家牟宗三先生在《中国哲学的特质》中首讲“中国有没有哲学”，认为“任何一个文化体系，都有它的哲学；否则，它便不成其为文化体系”。[①] 他在《中国哲学十九讲》中首讲“中国哲学之特殊性问题”，而此问题的前提就是“哲学的普遍性和特殊性的问题”，“一定要普遍性、特殊性两面都讲，不能只讲一面”。[②] 这也是要安立“中国哲学”之名，即：虽然中国哲学有不同于西方哲学的“特质”或“特殊性”，但从“普遍性”上讲它仍堪当“哲学”之名。

在“中国哲学史”学科的发展史上，张岱年先生最早提出哲学的“类称”与“特例”之分，这应是一个重要的贡献。

二　关于中国哲学的“系统”和“特色”

张先生的《中国哲学大纲》，如其“自序”所说，“主要是将中国哲人所讨论的主要哲学问题选出，而分别叙述其源流发展，以显出中国哲学之整个的条理系统，亦可看作一本中国哲学问题史”[③]。此书的方法所注重者有四点，即：“审其基本倾向”“析其辞命意谓”“察其条理系统”“辨其发展源流”。关于第一点，张先生说：“如不先对于中国哲学之基本倾向有所认识，必不会深刻了解中国哲学家之学说。举例来说，

① 牟宗三：《中国哲学的特质》，上海古籍出版社 1997 年版，第 4 页。
② 牟宗三：《中国哲学十九讲》，上海古籍出版社 1997 版，第 2—3 页。
③ 张岱年：《中国哲学大纲》，“自序”第 17 页。

如不知道中国哲学不作非实在的现象与在现象背后的实在之别，便不能了解中国哲学中的宇宙论。不知道中国大部分哲学家以天人合一为基本观点，则不会了解中国的人生论。”关于第三点，张先生说：冯友兰先生“谓中国哲学虽无形式上的系统，而有实质上的系统，实为不刊之至论”。《中国哲学大纲》的目的之一就是要“寻出整个中国哲学的条理系统”，而“求中国哲学系统，又最忌以西洋哲学的模式来套，而应常细心考察中国哲学之固有脉络”。[①] 由此可见，张先生是最先从方法论上自觉地将“中国哲学”作为“哲学”这个“类称”的一个“特例”来进行研究的。《中国哲学大纲》是讲“中国（的）哲学问题史”，而不是把西方的哲学问题当作普遍的哲学问题；此书“审其基本倾向”，就是要突出中国哲学不同于西方哲学的“特色”，而不是用西方哲学的“特色”来曲解中国哲学；此书“察其条理系统”，就是要寻出中国哲学自身的“实质上的系统”或“固有脉络”，而不是用西方哲学的模式来“套”中国的传统思想。

《中国哲学大纲》的“序论”先讲“哲学与中国哲学”，即先以哲学的“类称”与“特例”之分来安立“中国哲学”之名，然后讲“中国哲学之区分”，即把中国哲学的内容“约略分为宇宙论或天道论，人生论或人道论，致知论或方法论”。[②] 张先生说：

> 中国哲学既本无形式上的条理系统，我们是不是应该以条理系统的形式来表述之呢？有许多人反对给中国哲学加上系统的形式，认为有伤于中国哲学之本来面目……其实，在现在来讲中国哲学，最要紧的工作却正在表出其系统。给中国哲学穿上系统的外衣，实际并无伤于其内容，至多不过如太史公作《史记》“分散数家之事”，然无碍于其为信史。我们对于中国哲学加以分析，实乃“因其固然”，依其原来隐含的分理，而加以解析，并非强加割裂。[③]

① 张岱年：《中国哲学大纲》，“自序”第17、18—19页。

② 张岱年：《中国哲学大纲》，“序论”第3页。

③ 张岱年：《中国哲学大纲》，“序论”第4—5页。

关于是否“应该以条理系统的形式来表述”中国哲学，实即是否承认中国哲学有其固有的“实质上的系统”，或者说，是否承认中国传统思想文化中有其固有的“哲”之学问。如果对此持否定的见解，那也就从根本上取消了“中国哲学史”这门学科。张先生认为，冯先生的“中国哲学虽无形式上的系统，而有实质上的系统”之说，“实为不刊之至论”。因此，中国近现代意义的“中国哲学史”是把“表出其系统”作为“最要紧的工作”。此所谓“表出”，即给中国哲学“穿上（形式上的）系统的外衣”，而又“无伤于其内容（实质上的系统）”。这就如史学家的记述需“分散数家之事”，中国哲学史的研究则需把“原来隐含的分理”表述出来。

从内容上说，张先生的《中国哲学大纲》与冯先生的《中国哲学史》都是大体采用了宇宙论、人生论和致知论的所谓“三分架构”，但张先生在采用此“三分架构”时更强调了这不是用西方哲学的模式来“套”中国哲学，而是“因其固然”，“考察中国哲学之固有脉络”。当给中国哲学“穿上（形式上的）系统的外衣”时，就有一个此“外衣”对于中国哲学的“内容”（实质上的系统）是否“合身”的问题。我认为，要让此“外衣”完全“合身”，这是需要中国哲学史研究长期解决的问题（近期关于“中国哲学合法性”问题的讨论，其根源即在于此）。就我现在的认识而言，我认为现有“中国哲学史”著作普遍采用的宇宙论、人生论和致知论的“三分架构”，是大体符合中国哲学的“内容”的，因为中国哲学的主题就是“究天人之际”，“际”即天人之间合中有分、分中有合，宇宙论就是中国哲学的天论；人生论就是中国哲学的人论；致知论则是中国哲学如何“知天”“知人”的知论。① 这种“三分架构”并非只是“依傍”了西方哲学史，而更主要是“因”中国哲学之“固然”。当然，如何更恰切、“合身”地表述出中国哲学的“实质上的系统”，学术界可以而且需要继续探讨，不断做出新的努力。

《中国哲学大纲》的“自序”在讲了“中国哲学之区分”之后，接

① 参见拙著《中华文化通志·哲学志》，上海人民出版社 1998 年版。

着讲“中国哲学之特色”。张先生说：

> 中国哲学，在根本态度上很不同于西洋哲学或印度哲学；我们必须了解中国哲学的特色，然后方不至于以西洋或印度的观点来误会中国哲学。……中国哲学之特点，重要的有三，次要的有三，共为六……①

此处所说“重要的有三”，即“合知行”“一天人”“同真善”；“次要的有三”，即“重人生而不重知论”“重了悟而不重论证”“既非依附科学亦不依附宗教”。这六点中的“合知行”“同真善”以及“重了悟而不重论证”——张先生在“注”中说——“颇采熊十力先生之意”②。由此可知，《中国哲学大纲》对“中国哲学之特色”的表述，得力于张先生与熊先生的学术交往，而张先生最先比较全面地提出了中国哲学的“特色”说。

值得注意的是，关于“一天人”，张先生说：“中国哲学有一根本观念，即‘天人合一’。认为天人本来合一，而人生最高理想，是自觉地达到天人合一之境界。”③此点与《中国哲学大纲》“自序”在“审其基本倾向”中所举之例“不知道中国大部分哲学家以天人合一为基本观点，则不会了解中国的人生论”是相应的。《中国哲学大纲》“人生论”的第一篇即讲“天人关系论”。以后，张先生也一直重视对“天人合一”思想的研讨，如1985年发表重要论文《中国哲学中“天人合一”思想的剖析》，1995年在《论中国传统哲学的继承与改造》一文中把“天人合一与天人交胜”作为中国古典哲学中最重要的精湛思想之一④。

在《中国哲学大纲》“自序”的“审其基本倾向”中，张先生首举

---

① 张岱年：《中国哲学大纲》“序论”，第5页。

② 张岱年：《中国哲学大纲》“序论”，第9页。张先生回忆说，他自1931年起，就常常向熊十力先生“请教关于中国古代哲学的问题”，他很佩服熊先生创立“新唯识论”的理论勇气，但不同意其“境不离识”的观点。《研习哲学过程杂议》，《张岱年全集》第8卷，第463页。

③ 张岱年：《中国哲学大纲》，“序论”第6页。

④ 参见张岱年《张岱年全集》第7卷，河北人民出版社1996年版，第543页。

之例是："如不知道中国哲学不作非实在的现象与在现象背后的实在之别，便不能了解中国哲学中的宇宙论。"这一点在"序论"的"重人生而不重知论"条下表述为："亦不怀疑外界的实在"，"先秦未有怀疑外界之实在者，北宋思想家大多排斥佛家的外界虚幻之说"。①我认为，这是张先生在中哲史研究中提出的一个最有"特色"、最重要的见解。张先生在《中国哲学大纲》的"中国本根论之基本倾向"中说：

> 印度哲学及西洋哲学讲本体，更有真实意，以为现象是假是幻，本体是真是实。本体者何？即是唯一的究竟实在。这种观念，在中国本来的哲学中，实在没有。中国哲人讲本根与事物的区别，不在于实幻之不同，而在于本末、原流、根支之不同。万有众象同属实在，不惟本根为实而已。……在先秦哲学中，无以外界为虚幻者。佛教输入后，始渐有以现象为虚幻之思想，然大多数思想家都是反对佛家以外界为虚幻之思想的。中国哲学家大都主张：本根是真实的，由本根发生的事物亦是真实的，不过有根本不根本之别而已。②

张先生之所以如此突出地表明中国哲学的这一"基本倾向"，是因为这与张先生当时的哲学理论研究密切相关。在1933年所作《关于新唯物论》一文中，张先生提出："新唯物论已舍弃旧唯物元学所谓本体之观念。"③而在同年所作《中国元学之基本倾向》一文中，张先生即已指出：

> 印哲及西哲言本体，更有实义。以为现象为假、为幻，本体为真、为实。本体者何？即究竟实在也。此义中国哲人不主持之。中国哲人言"本根"与事物之别，不在实幻之谓，而在本末、源流、

---

① 张岱年：《中国哲学大纲》，"序论"第8页。

② 张岱年：《中国哲学大纲》，第9—10页。

③ 张岱年：《张岱年全集》第1卷，第129页。

根枝之辨。万有众象同属实在，不惟“本根”为实而已。自印度哲学传入，乃渐有以实义言“本根”者。[①]

1936年，张先生发表其早年哲学思想的一篇代表作，即《哲学上一个可能的综合》。在此文中张先生重申：“新唯物论的宇宙论，则已废去本体观念。新唯物论根本不主张所谓‘自然之两分’，根本不承认有所谓现象背后的实在。”[②]此处所谓“自然之两分”，即英国新实在论哲学家怀特海在《自然的概念》中所批判的西方传统哲学认为“现象现而不实，本体实而不现”的思想。我们从张先生所说“新唯物论的宇宙论之根本观念，是历程，宇宙是一大历程，一切存在莫非历程”[③]，亦可看到张先生对怀特海的“过程与实在”思想的吸收。在此文的“中国哲学思想之趋向”一节，张先生说：

唯物论虽不是中国的正统思想，但中国哲学有一些根本倾向，颇合于唯物义。在宇宙论，中国哲学之基本倾向是不将现象与实在分为二事，现象即实在，实在即现象。……在人生论，中国哲学不喜出世的理想，而讲不离乎日常生活的宏大而平实的生活准则。[④]

张先生以此说明，新唯物论以及“唯物与理想”的综合是符合“中国哲学之根本倾向”的。

中国哲学“不将现象与实在分为二事”，这不仅契合张先生本人的哲学思想，而且更符合中国哲学的实际。冯友兰先生曾在《中国哲学史（下）》的“中国佛学与中国人之思想倾向”一节指出：

佛学中派别虽多，然其大体之倾向，则在于说明“诸行无常，

① 张岱年：《张岱年全集》第1卷，第168—169页。
② 张岱年：《张岱年全集》第1卷，第263—264页。
③ 张岱年：《张岱年全集》第1卷，第264页。
④ 张岱年：《张岱年全集》第1卷，第272—273页。

诸法无我”。所谓外界，乃系吾人之心所现，虚妄不实，所谓空也。但由本书以上所讲观之，则中国人对于世界之见解，皆为实在论。即以为吾人主观之外，实有客观的外界。谓外界必依吾人之心，乃始有存在，在中国人视之，乃非常可怪之论。[①]

冯先生在此所说“中国人对于世界之见解，皆为实在论”，与张先生所说中国哲学“不将现象与实在分为二事”是思想相通的。但冯先生后来在《新理学》中提出“真际世界”与“实际世界”的思想，则是受到西方柏拉图主义的影响[②]，陷于“自然之两分”。而当时熊十力先生主张“摄用归体”“离识无境”“诸行无实”，则是源于佛学的思维方式，也未免“自然之两分”。1949 年之后，冯先生由主张“理在事先”转为“理在事中”，熊先生也提出“摄体归用”，肯定“万物真实”，张先生对此都予以肯定性的评价[③]，这与张先生本人的哲学思想及其对中国哲学“基本倾向”的认识很有关系。

张先生在 1957 年所作《中国古典哲学的几个特点》一文中，举出中国哲学的基本特点有四，即：“第一，本体与现象统一的观点；第二，生活与思想一致的传统；第三，在唯物主义方面，唯物主义与辩证观念相互结合的传统；第四，生死自然的观点与无神论在哲学发展中的深刻影响。”[④] 此文所首列的“本体与现象统一的观点”，即中国哲学肯定本体与现象都是实在的。1983 年，张先生发表《中国哲学中的本体观念》一文，其中说：“儒道两家本体观念有其显著的特点”，即两家“都不以‘实在’与‘幻象’的区别来讲体用。佛教认为客观世界是假象，儒、道两家都肯定客观世界不是假象，‘体’不是现象背后的实在。主观唯心主义所谓心之本体与心，也无实在与幻象之分。这与西方哲学是

---

① 冯友兰：《三松堂全集》第 3 卷，第 142 页。

② 张先生在《悼念冯友兰先生》一文中说：“程朱理学虽以理为最高范畴，但尚无两个世界之说，两个世界主要是西方柏拉图主义的观点。”《张岱年全集》第 8 卷，第 475 页。

③ 参见《论冯友兰哲学思想的转变》和《忆熊十力先生》，《张岱年全集》第 8 卷，第 484—485、450—451 页。

④ 张岱年：《张岱年全集》第 5 卷，第 124 页。

不同的”。[①]1992年，张先生在《论老子的本体论》一文中也说：“西方哲学讲本体，有一个流行的观点，认为本体是与现象对立的，现象现而不实，本体实而不现，本体即是现象背后的唯一实在。这种否认事物现象的实在性的观点，乃是中国先秦时代哲学家所不同意的。佛教传入中国后，才有这种以客观世界为虚幻的见解，但受到儒家学者的批判。”[②]观此可知，强调中国哲学的“基本倾向”是肯定本体与现象同属实在而没有“自然之两分”，这是张先生研究中国哲学史贯彻始终的一个重要思想。

在此需要提及的是，现代新儒家牟宗三先生把“两层存有论”、佛教的“一心开二门”作为中国哲学的一个“普遍模式”。我曾在1993年的第八届国际中国哲学会上提交论文《“一心二门”与“一本多级”》[③]，对牟先生与张先生的思想进行比较，批评以“一心开二门”为中国哲学“普遍模式”之说，但并未引起学界的重视。近年来，牟先生的思想对大陆学界的影响日渐广大，而我一直不敢苟同牟先生的“两层存有论”。因为此问题关涉对中国哲学的“基本倾向”的认识，故我希望学界对此予以讨论。

三　关于宋明理学的派系之划分

张岱年先生在《我与中国20世纪》的回忆录中说：《中国哲学大纲》“着重讲述了中国哲学中的唯物论学说与辩证法思想，对于宋代以

---

① 张岱年：《张岱年全集》第5卷，第494页。

② 张岱年：《张岱年全集》第7卷，第284页。

③ 载于《中国哲学史》1993年第3期及郑家栋、叶海烟主编《新儒家评论》，中国广播电视出版社1994年版。

来的张载、王廷相、王夫之的唯物论特加表扬；对于老子、《易传》、张载、朱熹、王夫之的辩证观点进行了较详的诠释”[①]。关于宋明理学的派系之划分，张先生说：

> 近几十年来，研究中国哲学史的，大多认为宋明理学分为两大学派，即程朱学派与陆王学派。我在此书中首次提出：自宋至清的哲学思想，可以说有三个主要潮流，一是唯理论，即程朱之学；二是唯心论，即陆王之学；三是唯气论，即张载、王廷相、王夫之以及颜元、戴震的学说。这一论点到近年已为多数哲学史家所承认了。[②]

在中国学术、思想和哲学的研究史上，张先生的《中国哲学大纲》“首次提出”宋明理学分为程朱理学、陆王心学和以张载、王夫之为代表的唯气论三个派系，这是张先生研究中国哲学史的一个重要创获和基本论点。张先生说，“这一论点到近年已为多数哲学史家所承认了”，这在中国大陆学界最为显著，而张先生所特别重视者是冯友兰先生在《中国哲学史新编》中肯定了“理学三派”的观点。冯先生说：“张载和二程都是道学的奠基人，但他们的哲学思想又各不相同。他们代表道学中的三个主要派别。程颢代表道学中心学的一派。程颐代表道学中理学的一派。心学和理学是传统的名词。如果以这两个名词为例，立一个新名词，那就可以说张载的一派是气学。”[③] 冯先生在《中国哲学史新编》第五册“详细叙述了张载的继承者王廷相、王夫之的哲学”，张先生认为，“这是重视唯物主义的表现”[④]。

张先生在《中国哲学大纲》中首次提出“理学三派”说，这与当时张先生的哲学理论研究也密切相关。在《哲学上一个可能的综合》中，

---

① 张岱年：《张岱年全集》第 8 卷，第 511 页。

② 张岱年：《张岱年全集》第 8 卷，第 511 页。

③ 冯友兰：《中国哲学史新编》，人民出版社 1988 年版，第 5 册，第 125 页。

④ 张岱年：《哲人其萎，遗范永存》，《张岱年全集》第 8 卷，第 479 页。

张先生即指出：

> 宋以后哲学中，唯物论表现为唯气论，唯气论成立于张横渠，认为一切皆一气之变，太虚也是气，而理亦在气之内，心也是由内外之气而成。唯气论其实即是唯物论……张子的唯气论并无多大势力，继起的理气论与唯心论，都较唯气论为盛。到清代，唯气论的潮流乃一发而不可遏，王船山、颜习斋，先后不相谋的都讲唯气。……习斋以后有戴东原，讲气化流行，理在事物的宇宙论，理欲合一的人生论，皆唯物思想。[①]

在《中国哲学大纲》的“本根论”中，张先生以“理气论”和“唯心论”两章述程朱理学和陆王心学，而以“气论一”和“气论二”两章叙述自先秦至清代的气论哲学发展，指出：“在中国哲学中，注重物质，以物的范畴解说一切之本根论，乃是气论。”“唯气的本根论之大成者，是北宋张横渠（载）。”明中叶以后的气论哲学家则有罗钦顺、王廷相、王夫之、颜元、戴震等。[②]张先生在《哲学上一个可能的综合》中指出唯物论在中国“有其传统”，同时也承认“唯物哲学在中国不甚盛”，“不是中国的正统思想”，但在《中国哲学大纲》中“对于宋代以来的张载、王廷相、王夫之的唯物论特加表扬”，这显然是带有哲学家的眼光来写中国哲学史，其意亦在于说明新唯物论之发展是符合“中国哲学思想之趋向”的。

张先生在1942年所作《事理论》（《天人五论》之三）的“自序”中说：

> 民初以来，时贤论学，于绍述西哲之余亦兼明中国往旨，于程朱、陆王、习斋、东原之学时有阐发。学人之中，述颜戴之指者，

① 张岱年：《张岱年全集》第1卷，第272页。
② 张岱年：《中国哲学大纲》，第37、42、74—85页。

> 宗陆王之说者，绍程朱之统者，皆已有人。而此篇所谈，则与横渠、船山之旨为最近，于西方则兼取唯物论与解析哲学之说，非敢立异于时贤，不欲自违其所信耳。①

观此可知，张先生的哲学思想是“接着”横渠、船山的气论讲的。②张先生晚年自号“渠山拙叟”，更表明他对横渠、船山之旨的一贯重视。

张先生的“理学三派”说与其本人的哲学思想密不可分，而“理学三派”说在中国大陆学界也“为多数哲学史家所承认”。但毋庸讳言的是，在港台新儒家中，较为流行的是牟宗三先生的“理学三系”说，近年来此说对大陆学界也渐有重要影响。牟先生的“理学三系”说，即以象山、阳明为一系，濂溪、横渠、明道、五峰、蕺山为一系，以及被贬为“别子为宗”的伊川、朱子为一系。牟先生自谓此三系说“是吾辛勤疏导融会贯通后之所得”③，实际上，亦是牟先生深带其新心学及“两层存有论”之哲学眼光而对宋明理学的一种“判教”。在此“判教”中，横渠虽在表彰之列，但横渠、船山的唯气论一系则被完全取消了。

我们在此不涉研究者哲学理论上的分歧，而只择要指出牟先生对横渠之学的解说实多有“滞辞”。

（一）程颢（明道）曾批评张载“以清虚一大名天道，是以器（气）言，非形而上者”，牟先生则批评“明道对于《正蒙》之言太虚神体未能相契也……吾今日细看《正蒙》，横渠诚有滞辞，然其实意却并不是以太虚神体为器（气），为形而下者”；同样，牟先生亦批评“伊川‘所见’及其（对横渠的）批评全部差谬矣”，朱熹“对于横渠之《正蒙》，则全部不相应”。④笔者认为，二程和朱熹对横渠之学的批评诚有不当处，但此不当是出于各自思想理论的不同，而他们对横渠思想能够

---

① 张岱年：《张岱年全集》第3卷，第114页。

② 参见拙文《新唯物论：“接着”气论讲》，《思想与文化》第一辑，华东师范大学出版社2001年版。

③ 牟宗三：《心体与性体》上，上海古籍出版社1999年版，第42—43、356页。

④ 牟宗三：《心体与性体》上，第358—359、369、371页。

理解还是应该肯定的。尤其是，二程与横渠乃同时期相互交往、共同切磋甚为密切的道友，若谓二程对横渠思想的批评全不相契，而非要将横渠之“太虚”强解为“以心著性”之“神体”或“道”，则未免陷于今人的“师心自用”。

（二）横渠言“太和所谓道……不如野马絪缊，不足谓之太和”，又言“由气化，有道之名”。牟先生说：“横渠由野马絪缊说太和，说道，显然是描写之指点语……核实言之，创生之实体是道。而非游气之絪缊即是道也。如此理会方可不至使横渠成为唯气论者。”“‘太和所谓道’，亦不是此实然平铺之气化。乃是能创生此气化之至和也。依此，‘由气化、有道之名’只是太和之带着气化说而已。并非截断其创生义，只执‘实然平铺之气化’以为道也。……若如此，则真成为唯气论矣。”[①] 牟先生此说，是强把“太和”与“气化”分为“两层存有”，即在“气化”之上再立一“创生原理”，然其根据不过是“不至使横渠成为唯气论者”。此在横渠之《正蒙》，必须“增字”或“改字”才能说通；而对于牟先生之立说，则未免陷于“循环论证”。

（三）横渠言“气之性本虚而神，则神与性乃气所固有”。牟先生说：“‘气之性’即气之体性。此体性是气之超越的体性……是‘遍运乎气而为之体’之‘超越的性’，本体的性，乃形而上者。……谓此为气所固有，此‘固有’乃是超越地固有，因‘运之而为其体’而为其所固有，不是现象地固有。”[②] 此亦是强以本体界与现象界之“两层存有”来解横渠的“气所固有”。

（四）横渠言“一物两体，气也”。牟先生说：“若分解言之，‘一物’即太极、太虚神体之为圆为一，‘两体’即昼夜、阴阳、虚实、动静等，此是属于气。而言‘一物两体气也’是浑沦地言之，即‘参和不偏’地言之，是表示太极太虚之不离气……并非说太极、太虚、天德神体亦是气。”[③] 这是强把“一物”与“两体”，即“太极”与“气”分

---

① 牟宗三:《心体与性体》上，第 377 页。

② 牟宗三:《心体与性体》上，第 379—380 页。

③ 牟宗三:《心体与性体》上，第 388 页。

为“两层存有”，此于横渠所言“一物而两体，其太极之谓欤”实滞碍难通。

（五）横渠言“知虚空即气，则有无、隐显、神化、性命通一无二”，又言“若谓虚能生气，则虚无穷，气有限，体用殊绝，入老氏有生于无之论”。牟先生说：“‘虚空即气’，顺横渠之词语，当言虚体即气，或清通之神即气。……虚体即气，即‘全体是用’之义……是以此‘即’字是圆融之‘即’，不离之‘即’，‘通一无二’之‘即’，非等同之即，亦非谓词之即。……若就横渠之圆融义言，亦是有理（神体）而后有气，亦是气立而理因之寓……”“‘若谓虚能生气’云云……此种遮拨正是伊川所谓‘意屡偏而言多滞’之一例也。‘天地之道可一言而尽，其为物不贰，则其生物不测’，何以不可言‘虚能生气’耶？……是以纵贯言之，则‘虚能生气’；横铺言之，则体用相即。横渠于此只着重‘虚空即气’之相即，此只知其静态之横铺，而忘其动态纵贯之创生义也。”[①] 这是强以佛教的体与用（两层存有）之“相即不离”来解释横渠的“虚空即气”。此种解释之滞碍难通，竟至牟先生要代为横渠“改字”，认为“当言虚体即气”。横渠明言“由气化，有道之名”，而牟先生却要给横渠加上“有理而后有气”的“圆融义”。横渠明明批评“虚能生气”之说，而牟先生却批评横渠“意屡偏而言多滞”，“忘”了“虚能生气”的“动态纵贯之创生义”。

（六）横渠言“合性与知觉，有心之名”。牟先生说：“案此语亦不的当。‘合性与知觉’好像是说性体中本无知觉，性是性，加上知觉才有‘心之名’。……殊不知在性与心处，均不应该如此表示也。”[②] 此处的“不应该”，是要使横渠按照牟先生新心学的“应该”来表示“心之名”。横渠言“气聚，则离明得施而有形；气不聚，则离明不得施而无形”。朱熹解此句为：“看来只是气聚，则目得而见。不聚，则不得而见。”牟先生说：“案此解非是。……此正是视作认识论之辞语，全非。朱子对

---

① 牟宗三:《心体与性体》上，第 393、394—395 页。

② 牟宗三:《心体与性体》上，第 454 页。

此段完全不相应。”[①] 而按牟先生的解释，“离明”乃指“神体之虚明照鉴”，“此是言‘心’之‘本体、宇宙论的’根据，而此神体之明亦可以说即是‘宇宙心’也”[②]。此种解释，案之以横渠所言“合性与知觉，有心之名”，实大不应该。

总之，牟先生将横渠的“太虚即气”思想解之为“两层存有论”，实并无真实的根据，而大多托之为“横渠之措辞亦常不能无令人生误解之滞辞”，又怪罪于“当时有二程之误解，稍后有朱子之起误解，而今人又误解为唯气论”。虽然牟先生自信“误解自是误解，故须善会以定之也”[③]，但牟先生的“善会”却常陷于同《正蒙》之文本相抵牾的“滞辞”或“过度诠释”。

笔者认为，横渠所言“由太虚，有天之名；由气化，有道之名”，以及“合性与知觉，有心之名”，皆言简而意明，不致亦不应发生误解；惟“合虚与气，有性之名”需稍作分析。横渠说：“太虚无形，气之本体，其聚其散，变化之客形尔；至静无感，性之渊源，有识有知，物交之客感尔。”（《正蒙·太和》）此处“气之本体”，即是说“太虚无形”为气之本然的象态（横渠认为，“太虚”无形而有象，“苟健顺、动止、浩然、湛然之得言，皆可名之象尔”，见《正蒙·神化》）。“其聚其散”之“其”字，亦是指“太虚”；由“太虚”之聚散，可知“太虚”就是气。此后“至静无感，性之渊源”，即是说“性之渊源”在于“至静无感”的太虚。横渠认为，人与物都有纯善的“天地之性”和不是纯善的“气质之性”。他说：“太虚为清，清则无碍，无碍故神；反清为浊，浊则碍，碍则形。”（《正蒙·太和》）这里所谓“清”就是“太虚无形”“至静无感”的象态，“天地之性”渊源于此；所谓“浊”就是“气质”有碍而有形了，“气质之性”渊源于此。由此可知，“合虚与气，有性之名”的“性”，是将“天地之性”与“气质之性”合而言之，而“合虚与气”则应理解为“合太虚与气质”。如此解释，则横渠所言“太

① 牟宗三：《心体与性体》上，第402页。
② 牟宗三：《心体与性体》上，第400页。
③ 牟宗三：《心体与性体》上，第403页。

虚即气”不容理解为“虚与气”是“相即不离”的“两层存有”。

通过以上分析，可知牟先生的“理学三系”说并不能取代张先生的“理学三派”说，横渠、船山的唯气论一系是不可否认的历史客观存在。[①]然而，近年来中国哲学史界或多或少地有一种讳言“唯物论”的倾向，此盖与20世纪五六十年代将哲学史看作“两条路线（唯物论与唯心论）斗争”的历史所引起的逆反有关。笔者认为，“两条路线斗争”的模式应该被抛弃，但不应完全否认中国哲学史上存在唯物论和观念论、唯心论的流派。值得充分重视的是，儒、释、道三家的价值取向不同，由此取向的不同而决定了其哲学的世界观不同；就儒家而言，其最高的价值取向是崇尚道德（所谓“孔子贵仁”），而道德的起源问题是儒家哲学所必究、现代哲学也还没有完全解决的问题。中国哲学史上存在唯物论和观念论、唯心论的流派，不是由于“阶级”“党性”的对立，而大多是由于价值取向的不同以及解决道德起源问题的方式不同。就张载与二程的哲学分歧而言，我认为这主要是由于他们建构“新儒学”体系的逻辑起点不同。如二程所说，张载“尤所切齿者”是“释氏推其私智所及而言之，至以天地为妄”（《程氏外书》卷七），因此，张载的哲学是先肯定这个世界的实在性（所谓“先识造化”，见《横渠易说·系辞上》），然后肯定这个世界的道德性；二程认为，佛教“要之卒归乎自私自利之规模”（《程氏遗书》卷十五），因此，二程的哲学是先肯定这个世界的道德性（所谓“先识仁”，见《程氏遗书》卷二上），然后肯定这个世界的实在性。他们所相同者，是都肯定这个世界为道德的、实在的。

我曾作有《“先识造化”与“先识仁”》一文[②]，其中引《宋元学案·序录》所说：“横渠先生，勇于造道，其门户虽微，有殊于伊洛，而大本则一也。”在将此文呈张先生教正时，张先生指出，此引断句有

---

① 张先生回忆：他于1954年撰写了《王船山的世界观》，“教研室开了讨论会，邀请贺麟同志参加评议，贺先生说，我原来认为王船山哲学是客观唯心论，看了这篇文章，我同意船山是唯物论”。《八十自述》，《张岱年全集》第8卷，第604页。

② 载于《人文杂志》1989年第5期。

误，“虽微”下应连读，即：“其门户虽微有殊于伊洛，而大本则一也。”这就是说，张载与二程之“殊”，相比于他们同承孔孟、共明儒道的“大本”而言，是细微的。我认为，由张先生的这一指正可以看出，他的“理学三派”说及其“接着”气论讲，一方面是出于“不欲自违其所信”（张先生早年即抱定“新唯物论之为现代最可信取之哲学”[①]）；另一方面也对程朱、陆王之学等等有着同情的理解和相当程度的肯定。由此就可以理解，张先生在30年代一方面表彰中国哲学的唯物论传统；另一方面也肯定中国哲学（不仅是唯物论）“有一些根本倾向，颇合于唯物义”，“综合唯物与理想，实正合于中国哲学之根本倾向”[②]。即使在50年代“两条路线斗争”之说甚嚣尘上之时，张先生也敢冒当时之“大不韪”，写有《中国古典哲学的几个特点》一文，对中国哲学（不仅是唯物论）的“基本特点”予以肯定。张先生在八九十年代所写大量哲学与文化学的论著，更表明张先生之信持唯物论，而以“综合创新”的博大襟怀，绝不囿于“唯唯物论”。

［附注］：本文完成于2004年4月20日，本为祝贺张岱年先生九十五寿辰而作，原文最后有：“限于论文的篇幅，本文只能就此打住，张先生研究中国哲学史的许多精义，尚未及述也。愿待张先生‘白寿’（九十九寿辰）之时，续写此文。”不意张先生竟于4月24日凌晨2时仙逝。谨附《悼恩师张岱年先生》以志哀思：“九五之尊逝三哲，泰山梁柱哭如何！道通天人传万世，思接古今汇千河。中年谠言而获罪，晚岁刚健以彰德。不欲自违其所信，渠山拙叟气巍峨。”按“三哲”指梁漱溟、冯友兰、张岱年，三位学界泰斗皆享年九十五，其德其寿堪当“九五之尊”。

（原载《哲学研究》2004年第6期）

---

① 张岱年：《关于新唯物论》，《张岱年全集》第1卷，第132页。

② 张岱年：《哲学上一个可能的综合》，《张岱年全集》第1卷，第272、273页。

三春之晖

——忆恩师张岱年先生

一

北京大学哲学系77级的学生，都有一段曲折的人生经历。当我们从社会的某个角落里走入北大的校园和教室时，都有一种从凡俗进入神圣的感觉。这种神圣是知识的神圣，给我们授课的老师就是神圣殿堂里的诸神。有时候，哲学系召开老师与同学共同参加的会议，只见诸神聚会，而每一次都有一位老者，他已届古稀之年，神态谦和安详，步履舒缓沉稳，诸神都对他示以敬重，无疑，他就是我们老师的老师了。后来我们知道，他就是张岱年先生。当时，北大哲学系的老师，都被称为某“老师”；而被尊称为“先生”的，似只有冯友兰先生和张岱年先生。后来我们知道，在20世纪50年代全国唯一的哲学系讲授中国哲学史的教授，就是这两位先生。我们当时都被授课老师的知识渊博所震慑，而每当看到张先生时（当时冯先生因行动不便，一般不参加系里的会议），我们就更不知哲学系这座殿堂的堂奥到底有多深！

记得我们入学不久，曾请系里几位负有盛名的老师给我们传授做

“学问”的方法，其中有张先生。而当时张先生讲了些什么，我已记不清了。要懂得“学问”，需有一定的“主体”条件。我当时脑子里一片空疏，对张先生讲的“学问”不得要领，是毫不奇怪的。在读本科的四年里，我不记得与张先生有过直接的接触。张先生在我的脑海里，就是站在诸神后面的一位尊神。

我与张先生的“缘分”，是在我本科毕业之时。那时我报考了中国哲学史专业的研究生，考试成绩还没有公布，同学们马上就面临毕业分配，有的同学似已经知道了分配去向。一天下午我突然想起如果考研不成功，不知下一步将被分配到何处，这可是人生的又一次转折啊！我那时已在“而立”之年，当然知道人生转折意味着什么。想至此，不由得骑车去蔚秀园，想向班主任老师打听一下我的分配去向。从 38 楼宿舍骑到校医院附近，正碰见张先生缓缓走来。我下车，向张先生行鞠躬礼，然后报上姓名，惶恐地问张先生，不知我考研究生考上没有。张先生爽直地说，你考上了，但有一门（古汉语）不及格。我对于古汉语不及格有点儿出乎意料，但这已是极次要的，关键是我“考上了”！我已经忘了当时怎么向张先生表示感谢，反正感谢之后就掉转车把，不用再去蔚秀园了。我觉得向班主任老师打听分配去向，是件很尴尬之事。张先生的一句爽直回答，让我免去一次尴尬，更重要的是，这句话让我的一生走上了中国哲学研究之路。

二

张先生在 1957 年因言罹祸，由此沉寂 20 年，至 1978 年才复出。在我们入学后，北大招收了“文革”后的第一批硕士生。张先生给哲学系的硕士生开设了两门课，一门是“中国哲学史史料学”，另一门是

"中国哲学史方法论"。那时张先生授课的盛况，我们这些本科生不得而知。当我们读研究生后，张先生开的课仍是"中国哲学史史料学"，但这已是张先生最后一次正式授课了。

我觉得我正式进入中国哲学之门，就是听张先生讲"中国哲学史史料学"。当时一同听课的有本系、外系和外校的老师和同学，可容一百多人的大教室，座无虚席。清华大学的刘鄂培老师是张先生 50 年代初的老学生，他每次来听课都先去张先生寓所，护送张先生到课堂。我们也经常在校园迎候，然后跟随着进教室。记得张先生讲到《易经》和《易传》，他吟诵"天行健，君子以自强不息"，然后说，这句话常鼓舞他克服人生中的困难。我当时对此领会不深，但后来渐渐知道，这句话以及"地势坤，君子以厚德载物"，就是张先生一生所身体力行的名言。

当课程进行到后半部分时，张先生的心痛病常发作，他吃药后休息一会儿再接着讲。最后一次上课，张先生多次服药，仍坚持把那堂课讲完。他在课快要结束时，对听课者说，他的《中国哲学史史料学》即将出书，凡听课者都奉送一本。课堂上响起热烈的掌声。后来，我和每一位听课者都得到了张先生送的《中国哲学史史料学》。这是我所得到的第一本老师赠书，我在此书的扉页上写了"岱年先生赠书"。以后，张先生每出一本书（除一本《求真集》外，张先生忘送了，而我没有主动向他要过书），他都送我，并在扉页上写"存山同志惠存"，然后签名。

我听张先生讲"中国哲学史史料学"，一是知道了中国哲学史史料的丰富；二是知道了考辨和使用史料的方法。张先生说，他的方法既不是"崇古"也不是"疑古"，而是实事求是地"析古"，是"好学深思，心知其意"。张先生推荐的参考书中有梁启超著《清代学术概论》，我当时比较认真地读了这本书，并抄录了一些重要的段落。其中使我感受最深的是，梁启超述乾嘉学派的学风为"实事求是"，凡有违此学风者即谓之"不德"。张先生当时让听课者写一篇作业，我写的作业即以"'实事求是'是中国哲学研究者的职业道德"为题。后来，我觉得应把乾嘉学派的"实事求是"与康梁学派的"学以致用"结合起来，做到"不诬古人，不误今人与后人"。我自感这是受张先生治学精神的熏陶而体会出来的，以后就常以此自勉。

听张先生讲“中国哲学史史料学”，对我本人影响最大的还有一件事，即张先生讲了中国近代以来“中国哲学史”学科的建立，讲了胡适的《中国哲学史大纲》和冯先生的《中国哲学史》，还讲了“宇同”著《中国哲学大纲》。“宇同”者，即张先生也。当时，署名“张岱年”的《中国哲学大纲》还没有出版，我在北大图书馆借读了“宇同”著《中国哲学大纲》。读到此书的“气论一”所说中国哲学的气论与古希腊的原子论“适成一种对照”，我简直兴奋极了！

我在读本科时，由许抗生老师讲授“中国哲学史”，此期间哲学系外聘董光璧老师讲授“现代物理学”。这两门课在我的脑子里形成一种“视界的融合”，我“体贴”出老子的“道”或“气”不是西方哲学的“原子”，而是有似于现代物理学的“场”。在 1981 年北京大学的“五四”论文评选活动中，我提交了两篇论文，一篇是评萨特存在主义的《存在、自由、人道主义》，另一篇是讲老子哲学与现代物理学之关系的《老子之“道”的现代意义》，后一篇论文入选，曾在某个教室宣读过。当时，我还读了李约瑟著《中国科学技术史》第二卷（英文版）的片段，其中提到古希腊哲学的“浓厚化”与“稀薄化”同中国古代气论的“聚”“散”概念相通。我在论文中引述了这样的观点。但在老师和同学中我也听到了不要把中国古代哲学“现代化”的议论。这一问题也就就此搁下了。

当我读到“宇同”著《中国哲学大纲》的“气论一”时，这一问题在我的思想中重新燃起。我接着又读了张先生写的《中国唯物主义思想简史》，作了一些笔记。有一天，我鼓起勇气，到张先生寓所讨论这一问题。当时，张先生还住在蔚秀园，寓所内只一间卧室和一小间书房。我局促地向张先生讲了对气论及其与现代物理学的场论相通的一些看法。张先生从书橱中取出小野泽精一等编《气的思想》（日文版），在夹书签处引有张先生对气论的研究。张先生把《气的思想》借我阅读，而我为了读这本书，自学了日语，以后还把此书所附《西方文献中对“气”的翻译》译为中文，经魏常海老师校改，发表在《中国哲学史研究》杂志（这篇译文的题目至今仍出现在台湾的一个网页上，是作为“第 ×× 届口笔译教学研讨会征求论文格式”的一个“写例”，而我的浅薄日语在到杂志社工作以后就渐渐遗忘了）。

张先生还把程宜山师兄的硕士论文《中国古代元气学说》（手写稿）送我。我读此文后，知道了物理学家何祚庥先生曾发表过元气论与现代物理学之关系的文章。我循此查阅了何先生的两篇文章，并作了笔记。后来，董光璧老师推荐我读卡普拉著《物理学之道》（英文版），我把其中的一章“空与形”译为中文，经董老师校改，发表在《自然科学哲学问题丛刊》（此后《走向未来》丛书中有《现代物理学与东方神秘主义》，其“编者序”说“本书第十四章空与形参阅了已发表的译文……谨向译校者表示感谢”）。

因得到张先生的鼓励和帮助，我遂坚定了作硕士论文以研究中国气论为方向。导师朱伯崑先生同意了这一选题。因一般认为元气学说形成于汉代，而对先秦气论多所忽略，故我将论文限定在“探源”，即研究“先秦气论的产生和发展”。作此限定，还因为张先生和朱先生都主张作论文应尽量把有关的材料“竭泽而渔”，我觉得先秦的古书有限，是可以把先秦有关“气”（以及“阴阳”“五行”等）的史料“竭泽而渔”的。朱先生还要求把先秦有关“气”的史料都作出注释，然后再拟提纲、写初稿。在此期间，除了朱先生的悉心指导外，张先生仍给我很大的鼓励和帮助。记得我曾把论文提纲交张先生审阅，其中有关于《管子》的《内业》《心术》《白心》等四篇作于《庄子》之后的见解，证据是《白心》篇云“为善乎毋提提，为不善乎将陷于刑，善不善取信而止矣，若左若右正中而已矣”，这句话是对《庄子·养生主》“为善无近名，为恶无近刑，缘督以为经”的摹写，张先生在此处曾批示“此考证很有价值”。

我在北大没有“卒业”，即没有续读博士学位。1984 年 4 月末，中国社会科学杂志社哲学编辑室主任何祚榕先生到北大物色编辑，系里的黄枏森先生和楼宇烈先生推荐我去。何先生亲自到我家造访不遇，留条示我“五一”后到杂志社一谈。我在 5 月份即答应毕业后到杂志社工作，以后就“随遇而安”，未作他想。虽然毕业后主要做编辑工作，但我一直是以编辑工作为“公职”，以中国哲学史研究为“天职”。之所以如此确定人生的志向，实是因为不想枉废曾在北大学习的机遇，不敢辜负张先生和朱先生等北大老师的教诲。我在写文章时，常感有张先生、朱先生等在后面“看着”；有他们在后面“看着”，我就不敢“胡说”。所谓“胡说”，就是没有根据；只要有根据，立新说可也，即使与北大老师的观点不一致，他们也“不以为忤”。想当初，张先生年轻时曾批评冯先生的“理在事先”说，冯先生“不以为忤”，而聘他到清华任教。这就是清华、北大的传统学风。

三

我于 1984 年 9 月到中国社会科学杂志社工作。不久，张先生将一篇文稿寄给何祚榕先生，此即后来发表在《中国社会科学》1985 年第 2 期的《论中国古代哲学的范畴体系》（张先生 1989 年所出著作《中国古典哲学概念范畴要论》以此文为“绪论”）。张先生在寄文稿时附有一信，在信的末尾写有这样一段话：“李存山同志初到贵室工作，望对他多加帮助和指教。”何先生将此信和文稿交给我看，并嘱我担任此文的“责任编辑”。我当时感慨万端，觉得如初“嫁”到杂志社，张先生的话是“娘家人”对“婆家人”的一种托付。我 17 年的编辑生涯（到 2001 年调离杂志社），就是从编辑张先生的文章开始的。在这 17 年中，我虽以中国哲学史研究为“天职”，但对编辑工作这一“公职”也从不敢懈怠。之所以如此，是因为我不敢辜负张先生的托付，亦不敢辱没“北大人”的“门风”。

记得有一次，杂志社在传阅一篇哲学稿件进行三审时不慎将那篇稿件遗失，这是很少发生的“事故”。我记起那篇稿件是提交给某次会议的打印稿，为免向作者再索稿件而使杂志社的“名誉”受损，我提议到张先生处，看看他那里是否有这篇文稿。我带着这一“任务”去张先生的寓所，那时他住在中关园，书房内仍是满满当当，除了书柜里满是书，书柜外也堆放着一摞一摞的书。我向张先生说明来意，他开始在堆放的书里寻找打成捆的会议论文。看着张先生那苍老的身躯，弯着腰搬放一摞一摞的书籍，我不禁羞愧难当。张先生寻找了一阵儿，仍没有找到，他又把刘鄂培老师的住址告诉我，提议到那里去找。我在刘老师家找到了那篇论文，他留我在家吃午饭，其间议起张先生的“为人”。刘老师说，张先生是“集道德与文章为一身”。此话我曾听过多遍，但这一次体会最深。

我在内心对张先生有着“亲近”之情，但作为在北大没有“卒业”的学生，亦感与张先生有着某种“距离”。有一次我到洛阳参加二程哲学思想研讨会，河南方面特意派专人把张先生接送到洛阳，会议将结束时，会议组织者委托我护送张先生回北京。我们从北京站下车后去张先生家，张先生和师母非要留我吃午饭，记得饭桌上有松花蛋等，这是我第一次与张先生“密切”接触。后来我知，张先生留友人和学生在家或在附近饭馆吃饭，这乃是常事。

有一次，陈来师兄到杂志社，将新出版的程宜山师兄著《中国古代元气学说》交我，并说张先生嘱我写一篇书评。我认为这是张先生对我的信任，亦如张先生给我布置的“作业”。我遂写成《中国古代自然观的新探索》，后来发表在《哲学研究》。张先生的思想和程宜山师兄的书，对我影响很大，拙著《中国气论探源与发微》就是在这种影响下写成的。

1988 年，张先生的《真与善的探索》出版，此书收入他在 20 世纪 40 年代所作的《天人五论》和两篇“研思札记”。张先生将此书送我“惠存”。在此之前，收入张先生在 30 年代所发表论文的《求真集》已经出版，但我没有得到此书。在此期间，学界开始研究张先生的早期哲学思想，程宜山、陈来等都曾发表过这方面的文章。记得程宜山曾为张先生的著作（《求真集》，或为《真与善的探索》，记不清了）写过一篇书评，发表在《中国社会科学》。1989 年，《张岱年文集》第 1 卷出版，张先生将此书送我，此书可补我没有得到《求真集》的遗憾。同年，范学德著《综合与创造——论张岱年的哲学思想》一书出版，张先生亦将此书送我。

因为有了《张岱年文集》第 1 卷和《真与善的探索》，所以我在此期间亦开始研读张先生的早期哲学思想。1991 年，程宜山师兄不幸病逝。我觉得他在张先生门下德行如颜渊，不幸其命亦如颜渊而早逝。那一年，《社会科学战线》约写一篇介绍张先生生平的文章，张先生嘱我完成，我遂写了《默而好深湛之思，诚而创综合之论》。同年，我还写了《并非“陈迹”——张岱年先生早期哲学思想的今日启示》，此文是结合当时哲学原理界的一些讨论而写，除了肯定张先生早年对新唯物论既坚持又发展的学术方向外，还具体写了三个问题，即“外界的实在”的证明、“本体”概念的扬弃和概念范畴的客观基础。当时杂志社分管哲学原理的编辑偶阅此文，认为张先生的思想对于当前的哲学讨论确有助益，遂提议将此文发表在《中国社会科学》。因《中国社会科学》可比其他刊物所发文章的篇幅长一些，所以我又补写了一个问题，即辩证法与形式逻辑。在补写的这一问题中，我将张先生的思想与加拿大哲学家马里奥·本格的“科学的唯物主义”作比较，指出他们都重视逻辑分析方法，要把唯物主义“精确化”，但本格因“精确化”而排斥辩证法，并批评辩证法“使人们沉溺于冲突”，无视“合作的可能性和好处”，而张先生则认为辩证法与形式逻辑“必结为一，方能两益”，辩证法亦应该“精确化”，辩证法不仅重视“冲突”，而且重视“和谐”，“如无冲突则旧物不毁，而物物归于静止”，“如无和谐则新物不成，而一切止于破碎”。当时据传胡乔木同志曾有“中国为什么没有培养出本格这样的哲学家”的提问，我在写此文时“暗想”——此“暗想”从来没有向别人（包括张先生）讲过——中国本有超过本格的哲学家，只因后来对新唯物论持墨守、僵化的态度，遂使张先生的思想隐而不彰。

我在杂志社期间常把所写文章寄张先生教正，有时亦恐张先生为此而劳神，但每次收到张先生回信予以鼓励，心中就有一种欣喜。《并非“陈迹”——张岱年先生早期哲学思想的今日启示》一文也曾寄给张先生看过，记得张先生在回信中曾说“我很满意”。我当时将此话认作一般的鼓励之词，但后来《张岱年全集》出版，见第8卷《八十自述》一文的结尾有：“李存山同志在北大读硕士学位时也听过我讲课……他阅读了我40年代的哲学论著后，写了一篇《并非“陈迹”——张岱年先生早期哲学思想的今日启示》，论述了我的思想，并以我和加拿大哲学家本格的科学的唯物主义作了比较，对于我的见解了解甚深。”在《八十自述》中张先生对很多学生——他谓之“我的知音”——表示“感激”，并说：“我确实感到吾道不孤”，“我的学术论著受到这么多同志的注意，我感到非常欣慰”。这些并非一般的鼓励之词，而是张先生作为一个伟大哲学家和教育家的真情流露。他对人总是抱有宽厚之心，他所最看重的是“吾道不孤”，当他从中得到“欣慰”时，就由衷地流露出“感激”之情。

四

我虽然从张先生处得到很多鼓励和帮助，但到张先生府上去看望的次数却很少。记得我初到杂志社后的第一个春节，社里把撰写春节座谈会《纪要》的任务交给我，我在春节期间一直整理录音写《纪要》，无暇他顾。我生性疏懒，此后竟更加一个习惯：春节期间不串门。我从来没有到张先生家拜过年，平时去的次数也很少，理由是住得离北大“太远”。2000年，我曾有拟调清华之举，本想以后可以多去拜望张先生，但“密云不雨，自我西郊”（有善《周易》者为我占得此卦），因一些偶然的“阴差阳错”（实为我自己的过错），使我调清华未果。此年末，我在北大参加冯友兰先生学术思想研讨会，会间去看望张先生。他问我："你调清华的事怎样了？"我将结果告诉他。张先生默然不语。我想起张先生曾为我调清华而写推荐信，看到他默然不语，我心中极度愧疚。但张先生很快就把话岔开，问我会开得怎么样。此年过后，张先生搬入蓝旗营的新居，我则从工人体育馆搬到北京城区东南角的潘家园。有一次我到北大参加一个博士生的答辩会，顺便去蓝旗营，向张先生贺乔迁之喜。为求得张先生对我疏懒的"原谅"，我说，我现在住北京城区的东南角，离北大更远了。张先生似理解我的心思，他问："东南角，是广渠门吗？"我说："比广渠门更东南。"他说："那也太远了，你来一次可真不容易。"张先生说话总是那么宽厚，他从不让对方感到难堪，而我内心却更感愧疚。

张先生晚年仍把心思都放在学问上，所以我到张先生处也都是和他聊学问。如果能让他感到他的学生有所进步，我想他也会感到欣慰。张先生一直不放弃写作，但90岁后精力日衰，所写文章渐少，篇幅也愈来愈短。他有几次对我说："我现在愈来愈力不从心，都快成'饭桶'了。"他总想为这个世界作奉献，而不愿只是能吃饭而活着。他和师母在物质生活上所求甚简。我去张先生的新居时，两位老人已是92岁的高龄，他们的晚饭仍是由师母操厨（只午饭请保姆做）。张先生在晚年缺少一个随身的陪护，他身为著名的学者，晚年的生活境况——也就是当今社会面临的"老龄"问题——还不如寻常百姓家。

今年春节前，我去清华参加祝贺张先生95岁寿辰的筹备会议，在会上听说张师母的腿摔伤了。会后，我到张先生处去看望。张师母躺在床上，张先生不时发出"这怎么办啊"的叹息。他与师母60多年相濡以沫，情感至深。此时张先生家中有一很年轻的生活"助理员"（张先生如此称呼她），但做晚饭时张先生还在筹划着需买什么东西为明天的早餐做准备。春节期间，我心情抑郁，连在电话中给张先生拜年也免了。我对张先生晚年的生活毫无所助，不忍再麻烦他站起来很困难地在电话中听我说话。3月份我本来要再去清华开筹备会，但没有去成。刘鄂培老师在电话中告诉我，张先生最近的身体状况还可以，师母的病情也有好转，今后有可能在轮椅上活动。

我4月上旬到外地开会，归后就赶写为祝贺张先生95岁寿辰而准备的会议论文，题为《张岱年先生的中国哲学史研究》，打算写完后就去看望张先生，并请他教正。4月20日听王中江兄说，张先生两次摔倒而住院了。我深叹张先生在师母摔伤后再遭“老龄”之不幸。在那天晚上，我已无心将那篇论文再延写下去，而在文末说：“限于论文的篇幅，本文只能就此打住，张先生研究中国哲学史的许多精义，尚未及述也。愿待张先生‘白寿’（九十九寿辰）之时，续写此文。”当时我心中默祷，张先生能闯过这次磨难，在95岁寿辰之后能多享天年。按照王中江兄所说北医三院的探视时间是星期三、星期五或星期六的下午，我本应4月21日去看望张先生，但那天出去借书，回来晚了，又一时疏懒而没有去成。4月23日下午我去看望张先生，去前还考虑他是否已经病情好转而出院了，故给张先生家打电话，向那位“助理员”询问张先生的情况，并问候师母的病情。当我下午4点多钟到医院时，护士告诉我次日（星期六）才是探视时间，现在不能去病房。有一位医生走过来，说张先生的病情不好，允许我去安慰张先生。当我走进病房，见张先生摔得很重，前额有脓肿，眼睛已经睁不开。我真没想到，时隔两三个月，张先生那谦和安详的神态已经被重伤的病容所掩盖。我说：“我是李存山。”张先生说：“我知道你是李存山，但我的眼睛睁不开了。”我说：“我最近刚写了一篇研究您的思想的论文，还没写完就过了一万字。我打算等您‘白寿’时再写一篇。我们都等着清华的会开完以后再给您过‘白寿’。”张先生说：“‘白寿’过不了，我要死了。”我心中大恸，连忙说：“您在医院好好休养，‘五一’时出院，师母还等着您回家过‘五一’，我们也期盼着您能参加在清华召开的研讨会。”张先生说：“在这里休养不好，吃喝都不方便。”我问：“您想吃什么？喝什么？”张先生说：“我就想喝白开水。”站在病床边的护工用针管从杯子里吸了一些水，往他的嘴里送了几滴。以后，张先生就不再说话。后来我想，张先生奉献给这个世界的是博大精深的哲学思想，而他临终时向这个世界索要的只是几滴白开水。

后来我听中华孔子学会的温铁荣女士说，她星期三（4 月 21 日）去看望张先生，虽然当时他很需要有熟人陪伴，但仍然客气地说："你们工作都很忙，干吗还过来看我?"张先生自始至终都对同事、友人和学生那么体贴、宽厚，他从来不愿给别人添麻烦。

我在 4 月 24 日早晨给王中江兄打电话，他出去开会；我又给刘鄂培老师打电话，向他通报张先生的病情不好。我当时希望我们在这段时间能轮流多去看望张先生，我也打算到下个星期三再去看看张先生的病情是否有好转。据说张先生一生只住过两三次医院，在他 90 岁寿辰之前曾住过协和医院，我两次去看他，他都说在医院不适应，感觉身体状况不如在家时，等他出院以后身体渐有恢复。我在与刘鄂培老师通电话时，他仍说张先生能挺过这一关，而且能出席在清华召开的研讨会。但在午间 11 点多钟，刘老师来电话，传噩耗，张先生已于 24 日凌晨 2 时 50 分溘然长逝。我们都没想到张先生这么快就走了。使我愧疚的是，在张先生临终之前我只匆忙到医院看了他一次。我本应多去几次，在他临终时多给他一些安慰。但后来又想，即使多去几次，区区寸草之心，又怎能报答张先生的三春之晖呢!

24 日下午我默想，按张先生的身体素质，他本来还可以多活几年，只是因为"老龄"之不幸，师母摔伤，他又两次摔倒，才使他和梁漱溟、冯友兰两位先生一样 95 岁而终。于是，我心中流出"九五之尊逝三哲"，旋即想把这首悼诗吟完，遂有：

九五之尊逝三哲①，泰山梁柱②哭如何!
道通天人传万世③，思接古今汇千河④。

---

① "三哲"为梁漱溟、冯友兰、张岱年。三位学界泰斗皆享年 95 岁，其德其寿堪当"九五之尊"。

② 孔子临终而叹："泰山颓乎！梁柱摧乎！哲人萎乎！"

③ 张先生研究中国哲学史的代表作为《中国哲学大纲》，此书以"宇宙论""人生论""致知论"三部分述中国传统哲学。他在哲学理论上的代表作为《天人五论》。

④ 张先生的文化主张和学术宗旨为"综合创新"。

中年谠言而获罪[①]，晚岁刚健以彰德[②]。
不欲自违其所信[③]，渠山拙叟[④]气巍峨。

（原载《不息集——回忆张岱年先生》，北京大学出版社 2005 年版）

① 1957 年，张先生因言获罪，由此沉寂 20 年，至 1978 年始焕发学术青春。

② 张先生晚年著述颇丰，推阐其早年哲学思想，并弥补其中年之学术缺憾。他提出“自强不息，厚德载物”为中华精神，此亦其伟大人格也。

③ 张先生在 20 世纪 30 年代即认为新唯物论是“现代最可信取之哲学”。他在 40 年代所作《事理论》(《天人五论》之三）的“自序”中说:“此篇所谈，则与横渠、船山之旨为最近，于西方则兼取唯物论与解析哲学之说，非敢立异于时贤，不欲自违其所信耳。”

④ 张先生晚年自号“渠山拙叟”。“渠”即横渠（张载),“山”乃船山（王夫之）。

张岱年先生论“和谐”

2005年4月24日是张岱年先生逝世一周年的祭日。当此缅怀这位国学大师、哲学家和哲学史家的学术贡献之际，我首先想到的是，张先生一生致力于哲学理论、中国哲学史和中国文化的研究，其内在的思想动力就是希望中国实现“民族复兴和文化再生”。张先生在20世纪30年代被称为“解析法的新唯物论”哲学家，意为他要把西方新实在论的分析方法引入新唯物论中，而新唯物论就是当时所指的马克思主义哲学。张先生当时称自己的哲学思想为“新的综合哲学”，即要把“唯物、理想、解析，综合于一”。他说，这种“新的综合哲学”既是新唯物论之“更进的引申”，又是中国传统哲学之“再度的发展”。学宗新唯物论，会通中西哲学之优长而进行综合创新，是张岱年哲学思想的特色。而在新唯物论哲学家中，张先生最早并且一贯地注重阐发“和谐”的思想。当今天建设“和谐社会”已经成为我们实现现代化的一个目标时，张先生的哲人睿智已经化作一个民族的行动，这是可以告慰于张先生的。

张先生对“和谐”的重视，最早阐发于他在1936年所作的《生活理想之四原则》一文中。此文把“唯物对理法”（按即唯物辩证法）应用于人生哲学的研究，指出“我们需要由实际生活深处发出新的人生理想”，此“生活理想”的四个原则就是：“一，生理合一；二，与群为一；三，义命合一，或现实理想之统一；四，动的天人合一，或天人协调。”[①] 张先生说：“欲清楚地了解‘合一’之意谓，必须懂唯物对理法。”[②] 按张先生对“唯物对理法”的理解，“合一”有对立统一的意思，但对立统一不仅是矛盾之冲突，而且是由克服冲突而达到理想的和谐。

所谓“生理合一”，即生命、生活与当然的准则或道德的规律的合一。张先生说：“理只是生之理，离开了生，就无所谓理；生也必须受理的裁制，好的生活就是合理的生活。”“只讲生，不讲理，结果必至于毁坏了生。因为生是包含矛盾的，生与生相冲突……要克服生之矛盾，便必须以理来裁制生。如不克服生之矛盾，任生与生相冲突下去，结果必至于达到生之破灭。”“生含有矛盾，克服生之矛盾，乃得到‘生之谐和’。所谓理，即是生之谐和。”按照“生理合一”的观点，“我们一方面要培养生命力，发展生命力，充实生活，扩大生活；一方面要实践理义，以理裁制生活，使生活遵循理”。在张先生看来，生活的最高境界就是“与理为一”，“与理为一的生活，也便是达到了生之谐和的生活”。[③]

所谓“与群为一”，即个人与人群、社会、国家结为一体。张先生说：“个人生活不能单独的获得圆满，只有在好的社会中，才能有好的个人生活。可以说，理想生活的问题，只是理想社会的问题；改善生活的问题，即是变革社会的问题。”社会中的人群有层级之不同，“个人应与群为一，小群更应与大群为一”。在当时国难危急的关头，张先生特别指出：“弱国之目的只在平等的共存，其利益是合于全人类的；帝国主义之目的在剥削他民族以自肥，其利益是反于全人类的，所以我们应谋弱小民族的利益。在此意义上，我们应当救中国，不只是为了中国是我们的祖国；而且，为全人类，为理，为义，应当救中国……我们应该与中国为一。”[④]

---

① 张岱年:《张岱年全集》第 1 卷，河北人民出版社 1996 年版，第 280 页。
② 张岱年:《张岱年全集》第 1 卷，第 289 页。
③ 张岱年:《张岱年全集》第 1 卷，第 282、283 页。
④ 张岱年:《张岱年全集》第 1 卷，第 284、285 页。

所谓“义命合一”，即理想的当然与现实的必然相统一。张先生说：“义是人事方面的，命是环境方面的。……人的生活须一方面适应环境，不适应环境则不能生活；一方面又要克服环境，不克服环境则生活不能提高。以此，理想要适应现实，又须克服现实；义须顺应命，又要改变命。”“理想当是根据现实发展之客观趋势决定的”，而理想又是“以变革现实为主”。“如想得到圆满的生活，必须一方面要认识自然的限制；一方面力践所认为应当的……务使命之所归，即是义之所宜。”①

所谓“动的天人合一”，是相对于中国传统的“静的天人合一”而言的。张先生说：“静的天人合一是在内心的修养上达到与天为一的境界；动的天人合一则是以行动实践来改造天然，使天成为适合于人的，而同时人亦适应天然，不失掉天然的乐趣。静的天人合一是个人的……动的天人合一则是社会的，是由物质的改造而达到一种实际的活动的协调。”②显然，只有将“静的天人合一”转化为“动的天人合一”，才符合现代社会在提高生产力、发展科学技术（包括生态科学和环境工程技术）的基础上达到人与自然的和谐。

在20世纪40年代，张先生对其“新哲学之纲领”进行充实论证，写了五部哲学论稿，即后来所称《天人五论》。其中，《哲学思维论》主要阐述哲学方法。当时多数哲学家把辩证法与形式逻辑对立起来，张先生则力主辩证法与形式逻辑“必结为一，方能两益”。在对辩证法的阐述中，张先生把“和谐”列入辩证法的基本概念，指出：“对待（按即对立统一）不唯相冲突，更常有与冲突相对待之现象，是谓和谐。……和谐含括四方面：一相异，即非绝对同一；二不相毁灭，即不相否定；三相成而相济，即相互维持；四相互之间有一种均衡。”③在近现代的辩证法史上，辩证法几乎成为斗争、冲突的代名词，以致常有哲学家认为辩证法“使人们沉溺于冲突并乐于去从事冲突，它使人们对合作的可能

① 张岱年：《张岱年全集》第1卷，第286、287页。
② 张岱年：《张岱年全集》第1卷，第287、288页。
③ 张岱年：《张岱年全集》第3卷，第35页。

性和好处视而不见"[①]。张先生则最先把"和谐"引入唯物辩证法,这是具有深远意义的。

在《天人五论》的《事理论》中,张先生写有"乖违与和谐"一节。所谓"乖违"即对立之相互冲突;所谓"和谐"即对立之聚合而得其平衡。张先生继承发展中国传统哲学的"和实生物"思想,指出:"凡物之毁灭,皆由于冲突;凡物之生成,皆由于相对的和谐。如无冲突则旧物不毁,而物物归于静止。如无和谐则新物不成,而一切止于破碎。……生命之维持,尤在于和谐。如有生机体之内部失其和谐,则必至生之破灭,而归于死亡。人群亦然,如一民族内部斗争过甚,则必亡国、灭族。乖违为旧物破灭之由,和谐为新物生成之因,事物变化,一乖一和。"[②] 这些写于20世纪40年代的论述,我常想如果在中华人民共和国成立后的50—70年代能被国人有所认同,那么我们就不致走一大段把"斗争哲学"绝对化的弯路了。可惜的是,《天人五论》在50年代初就因当时形势所限而收入箱笥之中,当它得以发表时已经是80年代末期了。

在《天人五论》的《品德论》中,张先生把30年代提出的"生理合一"思想进一步表述为:人生之道在于"充生以达理""胜乖以达和",即充实发展人的内在的生命力,克服生活中的冲突,以达到和谐的道德理想境界。

在《天人五论》的《天人简论》中,张先生以十个命题来简括他的哲学思想。其中第五个命题为"大化三极",即认为宇宙的运动演化有"元极"(最根本的物质存在)、"理极"(最根本的原理,即最普遍的规律)和"至极"(最高的价值准则)。关于"至极",张先生说:"最高的价值准则曰兼赅众异而得其平衡,简云兼和,古代谓之曰和,亦曰富有日新而一以贯之。"[③] 所谓"兼和"实亦"和谐"的意思,只是更强调了"兼赅众异"(包容众多的相异成分),在"富有日新"的发展中得其平

① [加拿大]马里奥·本格:《科学的唯物主义》,上海译文出版社1989年版,第63页。
② 张岱年:《张岱年全集》第3卷,第194页。
③ 张岱年:《张岱年全集》第3卷,第220页。

衡。张先生认为中国古代哲人所推崇的“中庸”，“易致停滞不进之弊，失富有日新之德”，故主张“以兼和易中庸”。

张先生在50年代以后专门从事中国哲学史的研究，而对哲学理论问题“存而不论”了。在50年代后期，他又遭到错误的政治打击，由此沉寂了20年。直到1978年以后他才复出，以耄耋之年而焕发学术青春。在张先生晚年的弘富著述中，崇尚“和谐”一直被认为是中国哲学和文化的优良传统，而主张予以继承和发扬光大。例如，80年代初张先生发表《论中国文化的基本精神》，认为指导中国文化不断前进的基本思想主要有四点:（1）刚健有为;（2）和谐与中庸;（3）崇德利用;（4）天人协调。张先生晚年特别重视对中国哲学价值观的研究，义利关系和德力关系是他阐发的两个重点问题。他认为中国传统的“重义轻利”或“存理去欲”是错误的，而见利忘义、纵欲违理更是荒谬的，正确的原则应该是遵义兴利、循理节欲，以达到义利统一。他又认为，儒家重视“德”而轻视“力”，法家则主张“争于气力”，这两种观点皆有所偏。他肯定王充提倡的“德力具足”思想，“一方面要尊崇道德，一方面要培养实力”，力包括生命力、意志力、体力、脑力、知识力、生产力和军力等等，“正确的方向是德力的统一”。[①]张先生的义利统一、德力统一思想与其早年所提“生理合一”或“充生达理”有着内在的一致性。他在90年代初所作《中西文化之会通》一文中认为，“新中国文化即是具有中国特色的社会主义物质文明和精神文明，这一方面要认真吸取近代西方文化的先进成就，主要是科学与民主……另一方面更要弘扬中国文化的优良传统，大力发展中国文化对于人类的独特贡献。这贡献主要有二：一是重视自然与人的统一的‘天人合一’观，二是以‘和’为贵的人际和谐论”[②]。

虽然作为哲学家的张先生对“天人合一”与“人际和谐”的阐述终不免比较抽象，但从哲学价值观的层面对此给予高度肯定，这不仅影响

① 张岱年:《张岱年全集》第6卷，第175页。

② 张岱年:《张岱年全集》第7卷，第332—333页。

了学术界，而且由学术界的讨论也逐渐影响了整个社会。中国特色的社会主义和谐社会的建成，可以说既是张先生所希望的“民族复兴和文化再生”，也是中华民族和中国文化对于人类的独特贡献。

（原载《光明日报》2005 年 4 月 19 日）

“三事”之说与文化的五要素

一

“三事”之说见于《左传》文公七年记载晋国郤缺所云：“正德、利用、厚生，谓之三事。”类似的说法又见于《左传》成公十六年记载楚国申叔时所云：“民生厚而德正，用利而事节。”《左传》襄公二十八年记载齐国晏婴所云：“夫民，生厚而用利，于是乎正德以幅之。”张岱年先生在20世纪80年代初所作《论中国文化的基本精神》一文中，将“崇德利用”列为“指导中国文化不断前进的基本思想”之一（与其并列的还有“刚健有为”“和与中”“天人协调”）。他对“三事”的解释是端正品德、便利器用和丰富生活，并指出：“（春秋时期）晋、楚、齐三国的贵族都谈到正德、利用、厚生，可见这是当时比较流行的思想。‘三事’之说兼重物质生活和精神生活，是比较全面的观点。”①

“三事”之说将“正德”置于首位，兼重物质生产与生活，此与《左传》襄公二十四年所载“太上有立德，其次有立功，其次有立言”的“三不朽”之说亦相符合。这样一种“崇德利用”的价值取向，实正

① 张岱年：《张岱年全集》第5卷，河北人民出版社1996年版，第423页。

是儒家文化的基本精神。《周易·系辞下》云:“精义入神,以致用也;利用安身,以崇德也。过此以往,未之或知也。”这里的“利用安身”与“利用、厚生”相当,此乃为了“崇德”;“过此以往,未之或知也”,可见道德是人生、社会的最高价值取向。

“三事”之说历来受到重视,又因其被采入古文《尚书·大禹谟》,由上古帝王之口说出:“德惟善政,政在养民。火、水、金、木、土、谷,惟修;正德、利用、厚生,惟和。……地平天成,六府、三事允治,万世永赖,时乃功。”“六府”是在五行的基础上增加了“谷”,更加强调了农业生产的重要,这也本是《左传》文公七年郤缺所云。“六府、三事允治,万世永赖”,这种价值观打上了上古帝王的印记,而且成为儒家经书中的内容,其被历代儒家所看重是理所当然的。

张岱年先生从文化研究的角度对“三事”之说的重视,更突出地表现于他在40年代所作的《文化通诠》。此文提出文化之理论可分为三部分,即文化系统论、文化变迁论和文化类型论。关于文化系统论,即研究文化之结构,亦即研究文化的要素及其关系。张先生认为,“文化所有之要素凡五,而共列为三层。”这里的“三层”是指:“第一层曰产业,即生产事业。第二层曰群制,即群体制度。第三层曰学术,即道德学问思想艺术。”显然,此三层说是与一般文化理论认为文化结构分为器物层、制度层和思想观念层相一致的。而五要素则是:“一曰正德,二曰利用,三曰厚生,四曰致知,五曰立制。”其中的利用、厚生属于文化的产业或器物层,立制即建立群体制度,正德、致知则为学术或思想观念。张先生又说:“《左氏春秋》以正德、利用、厚生为三事,实有见于人生要务之大端矣。正德可赅立制,利用可赅致知。故五事可约为三事。兹求其明显而无偏,故列为五事。”①

细思张先生的《文化通诠》,其文化的五要素和“可约为三事”之说,虽然是就人类文化的普遍性而言的,但实亦带有中国文化的特色。张先生论述人类文化的普遍性和各民族文化的特殊性说:

---

① 张岱年:《张岱年全集》第1卷,第341页。

人类文化大体相同，以人性大体相同故，以地上环境大体相同故。而各民族之各自创造其文化，原非相谋，因而各独立创造之文化，莫不为有其特异之点，而不能尽同。每一独立文化之特异之点，常历久而弥显，而为一民族之文化之一贯精神。就此类特异之点而加以区别，则人类文化可别为不同之三类型：一曰中华型，二曰印度希伯来型，三曰希腊型。希腊型者，以战胜天然而餍生之欲为基本倾向。印度希伯来型者，以人神合一而消弭生之欲为基本倾向。中华型者，以天人和谐而节适生之欲为基本倾向。希腊文化，可谓为向外之文化；印度希伯来文化，可谓向内之文化；而中华文化，则可谓为内外合一之文化。[①]

显然，张先生所说的文化三类型，有似于梁漱溟先生在《东西文化及其哲学》中所说的中、西、印文化的三种"路向"[②]。从"印度希伯来型"说，其文化的首要因素是宗教；而从中国文化的特色来说，亦可谓"正德可赅宗教"[③]，《论语》所谓"慎终追远，民德归厚"，《易传》所谓"圣人以神道设教"就体现了这一点。

张先生说："各文化之不同，在于其畸重畸轻之不同，在于其何种倾向为主导。"[④]从"三事"之说和文化的五要素来说，中国文化的特色显然是最重视"正德"，是以崇尚道德为其主导。"正德可赅立制，利用可赅致知"，这更突显了中国文化与希腊文化的区别。也就是说，在中国文化所重视的"三事"中，没有给"立制"和"致知"以（相对）独立的位置，而希腊文化却对这两个文化要素给予了格外的重视。

从儒家的"祖述尧舜，宪章文武"开始，儒家所追求的社会秩序就是"天下有道，则礼乐征伐自天子出"（《论语·季氏》），而天子应

---

① 张岱年：《张岱年全集》第 1 卷，第 343—344 页。

② 参见梁漱溟《东西文化及其哲学》，商务印书馆 1922 年版，第 55—56 页。

③ 余英时先生在《从价值系统看中国文化的现代意义》一文中指出："在外在超越的西方文化中，道德是宗教的引申……在内在超越的中国文化中，宗教反而是道德的引申……"见氏著《中国思想传统的现代诠释》，江苏人民出版社 2003 年版，第 28 页。

④ 张岱年：《张岱年全集》第 1 卷，第 344 页。

该是尧、舜、禹、汤、文王和武王那样的“圣王”。所谓“圣王”就是“内圣外王”“尽伦尽制”，亦即将道德与权力集于一身的人物。孟子说：“惟仁者宜在高位。”（《孟子·离娄上》）荀子说：“非圣人莫之能王。”（《荀子·正论》）唯有高尚的道德才构成权力的合法性，此所以“正德可赅立制”。在儒家看来，“君仁莫不仁，君义莫不义，君正莫不正，一正君而国定矣”（《孟子·离娄上》）。只要掌握最高权力者是一个仁圣的君主，天下就可“定于一”，于是乎“立制”的问题就由君主的道德而解决了。但是，如果君不仁、不义、不正又如何呢？这就要诉诸“惟德是辅”的天来“惟时求民主”（《尚书·多方》），发动“汤武革命”（《周易·革·彖传》），或诉诸阴阳灾异的“谴告”（《春秋繁露·必仁且智》），或诉诸“惟大人为能格君心之非”（《孟子·离娄上》）。

与中国文化不同的是，希腊文化重视“立制”。在柏拉图的《理想国》中，苏格拉底就已区分了五种“政体”。亚里士多德的《政治学》可谓就是对“政体”的研究，他说：“一种政体就是关于一个城邦居民的某种制度或安排。”他把“对政体的研究”作为“一门科学”，它研究“什么是最优良的政体”。于是，他把“正宗政体”分为三类，即君主制、贵族制和共和制；由此又衍生出三种“变体”，即僭主制、寡头政体和平民（民主）政体。[①] 亚里士多德像儒家一样也崇尚“中庸”，但他把“中庸”的原则用于“立制”，认为“合乎中庸的政体是最优秀的政体”，取寡头政体与平民政体之“折中”的共和政体就是最适合于一般城邦的政体。一切政体都应有三个要素，即议事机构、行政机构和司法机构，“合理组合这些要素，就必定能得到一个优良的政体”[②]。希腊文化对于“立制”的重视，显然为西方近现代的民主制度提供了丰富的文化资源。

中国文化对于“致知”不可谓不重视，但是“精义入神，以致用也”，“致知”是为了“致用”，此即“利用可赅致知”。孟子说：“知

---

① 参见［古希腊］亚里士多德《政治学》，中国人民大学出版社 2003 年版，第 71、115 页。

② ［古希腊］亚里士多德：《政治学》，第 139、135、145 页。

者无不知也，当务之为急……尧舜之知而不遍物，急先务也。”（《孟子·尽心上》）此“急先务”的知，就是道德“良知”。孟子又说：“学问之道无他，求其放心而已矣。”（《孟子·告子上》）如此说来，此“学问之道”就只剩下“致良知”了。荀子主张“明于天人之分”，但他又说“唯圣人为不求知天”（《荀子·天论》）。他主张：“无用之辩，不急之察，弃而不治。若夫君臣之义，父子之亲，夫妇之别，则日切瑳而不舍也。”（《荀子·天论》）概言之，儒家的“致知”是为“正德、利用、厚生”服务的，“过此以往，未之或知也”，此所以中国古代没有严格意义的“科学”。

与中国古代的“致知”不同，希腊文化有“为知识而知识”的学术传统，此即亚里士多德在《形而上学》中所说：“这些知识不以实用为目的……这些知识最先出现于人们开始有闲暇的地方”，“古往今来人们开始哲理探索，都应起于对自然万物的惊异……他们探索哲理只是为想脱出愚蠢，显然，他们为求知而从事学术，并无任何实用的目的”。[①] 这种“为知识而知识”的传统，无疑对于西方近现代科学技术的发展起了推动的作用。

徐复观先生在50年代所作《儒家精神的基本性格及其限定与新生》一文中认为，中国文化与希腊文化均属“人文主义”（其区别于“印度希伯来型”），但中国文化是“道德性的人文主义”，而希腊文化则是“以智能为基点的人文主义”。[②] 我认为这一概括是有根据而可以成立的。中、希文化之所以有此不同，我想这除了地理环境的因素之外，主要是因为在那个世界历史的“轴心时期”（Axial Period）[③] 中国的哲人与希腊的哲人处于不同的历史“机缘”中。徐复观先生说：

> 希腊求知的动机为闲暇中对自然界之惊异而追问究竟，这样便成为其哲学中之宇宙论。由宇宙法则之发展而落实下来便成为科

---

① ［古希腊］亚里士多德：《形而上学》，商务印书馆1981年版，第3、5页。

② 徐复观：《中国人文精神之阐扬》，中国广播电视出版社1996年版，第201页。

③ ［德］雅斯贝尔斯：《历史的起源与目标》，华夏出版社1989年版，第8页。

学。中国之学术思想，起源于人生之忧患，此点言之已多，殆成定论。[①]

希腊哲人生活上有“闲暇”，即亚里士多德所说，他们从事“学术研究的开始，都在人生的必需品以及使人快乐安适的种种事物几乎全都获得了以后”[②]。也就是说，他们属于当时希腊社会中生活稳定、快乐安适的贵族阶层。与此不同的是，中国的先秦诸子处于“礼崩乐坏”“诸侯力政”“兵革不休”的动乱时期，他们是介于贵族与庶民之间的“士”。孔子说：“士志于道”（《论语·里仁》），曾子说：“士不可以不弘毅，任重而道远。仁以为己任，不亦重乎！死而后已，不亦远乎！”（《论语·泰伯》）儒家文化即是“士”的文化。[③]孔子说：“天下有道，丘不与易也。”（《论语·微子》）意谓：“天下若已平治，则我无用变易之；正为天下无道，故欲以道易之耳。”（朱熹《论语集注》）“以道易之”就是要重建社会秩序，使社会从“无道”转化为“有道”，从动乱转化为“平治”。因此，孔子周游列国，“席不暇暖”，他没有生活的“闲暇”，也没有对自然万物的“惊异”，有的却是对“德之不修，学之不讲，闻义不能徙，不善不能改”的“忧患”（《论语·述而》）。“闲暇”与“席不暇暖”，对自然万物的“惊异”与对“天下无道”的“忧患”，这种历史“机缘”的不同（当然，这里也包含历史渊源的不同等复杂因素）决定了在世界历史的“轴心时期”形成了不同的中、希文化。

---

① 徐复观：《中国人文精神之阐扬》，第 199 页。

② ［古希腊］亚里士多德：《形而上学》，第 5 页。

③ 曾有学者谓中国文化是服务于王权的“史官文化”，参见顾准《西方文明和中国的史官文化》，载单纯、张国运主编《中国精神·百年回声》，海天出版社 1998 年版。我认为“史官文化”或“巫史文化”可概括夏商周三代“学在王官”的文化，而春秋以降“学术下移”，以儒学为主流的中国文化则是“士”的文化。范文澜先生曾说：“孔子学说就是士阶层思想的结晶。”“称为诸子百家的士，对文化有巨大的贡献。”见氏著《中国通史》，人民出版社 1978 年版，第 1 册，第 160、274 页。

二

希腊文化因对自然万物的“惊异”而追问其“究竟”，从而有西方哲学的本体论和宇宙论，这种精神“落实下来”或分衍出来便成为“科学”。亚里士多德把“政治学”或“对政体的研究”也作为“一门科学”。西方近现代文化中理性（启蒙运动）与政治（政体改革）、科学与民主的内在联系，在古希腊就已使然。而中国的学术思想“起源于人生之忧患”，它没有“为知识而知识”的传统，此即司马迁论先秦六家要旨所说：“夫阴阳、儒、墨、名、法、道德，此务为治者也，直所从言之异路，有省不省耳”（《史记·太史公自序》），意即先秦诸子的言路虽有不同，但“务为治”的宗旨是相同的。这样也就决定了中国哲学的重心不是本体论或宇宙论，更不是逻辑学或知识论，而是以“为治”和“原善”为宗旨，以人性论和价值观为重心，其“天人之学”不是要分别地研究自然与人，而是“究天人之际”，“明于天之道，而察于民之故”，亦即“推天道以明人事”。[①]

金岳霖先生曾经说：

> （中国哲学的）模式就是哲学和政治思想交织成一个有机整体，使哲学和伦理不可分，人与他的位分和生活合而为一。
>
> 儒家讲内圣外王，认为内在的圣智可以外在化成为开明的治国安邦之术，所以每一位哲学家都认为自己是潜在的政治家。[②]

---

① 参见拙文《“知人则哲”：中国哲学的特色》，《哲学动态》2004 年第 5 期。

② 金岳霖：《中国哲学》，《哲学研究》1985 年第 9 期。

儒家学说与政治有着如此密切的联系，但它的道德理想主义、以道德为本的政治观，却使它对“立制”问题多所忽略。孟子说：“以德行仁者王，王不待大，汤以七十里，文王以百里。”“以不忍人之心，行不忍人之政，治天下可运于掌上。”（《孟子·公孙丑上》）这种道德政治观在“天下方务于合纵连横，以攻伐为贤”的战国时期，不免被认为是“迂远而阔于事情”（《史记·孟子列传》）。

战国时期在“立制”方面真正作出贡献的是法家，其首创者是商鞅。“商鞅相孝公，为秦开帝业。”（《论衡·书解》）商鞅变法把儒家所崇尚的“周礼”改变为“秦制”，这主要是把封建制改变为君主集权的郡县制，把井田制改变为土地私有制。虽然秦“二世而亡”，但“汉承秦制”（《后汉书·班彪列传》），中国“二千年来之政，秦政也”（谭嗣同《仁学》一）。虽然这一制度是儒家被动接受的，但当汉武帝“独尊儒术”之时，儒家也以“三纲”之说主动地承认并且巩固了这一制度。也许中国历史的“规律”注定就是如此，无论如何，中国历史上虽然有不少儒家想望着“复三代之制”，但总是行不通。儒家对这个制度所能改良的只是为其加入仁义道德的因素而辅翼、制导、调节之。①

儒家崇尚“大一统”，此与法家的君主集权思想并无二致，但儒家要求执掌“大一统”最高权力者是一个仁圣的君主，这在现实中并没有实现。于是，董仲舒提出“屈君而伸天”（《春秋繁露·玉杯》），欲以阴阳灾异的“谴告”来警戒人君。此手段的局限性在董仲舒本人的身上就已体现出来，在汉武帝的淫威下，董仲舒曾因言灾异而被撤职下狱，此后便“不敢复言灾异”（《汉书·董仲舒传》）。尽管如此，儒家对于君主权力的“节制”似乎除此之外，别无他法。这就是为什么在北宋时期熙宁变法的反对派对王安石的“三不足”之说提出严厉批评的原因，他们说：

此三句非独为赵氏祸，为万世祸。人主之势，天下无能敌者，

① 参见拙著《商鞅评传——为秦开帝业的改革家》，广西教育出版社 1997 年版，第 159 页。

人臣欲回之，必思有大于此者把揽之。今乃教之不畏天变、不法祖宗、不恤人言，则何事不可为也！

阴阳灾异之说，虽儒者不可泥，亦不可全废。王介甫不用，若为政依之，是不畏天者也。”（《宋元学案·荆公新学略》）

程颢、程颐兄弟亦属反对熙宁变法的“旧党”。在熙宁变法之初，程颢对宋神宗先是“独以诚意感动人主”，但是在谏止新法的《再上疏》中则不得不诉诸“天意”，他说：“矧复天时未顺，地震连年，四方人心日益摇动，此皆陛下所当仰测天意，俯察人事者也。”（《程氏文集》卷一）后来，程颐在《代吕公著应诏上神宗皇帝书》中也以“彗（星）之为变多矣，鲜有无其应者，盖上天之意，非徒然也”，希望宋神宗敬畏“天戒”，以“诚意”感动天心，消弭灾害，“奋然改为”（《程氏文集》卷五）。熙宁变法之后，二程明确地把“格君心之非”作为治世之“本”，提出：

治道亦有从本而言，亦有从用而言。从本而言，惟从格君心之非，正心以正朝廷，正朝廷以正百官。（《程氏遗书》卷十五）

君仁莫不仁，君义莫不义，天下之治乱系乎人君仁不仁耳。……夫政事之失、用人之非，知者能更之，直者能谏之。然非心存焉，则一事之失，救而正之，后之失者，将不胜救矣。格其非心，使无不正，非大人其孰能之？（《程氏外书》卷六）

虽然把“格君心之非”看得如此重要，但他们并没有从“立制”方面去考虑如何“格君心之非”的问题。相反，在他们所建构的道学或理学中，君主制不仅得到绝对的肯定，而且被提升为形上的“天理”，如他们所说：“为君尽君道，为臣尽臣道，过此则无理。”“父子、君臣，天下之定理，无所逃于天地之间。”（《程氏遗书》卷五）

朱熹和陆九渊在哲学上有理学和心学的分歧，而在对治世之根本的看法上都继承了二程的思想。朱熹说：

> 熹常谓天下万事有大根本，而每事之中又各有要切处。所谓大根本者，固无出于人主之心术；而所谓要切处者，则必大本既立，然后可推而见也。……此古之欲平天下者，所以汲汲于正心诚意，以立其本也。(《朱文公文集》卷二十五《答张敬夫》)

陆九渊也说：

> 古人所以不屑于间政适人，而必务有以格君心者，盖君心未格，则一邪黜，一邪登，一弊去，一弊兴，如循环然，何有穷已。及君心既格，则规模趋向有若燕越，邪正是非有若苍素，大明既升，群阴毕伏。是琐琐者，亦何足复污人牙颊哉？（《陆九渊集》卷十《与李成之》）

朱熹几次上“封事”和入朝面奏，都是劝君主“正心诚意”，然而，“正心诚意之论，上所厌闻”(《宋元学案・晦翁学案上》)。当朝廷中的道学人士纷纷被排挤出朝时，朱熹给陆九渊写信说：“今日之际，惟避且远，犹或可以行志……三年有半之间，消长之势，又未可以预料，流行坎止，亦非人力所能为也。”(《陆九渊集・年谱》)“人主之心术”虽然为治世的“大根本”，但其正与不正却又是“非人力所能为”，这不能不归咎于“立制”方面的缺陷。

程颐晚年曾任崇政殿说书，“得备讲说于人主之侧”，他将此看作“天幸之至”“圣人之道有可行之望”(《程氏文集》卷六《上太皇太后书》）的大好机会。在给年轻的宋哲宗讲解儒家的经义时，程颐“潜思存诚”“毕精竭虑”，也曾以“天人之间甚可畏，作善则千里之外应之，作恶则千里之外违之”来启沃君主“举措用心”务必“戒慎”。(《程氏遗书》卷二十三）但仅及一年他就被罢免崇政殿说书职。宋哲宗亲政后，在元祐党案中，哲宗“怒颐为甚”，下诏“放归田里人程颐送涪州编管”(《续资治通鉴长编》卷四九三)。

朱熹晚年重演了程颐曾为“帝王师”的一幕。他担任宋宁宗的侍讲，谆谆告诫宁宗对于《大学》之道要“深加省察，实用功夫”(《朱文公文集》卷十五《经筵讲义》)。他也曾上有《论灾异劄子》，以“都城之内忽有黑烟四塞，草气袭人，咫尺之间不辨人物”为由，告诫宁宗因此灾异而“克己自新，蚤夜思省，举心动念、出言行事之际，常若皇天上帝临之在上，宗社神灵守之在旁，懔懔然不复敢使一毫私意萌于其间，以烦谴告”(《朱文公文集》卷十四)。然而，朱熹在朝仅四十六日就被宁宗下一道内批而解职。此后，在庆元党禁中，朱熹被诬为“伪学之魁”。

程朱本人的政治遭遇并没有妨碍他们的学说在宋理宗以后被奉为官学的正统。流行于元明清三代的是朱熹所说:“宇宙之间，一理而已……其张之为三纲，其纪之为五常，盖皆此理之流行，无所适而不在。”(《朱文公文集》卷七十《读大纪》)“三纲”既然为“天理”，君主制就是不可改变的。

一般说来，宋明理学是“内圣强而外王弱”。但是，如余英时先生所说:

> 宋代儒学的整体动向是秩序重建……道学虽然以“内圣”显其特色，但“内圣”的终极目的不是人人都成圣成贤，而仍然是合理的人间秩序的重建。①
>
> 一言以蔽之，“上接孔、孟”和建立形上世界虽然重要，但在整个理学系统中却只能居于第二序(“second order”)的位置，第一序的身份则非秩序重建莫属。②

理学系统虽然仍把“秩序重建”作为“第一序”，但“外王弱”却又是其基本的特征。此中的“吊诡”(paradox)，我想除了因为理学家强调“道必充于己，而后施以及人”(《程氏文集》卷五《上仁宗皇帝书》)

---

① 余英时:《朱熹的历史世界》，生活・读书・新知三联书店 2004 年版，第 118 页。

② 余英时:《朱熹的历史世界》，第 183 页。

之外，更因为在“秩序重建”的问题上理学家遇到了“君心不正”这一“根本”的障碍。如程颐所说，君主之“立志”和择宰相（“责任”）、任贤臣（“求贤”）是治世之本，“三者之中，复以立志为本”，“顾三者不先”，则宽赋役、劝农桑、实仓廪、备灾害、修武备、明教化等治世之用“徒虚言尔”（《程氏文集》卷五《为家君应诏上英宗皇帝书》）。亦如朱熹所说：“今日之事，第一且是劝得人主收拾身心，保惜精神，常以天下事为念，然后可以讲磨治道，渐次更张。”（《朱文公文集》卷二十九《与赵尚书》）在治世之“根本”这个问题得到解决之前，徒论“讲磨治道，渐次更张”是没有意义的。这种以“格君心之非”为治世之“根本”的思想，无疑对于理学家的“外王”追求预定了限度。

在熙宁变法之前的庆历新政时期，范仲淹和胡瑗等确立了“明体达用之学”①。所谓“明体”就是“正德”，亦相当于“内圣”；所谓“达用”就是要将知识“举而措之天下，能润泽斯民”，它体现了“三事”中的“利用、厚生”，亦相当于“外王”。《宋元学案·安定学案》述胡瑗在苏州、湖州主持郡学：

> 其教人之法，科条纤悉具备，立经义、治事二斋。经义则选择其心性疏通，有器局可任大事者，使之讲明六经；治事则一人各治一事，又兼摄一事，如治民以安其生、讲武以御其寇、堰水以利田、算历以明数是也。

这里的“治事”之学颇有“专科”教育的意涵，如此发展下去，或可取得接近“科学技术”的成果。在熙宁变法前夕，程颢在向宋神宗上了《论王霸劄子》之后，又上了《论十事劄子》，就“师傅、六官、经界、乡党、贡士、兵役、民食、四民、山泽、分数”十个方面提出具体的改革措施，前一个劄子可谓“明体”（明治道之“本”），后一个劄子就是

① 参见拙文《范仲淹与宋代儒学的复兴》，《哲学研究》2003 年第 10 期。

要“达用”。而在熙宁变法转入“以理财为方今之急”后，程颢向宋神宗“陈君道以至诚仁爱为本，未尝及功利”（《程氏文集》卷十一《明道先生行状》）。不言“功利”就未免忽略了“达用”或“治事”之学。在二程明确地把“格君心之非”作为治世之“根本”后，“政事之失、用人之非”都在其次，“不足”以言之（陆九渊所谓“是琐琐者，亦何足复污人牙颊哉”），“达用”或“治事”之学就更被忽略了。其流风所及，宋元之际的周密已对“道学”提出批评：

> 其徒有假其名以欺世者，真可谓嘘枯吹生。凡治财赋者，则目为聚敛；开阃捍边者，则目为粗才；读书作文者，则目为玩物丧志；留心政事者，则目为俗吏……（《癸辛杂识》续集卷下“道学”）

至明清之际，黄宗羲也把这几句话接过来，又加上了“一旦有大夫之忧，当报国之日，则蒙然张口如坐云雾，世道以是潦倒泥腐，遂使尚论者以为立功建业别是法门，而非儒者之所与也”（《南雷文定》后集卷三《赠编修弁玉吴君墓志铭》）。这说明道学在“治事”或“利用、厚生”方面的确有其缺欠。此中的主要原因，与其归于道学家更重视“内圣”或“正德”，不如归于他们在“立制”方面所受到的局限。

余英时先生说：“理学家虽然以政治主体的‘共治者’自待，但毕竟仍旧接受了‘君以制命为职’的大原则。”他引《朱子语类》卷一〇四所记：

> 先生多有不可为之叹。汉卿曰：“前年侍坐，闻先生云：‘天下无不可为之事，兵随将转，将逐符行。’今乃谓不可为。”曰：“便是这符不在自家手里。”

余先生指出：“‘这符不在自家手里’是权力世界的典型语言……‘行道’的发动权力在皇帝而不在士大夫，朱熹晚年对此已有深切的体会。”[1]惜乎朱熹只是对“权力世界”的这一事实有了深切的体会，但他并没有从“立制”方面考虑如何改变“权力世界”的问题。[2]

三

儒家文化重视“正德”，这一价值取向至王阳明心学已发展到极致。在程朱理学中，“尊德性”虽然是其主要的价值取向，但“道问学”仍是其“格物致知”的主要环节（尽管“道问学”的目的仍是“尊德性”）。在朱熹看来，“子静（陆九渊）所说专是尊德性事，而熹平日所论却是问学上多了”（《朱文公文集》卷五十四《答项平父》）。下逮明代，王阳明倡“致良知”之说，认为：“良知之外更无知，致知之外更无学。外良知以求知者，邪妄之知矣；外致知以为学者，异端之学矣。”（《王阳明全集》卷六《与马子莘》）这样一种排斥“良知”和“致良知”之外的一切知识、学术的倾向，余英时先生谓之“儒学内部反智识主义的倾向”，“王阳明学说的出现”把这种倾向“推拓尽致”，“其在心性之学上有突出的贡献，把‘尊德性’领域内的各种境界开拓到了尽头”。[3]余先生也指出：“与阳明同时，而持相反之论者，则有罗钦顺（整庵1465—1547）。……整庵与阳明的对立，从本文观点看，实可说是儒家智识主义与反智识主义的对立……”所谓儒家的“智识主义”，“决不意味着他们的中心问题是知识问题”，其发展为清代的考证之学，构成了

---

① 余英时：《朱熹的历史世界》，第455—456页。

② 如康有为在《万木草堂口说》中所说：“五百年来，义理则出自朱子，制度则不然，朱子少言制度。”

③ 余英时：《从宋明儒学的发展论清代思想史》，《中国思想传统的现代诠释》，第138、140页。

继宋、明儒之后“近世儒学复兴中的第三个阶段”。[①] 余先生的卓识，疏通了宋明理学与清代考证之学的关系。而我更重视者，则是明代的王廷相、黄宗羲与五四时期的德、赛二先生的关系。[②]“德先生”即民主，是“立制”方面的问题；“赛先生”即科学，是“致知”方面的问题。我认为，五四新文化运动高扬民主与科学的旗帜，这符合中国文化发展的逻辑，即从重视“三事”进至文化的五要素。

我在《明代的两大儒与五四时期的德赛二先生》一文中指出：“从中国文化在近现代的转型和发展方向来说，“五四”新青年高举民主与科学的旗帜无疑是正确的；但他们将民主与科学同中国原有的文化完全对立起来，却又有其时代环境和思想方法的局限性。”西方文化中并非只有德、赛二先生，中国人何独只选择了民主与科学来挽救民族危亡和救治中国文化呢？从文化的输入、选择、接纳和融汇上说，这只能归结为当时的中国文化或者说当时中国人的思维方式具有了接近和容纳民主与科学的基础，民主与科学并非只是中国人的被动接受，也是中国人的主动选择，它们符合中国文化实现其转型的自身发展的逻辑。明中期以后，中国古代的文化模式虽然在现实生活中还留有较大的存在余地，但从逻辑发展上说，实已经走到了尽头，其自身的转型已在酝酿之中。在明代的儒家学者中，最足以体现中国文化转型和发展方向的是王廷相和黄宗羲的思想。

王廷相的生卒年大约与罗钦顺同时，两人的思想倾向有一致处，而王廷相的“智识主义”已经包含了一些“实证科学”的因素。在他的重要哲学著作《雅述》中有这样一段话：

> 天地之间，一气生生，而常而变，万有不齐，故气一则理一，气万则理万。世儒专言理一而遗理万，偏矣！天有天之理，地有地之理，人有人之理，物有物之理，幽有幽之理，明有明之理，各各

---

① 余英时：《从宋明儒学的发展论清代思想史》，《中国思想传统的现代诠释》，第 142、146—147 页。

② 参见拙文《明代的两大儒与五四时期的德赛二先生》，《传统文化与现代化》1997 年第 5 期。

> 差别。统而言之，皆气之化，大德敦厚，本始一源也；分而言之，气有百昌，小德川流，各正性命也。若曰天乃天，吾心亦天，神乃神，吾心亦神，以之取喻可矣。即以人为天，为神，则小大非伦，灵明各异，征诸实理，恐终不相类矣。(《雅述》上篇)

这段话的后两句包含了对当时正在兴起的阳明心学的批评，而前面所言正是王廷相矫正“世儒专言理一而遗理万”的偏失，突破儒学的泛道德主义的藩篱，为实证科学开辟出道路的哲学基础。他所说的“常”是指“一气”之运动的普遍规律，所谓“变”是指由“一气”所化生的万物除具有普遍规律外还具有各自不同的特殊规律。他说“天有天之理，地有地之理，人有人之理，物有物之理……各各差别”，这里最根本的思想是要把人之性理与物之物理区分开来，从而为实证科学探索事物的客观规律开辟出道路。

王廷相在认识论上否认有“不萌于见闻”的“德性之知”，他认为人除了生而具有“饮食”“视听”等生理本能外，其余皆“因习而知，因悟而知，因过而知，因疑而知，皆人道之知也”(《雅述》上篇)。关于认识方法，他说:“物理不见不闻，虽圣哲亦不能索而知之。……夫圣贤之所以为知者，不过思与见闻之会而已。”(《雅述》上篇)

在王廷相的思想中包含了较为丰富的天文、地理、生物等自然科学方面的知识，这些知识纠正已往的成见，大多是以“观物”“见其实迹”“亲自验其然”，即以实证方法而得出的(参见《雅述》下篇)。最值得注意的是，王廷相的思想已开始突破中国传统的“阴阳—五行”思维模式。例如，中国古人一直把气候的寒暖归于阴阳二气的盛衰消长，王廷相说:“先儒谓‘阴阳二气自能消长，自能寒暑’，此万古糊涂之论，原未尝仰观俯察，以运人心之灵，用体天地之化也。”“仆平生见其日近极而暑，日远极而寒，故著为说曰：四时寒暑，其机由日之进退，气不得而专焉。”(《王氏家藏集》卷三十七《答孟望之论慎言八首》)他所谓“仰观俯察，以运人心之灵”就是“思与见闻之会”的认识方法，他以此打破“万古糊涂之论”，提出了寒暖是由太阳的运转而与地面距离的远近所决定的新观点。再如，中国古人有冬季是阴气用事，故“冬雪六出（瓣）”，春季是阳气上升，故“春雪五出”的说法。王廷相说：“此亦稗说琐语，乌足凭信？仆北方人也，每遇春雪，以袖承观，并皆六出。云五出者，久矣附之妄谈矣。”（《王氏家藏集》卷三十七《春雪亦是六出》）他反对以《周易》卦爻的奇偶来附会自然事物，经过亲自观察而得出了“春雪亦是六出”的结论。王廷相还提出了“金木非造化之本”“水火具而后土生”“地不得以对天”等思想，从逻辑上解构了五行系统，批评了关于五行说的诸种“假合傅会”“怪诞之谈”（《王氏家藏集》卷三十三《五行辩》）。

从王廷相的区分“人理”与“物理”，其思想中包含较多的实证科学因素，到明清之际的方以智区分“宰理”（道德伦理）、“通几”（哲学）和“质测”（科学），批评“儒者守宰理而已”，“有竟扫质测而冒举通几，以显其宥密之神者，其流遗物”（《物理小识·自序》），可以看出中国文化中“致知”因素的增长。五四新文化运动对“科学”的高度肯定，当不是违逆而是顺承了这一思想发展的逻辑。

在“立制”方面，我认为最足以体现中国文化转型的是黄宗羲的《明夷待访录》。此书是对秦汉以来，特别是宋、明两代政治文化的批判性总结，其中尤其包含着黄宗羲对其前辈东林党人失败的历史教训的汲取。在此书的《原君》篇中，黄宗羲重复了一个古老的、儒家一直坚持的民本主义命题：“古者以天下为主，君为客，凡君之所毕世而经营者为天下也。”然而，黄宗羲从秦汉以来的历史中看到的却是这一价值观念的颠倒和君主集权的祸害：“今也以君为主，天下为客，凡天下之无地而得安宁者，为君也。”他批评“后世之君欲以如父如天之空名禁人之窥伺”，又批评“小儒规规焉以君臣之义无所逃于天地之间”（其中包含对二程之说的批评）。在《原臣》篇中，他提出：“缘夫天下之大，非一人之所能治，而分治之以群工。故我之出而仕也，为天下，非为君也；为万民，非为一姓也。……盖天下之治乱，不在一姓之兴亡，而在万民之忧乐。”又强调：君臣关系不同于父子关系，后者是不可改变的“一气之分身”的血缘关系，而“君臣之名，从天下而有之者也，吾无天下之责，则吾在君为路人……以天下为事，则君之师友也”。在黄宗羲的思想中，“君臣之义”已经不是天经地义或作为“天下之定理”的道德原则，君与臣之间没有尊卑之分，而是“分治之以群工”“名异而实同”的平等关系。

在否定了自秦汉以来的“君尊臣卑”“君为臣纲”之后，黄宗羲在《原法》篇提出：“有治法而后有治人。”其所谓“治法”，不是“一家之法”，而是“天下之法”，“贵不在朝廷也，贱不在草莽也”。从其对于“治法”的重视，可以看出黄宗羲已经在考虑与民本价值观相符合的“立制”问题。在《置相》篇，黄宗羲指出：“古者不传子而传贤，其视天子之位，去留犹夫宰相也。其后天子传子，宰相不传子。天子之子不皆贤，尚赖宰相传贤足相补救，则天子亦不失传贤之意。”他主张提高宰相的权力，使宰相“自得以古圣哲王之行摩切其主，其主亦有所畏而不敢不从也”。这里的“畏”，不是君主“畏天”，而是“畏”宰相，其中不难看出以权力制约权力的思想。更值得注意的是，黄宗羲在《学校》篇中提出：“必使治天下之具皆出于学校，而后设学校之意始备。……天子之所是未必是，天子之所非未必非，天子亦遂不敢自为非是，而公其非是于学校。”他要把学校变成教育兼议政的机关，把决定天下之“是非”的权力从君主转移到学校。君主“不敢自为非是”，这又是以权力制约权力的思想。故此，黄宗羲的政治思想可谓从民本进至民主的开端。

戊戌变法时期，思想最为激进的谭嗣同说：“孔教亡而三代下无可读之书矣”，但他也承认：“以冀万一有当于孔教者，则黄梨洲《明夷待访录》其庶几乎！”（《仁学》卷下）他曾与梁启超等人将《明夷待访录》“节钞印数万本，秘密散布，于晚清思想之骤变，极有力焉”。梁启超在1923年所著书中说：《明夷待访录》“的确含有民主主义的精神——虽然很幼稚——对于三千年专制政治思想为极大胆的反抗，在三十年前——我们当学生时代，实为刺激青年最有力之兴奋剂。我自己的政治运动，可以说是受这部书的影响最早而最深。”①

---

① 梁启超：《中国近三百年学术史》，中华书局1936年版，第46—47页。

五四新文化运动时期，与《新青年》进行辩论的杜亚泉（伧父）将“民视民听”“民贵君轻”等等说成“本以民主主义为基础”，这固然是犯了混淆民本与民主的大错；但是，陈独秀在纠正这一错误时说：“所谓民视民听、民贵君轻，所谓民为邦本，皆以君主之社稷——即君主祖遗之家产——为本位”①，此说亦不符合儒家民本思想的本义。陈独秀在说此话时忘记了他在几年前所说：“国家而非民主，则将与民为邦本之说，背道而驰。”②他的“民主”思想本是顺着而非背着“民为邦本”说的，而儒家所云“民惟邦本”就是以人民为社会、国家的价值主体［孟子所谓“民为贵，社稷次之，君为轻”（《孟子·尽心下》），荀子所谓“天之生民，非为君也；天之立君，以为民也”（《荀子·大略》）就是此意］。从民本进至民主，只与“三纲”之说“背道而驰”（张之洞在《劝学篇》中说：“知君臣之纲，则民权之说不可行也”），但正符合民本思想发展的逻辑。这一发展自黄宗羲已开其端，从戊戌变法到五四运动，这一近代历史的进程当也是接续了明清之际的端绪。

余英时先生在《试论中国文化的重建问题》一文中说：“五四”时代人物“把民主与科学放在和中国文化传统直接对立的地位”，是一个“大错误”；“但是就中国文化重建的方向而言，民主与科学确代表现代文明的主要趋势”。余先生特别强调：

> 我们接受民主与科学为文化重建的起点并不意味着走向西化之路。这里用“起点”两字是表示两重意思。第一，离开了民主与科学的现代化中国是不可想象的事；这是文化重建的基本保证。因此我们今后仍然要继续高举民主与科学的鲜明旗帜。第二，我们已与“五四”时代的认识不同，民主与科学绝不能穷尽文化的全幅内容。道德、艺术、宗教等等都需要经过现代化的洗礼，但是并不能直接乞灵于民主与科学。……文化重建虽以民主与科学为当务之急，然

---

① 陈独秀：《再质问〈东方〉杂志记者》，1919 年 2 月 15 日《新青年》6 卷 2 号。

② 陈独秀：《今日之教育方针》，1915 年 10 月 15 日《新青年》1 卷 2 号。

> 而在民主与科学之外仍然大有事在。[①]

我认为，余先生在此提出的“两重意思”都非常重要，而且极具现实意义。第一，近年来在中国（儒）学界似乎萌生了一种儒教原教旨主义的倾向，如有学者宣称：“在现在的世界上，除了极少数伊斯兰教的国家，西方学术的霸权几乎侵占了所有人类的学术领域。”“今日中国儒学的当务之急就是打破西方学术一统天下的霸权状态，回归中国儒学自身的义理结构与解释系统……以儒学解释儒学，以儒学解释中国，以儒学解释西方，以儒学解释世界。”[②]与此相矛盾而又与此相应的是，此学者一方面承认“科学可以说是天下公器，世间共法，没有历史文化的形式，亦没有中西人我的区别”（按：此说只是对“科学”的简单化理解，严格意义的“科学”并非传统儒学的“共法”）；另一方面认为“民主是一种西方的政治制度”，“‘儒学开出民主说’实际上就是一种变相的‘西化论’，是以西方的制度为标准来衡量、要求儒学”。“现代儒学之所以会持‘儒学开出民主’的看法，是因为现代儒学仍然未能走出‘五四迷思’，仍在‘五四’‘德’‘赛’两先生的教条中迷失徘徊，即未能在政治与制度的层面直接回到本民族的文化传统中来寻找创造新政治与新制度的资源。”他主张“超越科学与民主的现代迷障”，“回到自己的文化传统中来确立新政治与新制度的大根大本”。而他所说的“大根大本”，就是“儒家的传统政治思想与儒家在历史上曾建立过的政治制度”，由此创立的“具有中国文化特征的政治制度”，“具体说来，就是体现礼乐精神、王道理想、大一统智慧、三世学说以及天子一爵等儒家思想的政治制度”。[③]此学者并没有弄清楚，“民主”与“科学”一样，都是既具有西方历史文化的形式，又体现了人类现代文明的普遍价值。他所说的“超越科学与民主的现代迷障”，实际上否认了中国文化实现其近现代转型或重建的“基本保证”。他不清楚儒家的传统政治思想在“立制”方

---

① 余英时:《中国思想传统的现代诠释》，第 40—41 页。

② 蒋庆:《以中国解释中国——回归中国儒学自身的解释系统》，见“孔子 2000”网。

③ 蒋庆:《政治儒学》，生活 · 读书 · 新知三联书店 2003 年版，第 46、126—127 页。

面是有缺陷的，就“儒家在历史上曾建立过的政治制度”而言，中国传统的政治制度只有君主的禅让制与世袭制以及封建制与郡县制，若以此为“大根大本”，吾不知它所能开出的“王道政治”距离现代民主制度何其之远也！质言之，离开了民主与科学，中国的现代化“是不可想象的事”，故而“我们今后仍然要继续高举民主与科学的鲜明旗帜”。

第二，“民主与科学绝不能穷尽文化的全幅内容”，“在民主与科学之外仍然大有事在”。我认为，在民主与科学之外的大事，莫过于继承和发扬中国传统的“三事”，即正德、利用、厚生。民主是“立制”之事，科学是“致知”之事，除此之外，中国传统的“三事”也非常重要。从重视“三事”进至文化的五要素，这绝不是走西化之路，而是符合中国文化实现其近现代转型的逻辑。若没有民主与科学，就没有中国文化的现代化；但若没有“三事”，则其现代化只是西化而已。张岱年先生在《文化通诠》中论及西方工业社会的缺陷，并论及文化五要素“得其均衡”的重要。他说：

> 当今之世，工业甚盛矣，而纷争愈烈。何耶？其故有二：一惟务利用厚生而不务正德也。不尊德性，专以穷欲为事。欲不可穷，于是争夺无已。二工业之所产，犹有不足也。今日西洋工业之所制，固已惊心眩目矣，然如分之于全世界之人人，则犹有不足。未足均之于全民，则仅为少数人之所独享，于是争夺遂日烈。且不隆义理，惟图从欲。于是产业不以供给全民之生养为务，而以奇技淫巧相竞。玩物丧志，此之谓矣。是故利用、厚生、立制、致知、正德五者，得其均衡则治而盛，失其均衡则衰而乱，此文化之大常也。[①]

中国传统文化在“立制”和“致知”方面有缺陷，这是中华民族在近代“落后”以致“挨打”的原因。当我们以民主和科学来挽救民族危亡和

---

① 张岱年:《张岱年全集》第1卷，第342页。

救治中国文化时，不是要走西方工业社会“不尊德性，专以穷欲为事”，“产业不以供给全民之生养为务”的老路，而是要使文化的五要素“得其均衡”，建设具有中国特色的新工业社会或“超”工业社会的文化。（张先生说：“工业文化亦非文化之极规。由工业文化而再进，则可有超工业文化。超工业文化者，能保工业文化之长而免其短者也”[①]）我认为，中华民族和中国文化的复兴在于此矣！

张先生还论及“文化有其内在之乖违”，其中提到“文化之利器可利用于违反文化之目的……而近世科学之助长残酷之战争，亦其一例矣”[②]。这使我想起一篇题为《诺贝尔奖获得者说要汲取孔子的智慧》的报道。[③]所谓“人类要生存下去，就必须回到25个世纪以前，去汲取孔子的智慧”，此话直接出自瑞典的汉内斯·阿尔文博士（Dr. Hannes Alfven，1970年诺贝尔物理学奖获得者）。这篇报道还介绍：“阿尔文博士一直致力于空间研究，他的工作无意中成为‘星球大战’的序曲。他觉得，各国的国防部应当改名为‘大批杀伤平民部’。”物理学的空间研究被用于“星球大战”，高科技成果被用于“大批杀伤平民”，这就是现代文化的“内在之乖违”。为了克服这种乖违，挽救人类的生存，阿尔文博士说，要汲取“孔子的智慧”。我认为，所谓“孔子的智慧”就是“道德性的人文主义的智慧”，也是德国当代诠释学大家伽达默尔所要恢复的“实践智慧”[④]。

“科学”的目的本来在于求真，“真、善、美”应该是人类所追求的“最高价值”或“内在价值”。[⑤]在近现代，“科学”与“技术”紧密地联系在一起，而且“技术”愈来愈成为“科学技术”的主导。如伽达默尔所说，在20世纪，科学技术的发展和经济的可行性已经变成愈来愈强大的社会力量。“20世纪是第一个以技术起决定作用的方式重新确立的

① 张岱年：《张岱年全集》第1卷，第343页。
② 张岱年：《张岱年全集》第1卷，第342—343页。
③ 见1988年1月24日澳大利亚《堪培拉时报》。
④ 参见拙文《孔子智慧与实践智慧》，《寻根》2003年第6期。
⑤ 张岱年：《张岱年全集》第7卷，第33、260页。

时代，并且开始使技术知识从掌握自然力量扩转为掌握社会生活。”“所有这一切都是我们文明成熟的标志，或者也可以说，是我们文明危机的标志。”因此，他主张要建立一种“以重新恢复实践智慧或实践理性为核心的人文科学模式”①。

在古希腊文化中，既有“为知识而知识”的传统，也有“政治学让其余的科学为自己服务”的“实践智慧”。在亚里士多德的学科分类中，除了纯粹科学（形而上学和物理学等等）和应用科学（即技术）之外，还有“实践”科学即当时的伦理学和政治学。他说：

> 德性分为两类：一类是理智的，一类是伦理的。
>
> 政治学让其余的科学为自己服务。……它自身的目的含蕴着其他科学的目的。所以，人自身的善也就是政治科学的目的。
>
> 这门科学的目的不是知识而是实践。②
>
> 一切科学和技术都以善为目的，所有之中最主要的科学尤其如此，政治学即是最主要的科学，政治上的善即是公正，也就是全体公民的共同利益。③

在亚里士多德看来，不仅伦理学和政治学的目的是善，而且一切科学和技术都应以善为目的。这样一种“实践智慧”的思想，与中国传统“三事”的价值取向是相通的。这种“实践智慧”在西方中世纪的神学文化和近现代的科技文化中没有得到传承，故而伽达默尔主张恢复它的权威，建立一种以它为核心的人文科学模式。由此说来，中国传统的“三事”之说在现代确实仍有重要的意义。强调这一点，绝不是要否认“科学”或“致知”在文化系统中的相对独立位置，而是说文化的五要素应形成均衡、互补的关系，必须抑止“科学技术”独成其大、

---

① 洪汉鼎：《诠释学——它的历史和当代发展》，人民出版社2001年版，第326—331页。

② ［古希腊］亚里士多德：《尼各马科伦理学》，中国人民大学出版社2003年版，第25、2、3—4页。

③ ［古希腊］亚里士多德：《政治学》，第95页。

抑止“科学技术”的异化，即其被用于残酷的战争、被用于反人类。质言之，文化的五要素“得其均衡则治而盛，失其均衡则衰而乱，此文化之大常也”。

（原载《炎黄文化研究》第四辑，大象出版社 2006 年版）

张岱年先生的两个重要理论贡献

——纪念张岱年先生逝世三周年

实践是检验真理的唯一标准，时间是对一个哲学家思想的真正考验。在纪念张岱年先生逝世三周年之际，当我们缅怀张先生在哲学理论、中国哲学史和文化研究三个方面作出的学术贡献时，有许多内容可以述说。本文谨略述张先生在哲学理论上的两个重要贡献，在我看来，这是经受了实践检验和时间考验的两个重要贡献。

一　道德之“变”与“常”

1933 年 4 月 27 日，张岱年先生在《大公报·世界思潮》发表《关于新唯物论》。他在此文中提出：“新唯物论或辩证的唯物论，实为现代最可注意之哲学。”“唯以新唯物论与现代他派哲学对较，然后乃可见新唯物论之为现代最可信取之哲学。”在对新唯物论作出如此肯定的同时，他也指出:“现在形式之新唯物论，实只雏形，完成实待于将来。”[①] 张先生当时还肯定了张申府关于列宁、罗素和孔子“三流合一”的思想，他说:“将来之哲学，必以罗素之解析方法与列宁之唯物辩证法为方法之主，必为此二方法合用之果。而中国将来如有新哲学，必与以往儒家哲学有多少相承之关系，必以中国固有的精粹之思想为基本。”[②] 这段话是后来张先生提出“将唯物、理想、解析，综合于一”[③] 的思想雏形。

在《关于新唯物论》一文发表后，现代新儒家的代表人物熊十力先生曾对张先生说:“你的文章说新唯物论讲‘变中有常’，我看过许多新唯物论的书，没有看到这样的话。”张先生“当即表示，这只是用自己的语言加以解释而已”。[④] 这可以说是新儒家与新唯物论哲学家的一次很有意义的“对话”。熊先生为什么对“变中有常”的思想给予重视？我想，此中的“常”不能当作一般意义的常规或规律来理解，而必须联系到道德、思想、文化在历史变革中的“常”，即发展的连续性。

1933 年 8 月 3 日，张先生在《大公报·世界思潮》发表《道德之“变”与“常”》。他说:“道德依时代而不同，随社会之物质基础之变化而变化；然在各时代之道德中，亦有一贯者在，由此而各时代之道德皆得名为道德。”“旧道德中有虽旧而仍新者存：于此当明道德之‘变’与‘常’的辩证法。”“各时代道德中之一贯者……可谓道德中之‘常’。”[⑤] 显然，张先生当时接受了唯物史观的思想，并将其运用到对道德发展之基本规律的研究中。道德之“变”是指道德发展的历史阶段性、变革性，道德之“常”则是指道德发展的继承性、连续性。张先生说:“新道德乃旧道德之变革，亦旧道德之发展……新道德与旧道德之间是有连续性的，新道德非完全否定旧道德。”“新旧道德之对待关系，亦对立而统一的，变革之而同时亦有所保持，且系发展之。”[⑥] 这就

---

① 张岱年:《张岱年全集》第 1 卷，河北人民出版社 1996 年版，第 129、132 页。
② 张岱年:《张岱年全集》第 1 卷，第 133 页。
③ 张岱年:《张岱年全集》第 1 卷，第 262 页。
④ 张岱年:《张岱年全集》第 1 卷，第 135 页。
⑤ 张岱年:《张岱年全集》第 1 卷，第 160、161 页。
⑥ 张岱年:《张岱年全集》第 1 卷，第 161、162 页。

是张先生讲的“道德之‘变’与‘常’的辩证法”。在这里，讲道德之“变”是唯物史观的基本原理，但如果只讲“变”而不讲“常”，则违背了辩证法。

张先生在此文中还对道德的继承性予以举例说明，以反驳要把旧道德“全部摈弃”的观点。他说：“即如吾国旧道德中如仁如信，皆何尝可废，‘忠’字之原始意义，只是对人负责之谓，不惟臣对君负责为忠，而君对人民负责亦曰忠。《左传》桓公六年：‘所谓道，忠于民而信于神。上思利民，忠也。’此‘忠’字古义。在《论语》中，‘忠’字亦系古义，忠信、忠恕之忠，皆系对人尽心之义。……旧道德中之‘耻’字亦不可废，人而无耻，将何以为人？”[①]这些在 80 多年前作出的论述，在当今的道德文明（如“荣辱观”）建设中，已经被证明是正确的。

值得反思的是，在五四新文化运动后期，李大钊、陈独秀等最先接受的马克思主义哲学就是唯物史观，此学说在当时成为批判“孔子主义”的利器，但对唯物史观的理解却带有“机械”的成分。如李大钊在 1918 年发表《东西文明根本之异点》时主张“东西文明真正之调和”[②]，但在 1920 年发表《由经济上解释中国近代思想变动的原因》时便把唯物史观用于对“孔子主义”的批判。他说：“凡一时代，经济上若发生了变动，思想上也必发生变动。”“中国的大家族制度，就是中国的农业经济组织，就是中国二千年来社会的基础构造。一切政治、法度、伦理、道德、学术、思想、风俗、习惯，都建筑在大家族制度上作他的表层构造。看那二千余年来支配中国人精神的孔门伦理，所谓纲常，所谓名教，所谓道德，所谓礼义，哪一样不是损卑下以奉尊长？……孔子的学说所以能支配中国人心有二千余年的原故……因他是适应中国二千余年来未曾变动的农业经济组织反映出来的产物，因他是中国大家族制度上的表层构造，因为经济上有他的基础。……时代变了！西洋动的文明打进来了！西洋的工业经济来压迫东洋的农业经济了！孔门伦理的基础

---

① 张岱年：《张岱年全集》第 1 卷，第 160 页。

② 李大钊：《李大钊文集》第 2 卷，人民出版社 1999 年版，第 205 页。

就根本动摇了！”“大家族制度既入了崩颓粉碎的运命，孔子主义也不能不跟着崩颓粉碎了。”[①]这些论述在当时虽然有思想进步的意义，但在理论上也存在着只讲道德之“变”而不讲道德之“常”的片面性。事实上，人们长期以来都把“经济基础”和“上层建筑”看得真如一座座分隔开来的“楼房”那样，农业社会的“上层建筑”就全然不再适用于工业社会的“经济基础”。这样一种对唯物史观的“机械”理解，至今也没有完全绝迹。难能可贵的是，张先生在30年代初接受唯物史观，同时也讲明了“道德之‘变’与‘常’的辩证法”。

恩格斯晚年（1890年）曾经说：“每一个时代的哲学作为分工的一个特定的领域，都具有由它的先驱者传给它而它便由以出发的特定的思想资料作为前提。……经济在这里并不重新创造出任何东西，但是它决定着现有思想资料的改变和进一步发展的方式，而且这一作用多半也是间接发生的……”针对一些人对唯物史观的“形而上学”理解，恩格斯说：“所有这些先生们所缺少的东西就是辩证法。”[②]恩格斯对哲学发展所讲的话，当然也适用于道德等领域。每一个时代的道德也都有前一个时代的道德作为其思想资料的前提，经济在这里并不创造出任何一种“全新”的道德，但是它决定着现有思想资料的改变和进一步发展的方式。在历史的变革中，道德的发展既是阶段性的，又是连续性的。有了这样的“道德之‘变’与‘常’的辩证法”，张先生所说“中国将来如有新哲学，必与以往儒家哲学有多少相承之关系”，新唯物论与儒家的道德理想主义的综合，就是理所当然的。

西方当代伦理学家麦金太尔曾经批评马克思的学说中有两个“遗漏”：第一是“道德在工人阶级的运动中的作用问题”；第二是“社会主义和共产主义社会的道德问题”。[③]这里说是两个“遗漏”，可能言重了；如果说是两个薄弱之处，可能比较符合事实。中国特色的马克思主

---

① 李大钊：《李大钊文集》第3卷，第140、141—142、144页。

② 《马克思恩格斯选集》第4卷，人民出版社1972年版，第485—486页

③ ［美］阿拉斯代尔·麦金太尔：《伦理学简史》，龚群译，商务印书馆2003年版，第281—282页。

义，如在延安时期毛泽东作的《为人民服务》《纪念白求恩》，刘少奇作的《论共产党员的修养》等等，对此有所补充。而自觉地在理论上阐明“道德之‘变’与‘常’的辩证法”，提出中国的新道德要批判继承中国传统道德的，张岱年先生最早作出了理论贡献。

张先生在其晚年所作《中国伦理思想研究》一书中也讲了“道德的继承性”。他说：“历史上不同的阶级有其不同的道德，这是道德的阶级性；而古往今来，任何阶级的分子都必须遵守一定的道德，这可谓道德的普遍性。人类道德是随时代的变化而变化的，这是道德的变革性；而后一时代的道德是从前一时代演变而来的，前后之间也有一定的继承关系，这可谓道德的继承性。”“马克思、恩格斯提出道德阶级性的理论，是伦理学史上的重大变革。但是，道德的阶级性并不排除道德的继承性。……中国古代思想家的道德学说对于中华民族的精神发展确实有过非常巨大的影响，是应该予以分析的，从而进行批判继承的。”[①] 这显然是张先生对其早年思想的一个推阐。

中国传统道德是中国传统文化中的最核心的内容。在如何对待中国传统道德的问题上，有些人持道德绝对主义的观点，即仍然把儒家的纲常名教视为“天不变，道亦不变”的真理；还有些人持“机械”理解的“唯物史观”，即认为在工业社会或社会主义社会就要把农业社会的传统道德“全部摈弃”。这两种观点都是片面的。实践证明，只有坚持“道德之‘变’与‘常’的辩证法”，才是对待中国传统道德的正确方式。比如对于“纲常”，张先生认为对于“三纲”必须加以严肃的批判，而对于“五常”则须进行分析，它除了历史上的阶级意义之外，“也还有更根本的普遍意义”，对此普遍意义是要继承的。[②] 最近牟钟鉴先生提出“三纲不能留，五常不能丢”，我认为这是正确的观点。[③]

---

① 张岱年：《中国伦理思想研究》，上海人民出版社 1989 年版，第 64、68—69 页。

② 参见张岱年《中国伦理思想研究》，上海人民出版社 1989 年版，第 66、170—171 页。

③ 参见拙文《重视人伦，解构三纲》，《学术月刊》2006 年第 9 期。

二 “和谐”作为最高的价值准则

1936年7月20日，张岱年先生在《文哲月刊》发表《生活理想之四原则》。此文是把“唯物对理法”（按即唯物辩证法）应用于人生哲学的研究，指出：“中国现在需要新的人生理想。新的理想能给人以新的力量。……我们不谈理想则已，谈理想便当著重于创造（当然，虽言创造，也必于过去有所承……）。我们需要由实际生活深处发出新的人生理想。”此所说“生活理想”的四个原则是：“一，理生合一；二，与群为一；三，义命合一，或现实理想之统一；四，动的天人合一，或天人协调。”张先生说：“欲清楚地了解‘合一’之意谓，必须懂唯物对理法。”[①]在张先生对唯物辩证法的理解中，“合一”有对立统一的意思，但对立统一不仅是矛盾之冲突，而且是由克服冲突而达到理想的和谐。

所谓“理生合一”，即生命、生活与当然的准则或道德的规律的合一。张先生说：“理只是生之理，离开了生，就无所谓理；生也必须受理的裁制，好的生活就是合理的生活。”“只讲生，不讲理，结果必至于毁坏了生。因为生是包含矛盾的，生与生相冲突……要克服生之矛盾，便必须以理来裁制生。如不克服生之矛盾，任生与生相冲突下去，结果必至于达到生之破灭。”“生含有矛盾，克服生之矛盾，乃得到‘生之谐和’。所谓理，即是生之谐和。”按照“理生合一”的观点，“我们一方面要培养生命力，发展生命力，充实生活，扩大生活；一方面要实践理义，以理裁制生活，使生活遵循理”。在张先生看来，生活的最高境界就是“与理为一”，“与理为一的生活，也便是达到了生之谐和的

---

① 张岱年：《张岱年全集》第1卷，第280、289页。

生活”。[①]

所谓“与群为一”，即个人与人群、社会、国家结为一体。张先生说：“个人生活不能单独的获得圆满，只有在好的社会中，才能有好的个人生活。可以说，理想生活的问题，只是理想社会的问题；改善生活的问题，即是变革社会的问题。”社会中的人群有层级之不同，“个人应与群为一，小群更应与大群为一”。在当时国难危急的关头，张先生特别指出：“弱国之目的只在平等的共存，其利益是合于全人类的；帝国主义之目的在剥削他民族以自肥，其利益是反于全人类的，所以我们应谋弱小民族的利益。在此意义上，我们应当救中国，不只是为了中国是我们的祖国；而且，为全人类，为理，为义，应当救中国……我们应该与中国为一。”[②]

所谓“义命合一”，即理想的当然与现实的必然相统一。张先生说：“义是人事方面的，命是环境方面的。……人的生活须一方面适应环境，不适应环境则不能生活；一方面又要克服环境，不克服环境则生活不能提高。以此，理想要适应现实，又须克服现实；义须顺应命，又要改变命。”“理想当是根据现实发展之客观趋势决定的”，而理想又是“以变革现实为主”。“如想得到圆满的生活，必须一方面要认识自然的限制，一方面力践所认为应当的……务使命之所归，即是义之所宜。”[③]

所谓“动的天人合一”，是相对于中国传统的“静的天人合一”而言的。张先生说：“静的天人合一是在内心的修养上达到与天为一的境界；动的天人合一则是以行动实践来改造天然，使天成为适合于人的，而同时人亦适应天然，不失掉天然的乐趣。静的天人合一是个人的……动的天人合一则是社会的，是由物质的改造而达到一种实际的活动的协调。”[④]显然，只有将“静的天人合一”转化为“动的天人合一”，才符合现代社会在提高生产力、发展科学技术（包括生态科学和环境工程技

① 张岱年：《张岱年全集》第1卷，第280—283页。

② 张岱年：《张岱年全集》第1卷，第284—285页。

③ 张岱年：《张岱年全集》第1卷，第286—287页。

④ 张岱年：《张岱年全集》第1卷，第287—289页。

术）的基础上达到人与自然的和谐。

在40年代，张先生于艰难困苦之中写成五部哲学论稿，即后来所称的《天人五论》。其中，《哲学思维论》主要阐述哲学方法。在对辩证法的阐述中，张先生把“和谐”列入辩证法的基本概念，指出：“对待（按即对立统一）不唯相冲突，更常有与冲突相对待之现象，是谓和谐。……和谐含括四方面：一相异，即非绝对同一；二不相毁灭，即不相否定；三相成而相济，即相互维持；四相互之间有一种均衡。”[①] 在近现代哲学史上，辩证法几乎成为斗争、冲突的代名词，以致常有哲学家认为辩证法“使人们沉溺于冲突并乐于去从事冲突，它使人们对合作的可能性和好处视而不见”[②]。张先生则最先把“和谐”引入唯物辩证法，这是具有深远意义的。

在《天人五论》的《知实论》中，张先生提出：“物体中含物体，可有多层，皆为兼体。”“凡兼体皆是一机构。……兼体由分素而合成。分素与分素之间必有关系；而兼体之所以成体，实有待于此诸分素之间之关系。”[③] 这里的“兼体”概念，可视为“和谐”或“兼和”价值观的一个本体论依据。

在《天人五论》的《事理论》中，张先生写有“乖违与和谐”一节。所谓“乖违”即对立之相互冲突，所谓“和谐”即对立之聚合而得其平衡。张先生继承发展中国传统哲学的“和实生物”思想，指出：“凡物之毁灭，皆由于冲突；凡物之生成，皆由于相对的和谐。如无冲突则旧物不毁，而物物归于静止。如无和谐则新物不成，而一切止于破碎。……生命之维持，尤在于和谐。如有生机体之内部失其和谐，则必至生之破灭，而归于死亡。人群亦然，如一民族内部斗争过甚，则必亡国、灭族。乖违为旧物破灭之由，和谐为新物生成之因，事物变化，一

---

① 张岱年：《张岱年全集》第3卷，第35页。

② ［加拿大］马里奥·本格：《科学的唯物主义》，上海译文出版社1989年版，第63页。

③ 张岱年：《张岱年全集》第3卷，第130、131页。

乖一和。”[①]这些写于40年代的论述，真是卓见先发，如同是对50—70年代把“斗争哲学”绝对化的一个拨乱反正。

在《天人五论》的《品德论》中，张先生把30年代提出的“理生合一”思想进一步表述为：人生之道在于“充生以达理”“胜乖以达和”[②]，即充实发展人的内在生命力，克服生活中的冲突，以达到和谐的道德理想境界。

在《天人五论》的《天人简论》中，张先生以十个命题来简括他的哲学思想。其中第五个命题为“大化三极”，即认为宇宙的运动演化有“元极”（最根本的物质存在）、“理极”（最根本的原理，即最普遍的规律）和“至极”（最高的价值准则）。关于“至极”，张先生说：“最高的价值准则曰兼赅众异而得其平衡，简云兼和，古代谓之曰和，亦曰富有日新而一以贯之。”所谓“兼和”实亦“和谐”的意思，只是更强调了“兼赅众异”（包容众多的相异成分），在“富有日新”的发展中得其平衡。张先生认为，中国古代哲人所推崇的“中庸”“易致停滞不进之弊，失富有日新之德”，故主张“以兼和易中庸”。[③]这一思想是把“兼和”或“和谐”的发展作为最高的价值准则。

张先生晚年写有《论中国文化的基本精神》，认为指导中国文化不断前进的基本精神主要有四点：（1）刚健有为；（2）和谐与中庸；（3）崇德利用；（4）天人协调。[④]他又特别重视对中国哲学价值观的研究，尤其强调“义利统一”和“德力具足”，主张遵义兴利和循理节欲，

---

① 张岱年：《张岱年全集》第3卷，第194页。最近读到钱逊先生的《和谐社会与辩证法》一文，其中引有恩格斯在1875年的一封信，其中有云：“自然界中物体——不论是死的物体或活的物体——的相互作用既包含和谐，也包含冲突，既包含斗争，也包含合作。因此，如果有一个所谓的自然科学家想把历史发展的全部多种多样的内容都总括在片面而贫乏的‘生存斗争’公式中，那末这种做法本身就已经判决自己有罪，这种公式即使用于自然领域也还是值得商榷的。”（《马克思恩格斯全集》第34卷，人民出版社1972年版，第161—162页）张岱年先生关于“事物变化，一乖一和”的思想与恩格斯的这段论述相一致，但更加强调了“矛盾为变化之源，和谐为存在之基”。

② 张岱年：《张岱年全集》第3卷，第208、209页。

③ 张岱年：《张岱年全集》第3卷，第220页。

④ 参见张岱年《张岱年全集》第5卷，河北人民出版社1996年版，第419页。

一方面要尊崇道德，一方面要培养实力。这与其早年所提“理生合一”或“充生以达理”有着内在的一致性。他在 90 年代初所作《中西文化之会通》一文中认为，“新中国文化即是具有中国特色的社会主义物质文明和精神文明，这一方面要认真吸取近代西方文化的先进成就，主要是科学与民主……另一方面更要弘扬中国文化的优良传统，大力发展中国文化对于人类的独特贡献。这贡献主要有二：一是重视自然与人的统一的‘天人合一’观；二是以‘和’为贵的人际和谐论”[①]。

综观张先生的“真与善的探索”历程，对“和谐”的重视可谓“一以贯之”。当构建社会主义和谐社会已经确立为我们的发展目标时，实践和时间已经证明了张岱年先生在这方面作出了卓越的理论贡献。

（原载《哲学动态》2007 年第 6 期）

① 张岱年:《张岱年全集》第 7 卷，第 332—333 页。

重读张岱年先生的《世界文化与中国文化》

——纪念张岱年先生逝世十周年

1935年1月10日，上海的十位教授发表了《中国本位文化建设宣言》（以下简称《宣言》）。张岱年先生参与当时的文化讨论，于同年的3月和5月发表了《关于中国本位的文化建设》和《西化与创造》两篇论文，提出了“创造的综合”或“文化的创造主义”[①]等观点，并精辟地指出：“惟用‘对理法’（按即辩证法），然后才能见到文化之实相，才不失之皮毛，才不失之笼统。惟用‘对理法’，才能既有见于文化之整，亦有见于文化之分；既有见于文化之变，亦有见于文化之常；既有见于文化之异，亦有见于文化之同。”[②]这段话中的“才不失之皮毛，才不失之笼统”，一方面是针对一般人的文化见解，另一方面实也指出了十教授《宣言》的不足。如张先生指出的：“宣言中所说，大体上是国人所当接受的。不过，也许因为是一个简单的宣言，所说似还不免笼统，再加以更进的分析，却似乎是必要的。”[③]张先生所作的“更进的分析”，就是运用辩证法而深入“文化之实相”，提出了文化的“整”与“分”、“变”与“常”、“异”与“同”的辩证文化观。这一精辟的

---

① 张岱年：《张岱年全集》第1卷，河北人民出版社1996年版，第229、235页。

② 张岱年：《张岱年全集》第1卷，第248—249页。

③ 张岱年：《张岱年全集》第1卷，第229页。

论述，至今无人能过之。在我看来，如果我们要对文化有一大致正确的见解，或者说对文化发展有一大致正确的方向，就必须对这一辩证文化观有一较深刻而全面的理解。张先生在当时之所以能作出这一精辟的论述，不是受到十教授《宣言》的启发和影响，而是根源于他在1933年发表的《世界文化与中国文化》。重读此文，有利于我们评价张岱年先生在文化理论上的创见性，也有利于我们对张先生的辩证文化观有一较深刻而全面的理解。

一

张岱年先生的《世界文化与中国文化》发表在1933年6月15日天津《大公报·世界思潮》第四十二期，写此文的直接契机是什么，我不得而知。可以作为背景的是，张先生在同年的4月和5月分别发表了《关于新唯物论》和《相反与矛盾》两篇论文。[①] 由此可见，张先生当时是十分关注新唯物论（按即辩证唯物论）及其辩证法的理论问题的。而《关于新唯物论》中的观点，实也正是张先生在文化理论上所运用的唯物辩证法。

在《关于新唯物论》一文中，张先生论述新唯物论的“宇宙论之精义”，指出：“新唯物论以宇宙为一整个的大历程，为一发展的大流。此大流之内一切事物皆有联系，故宇宙为一整个。一切事物皆是变动的，一切事物皆有生而灭之历程。而宇宙有规律，一切皆在变动，而变中有常。最根本之规律即辩证之律。何谓辩证？谓一切事物皆内孕矛盾，谓

① 《关于新唯物论》发表在1933年4月27日《大公报·世界思潮》第五十三期，《相反与矛盾》发表在1933年5月11日《大公报·世界思潮》第三十七期，见《张岱年全集》第1卷，第135、140页。按，以上“第五十三期”当为“第三十三期”之误。

一切变化皆矛盾或对立物之融结与分解。一本多级之论，则谓宇宙事物之演化，有若干级之不同，各级有各级之特殊规律。”① 张先生又说：“新唯物论之特长，尤在其方法，即唯物的辩证法。辩证法实为解决问题之要诀。……辩证法则能见相反者之相成，矛盾之统一。……唯应用辩证法，然后能连一切‘见’，却一切‘蔽’；乃不至于以偏赅全，乃不至于顾此失彼。”②

张先生在文化理论上所说的“惟用‘对理法’”，即张先生在《关于新唯物论》一文中所说的“唯应用辩证法”，此辩证法即“唯物的辩证法”。按照张先生的“一本多级”之论，文化发展属于宇宙演化中的一级，它有自身的特殊规律，而又不违背宇宙之根本规律或普遍规律。张先生所说的“宇宙有规律，一切皆在变动，而变中有常”，这一宇宙论中的精义即被张先生直接应用到文化发展的理论中。这也就是张先生在《世界文化与中国文化》一文中所说：“文化是最复赜的现象，文化问题只有用唯物辩证法对待，才能妥善地处理。”③

在《关于新唯物论》一文的“附记”中有谓：“此文发表之后，前辈熊十力先生对我说：‘你的文章说新唯物论讲“变中有常”，我看过许多新唯物论的书，没有看到这样的话。’我当即表示，这只是用自己的语言加以解释而已。”④ 熊先生真是慧眼识珠，一眼就看中了文中的“变中有常”之说。而张先生在文化理论上的最核心观点也正是“变中有常”。熊、张两位先生当时关于“变中有常”的对话，可以视为辩证唯物论者与现代新儒家的一次很有意义的对话。

---

① 张岱年：《张岱年全集》第 1 卷，第 130 页。
② 张岱年：《张岱年全集》第 1 卷，第 132 页。
③ 张岱年：《张岱年全集》第 1 卷，第 157 页。
④ 张岱年：《张岱年全集》第 1 卷，第 135 页。

二

在《世界文化与中国文化》一文的开始，张先生说："文化或文明，是人类努力创造的结果之总和。由自然的演化而有人类，人类与自然之间却又存在矛盾。人类为了维持和提高其生活，必与自然斗争。在这斗争过程中，便逐渐创造了文化。斗争必由劳动，且必由集体的劳动……文化是通过集体劳动而改造自然并改变人们自身的总成果。"① 这段对"文化"的一般表述，也含有张先生思想的特点。如说"由自然的演化而有人类"，此即张先生的"一本多级"思想；又如强调"集体的劳动"，可见张先生当时是从唯物史观来讲文化发展的。

张先生说："文化以生产力及社会关系的发展为基础，生产力发展到一新形态，社会关系改变，则文化必然变化。"② 这是唯物史观关于文化发展的一个基本原理，即其强调了文化之"变"。张先生对此亦持肯定态度，认为"现在要仍照样保持中国的旧文化，那是不可能的"。然而，张先生又把语势一转，提出："中国的旧文化既不能保持原样，那么，是否就要整个地将其取消呢？将其扫荡得干干净净呢？不！只有不懂唯物辩证法的人，才会有这种主张。"③ 自五四新文化运动后期传入马克思主义的唯物史观以来，对其简单化的一个理解就是只讲文化之"变"而不讲文化之"常"，认为文化"随着物质变动而变动"，"随着社会的需要，因时因地而有变动"，当进入工业社会时，原在农业社会"经济基础"上的中国旧文化就已完全不适应工业社会的"上层建筑"，

① 张岱年：《张岱年全集》第 1 卷，第 152 页。
② 张岱年：《张岱年全集》第 1 卷，第 155 页。
③ 张岱年：《张岱年全集》第 1 卷，第 154 页。

当“西洋的工业经济来压迫东洋的农业经济”时，“孔门伦理的基础就根本动摇了”，“大家族制度既入了崩颓粉碎的运命，孔子主义也不能不跟着崩颓粉碎了”。[①] 张先生在文化理论上的一个重要创见，就是在20世纪30年代把唯物辩证法与唯物史观密切结合起来，从而恢复了唯物史观在文化理论上的“活的灵魂”，对于要把中国的旧文化“整个地取消”“将其扫荡得干干净净”的观点提出了断然的否定，指出“只有不懂唯物辩证法的人，才会有这种主张”。而张先生的新见就是文化随着社会的发展而“必然变化”，但是“变中有常”。

张先生说：“文化是发展的。文化在发展的历程中必然有变革，而且有飞跃的变革。但是文化不仅是屡屡变革的历程，其发展亦有连续性和累积性。在文化变革之时，新的虽然否定了旧的，而新旧之间仍有一定的连续性。”[②] 这里所谓“文化在发展的历程中必然有变革”，与张先生在《关于新唯物论》一文中说的“宇宙为一整个的大历程，为一发展的大流……一切事物皆是变动的”相一致，此即“由自然的演化”而有人类文化，此人类文化是宇宙发展中的一“级”，它有自身的特殊规律，而又不违背宇宙的根本或普遍规律。所谓文化“有飞跃的变革”，即是随着社会发展阶段的不同，如由农业社会进入工业社会，则文化的发展亦有阶段性，有“飞跃的变革”，所谓文化之“变”主要指此。张先生又把语势一转，指出“文化不仅是屡屡变革的历程，其发展亦有连续性和累积性”，在社会发展进入不同的历史阶段而“文化变革之时，新的虽然否定了旧的，而新旧之间仍有一定的连续性”，此“连续性”就是文化之“常”，就是文化辩证发展的“变中有常”。

此后在《关于中国本位的文化建设》一文中，张先生说：“本来文化现象有其规律：其发展是有阶段的，后一发展阶段是前一发展阶段之否定，然而其间又有连续性，前一阶段之有价值的文化遗产，是不能被毁弃的。”[③] 此即重申文化的“变中有常”的观点。

---

① 李大钊：《李大钊文集》第3卷，人民出版社1999年版，第140—144页。

② 张岱年：《张岱年全集》第1卷，第153、155页。

③ 张岱年：《张岱年全集》第1卷，第230页。

按照对唯物史观的简单化理解，既然社会发展是随着生产力的进步而划分为原始社会、奴隶社会、封建社会、资本主义社会和社会主义社会等几个大的阶段，那么人类文化也就相应地只有这几个大的发展阶段的划分，此即把文化的差别只视为“新旧”或“古今”的差别。张先生在《世界文化与中国文化》一文中对此有部分的肯定，如说：“生产力的发展是文化发展的基础。只有把不同民族的社会生产力发展的情况弄清楚，才能深切地理解一个民族的文化。”然而，张先生又批评：“有许多人认为两个民族的文化之不同，可以专从其生产力发展程度的不同来理解，这还没有看到现象的全面。”他指出：“两个生产力发展程度相同的民族，由于地域之不同，其文化虽大致相似而仍不相同，这从世界的各民族以及近世欧洲各国的历史可以看出。”“民族文化是资本主义社会及其以前的各历史阶段所有的。……社会主义文化是世界性的文化，然而世界性不是无民族性。”[①] 这里所说的“世界性”即是文化之“同”,而“民族性”即是文化之“异”。文化之“同”是蕴含在各民族文化中的普遍性或世界的普世价值，而文化之“异”就是各民族文化的特殊性或民族特色。普遍性存在于特殊性之中，这是哲学的基本原理，只有同时承认这两方面的存在，才不是“以偏赅全”。

此后在《关于中国本位的文化建设》一文中，张先生说：“文化有世界性，然而也有民族性，即地域上的差异，虽在同一发展阶段，甲民族与乙民族的文化仍可有其不同的。其不同之点，即其独特的贡献；其特色的地方，即其独立的创造。”[②] 此即重申文化的世界之“同”与民族之“异”的观点。依据文化的“变”与“常”、“同”与“异”的辩证关系，张先生说：“要保持旧文化，不思与世界文化相适应，结果必归于绝灭而已；同时，如根本唾弃本土文化，要全盘承受外来文化，亦终必为所同化而已，其自己的文化也一样归于绝灭。所以，在现在中国，全盘接受西洋文化与谋旧文化之复活，同样都是死路一条。”[③] 张先生既反

① 张岱年:《张岱年全集》第1卷，第152、153页。

② 张岱年:《张岱年全集》第1卷，第230页。

③ 张岱年:《张岱年全集》第1卷，第230页。

对全盘西化论，又反对文化原教旨主义的“旧文化之复活”，其理据就在于对文化的“变”与“常”、“同”与“异”之辩证关系的认识。

而何为中国文化之“常”或中国文化之“异”，也是张先生在理论上必须要解答的问题。张先生说：“文化本是人类的生活样法，而中国人的生活样法处处都是中庸的。”[①]这应是有采于梁漱溟先生在《东西方文化及其哲学》中的一个说法。[②]在引入唯物史观的文化发展阶段论后，仅此说法就已经不够了。所以，张先生说：“无疑地，中国文化之过去阶段已经终结，中国必踏入文化上的新阶段，那么，还要保持旧的特点吗？……中国文化中，是不是有些特点，并不只是农业文化的特点，而是一种根本的一贯的民族的特殊性征，在农业时代前本就存在，在农业时代后仍可存在？”[③]在这里，张先生要区分中国文化在农业社会的特点与中国文化的跨时代的“根本的一贯的”民族文化特殊性。而后者也正是张先生所强调的中国文化之“常”或中国文化之“异”。如果对唯物史观持简单化的理解，那么就会否认中国文化之“常”或中国文化之“异”，而张先生对此持肯定的态度。他说：“本来，在同一资本主义时代之中，英国文化与法国文化不同，法国文化与德国文化不同，英国有其英吉利精神，法国有其法兰西精神，德国又有其日耳曼精神。如无其特殊的精神，则其文化顶多只是一种别国文化附庸而已。中国文化，如是一种独立的文化，是应该有其独立的精神。”[④]此“独立的精神”就是中国文化之“常”或中国文化之“异”。张先生晚年提出“中华精神”，谓其集中体现在《易传》的两句名言中，即“天行健，君子以自强不息”，“地势坤，君子以厚德载物”[⑤]，此说的根源就是本于张先生在30年代的辩证文化观。而张先生在30年代对此的表述则是：“中国文化可以说是

---

① 张岱年：《张岱年全集》第1卷，第231页。

② 梁漱溟先生说：“文化是什么东西呢？不过是那一民族生活的样法罢了。”“中国文化是以意欲自为调和、持中为其根本精神的。”见梁漱溟《东西方文化及其哲学》，商务印书馆1922年版，第24、55页。

③ 张岱年：《张岱年全集》第1卷，第232页。

④ 张岱年：《张岱年全集》第1卷，第232页。

⑤ 张岱年：《张岱年全集》第6卷，第168、223页。

特重‘正德’，而西洋文化则特重‘利用’。”“中国文化对全世界的贡献即在于注重‘正德’，而‘正德’的实际内容又在于‘仁’的理论与实践。”①

张先生要区分中国文化在农业社会的特点与中国文化的跨时代的民族文化特殊性，这就势必要对中国原有的文化进行分析。张先生在《世界文化与中国文化》一文中说：“按照唯物辩证法的观点，一种文化中必然含有相互对立的成分，即好的或较有积极意义的和坏的或具有消极意义的成分。唯物辩证地对待文化，就应一方面否定后者，一方面肯定前者，并根据现实需要加以发挥、充实。”②他在此后的《西化与创造》一文中也说：“由‘对理’来看，文化固是一个整体，而亦是可分的。”“文化并无不可分性，而是可析取的。文化各要素，并非都有不可解的必然联系。”③此即张先生的文化之“整”与“分”的辩证观点。所谓文化之“整”，就是文化的系统性；而文化之“分”，就是组成文化系统的不同要素是“可析取的”，一个民族的新时代的文化可以析取前一时代文化系统中的积极成分，亦可析取其他民族文化系统中的优长因素。在这里，承认文化之“整”的系统性已是司空见惯，而许多人因文化的系统性而否认文化是“可析取的”。这貌似对文化持一种系统的“活”的见解，而认为如果把文化系统中的某些要素析取出来，它就已经“死”了。实际上，文化之所以是“活”的，就在于它是可以“吐故纳新”的。如果旧文化系统只能保持原样，“不思与世界文化相适应”，不能与现代文明相协调，那它在新的时代就已经“死”了。如果其他民族的文化也是一个不可分的系统，那么不同民族文化之间也就不能进行交流，只能是要么全盘排拒外来文化，要么全盘接受外来文化。张先生认为，这两种方式都是“死路一条”。因此，文化必须既讲“整”又讲“分”。只有这样，文化才能随着时代的发展而“变中有常”，也才能既保持民族性，又体现时代性。

---

① 张岱年：《张岱年全集》第 1 卷，第 232、155 页。

② 张岱年：《张岱年全集》第 1 卷，第 154 页。

③ 张岱年：《张岱年全集》第 1 卷，第 250 页。

张先生提出的文化之“整”与“分”、“变”与“常”、“异”与“同”的观点，的确是“文化之实相”。若要对文化有一大致正确的见解，或者说对文化发展有一大致正确的方向，则这几个方面都缺一不可（盖有“分”而无“整”，则对中国文化的系统性缺乏认识；有“整”而无“分”，则中国古代文化只能保持原样，或只能全盘接受西方文化；有“常”而无“变”，则中国古代文化亦只能保持原样；有“变”而无“常”，则不能传承和弘扬中国文化的优秀传统；有“同”而无“异”，则否认了中国文化的民族特色；有“异”而无“同”，则把中西文化绝对对立起来，二者不能交流。这几种倾向都是错误的）。张先生在30年代提出的文化的“创造的综合”，以及他在晚年提出的“文化综合创新论”①，实际上都是立足于这一文化的辩证发展观。

三

张先生在发表《世界文化与中国文化》之后的同年8月又发表《道德之“变”与“常”》，指出：“道德依时代而不同，随社会之物质基础之变化而变化；然在各时代之道德中，亦有一贯者在，由此而各时代之道德皆得名为道德。”“新道德与旧道德之间是有连续性的，旧道德中有虽旧而仍新者存：于此当明道德之‘变’与‘常’的辩证法。”②显然，如果明确了文化的“变”与“常”，那么道德的“变”与“常”就是顺理成章的。张先生既已指出中国文化的突出特点在于重视“正德”，那么讲明道德的“变”与“常”对于中国文化的发展就具有特别重大的意

① 张岱年：《张岱年全集》第6卷，第252页。
② 张岱年：《张岱年全集》第1卷，第160、161页。

义。不仅当时如此，而且至今具有重要的理论意义和现实意义。[①]

在发表《关于中国本位的文化建设》和《西化与创造》两篇论文的同时，张先生还发表了《论现在中国所需要的哲学》。[②]他在此文中说："在此时，如企图民族复兴，文化再生，更必须国人对于世界对于人生都有明切的认识。……在此时是需要一个伟大的有力的哲学作一切行动事业之最高指针的。""我们所要创造的新哲学，固须综合东西所有哲学之长……真正的综合必是一个新的创造。""文化之重建，须先有思想之独立，而如欲思想独立必须有哲学之创造。"[③]正是因为有了"文化之重建"和"哲学之创造"的目标，张先生遂在1936年发表了他在哲学理论上的一篇代表作，即《哲学上一个可能的综合》，提出"今后哲学之一个新路，当是将唯物、理想、解析，综合于一"，并将此新的哲学体系称为"新的综合哲学"。[④]而在发表《哲学上一个可能的综合》一文的同时，张先生在中国哲学史领域的代表作即《中国哲学大纲》也正在写作之中。在此书的"序论"中，张先生特设"哲学与中国哲学"一节，打破把西方哲学当作"唯一的哲学范型"的定式，独具慧识地提出"哲学"是一个"类称"，西方哲学只是此类的一个"特例"，如此则"中国旧日关于宇宙人生的那些思想理论"也同样可以"名为哲学"[⑤]，从而解决了中国哲学史之"名称的困难"。这种解决的方式，同于文化的"异"与"同"，即对普遍性与特殊性之辩证关系的正确认识。在《中国哲学大纲》的"结论"部分，张先生讲"中国哲学中之活的与死的"，认为："将来的中国新哲学，固然必是西洋哲学影响下的产物，而亦当是中国旧哲学之一种发展。""中国旧哲学中，有一些倾向，在现在看来，仍是

---

① 参见拙文《张岱年先生的两个重要理论贡献》，《哲学动态》2007年第6期。

② 《关于中国本位的文化建设》发表在1935年3月18日《国闻周报》第十二卷第十期；《论现在中国所需要的哲学》发表在1935年4月8日同刊第十二卷第十三期；《西化与创造》发表在1935年5月20、27日同刊第十二卷第十九、二十期。见《张岱年全集》第1卷，第236、242、261页。

③ 张岱年：《张岱年全集》第1卷，第237、239、242页。

④ 张岱年：《张岱年全集》第1卷，第262、277页。

⑤ 张岱年：《中国哲学大纲》"序论"，中国社会科学出版社1982年版，第2页。

可贵的，适当的。这可以说是中国哲学中之活的。而也有一些倾向，是有害的，该排弃的，便可以说是中国哲学中之死的。”① 这实际上是讲中国哲学的“变”与“常”、“整”与“分”。

张先生曾说：“自 30 年代以来，我的学术研究工作有三个方面，一是对于哲学理论问题的探索，二是对于中国哲学史的研究，三是关于文化问题的讨论。”② 张先生在这三个方面的研究是相互发明、相互贯通的，而他在 20 世纪 30 年代中期同时在这三个方面都取得了重要成果，当他在 1933 年发表《关于新唯物论》和《世界文化与中国文化》等论文时仅 24 岁，大学本科尚未毕业，这充分显示了张先生作为一个哲学家的天分、睿智和才华。

张先生晚年提出“文化综合创新论”，这仍是基于他早年就确立的辩证文化观。如在《中国文化的历史传统及其更新》一文中，张先生讲“文化发展的基本规律”，第一条是“民族文化的积累性与变革性”③，此即文化的“变”与“常”的观点；第二条是“民族文化的共同性和矛盾性”④，此即文化的“整”与“分”的观点；第三条是“民族文化的交流和民族的主体意识”⑤，又在《关于文化问题》一文中说“中西文化的异同都是相对的……现在讲中西文化的异同，既要注意相异之处，也要注意相同之处，异中有同，同中有异”⑥，此即文化的“异”与“同”的观点。

在《文化体系及其改造》一文中，张先生先讲“文化的体系及其层次”，然后讲“文化体系内部的各种联系”，而在各种联系中，文化各元素之间“有可分离的关系和不可分离的关系，有相容的关系和不相容的关系”。⑦ 此中所讲的“不可分离的关系，就是在《西化与创造》一文

① 张岱年：《中国哲学大纲》“序论”，中国社会科学出版社 1982 年版，第 587 页。
② 张岱年：《张岱年全集》第 8 卷，第 247 页。
③ 张岱年：《张岱年全集》第 6 卷，第 165 页。
④ 张岱年：《张岱年全集》第 6 卷，第 165 页。
⑤ 张岱年：《张岱年全集》第 6 卷，第 166 页。
⑥ 张岱年：《张岱年全集》第 6 卷，第 187 页。
⑦ 张岱年：《张岱年全集》第 6 卷，第 450 页。

中所说“有些要素有必然关系，必须并取”；而“可分离的关系”，就是在《西化与创造》一文中所说“有些要素则无必然关系，却可取此舍彼”。[①]张先生举例说，科学与思想自由是不可分离的，故而二者必须并取；而科学与基督教是可分离的，故而可取此舍彼。关于“相容的关系和不相容的关系”，张先生举例说，平等思想与等级思想是不相容的，思想自由与专制主义也是不相容的，过去我们认为社会主义与市场经济不相容，而“事实证明，二者是相容的”，“儒家思想中有跟经济发展相容的部分，也有不相容的部分”。[②]作出这些分析，实际上就是关于文化的“整”与“分”的理论展开，其与文化的“变”与“常”、“异”与“同”的观点一起，构成了张先生晚年的“文化综合创新论”的理论基础。

综上所述，我认为，张先生早年所讲的“文化之实相”或辩证文化观，对于我们当今的文化建设、道德建设，乃至于哲学理论和哲学史研究，都仍具有重要的理论意义和现实意义。

（原载《衡水学院学报》2014年第6期）

① 张岱年：《张岱年全集》第1卷，第249—250页。
② 张岱年：《张岱年全集》第6卷，第450—451页。

将爱国之心转化为求真之诚

——抗战时期的张岱年先生

哲学家张岱年先生（1909—2004年）在晚年回忆他一生中几个难忘的“第一次”。如1928年3月他读高中尚未毕业，就在北京《晨报》的副刊上发表了《关于列子》一文，他说“这是我第一次在正式报纸上发表学术文章”，“当时甚为欣喜”。又如他在大学毕业后的1933年9月第一次在清华大学的讲堂上授课，1936年5月完成了他的第一本专著，即50万字的《中国哲学大纲》。除了这些他一生学术上的“第一次”之外，张先生还说：“最有意义的第一次是1945年8月15日听到日本投降的消息……这是平生感到最大快乐的第一次。七七事变之后，天天盼胜利，年年盼胜利，经过八年，终于盼到了……我感到无比的欢欣，高兴得跳了起来，当时朋友们奔走相告，莫不感到最大的快慰。1945年8月15日是我一生中最快乐的一天。”

当回忆这些“第一次”时，张先生已是86岁的高龄。对于一个在书斋和讲堂度过一生的哲学家，为什么在他晚年还如此欣慰地回忆起听到抗战胜利消息的那一天？这其中又有多少亲历的苦难和辛酸，对抗战胜利有着多么殷切的祈盼，对中华民族的复兴怀着多么深厚的情感和坚定的信念！

张先生在《八十自述》中说：“我少年时期，对于民族危机感受极深，痛感国耻的严重，于是萌发了爱国之心，唤起了爱国主义的情感。深知救国必须有知，于是确立了求真之志，培育了追求真理的热诚。自审没有从事政治活动的才能，于是走上了学术救国的道路。"在这条道路上，张先生始终把他的哲学理论、中国哲学史和文化问题的研究同中华民族的伟大复兴联系在一起。

张先生是早熟而又多产的哲学家，他在20世纪30年代发表了多篇哲学论文。其中的代表作之一是他在1933年5月25日《大公报·世界思潮》副刊上发表了署名"季同"的文章《论外界的实在》，此文用经验证明和逻辑分析的方法来论证新唯物论（按即辩证唯物论）的一个基本原理：外界的客观实在性。当此文发表时，副刊编者特附有按语："季同此篇，析事论理，精辟绝伦。切望平津读者不可因敌迫城下，心神不宁，遂尔忽之。同时更宜信：有作出这等文字的青年的民族，并不是容易灭亡的。"[①] 从副刊编者的按语看，当时日本侵略者的铁蹄已迫近平津城下，而张先生的哲学论文是在国难危机深重的关头，把"求真之诚"与坚定中华民族抵抗侵略的信念联系在一起。

1934年至1935年，张先生发表《中国思想源流》和《论现在中国所需要的哲学》等论文。其中说："中国民族现值生死存亡之机，应付此种危难，必要有一种勇猛宏毅能应付危机的哲学。""惟有赖文化之再生，然后中华民族才能复兴。""中国若不能创造出一种新哲学，则民族再兴只是空谈。"[②] 正是本着对民族危机的忧患意识，抱着对民族复兴和文化再生的希冀，张先生在1936年不仅完成了《中国哲学大纲》，而且提出了"哲学上一个可能的综合"，即把"唯物、理想、解析，综合于一"，从而创造一种"真的哲学，可信的哲学，有力的哲学，能作生活之指导的哲学"。[③]

在《中国哲学大纲》完稿之后，经冯友兰、张荫麟的审阅而推荐给商务印书馆，当时已制成纸型而即将付印，却因"七七"事变爆发，此

---

① 张岱年:《张岱年全集》第1卷，河北人民出版社1996年版，第148页。

② 张岱年:《张岱年全集》第1卷，第199、236页。

③ 张岱年:《张岱年全集》第1卷，第263页。

书的出版受挫。1937 年 7 月 29 日，日军入侵北平，清华师生纷纷离校，张先生偕夫人避居到城内大姐家，遂与学校失去联系，未能随校南行，滞留北平城内。此后的三四年间，张先生多次迁居，依靠往年的积蓄和父亲留下的一点遗产“勉强清苦度日”。虽然时局动荡，生活艰辛，但是张先生和滞留北平的一些学者抱定一个信念，就是不与敌伪合作，也不到当时的伪北大和伪师大去教书。在此期间，张先生心怀殷忧，蛰居读书，广泛思考哲学问题，写了一系列研思札记，这些札记后来就成为《天人五论》书稿的基础。除此之外，张先生还与一些学友相互砥砺、相互慰藉，成立了一个切磋学问的联谊会，定名为“三立学会”，每两周会晤一次。所谓“三立”者，即立德、立功、立言也。

张先生后来回忆：“我当时想，今日固然是国家艰难之秋，实亦民族中兴之机，个人不应颓唐丧气，因此勤力攻读，专心撰述，以期有补于来日。”为什么怀有如此崇高的民族气节和坚定的胜利信念，其中一个重要原因是张先生对中华民族的“自强不息”精神、中国文化的优秀传统有着深切的理解。我在 20 世纪 80 年代曾听张先生讲过，当时也有少数文化人投入敌伪政权，成了汉奸，他们之所以丧失民族气节，误以为中华民族会亡，一个重要的原因就是他们对中国文化的认识“太肤浅”。

1941 年 12 月，太平洋战争爆发。张先生分析当时的形势，认为日本正在加速自取灭亡，中国的抗日战争胜利在望，于是他满怀希望，开始动笔撰写他在哲学理论上的专著，即后来的《天人五论》。此书原拟名为《天人新论》，计划写“方法论”“知论”“天论”和“人论”四部分，意在“穷究天人之故，畅发体用之蕴，以继往哲，以开新风”，但是至抗战胜利，终因“乱世治学”，“生事颇窘”，仅写成《哲学思维论》《事理论》《知实论》和《品德论》四部论稿，后来又以《天人简论》来简述其历年致思的哲学要旨。当改革开放之后公开出版这五部论稿时，有学者仿照冯友兰先生在抗战时期写的《贞元六书》，提议将此书称为《天人五论》。

1942 年，经友人王锦第介绍，张先生会晤了私立中国大学校长何其巩先生。何校长听说张先生著有《中国哲学大纲》(以下简称《大纲》),恐其在战乱中遗失,建议他到中国大学讲课,借此将《大纲》印为讲义。张先生欣然同意,于是到中国大学讲授“中国哲学概论”,而《大纲》也就作为讲义第一次排印。以后,此书又历经坎坷,在 1957 年和 1982 年先后以“宇同”和“张岱年”的署名公开出版,后来又多次重版,至今它仍是中国哲学史学科的代表性著作。

患难中的友情是十分珍贵的,对于帮助过自己的友人,张先生更是深怀感念。1943 年春节,友人王锦第买了一盆梅花送给张先生。到了张先生晚年,他说此事“令我至今感念不忘”。为什么一盆梅花在 50 年过后仍给张先生留下如此深刻的记忆,我想可能是因为这盆梅花给他在艰难的岁月中带来了友情的温暖和喜庆的征兆。

张恒寿先生是张先生在上大学时的同学,也是蛰居北平时“三立学会”的成员,他与张先生一直到晚年都保持着莫逆之交。当张先生八十寿辰时,张恒寿曾写一首长诗致贺。而张恒寿八十五岁开庆祝会时,张先生说“我不能写诗,竟无以相报,只能写贺信致意,以旧交颇蒙见谅”。

在许多学人的印象中,张先生的确“不能写诗”,但是最近张先生的家人在张先生的遗物中竟然发现了他在抗战时期写有几篇诗稿。其中大多是旧体诗,但是也有一篇新诗。诗中说:“东南起太平洋之滨,西北越昆仑山之巅,吾族经营此大地,已逾五千年。我们创造了崇高的伟大文明,我们从来有光辉的革命传统。我们的成就是人类的光荣,我们的努力将永久延续以至于无穷。我们的理想是世界大同,我们的愿望是永久和平。然而我们的疆土与文明不容许任何侵犯,我们誓以神圣的血液为之作干城。伟大的中华民族,是世界上照耀一切的巨星。”一位哲学家写出这样壮怀深情的诗句,他在抗战的艰难岁月中能不抱定必胜的信念吗!当他听到抗战胜利的消息能不欢欣鼓舞以致成为他一生中最快乐的一天吗!

(原载《人民日报》2015 年 8 月 13 日)

解析、综合与理论创新

——张岱年先生的哲学思想和文化观

在纪念张岱年先生诞辰110周年之际，重温张先生在哲学理论和文化研究中的一些重要论著，我想主要从解析与综合两个方面，谈一谈张先生在哲学思想和文化观领域的理论创新。

一　解析与综合的哲学创新体系

张岱年先生在晚年曾多次表示："自30年代以来，我的学术研究工作有三个方面，一是对于哲学理论问题的探索，二是对于中国哲学史的研究，三是关于文化问题的讨论。"① 在张先生的思想中，这三个方面的研究是有机结合、相互贯通的。

张先生在青少年时期就养成了哲人气质，他曾回忆说："吾昔少时，

---

① 张岱年:《张岱年全集》第8卷，河北人民出版社1996年版，第247页。

有如汉代扬雄所称‘默而好深湛之思’，拟穷究天人之故，思考哲学问题，常至废寝忘食。”他在北京师范大学附中读高中时曾发表《评韩》和《关于列子》的文章。在读大学本科期间，他在《大公报·文学副刊》发表《关于老子年代的一假定》，此文受到冯友兰先生和罗根泽先生的高度评价，后被收入罗根泽主编的《古史辨》第四册。在此文的最后，张先生说："我自己在二年前对于考证发生过兴趣，现在却久已离考证国土了，并已离开古书世界了。"①这说明在张先生读大学本科的后期，他主要转向了对现代哲学理论问题的研究，但从后来发表的研究成果看，特别是从他在1936年完成的《中国哲学大纲》看，他的哲学理论研究实际上也一直是以中国哲学史研究为根柢。

在哲学理论研究方面，张先生早年在其兄张申府先生的引导下，研读了大量西方哲学（尤其是新实在论者如罗素、穆尔、博若德、怀特海等人）的著作和马克思主义新唯物论的著作。他在1933年初发表的《哲学的前途》一文中说："现在的世界的哲学界，可以说是一个极其错综纷乱的局势。种种不同的派别在互相角逐，互相抗争着。""在本世纪之初。进化论派的哲学大盛一时，在法国有柏格森（Bergson）的创造进化论，在美国有詹木士（James）的实用主义。""旧唯心论的余势，及这二派哲学大盛的结果，乃引起了新实在论的反动。在英国有穆尔（More）、罗素（Russell）、亚历山德（Alexander）等……于是实在论大盛。""但不久美国又出现了批评的实在论……""正在这些学派相斗争的时候，在德国又异军突起了一派，就是胡萨尔（Husserl）的现象学……""怀悌黑（Whitehead）由实在论者一转而提出一种有机主义，也予思想界以大的影响。有很多人认为，胡萨尔的现象学，与怀悌黑的有机哲学，乃现代哲学中两个最宏伟的系统。"②在这篇文章中，张先生先后列出了当时西方哲学的各个流派，提到了近三十名西方现代哲学家。正是在对西方现代哲学进行解析和比较的基础上，他提出自己的

① 张岱年:《张岱年全集》第1卷，第18页。
② 张岱年:《张岱年全集》第1卷，第69、70页。

观点：“我不相信将来哲学要定于一尊……但我相信，将来哲学必有一个重心或中心。”“这为将来世界哲学之重心或中心的哲学”当有三个特点：“一、唯物的或客观主义的”；“二、辩证的或反综的”；“三、批评的或解析的”。[①]

在 1933 年 4 月发表的《关于新唯物论》一文中：张先生一方面肯定“新唯物论之为现代最可信取之哲学”；另一方面又认为：“现在形式之新唯物论，实只雏形，完成实待于将来。新唯物论欲求完成，则又必更有取于现代各派哲学，而最应取者则为罗素一派之科学的哲学。”“现在形式之新唯物论所缺之者实为解析方法，而罗素哲学则最能应用解析方法者。”[②]

张申府先生在 1932 年 10 月 22 日《大公报·世界思潮》的“编余”中提出“我的理想：百提（罗素），伊里奇（列宁），仲尼（孔子），三流合一”。张岱年先生则在《关于新唯物论》一文中说：“吾以为将来中国之哲学，必将如此言之所示。将来之哲学，必以罗素之逻辑解析方法与列宁之唯物辩证法为方法之主，必为此二方法合用之果。而中国将来如有新哲学，必与以往儒家哲学有多少相承之关系，必以中国固有的精粹之思想为基本。”[③]

1933 年秋，张岱年先生在北师大毕业，经冯友兰先生和金岳霖先生推荐，到清华大学哲学系任教。他在 1935 年 3 月发表的《论现在中国所需要的哲学》一文中，将哲学的发展创新与“民族复兴、文化再生”联系在一起，指出中国现在所需要的哲学，首先“必须是综合的”，“对于中国过去哲学须能抉取其精粹而发展之、光大之，辨识其病痛而革正之、克服之，同时对于西洋哲学，亦要批判之、吸收之”；其次，它必须是“一种有力量的哲学，能给中华民族以勇气的哲学”；复次，“真正的综合必是一个新的创造”；更次，它“必与科学相应不违”。为满足这四个条件，现在中国所需要的哲学在内容上必须是唯物的、理想

① 张岱年：《张岱年全集》第 1 卷，第 72—73 页。

② 张岱年：《张岱年全集》第 1 卷，第 132、133 页。

③ 张岱年：《张岱年全集》第 1 卷，第 133 页。

的、对理（辩证）的和批评（解析）的。①

1935 年 11 月，孙道升在《国闻周报》发表《现代中国哲学界之解剖》，其中说："新唯物论亦称辩证唯物论"，它在中国分为两派："一派是想把解析法输入于新唯物论中去的，另一派是沿袭俄国日本讲马克思学说的态度的。前者可称为解析法的新唯物论，此派具有批判的、分析的精神，其作品在新唯物论中，可谓最值得注意的、最有发展的。张申府、张季同、吴惠人等先生可为代表。"② 这里所说"解析法的新唯物论"，标识了张先生哲学思想的一个重要特色，即他重视逻辑解析③，是要"把解析法输入于新唯物论中"，以实现辩证法与解析法相结合。

1936 年 5 月，张先生发表他早年哲学思想的一篇代表作，即《哲学上一个可能的综合》。在此文中，他提出"今后哲学之一个新路，当是将唯物、理想、解析，综合于一"，并且从方法论、知识论、宇宙论、人生论四个方面提出了"新的综合哲学之大体纲领"。④

继此之后，张先生在抗战期间写了一部分"研思札记"，在 20 世纪 40 年代写成《哲学思维论》《知实论》《事理论》《品德论》和《天人简论》五部哲学论稿，此即后来所称的《天人五论》。张先生晚年在《八十自述》中说"我撰写这些论稿，意在实现'将唯物、解析、理想综合于一'的构想"⑤，又曾说他晚年在哲学上"仍坚持 30 至 40 年代的一些观点而略有补充"⑥。

张先生晚年总结自己的哲学思想，还曾作有《分析与综合的统一——新综合哲学要旨》一文。他说："我试图将马克思主义现代唯物论与逻辑分析法及中国哲学的优良传统三者结合起来，以分析为方法而

---

① 张岱年：《张岱年全集》第 1 卷，第 238—240 页。

② 郭湛波：《近五十年中国思想史》，北平人文书局 1936 年版，第 402、403 页。

③ 在《逻辑解析》一文中，张先生说："逻辑解析可以说是二十世纪初以来在哲学中最占优势的方法，而也是最有效的方法。……作哲学功夫，第一要作解析功夫。"见张岱年《张岱年全集》第 1 卷，第 117 页。

④ 张岱年：《张岱年全集》第 1 卷，第 262—277 页。

⑤ 张岱年：《张岱年全集》第 8 卷，第 592 页。

⑥ 张岱年：《张岱年全集》第 7 卷，第 405 页。

以综合为内容，可以称为新综合哲学。”①

根据以上所述，张先生的哲学思想可以说最重视解析（分析）与综合，而其所建构的是一个“新综合”的哲学创新体系。

二 解析与综合的文化创新论

张岱年先生对中国文化问题的研究始于他在1933年6月发表了《世界文化与中国文化》一文。1935年1月，上海的十位教授发表《中国本位文化建设宣言》。张先生参与当时的文化讨论，于同年的3月和5月发表了《关于中国本位的文化建设》和《西化与创造》两篇论文，提出了“创造的综合”或“文化的创造主义”②等观点，并精辟地指出：“惟用‘对理法’（按即辩证法），然后才能见到文化之实相，才不失之皮毛，才不失之笼统。惟用‘对理法’，才能既有见于文化之整，亦有见于文化之分；既有见于文化之变，亦有见于文化之常；既有见于文化之异，亦有见于文化之同。”③在这里，张先生讲了关于文化的“整”与“分”、“变”与“常”、“异”与“同”的三对辩证关系。“整”是指文化的系统性，“分”是指文化要素的“可析取性”，所谓“析取”就是解析（分析）和择取，这包括对中国传统文化和外来文化的解析和择取；文化的“变”与“常”是指文化发展的时代性、阶段性与继承性、连续性；文化的“异”与“同”则是指文化的民族性、特殊性与世界性、普遍性。

关于文化的“变”与“常”，这是张先生文化观的一个核心观点。

---

① 张岱年:《张岱年全集》第7卷，第392页。

② 张岱年:《张岱年全集》第1卷，第229、235页。

③ 张岱年:《张岱年全集》第1卷，第248—249页。

他在《世界文化与中国文化》一文中说："文化以生产力及社会关系的发展为基础，生产力发展到一新形态，社会关系改变，则文化必然变化。"[①]这显然是唯物史观关于文化发展的一个基本原理，即其强调了文化之"变"。张先生对此持肯定态度，认为"现在要仍照样保持中国的旧文化，那是不可能的"。然而，张先生又把语势一转，提出："中国的旧文化既不能保持原样，那么，是否就要整个地将其取消呢？将其扫荡得干干净净呢？不！只有不懂唯物辩证法的人，才会有这种主张。"[②]自五四新文化运动后期传入马克思主义的唯物史观以来，对其简单化、机械化的一个理解就是只讲文化之"变"而不讲文化之"常"，认为文化"随着物质变动而变动"，"随着社会的需要，因时因地而有变动"，当进入工业社会时，原在农业社会"经济基础"上的中国旧文化就已完全不适应工业社会的"上层建筑"，当"西洋的工业经济来压迫东洋的农业经济"时，"孔门伦理的基础就根本动摇了"，"大家族制度既入了崩颓粉碎的运命，孔子主义也不能不跟着崩颓粉碎了"。[③]张先生在文化理论上的一个重要创见，就是在20世纪30年代把唯物辩证法与唯物史观密切结合起来，从而恢复了唯物史观在文化理论上的"活的灵魂"，对于要把中国的旧文化"整个地取消""将其扫荡得干干净净"的观点提出了断然的否定，指出"只有不懂唯物辩证法的人，才会有这种主张"。而张先生的一个新见就是文化随着社会的发展而"必然变化"，但是"变中有常"。

张先生说："文化是发展的。文化在发展的历程中必然有变革，而且有飞跃的变革。但是文化不仅是屡屡变革的历程，其发展亦有连续性和累积性。在文化变革之时，新的虽然否定了旧的，而新旧之间仍有一定的连续性。"[④]所谓文化"有飞跃的变革"，就是随着社会发展阶段的不同，如由农业社会进入工业社会，则文化的发展亦有阶段性，有"飞

① 张岱年：《张岱年全集》第1卷，第155页。
② 张岱年：《张岱年全集》第1卷，第154页。
③ 李大钊：《李大钊文集》第3卷，人民出版社1999年版，第140—144页。
④ 张岱年：《张岱年全集》第1卷，第153、155页。

跃的变革”，所谓文化之“变”主要指此。张先生又把语势一转，指出“文化不仅是屡屡变革的历程，其发展亦有连续性和累积性”，在社会发展进入不同的历史阶段而“文化变革之时，新的虽然否定了旧的，而新旧之间仍有一定的连续性”，此“连续性”就是文化之“常”。

关于文化的“异”与“同”，这也是张先生文化观的一个重要观点。他在《世界文化与中国文化》一文中说：“两个生产力发展程度相同的民族，由于地域之不同，其文化虽大致相似而仍不相同，这从世界的各民族以及近世欧洲各国的历史可以看出。”“民族文化是资本主义社会及其以前的各历史阶段所有的。……社会主义文化是世界性的文化，然而世界性不是无民族性。”① 这里所说的“世界性”即是文化之“同”，而“民族性”即是文化之“异”。文化之“同”是蕴含在各民族文化中的普遍性，而文化之“异”就是各民族文化的特殊性。普遍性存在于特殊性之中，只有同时承认这两方面的存在，才不是“以偏赅全”。

依据文化的“变”与“常”、“异”与“同”的辩证关系，张先生说：“要保持旧文化，不思与世界文化相适应，结果必归于绝灭而已；同时，如根本唾弃本土文化，要全盘承受外来文化，亦终必为所同化而已，其自己的文化也一样归于绝灭。所以，在现在中国，全盘接受西洋文化与谋旧文化之复活，同样都是死路一条。”② 张先生既反对全盘西化论，又反对文化原教旨主义的“旧文化之复活”，其理据就在于对文化的“变”与“常”、“异”与“同”之辩证关系的认识。

关于如何认识文化的“变”与“常”、“异”与“同”，实际上都是以承认文化系统要素的“可析取性”为基础或前提的。张先生说：“无疑地，中国文化之过去阶段已经终结，中国必踏入文化上的新阶段，那么，还要保持旧的特点吗？……中国文化中，是不是有些特点，并不只是农业文化的特点，而是一种根本的一贯的民族的特殊性征，在农业时代前本就存在，在农业时代后仍可存在？”③ 在这里，张先生要区分中国

---

① 张岱年：《张岱年全集》第1卷，第152、153页。
② 张岱年：《张岱年全集》第1卷，第230页。
③ 张岱年：《张岱年全集》第1卷，第232页。

文化在农业社会的特点与中国文化的跨时代的“根本的一贯的”民族文化特殊性。而后者也正是张先生所强调的中国文化之“常”或中国文化之“异”。

张先生要区分中国文化在农业社会的特点与中国文化的跨时代的民族文化特殊性，这就势必要对中国原有的文化进行分析。他在《世界文化与中国文化》一文中说：“按照唯物辩证法的观点，一种文化中必然含有相互对立的成分，即好的或较有积极意义的和坏的或具有消极意义的成分。唯物辩证地对待文化，就应一方面否定后者，一方面肯定前者，并根据现实需要加以发挥、充实。”[①] 他在《西化与创造》一文中也说：“由‘对理’来看，文化固是一个整体，而亦是可分的。”“文化并无不可分性，而是可析取的。文化各要素，并非都有不可解的必然联系。”[②] 此即张先生的文化之“整”与“分”的辩证观点。

一个民族的新时代的文化可以析取前一时代文化系统中的积极成分，亦可析取其他民族文化系统中的优长因素。在这里，承认文化之“整”的系统性已是司空见惯，而许多人因文化的系统性而否认文化是“可析取的”。这貌似对文化持一种系统的“活”的见解，而认为如果把文化系统中的某些要素析取出来，它就已经“死”了。然而实际上，文化之所以是“活”的，就在于它是可以“吐故纳新”的。如果旧文化系统只能保持原样，“不思与世界文化相适应”，不能与现代文明相协调，那它在新的时代就已经“死”了。如果其他民族的文化也是一个不可分的系统，那么不同民族文化之间也就不能进行相互交流，只能是要么全盘排拒外来文化，要么全盘接受外来文化。张先生认为，这两种方式都是“死路一条”。因此，文化必须既讲“整”又讲“分”。只有这样，文化才能随着时代的发展而“变中有常”，也才能既保持文化的民族性，又能实现文化的现代性。

张先生提出的文化之“整”与“分”、“变”与“常”、“异”与

---

① 张岱年：《张岱年全集》第 1 卷，第 154 页。

② 张岱年：《张岱年全集》第 1 卷，第 250 页。

“同”的观点，的确是“文化之实相”。我认为，迄今为止，尚无其他的观点能过之，这仍是一个对文化的最深刻、最全面、最正确的见解。若要对文化有一个大致正确的认识，或者说对文化的发展有一个大致正确的方向，那么，这几个方面都缺一不可。盖有“分”而无“整”，则对中国文化的系统性缺乏认识；有“整”而无“分”，则中国古代文化只能保持原样，或只能全盘接受西方文化；有“常”而无“变”，则中国古代文化亦只能保持原样；有“变”而无“常”，则不能传承和弘扬中国文化的优秀传统；有“同”而无“异”，则否认了中国文化的民族特色；有“异”而无“同”，则把中西文化绝对对立起来，二者之间不能相互交流。这几种倾向都是错误的。

张先生在20世纪30年代提出的文化的“创造的综合”，以及他在晚年提出的“文化综合创新论”[①],实际上都是立足于这一文化的辩证发展观。如他在晚年所作《中国文化的历史传统及其更新》一文中讲“文化发展的基本规律”，第一条是“民族文化的积累性与变革性”[②]，此即文化的“变”与“常”的观点；第二条是“民族文化的共同性和矛盾性”[③]，此即文化的“整”与“分”的观点;第三条是“民族文化的交流和民族的主体意识”[④],又在《关于文化问题》一文中说“中西文化的异同都是相对的……现在讲中西文化的异同，既要注意相异之处，也要注意相同之处，异中有同，同中有异”[⑤]，此即文化的“异”与“同”的观点。

张先生在晚年所作《文化体系及其改造》一文中讲“文化的体系及其层次”，然后讲“文化体系内部的各种联系”，而在各种联系中，文化各元素之间“有可分离的关系和不可分离的关系，有相容的关系和不相容的关系”。[⑥]此中所讲的“不可分离的关系”，就是在《西化与创造》

---

① 张岱年:《张岱年全集》第6卷，第252页。
② 张岱年:《张岱年全集》第6卷，第165页。
③ 张岱年:《张岱年全集》第6卷，第165页。
④ 张岱年:《张岱年全集》第6卷，第166页。
⑤ 张岱年:《张岱年全集》第6卷，第187页。
⑥ 张岱年:《张岱年全集》第6卷，第450页。

一文中所说“有些要素有必然关系，必须并取”；而“可分离的关系”，就是在《西化与创造》一文中所说“有些要素则无必然关系，却可取此舍彼”。[①]张先生举例说，科学与思想自由是不可分离的，故而二者必须并取；而科学与基督教是可分离的，故而可取此舍彼。关于“相容的关系和不相容的关系”，张先生举例说，平等思想与等级思想是不相容的，思想自由与专制主义也是不相容的，过去我们认为社会主义与市场经济不相容，而“事实证明，二者是相容的”，“儒家思想中有跟经济发展相容的部分，也有不相容的部分”。[②]作出这些分析，实际上就是关于文化之“整”与“分”的理论展开，其与文化的“变”与“常”、“异”与“同”的观点一起，构成了张先生晚年的“文化综合创新论”的理论基础。

在张先生的文化观中，解析（分析）与综合的统一仍是重要的特色。盖无解析则无以综合，无综合则无以创新，这对于当今如何认识文化的“古今中西”的关系，如何既坚持文化的民族主体性，又要使中国文化适应世界普遍潮流的现代性，如何实现中国传统文化的创造性转化、创新性发展，“不忘本来，吸收外来，开创未来”，仍具有重要的理论意义和现实意义。

（原载《中国哲学史》2020年第1期）

---

① 张岱年:《张岱年全集》第1卷，第249—250页。

② 张岱年:《张岱年全集》第6卷，第450—451页。

现代易学之“不占”

——读朱伯崑先生的《易学哲学史》

一

《周易》史称“人更四圣，世历三古”，为儒学“群经之首”，为玄学“三玄”之一。这些都为《周易》蒙上了一层神秘、神圣和玄奥的色彩。正因其如此，《周易》在中国传统文化和哲学中占有极其重要的地位。《周易》本为卜筮之书，按照“人更四圣”或“人更三圣”之说，其初成于伏羲之世，再成于殷周之际，这种原始性质的《周易》在春秋以降乃至秦以后的中国世俗社会中也一直延续，而且时至今日仍有余风转盛之势。对《周易》进行哲理意义的研究，始自春秋时期。“孔子晚而喜《易》”，“读《易》韦编三绝”（《史记·孔子世家》），孔子论其研究《周易》曰：“不占而已矣”（《论语·八佾》）。《周易》从占筮之书，到孔子时发展为“不占”的哲理之书，这不仅是一部文化典籍的性质上的飞跃，而且标志着中国传统文化从三代时期以神学为主导的世界观发展到春秋之后以哲学世界观为指导的一种转型。

自春秋时期始，对《周易》进行的种种理论性的解释，形成了中国古代的“易学”。而易学中讲“天”（自然、宇宙）“人”（人生、社会）一般规律以及如何“知天”“知人”的内容，即为中国古代的“易学哲学”。正如一般而言，哲学是思想文化的核心部分，那么，易学哲学也正是易学的核心部分。历数中国古代的重要哲学家，他们大多与《周易》有着密切的关系，他们的哲学著作或是使用了《周易》的概念、范畴、命题和象数、义理的思维形式来建构理论体系，或本身就是《周易》的传、说、注、疏形态。因而，易学哲学实乃中国传统哲学的最重要的或基本的一部分内容。

晚清以后，由于西方列强的入侵、西方文化的介入，中国社会和中国文化面临着数千年未有之“变局”，中国社会和中国文化经历着从古代到现代的新的转型。在新的社会环境和新的思想方法指导下，《周易》研究从中国古代的易学进入了中国现代的易学，在中国传统的经学史研究、诸子学研究、学术史研究中也衍生出了中国哲学史的研究。然而，由于种种原因，迄至20世纪70年代末，中国学术界尚未有系统的易学史的专著问世，而在中国哲学史研究中，则一直存在着脱离易学发展的历史及其自身的问题，因而不能揭示和体现中国传统哲学特有的思维形式、理论内容及其发展规律的倾向。

进入80年代后，随着政治、经济和思想领域的拨乱反正、改革开放，中国学术界逐渐兴起了“文化热”，而中国哲学史的研究也进入了一个新时期。在此期间，“周易热”作为“文化热”的一部分也悄然兴起。在“周易热”中，出现了一批开现代易学研究之新面的严谨的高水平的论文和著作，但同时也出现了将《周易》之占术同现代经济生活和科学技术（如现代数学与计算机技术）结合在一起的所谓“周易预测学”“周易命相学”等现代迷信。这不足为怪，因为在中国传统文化中本就有“占”为主导和“不占”为主导的两个大的文化时期，春秋之后虽然“不占”是精英文化的主要方面，但“以神道设教”或“以筮设教”也是精英文化中的一部分内容，此即更明确讲出“善为易者不占”（《荀子·大略》）的荀子所谓“卜筮然后决大事，非以为得求也，以文之也，故君子以为文，而百姓以为神”（《荀子·天论》）。实际上，“以为神”的不仅是百姓，就是君王、贵族、官吏又何尝不“占”，而且它也多多少少地影响着中国传统精英文化的载体——士大夫阶层。“占”与“不占”是中华民族的两种文化积淀，如同现代西方人仍有对“上帝”之信仰，今日之中国人也还不能根除“占”，而且在“占”之迷信逐渐淡化后，其作为一种“生活的艺术”也可能会长期延续下去。尽管如此，荀子所谓“以为文则吉，以为神则凶”（《荀子·天论》），在现代仍有重要的现实意义。在中国的现代化需要建构新的文化、创造新的思维方式、昌明现代科学技术的重要历史时期，我们不能听任现代迷信泛滥，我们应继承和发扬中国文化之“不占”的传统，并且使其跃升到中国现代文化的新的高度。

在 80 年代以后出现的易学研究论著中，朱伯崑先生的《易学哲学史》堪称现代易学研究的典范。他自 1981 年为研究生讲授“易学哲学史”，随后有四卷本的《易学哲学史》问世。朱先生在此书的“前言”中说：“易学哲学史研究的对象，是历代易学中的理论思维并由此而形成的哲学体系发展的历史，它是哲学史的分支，具有专题史的性质。”“《周易》这部古老的典籍，其形成出于占筮的迷信……占术并不是易学……易学在其发展的过程中，逐步打破了迷信的领域，其对《周易》所作的理论上的解释，终于发展为一种哲学的世界观。……这种哲学的世界观，集中到一点，是以阴阳变易的法则说明一切事物。”“中国人的理论思维水平，在同西方的哲学接触以前，主要是通过对《周易》的研究，得到锻炼和提高的。……总结其理论思维的经验教训，锻炼我们的思维能力，这对发展科学的世界观和方法论，使其具有民族的形式和中国特色都有重要意义。”① 我想，如果用一句话简明地概括朱先生《易学哲学史》的特点，那么亦可谓“不占而已矣”。当然，作为现代易学的“不占”，既有着对传统易学之“不占”的继承，又有着现代易学之“不占”的新的飞跃。

我在 1981—1984 年读研究生期间，曾亲炙于朱先生“易学哲学史”

① 朱伯崑：《易学哲学史》，北京大学出版社 1986 年版，上册，第 2、3、4 页。

的讲授，当时虽学到了不少知识，但因文化基础薄弱，故领会不深；毕业后，虽有时翻检朱先生的《易学哲学史》上、中两册，但也未能深入。近期，我在重新拜读了《易学哲学史》上、中两册，并且续读了其三、四两卷后，于是觉认识有所提高，从中得到许多启示。我本想从《周易》及易学的性质和易学与中国传统哲学的关系谈两方面的体会，但限于论文的篇幅，在此只谈前一方面的体会，后一方面则另写他文。

二

现代易学对《周易》性质的认识，显然要从《周易》之经、传的“分家”讲起。如朱先生所说：“以传解经，经传不分，认为经和传是一个完整体系……这种观念，支配整个封建时代的易学史。……到近人研究《周易》，方突破儒家经师的正统观念，提出经传分家，以经解经，以传解传，从而对《周易》的注解作出新的贡献。”①

在中国传统的经学体系中，《周易》之古经与所传孔子所作的“十翼”（即《易传》）都处于“经”的地位。最初否认“十翼”为孔子所作的是宋代的欧阳修，他只肯定《彖》《象》二传是孔子所作，而认为《系辞》等传非出于孔子，亦非一人之作。他提出的理由是：《系辞》等传“繁衍丛脞”“自相乖戾”（《易童子问》卷下），即从文本之重复杂乱和自相矛盾上否认其出于孔子。欧阳修在此使用了逻辑的标准，打破了两汉以来孔子作“十翼”的正统观念。这一具有超前意义的理性主义的闪光，在中国古代易学史上是值得大书一笔的。

最先明确“《易》本卜筮之书”，并且将伏羲之易，文王、周公之易

① 朱伯崑：《易学哲学史》，上册，第51页。

和孔子之易区分开来的是宋代理学之大成者朱熹。他认为，伏羲之易和文王、周公之易“只是为占筮设”，“到孔子方始说从义理上去”（《语类》卷六十六）。这种区分已经被朱先生等现代易学研究者所充分肯定和吸取。然而，朱熹又有“四圣一心”（《朱文公文集·易五赞》）之说，他认为“圣人之蕴，因卦以发”，“方其（伏羲）初画也，未有乾四德意思，到孔子始推出来”，“然文王、孔子虽能推出意思，而其道理亦不出伏羲始画之中，故谓之蕴”。（《语类》卷九十四）这样，虽然“《易》本卜筮之书”，但此卜筮之书中又蕴含了微言大义，即以后儒家的义理。朱熹对《周易》经、传的区分，实际上只赋予了对经、传分别注疏的意义，而在义理层面，经、传又有着“蕴含”和“推出”的关系。这当然是被朱熹既是一个历史文献学家，又是一个对“理”持超历史的绝对主义观念的哲学家所决定的。①

朱熹还主张将后人之解易与孔子之易区分开来。他说：“孔子之易，非文王之易；文王之易，非伏羲之易；伊川易传又自是程氏之易也。”“须是将伏羲画底卦做一样看……孔子说底做一样看，王辅嗣、伊川说底各做一样看。”（《语类》卷六十七）朱熹的这一区分，无疑也是对传统注解的一大突破。更为难得的是，朱熹认为后人解易“虽一时有与经意稍远，然其说底自是一说，自有用处，不可废也”（《语类》卷七十六）。在这里，朱熹似乎为易学史上的各家易说也赋予了其不同于“四圣”之易的历史价值；但从“圣人之蕴，因卦以发”来考虑，这种价值的真实含义恐怕还是在于各家易说虽然“一时与经意稍远”，但毕竟是说出了伏羲卦画中本已蕴含着的一部分或某种程度的道理。

概言之，朱熹对《周易》经、传、说的区分打破了三者为一体的易学体系，这可以说是易学史上一次前无古人的“解构”。但是，朱熹的“解构”显然是很不彻底的，有着他所处时代的和其理学自身的历史局限性。“如为了说明筮法和卦画的起源，他肯定了图书学派的河洛图式和邵雍的先天图式为伏羲时代的产物，从而遭到明末清初易学家的责

---

① 参见朱伯崑《易学哲学史》，北京大学出版社 1988 年版，中册，第 443 页。

难。其对卦爻辞字义的解释，也未摆脱传统旧注的影响，仍认为卦爻辞同卦爻象存在着逻辑的联系，并以《彖》《象》和程氏易提出的体例解释其间的联系。”①

朱熹对经、传、说三者一体的易学体系之“解构”的不彻底性，正是现代易学研究所要完成的。关于经、传之区分，以及经并非出于伏羲、文王、周公，其卦爻辞本是筮辞的选编，因而与卦爻象不存在必然的逻辑联系，近人顾颉刚先生等已经作出了令人信服的考证和论证。朱先生在继承这方面成果的同时，又提出了一些发前人所未发的新说。如关于占筮和龟卜的比较，朱先生说：“从殷人的龟卜到周人的占筮，是一个发展的过程……同是迷信，二者相比，有两点不同。其一，钻龟取象，其裂痕是自然成文，而卦象是手数蓍草之数，按规定的变异法则推衍而成。前者出于自然，后者靠人为的推算。其二，龟象形成后，便不可改易，卜者即其文，便可断其吉凶。但卦象形成后，要经过对卦象的种种分析，甚至逻辑上的推衍，方能引出吉凶的判断，同观察龟兆相比，又具有较大的灵活性和更多的思想性。……由于《周易》的筮法，重视数的推算和对卦象的分析，总之，重视人的思维能力，所以后来从《周易》中，终于导出哲学体系，而龟卜始终停留在迷信的阶段，逐渐被人们所抛弃。”②再如关于卦爻辞中的世界观，朱先生一方面指出“《周易》相信天神和人鬼可以左右和启示人的命运，有神论是这部典籍的主导思想”。另一方面又概括出了在周初社会文化环境下产生的《周易》，其世界观有三个特点，即：“其一，认为天道和人事具有一致性”；“其二，认为人的生活遭遇可以转化”；“其三，认为人事之吉凶，对人有劝诫意义”。朱先生说：“这三点，对后来易学的发展起了深刻的影响。《周易》被认为是讲天人之道即世界根本原理的学问，被认为是讲事物变易法则的学问，被认为是讲人生修养的典籍，都是从这三点中推衍出来的。”③我认为，朱先生的这些论述，既是对传统易学体系的“解构”，

① 朱伯崑：《易学哲学史》，北京大学出版社1988年版，中册，第440页。

② 朱伯崑：《易学哲学史》，上册，第5页。

③ 朱伯崑：《易学哲学史》，上册，第15—18页。

又是对现代《易经》研究的“建构”；既继承了疑古派的学术成果，又给被疑古派所“证伪”了的神圣经典以其本该有的历史地位。唯其如此，《周易》这部卜筮之书后来发展为易学哲学的蓝本，才成为顺理成章的事。只有新的“建构”，才是对旧体系的彻底的“解构”；只有给其本该有的历史地位，才是对其超历史的神圣性的真正的“证伪”。

关于《易传》与《易经》的联系和区别，朱先生说：“《易传》虽然是哲学著作，但它毕竟是解释《周易》和筮法的，又同占筮有着密切联系。《易传》中有两套语言：一是关于占筮的语言，一是哲学语言。有些辞句只是解释筮法，有些辞句是作者用来论述自己的哲学观点，有些辞句二者兼而有之。”[①] 这里提出的“两套语言”之说，继承和发展了顾炎武所谓“圣人立言取譬”（《日知录·卦爻外无别象》）的思想，不仅确认了《易传》是哲学著作，而且指明了这部哲学著作的最大特点；不仅提供了研究《易传》，而且提供了研究其后易学的一个基本的方法论。

关于《易传》之后各家各派的易说或易学，朱先生说：“每一个时代的易学及其哲学，都是那个时代的历史产物，反映了该时代的精神面貌。……各派的易学所以作出不同的解释，是同易学家所处的社会制度和社会地位以及所受的文化思想教育分不开的，这是意识形态发展的一般规律。……研究易学哲学史必须打破旧的经学史家从卫护周孔之道的立场评论各派易学的陈腐观念，要将各派的易学及其哲学放在其所处的历史条件下去考察，以历史唯物主义的态度评判各家的理论。”[②] 我想，朱先生的《易学哲学史》之所以超迈前贤，达到了现代易学之“不占”的新的高度，最根本的是他坚持了历史唯物主义的态度。也正是唯其如此，朱先生不仅上承朱熹，赋予易学史上各家各派的易说以自身的历史价值，而且解构了朱熹所谓“四圣一心”，“圣人之蕴，因卦以发”的思想局限。也正是站在这一现代易学的高度，朱先生的《易学哲学史》不仅考镜《周易》之经、传、说的历史源流和逻辑发展，而且平章了易学

---

① 朱伯崑：《易学哲学史》，上册，第 52 页。

② 朱伯崑：《易学哲学史》，上册，第 9 页。

史上千古不绝的“象数”与“义理”之争。

关于象数与义理，明末的方以智曾说：“学易家或凿象数以言占，或废象数而言理，岂观其通而知时义者哉！”（《时论后跋》）清乾嘉时期的崔述也曾说：“《易》虽以义为归，然义皆由象数而起。遗象数而言易，故未有以见其必然而不可易也。”（《易卦次图说》）方、崔之说都强调了象数与义理的联系，既反对遗义理而凿象数，也反对废象数而言义理，可谓立论公允。朱先生在评论易学史上的象数学派和义理学派时，一方面继承了方、崔之说，从《周易》和易学自身的特点上强调了象数与义理不可偏废；另一方面更主要从理论思维发展的一般规律和象数学派与义理学派各具理论思维的特色上，分别赋予其应有的历史地位。

汉代的象数之学反映了汉代哲学更注重宇宙论和天道观（用天道观以研究天文历法，并讲天人感应）的思维特色，其偏失及其向魏晋玄学义理的转化，正如王弼所说：“或者定马于乾，案文责卦，有马无乾，则伪说滋漫，难可纪矣。互体不足，遂及卦变，变又不足，推致五行。一失其原，巧愈弥甚。纵复或值，而义无所取。盖存象忘意之由也。忘象以求其意，义斯见矣。”（《周易略例》）王弼的易学，一扫汉代的象数，提出“忘象以求其意”，而其“意”也并非《周易》之原，不过是借对《周易》的诠释而发挥出玄学的义理。从思维特色上说，王弼的易学更偏重于本体论，而且更主要是用《周易》来“释人事”（李鼎祚《周易集解序》）。王弼易学的特色，在宋代被程颐摈弃周敦颐、刘牧、邵雍的象数之学而提出“有理而后有象”“因象以明理”所重复；当然，程氏所言之“理”，既非《周易》之原，亦非玄学之理，而是宋代新儒学的理学之“理”。

南宋以降，因朱熹将“图书学派”的河洛图式和邵雍的先天图式收入其《易学启蒙》和《周易本义》，河洛图书、先天之易与程氏义理的结合先是成为元明两代官方正统的易学，而后又遭到明末以后众多易学家的激烈反驳和证伪。河洛图书、先天之易出于陈抟道教系统，被刘牧、邵雍、蔡元定等人所发挥，而并非《周易》经传之本源，经过黄宗羲、黄宗炎和毛奇龄、李塨等人的考证、辩驳，其“伪”已成为易学史上的定案。然而，朱先生在肯定黄氏兄弟和毛、李等人的考辨之功时，也指出了他们不承认宋易象数之学在易学史上的地位，特别是其在理论思维方面的贡献，这也是“一种门户之见”①。

《周易》之本源，首先是卦爻和揲蓍的象数，其中含有奇偶对立和排列组合的义理；而后系之以卦爻辞，从而增加了其义理的含量；再后至战国时期的《易传》，使用了占筮和哲学的“两套语言”，并且内含了取象说和取义说两个方面；进入两汉经学时期，于是有象数之学成为易学的主流，进而出现“互体不足，遂及卦变，变又不足，推致五行……巧愈弥甚”的情况；魏晋南北朝时期，玄学家援老入易，贵无贱有，崇简黜繁，贬象数而申玄理；唐代的孔疏偏重义理而兼及象数，李鼎祚《周易集解》则偏重象数而兼及义理，二者都反映出儒家易学复兴的趋势；至宋初，从汉代魏伯阳《周易参同契》建立的道教易学系统传续到陈抟，于是转生出周敦颐、刘牧、邵雍等人的新儒家象数之学，二程和张载的易学则偏重义理，至朱熹始将周、邵的图式与程、张的义理相结合；延至明末清初，遂有许多易学家从事于对这种结合的解构。

在以往的易学史研究，特别是有关易学史的中国哲学史研究中，一般都重视义理学派，而对汉易和宋易的象数之学则尽量简弃。许多研究者将义理视为精华、根本，而将象数视为芜枝、末术。现在检讨起来，不免有本末倒置之弊，因为许多易学家或易学哲学家的义理本是以对筮法、象数的解释为基础的；更不免有得此失彼之亏，因为象数之学无论从理论思维还是从文化功能上说，都有其自身的特色和价值。

如果说象数之学偏重于讲宇宙论和天道观，那么从哲学与科学技术的关系上说，象数之学实际上是中国古代科学技术的主要的理论基础。象数之学与中国古代天文学、气象学、医药学、化学（炼丹术）等等的结合，都可以说明这一点。梁漱溟先生在《东西文化及其哲学》一书中说，一种文化是一个民族生活的“样法”；西方的科学哲学家库恩（T. S. Kuhn）在《科学革命的结构》一书中提出，在科学发展的历程上存

---

① 朱伯崑:《易学哲学史》第4卷，华夏出版社1995年版，第256、275页。

在着不同的"范式"（paradigm）以及在科学革命的阶段旧范式被新范式所取代。我认为，文化的"样法"说可以狭义化为科学的"范式"，而科学的"范式"说也可广义化为文化的"样法"。以"八卦"或"阴阳—五行"为基本结构的象数之学是中国传统文化及其哲学的一个组成部分，它实际上是中国古代科学技术的一个"样法"或"范式"。"范式"居于一种科学技术形态的核心部分，象数之学与中国古代科学技术的关系就是如此。

当一种相对稳定的范式与发展着的观测经验出现不符合的情况时，双方可以进行调整以缓和矛盾；我想，这正是象数之学损益发展的一个动因（另一个重要动因是象数之学不断地追求象数与卦爻辞、《易传》和各种易说之义理的相符合）。当一种范式与观测经验的矛盾达到危机的程度时，就有可能引起范式的解构和变革。我们从中国古代关于易历相通和易历相分的争论中，可以窥见范式与观测经验的相互协调与矛盾冲突；也可以说，在中国古代存在着更注重象数模式和更注重观测经验的两种科学范式（亦可谓先验论与反映论之争）。从一定意义上说，邵雍的先天易学之失，在于其机械地运用"一分为二"法，以此构造宇宙历史年表，达到"易与天地准"，这实际上使其象数模式成为不顾观测经验而主要靠数理形式逻辑推衍的一个先验的死套。在北宋以后的易学家中，叶适和王廷相的易学突出地反映了他们更注重观测经验并且力求解构"阴阳—五行"范式的努力。而明末清初方以智和王夫之的易学，则把中国古代的象数之学和义理之学发展到了高峰，标志着其终结。顾炎武、黄宗羲、颜元和李塨等人力倡"经世致用"和注重经义考据训诂的"实学"，不仅标志着中国古代科学范式而且标志着中国古代文化范式正在经历着一场变革或革命，梁启超在《清代学术概论》中所说的"以复古求解放"并非都是夸张比附之词。然而，在清政权的文化高压下，乾嘉学派完全陷入故纸堆中——亦如梁启超所说"只算学得半个亭林罢了"[①]——外部的观测经验被阻断，只靠对两汉和先秦典籍的"复

① 梁启超:《中国近三百年学术史》，中华书局 1936 年版，第 60 页。

古”是不能实现科学范式和文化范式的变革的。

西方近代的科学范式主要是由源于古希腊的形式逻辑系统和文艺复兴后兴起的实证精神组合而成的。欧几里得几何学可以说是西方形式逻辑系统的象数之学。欧氏几何是纯形式的系统，它在西方古代曾被作为哲学工夫的基础训练教材，在近代也曾被用于人文理论的研究，但其更多的是用于自然科学。中国古代的《周易》系统，从其本源是由奇偶卦爻的对立和排列组合而形成的八卦以及两卦相重而形成的六十四卦来说，我认为，其本质上是以辩证逻辑思维为主而又兼含形式逻辑思维的一个形式系统，《易经》中的筮法义理和《易传》及以后各家易说中的哲学（天人之学）义理都是后来逐渐加进去的。叶适在批评卦画起源于揲蓍之说时指出："按易之始，有三（爻）而已，自然而成八（卦）；有六（爻）而已，自然而成六十四（卦）。一成一反，象类晓然而名义出焉，非四十九所能用，非挂非归非再扐所能通也。然则自乾而至未济，皆已具矣，已具则必有起数，故筮人为是以起之……此易之浅事也。易成在先，卦起在后，今传之言若是，是不知易之所以成也，而即以筮人之所起者为易，无或乎易道之不章也。"（《习学记言·周易四》）叶适认为，《周易》系统是卦画在先，而后用之于占筮，成为《易》之书，这是一种深刻、卓越的见解。至于《易传》提出的天地人“三材之道”，叶适也同样认为："易之既成，则固备乎天地与人矣，而其始之所以作，则不必备也。原其始者莫著乎画，传者徒杂而言之，宜其晦而不明欤！"（《习学记言·周易四》）这就是说，易之系统提供了讲天地人“三材之道”的形式条件（《周易》系统及其在中国古代作用之伟大，在于此），而易之始只是卦画的形式系统，“三材之道”是后人“杂而言之”加进去的。

自从《易传》将“三材之道”加入易之系统后，《周易》就成为讲天人哲理的书，于是“易与天地准”“弥纶天地之道”“范围天地之化而不过”“知周乎万物而道济天下”。这样，《周易》就被看作囊括了宇宙普遍绝对真理的书。[1]叶适所谓“易道之不章”“晦而不明”，我想主要就是指此。

若使“易道”彰明起来，我认为，现在应该明确:《周易》系统本质上是以辩证逻辑思维为主而又兼含形式逻辑思维的一个“空”的形式系统。这样，我们既可以肯定这个形式系统在中国古代所发挥的逻辑思维的指导作用，又可以肯定它在现代也仍有逻辑思维指导的价值；更为重要的是，我们就不再把《周易》看作囊括了宇宙普遍绝对真理的圣书。

朱熹曾经说:“若易只是个空底物事”，“只是空说个道理”，“未有是事，预先说是理，故包括尽许多道理”(《语类》卷六十六、六十七)。朱熹所谓“空”，似乎接近于把易看作一个“空”的系统，但实际上他只是指“事”之空，而没有“空”掉他的理学之“理”。正如他在《易九赞·警学》中所说:“理定既实，事来尚虚。用应始有，体该本无。稽实待虚，存体应用。执古御今，由静制动。洁净精微，是之谓易。”他仍然把其理学之“理”看作是《周易》中所“定”“实”的。

现在，我们从逻辑思维形式上“定”《周易》系统为“空”，则理学之“理”以及玄学之“理”等等已是哲学史上的内容，而《周易》系统仍可作为现代人的一个思维形式系统而发挥作用。不过，我们第一，不要把它看作囊括了宇宙普遍绝对真理的神圣系统(《周易》并非如某些现代研究者所说的是宇宙的“全息”图)；第二，我们若要发挥《周易》系统以辩证思维为主的优越性，就应牢记现代辩证法的首要因素就是“观察的客观性”[2],辩证法如果脱离了科学的实证精神,那么就会成为一种现代的迷信；第三,《周易》系统绝非现代人的唯一可以使用的可以解决一切问题的形式系统，它与其他形式系统的关系问题，以及它自身所包含的辩证逻辑与形式逻辑的关系问题，是有待于现代人正确处理和解决的。

在现代易学研究中，有些学者热衷于构造新的图式来解释《周易》经、传，动辄云“揭开了千古奥秘”，这正如朱先生所说:“用近代的数理

---

① 参见朱伯崑《易学哲学史》，北京大学出版社 1986 年版，上册，第 104—105 页。

② 列宁:《哲学笔记》，人民出版社 1974 年版，第 238 页。

逻辑解释六十四卦的构成，可以称之为当代易学，未必就是《周易》原来的‘奥秘’。”[①] 有些现代科学家、实业家将《周易》系统用之于科学研究、企业管理，这是应该予以肯定的，也是已经或有望取得成就的；但若像有些学者那样，热衷于将近代以来的发明创造一个个纳入《周易》系统，则其理论价值是微小的，这正如王夫之在讲到易理与历法的关系时所说：“盖历者，象数已然之迹，而非阴阳往来之神也，故一行智而京房迷矣。”（《周易外传·系辞上》）近些年来，不少学者夸耀邵雍的先天图式“启发”了莱布尼茨而发明了二进制，将《周易》说成电子计算机的“滥觞”。而另有一些学者则考证，实际上是莱氏先已有了二进制的思想，而后看出了邵雍的先天图式与之相通。朱先生在分析邵雍的“六十四卦圆图”时说：“此种进位的顺序，与数学中的二进位的顺序正相反。邵雍认为，此顺序只能从右到左……邵雍的八卦横图和圆图，都是讲卦气说，并非讲数学上的二进位制，虽然，从左到右看，与二进位的顺序是一致的。”[②] 卦气说与二进制确有“一致”之处，但二者的顺序相反，这种“一致”只有西方近代的莱布尼茨看到了，而中国古人却沉迷数千年，没有发明二进制，我们的长处是发明了算盘，但没有发明电子计算机。这足可以引起我们反思历史的理论思维的教训，而没有值得我们今人夸耀的。

先天图式与二进制的关系，类似于中国古代发明了火药，用于燃放爆竹，而西方人用火药来造枪炮。西方人用枪炮轰开了中世纪封建专制的堡垒，继而又用枪炮轰开了中国万里长城的大门，陷我几万万同胞于西方列强的宰割、欺凌之下。这不应引起我们的反思而总结历史的教训吗？如果中国人的发明，都像火药那样，使人取我之长，而我则陷于落后、挨打的境地，那中国人就太悲惨了。古圣人云“精义入神”“利用安身”“开物成务”“道济天下”，其本意岂如是哉！

（原载《中国传统哲学新论——朱伯崑教授七十五寿辰纪念文集》，九洲图书出版社 1999 年版）

① 朱伯崑：《易学哲学史》，上册，第 11 页。

② 朱伯崑：《易学哲学史》，中册，第 143—144 页。

从《易学哲学史》看当前中国哲学史研究

朱伯崑先生自1981年为研究生讲授“易学哲学史”课程，以后陆续有四卷本的《易学哲学史》面世。前段时间，我重新拜读了《易学哲学史》的上、中两册（北京大学出版社1986、1988年版），又续读了其三、四两卷（华夏出版社1995年版），觉对《周易》和易学性质的认识比以前有所提高，从中得到许多启示，遂以《现代易学之“不占”》为题写下一些感想。当时本欲就易学史与中国传统哲学的关系再谈些体会，但因篇幅和时间所限，暂付阙如。本文即试图弥补此遗憾。

一

朱先生在《易学哲学史》的“前言”中说：“一般的哲学史的著作，对易学中的哲学也有所论述，但由于受到其自身体裁的局限，总的说来，是脱离易学发展的历史，脱离易学自身的问题，讲其哲学思想，没有揭示出其哲学同易学的内在联系。”“中国人的理论思维水平，在同西方的哲学接触以前，主要是通过对《周易》的研究，得到锻炼和提高的。”“研究易学哲学史，如果看不到其自身的特点，脱离筮法，孤立地总结其理论思维的内容，抽象地探讨两条思维路线的斗争，不去揭示易学哲学发展过程中的特殊矛盾，其结果对易学哲学的研究，不仅流于一般化，而且容易将古代的理论现代化。”[①] 我认为，这里提出的问题是很应引起重视的。

第一，关于易学史在中国哲学史中的地位问题

一般而言，哲学史就是理论思维的认识史。朱先生说，中国古人的理论思维水平主要是通过对《周易》的研究而得到锻炼和提高的。我想，这是可以得到多数研究者认同的一个事实判断。既然如此，那么易学史本应在中国哲学史的著作中占有重要的基础的地位。然而，现有的一般的中国哲学史著作，确实存在着“脱离易学发展的历史，脱离易学自身的问题”，讲中国的哲学思想，却没有揭示出其与易学的内在联系这样一种普遍的倾向。朱先生认为，这是由于受到了一般的哲学史著作“自身体裁”的局限。现在应该反思的是，中国哲学史著作是否应该套用一般的或西方的哲学史著作体裁？或者说，中国哲学史著作是否应该创造出更能反映中国哲学自身特点和发展规律的特殊的体裁？近二十年的中国哲学史研究，一个很大的突破就是不再简单地套用西方哲学的发展模式，而更重视反映中国哲学自身的特点和发展规律。如果循此突破之后新的研究发展方向，那么中国哲学史著作当然应该创造出自己特殊的体裁。我想，这种新的体裁应该能够比较充分地反映易学史在中国哲学史中的基础地位，密切联系易学发展的历史和易学自身的问题，比较充分地揭示出中国哲学与易学的内在联系。

第二，关于易学哲学史（著作）与中国哲学史（著作）的关系

朱先生说：“易学哲学史所研究的对象，是历代易学中的理论思维并由此而形成的哲学体系发展的历史，它是哲学史的分支，具有专题史的性质。”[②] 易学哲学史作为中国哲学史的分支或专题史，它应该充分研

---

① 朱伯崑：《易学哲学史》，北京大学出版社 1986 年版，上册，第 2、4、8 页。

② 朱伯崑：《易学哲学史》，上册，第 2—3 页。

究和展示“易学中的理论思维并由此而形成的哲学体系发展的历史”。朱先生的《易学哲学史》确实是这样做的，其学术成就已经得到了易学界和中国哲学史学界的高度评价。一般的中国哲学史著作当然不需要像专题性的易学哲学史著作那样十分充分而详细地讲述易学中的哲学问题，但一般的中国哲学史著作，其所谓“一般”，不能成为脱离了易学发展的历史和易学自身的问题的“一般”。也就是说，它本应该反映作为它的一个分支或专题的易学哲学史的内容。而且，如果承认中国古人的理论思维水平主要是通过对《周易》的研究而得到锻炼和提高的，那么这种反映就应该是比较充分的反映。

第三，关于如何研究易学中的理论思维

此即如何体现易学哲学“自身的特点”，如何“揭示易学哲学发展过程中的特殊矛盾”，而不“流于一般化”。朱先生说：“易学哲学的发展，就其形式和内容说，都和易学自身问题的开展，特别是同占筮体例的解释紧密联系在一起，有其特有的理论思维发展的逻辑进程及其规律。”[①] 关于易学自身的问题，朱先生特别指出了对占筮体例的解释。我想，这不仅对于研究易学哲学史具有重要的方法论意义，而且对于一般的中国哲学史著作在涉及易学中的理论思维时往往脱离了筮法、象数来孤立地、抽象地讲其哲学内容，具有很强的针对性。《周易》本为卜筮之书，至春秋时期孔子提出，其研究《周易》“不占而已矣”（《论语·八佾》）。这样，就把《周易》转化成了讲天人哲理的书，以后的易学就是循此方向来阐释《周易》的。然而，受《周易》的基础文本（所谓《易经》）所限，不仅易学与占筮之术在中国历史上一直并行地、相互影响地发展，而且易学本身对《周易》的哲理阐释也是以对筮法、象数和筮辞（即卦爻辞）的解释为基础的。朱先生在讲到“《易传》中的哲学问题”时说：“《易传》中有两套语言，一是关于占筮的语言，一是哲学语言。有些辞句只是解释筮法，有些辞句是作者用来论述自己的哲

---

① 朱伯崑：《易学哲学史》，上册，第 2 页。

学观点，有些辞句二者兼而有之。”[①] 这里的“两套语言”之说，对于研究《易传》及其以后的易学具有重要的方法论意义。如果只讲其中的“哲学语言”，而将其“占筮的语言”作为糟粕而澄汰掉，那么就不能充分理解其“哲学语言”的本意和深意，以致对其作出“一般化”的或“现代化”的理解。《易传》对《易经》之卦爻象和卦爻辞的解释，存在着取象说和取义说两个方面，这在以后的易学发展中形成了旷日持久的象数学派和义理学派之争。如果将象数学派的“象数”作为糟粕而从中国哲学史著作中澄汰掉，那么义理学派的“义理”也就因失其对立面而其本意和深意不明，而且义理学派的发展逻辑和规律也会因失其发展的中介而黯然不彰。不幸的是，在以往的中国哲学史著作中，一般都重义理而轻象数，对义理学派的思想多有阐发，而对汉易和宋易的象数之学则尽量简弃。这是应该进行反省的，无论从象数之学作为易学发展中的一个重要方面或环节，还是从其作为中国古代科学技术的一个重要“范式”来说，以后的中国哲学史著作都应给予象数之学以应有的地位。

第四，关于《周易》之传、注、疏、说等著作形态作为中国哲学史的重要史料

一般而言，中国古代对《周易》的解释属于经学史的范围，《周易》之传、注、疏、说等著作形态便是经学史的史料。朱先生的《易学哲学史》是讲易学中的哲学问题，故理所当然地不仅把被称作“十翼”的《易传》，而且把京房《易传》、王弼《周易注》、孔颖达《疏》(《周易正义》)、程颐《易传》、张载《易说》、朱熹《周易本义》，乃至杨万里《易传》、杨简《易传》、叶适《习学记言》中的“周易一”至“周易四”、王夫之的《周易内传》和《外传》、黄宗羲的《易象数论》和黄宗炎的《图学辨惑》等等，都作为易学哲学史的重要史料。而一般的中国哲学史著作，讲被称作“十翼”的《易传》而很少讲京房《易传》、杨万里《易传》等，讲唐代的柳宗元、刘禹锡的哲学思想而很少讲孔颖达的《疏》，讲张载的《正蒙》而很少讲张载的《易说》，讲朱熹和陆九渊

① 朱伯崑:《易学哲学史》，上册，第 52 页。

的哲学思想而很少讲叶适对《周易》的阐释，由于把宋代图书学派的河洛图式和邵雍的先天图式剔除于哲学史的范围，则明清之际黄氏兄弟和毛奇龄、李塨等人的图学辨惑也就更无哲学史的意义。现在看来，这种对中国哲学史史料的轻重选择、弃取标准是很有局限性的，如果过分注重经学史和哲学史的史料区分，那么中国哲学史就必然缺少了一部分很重要的哲学内容和思想发展环节。

二

以上就如何处理易学史与中国哲学史的关系，从宏观上提出了四个方面的问题，以供学术界讨论。下面，我想就一些具体的问题谈谈自己的体会、理解，或者说，从《易学哲学史》中得到的启示。

1. 关于对中国传统哲学性质的理解

中国古无“哲学”之名，自中国近代与西方文化接触之后始逐渐将过去经学史、诸子学史等方面的一部分讲“义理”的内容归入“哲学史”的名下。如果用中国传统文化的术语来表称中国传统的哲学，那么我认为“天人之学”一词最为合适。司马迁所谓“究天人之际”，实际上是中国历代哲学家的思想主题；而他所谓“通古今之变”，一方面可主要用于表称中国传统的史学，另一方面其关于历史观的内容也可归入“天人之学”的人学的名下。在近二十年的中国哲学史研究中，由于愈来愈重视反映中国传统哲学的特殊性质，许多研究者对以往中国哲学史著作中关于自然观（或宇宙观）、人生观、方法论和认识论等“几大块”的区分表示不满；在这种不满之后，虽然一些新的内容被补充进来（如历史观、价值观的内容可归入人生观或人学的名下），但如何突破“几大块”的框架而又能比较全面地反映中国传统哲学的内容，迄今建树甚微。我认为，此中之原因盖由于中国传统哲学（天人之学）本就有天道观、人道观以及如何“知天”“知人”的致知论的框架。在此框架下，我们可以更深入、具体地探讨天道观、人道观等方面的实际内容，也可更注重探讨天道观与人道观等方面的密切联系（广义的“究天人之际”可用以概括整个“天人之学”，狭义的“究天人之际”即探究天道与人道之间的联系），但若试图完全突破天道观、人道观等“几大块”的框架，那么就有离“天人之学”的框架而论“天人之学”的内容之蔽了。

近些年有一种值得注意的倾向，即由于受某些现代新儒家的影响，中国哲学史研究愈来愈突出儒家之“人学”尤其是“心性之学”的内容。这对于按照西方哲学模式“一般化”地研究中国哲学史确有纠偏补正的作用，但若矫枉过正，将中国传统哲学的特质限定为“人学”或“心性之学”，取“天人之学”而代之，那么这也是陷于一偏的。

朱先生在讲到研究易学哲学史对于了解中国哲学的内容及其发展过程的必要性时说，中国古代哲学所依据的主要思想资料有四种类型，即《周易》《四书》《老子》《庄子》和佛教典籍。《周易》虽然是儒家的经书，并居群经之首，但其影响并不限于儒学的领域。其他系统的哲学，也不同程度上从《周易》的研究中吸取了对自己有用的东西。就儒家系统的哲学说，《四书》所讲的内容及其使用的术语和范畴，偏重于政治、道德问题，对自然观、宇宙观的论述比较缺少。“从《易传》开始，方为儒家哲学提供了一个较为全面但尚很粗糙的体系。汉朝以后，这一体系逐渐得到完善，到宋明时期发展到高峰。宋明道学作为中国古代哲学的一种形态，从周敦颐到朱熹，再到王夫之，就其哲学体系赖以出发的思想资料和理论思维形式说，是通过其易学而形成和发展起来的。……他们对哲学基本问题的回答，除王守仁的心学外，基本上来于易学哲学中的问题。他们都是宋明时期的著名易学家。那种把宋明道学视为‘人学’或‘仁学’，进而将中国哲学的特点简单地归结为伦理型的哲学，是由于没有看到或者忽视其易学在哲学体系中的地位而产生的一种片面的见解。历代易学哲学所讨论的问题，借中国古代哲学的术语说，既讲天道（指自然观、宇宙观），又讲人事（指政治、伦理生活），而以探讨事物发展的一般规律为中心。”[①] 显然，姑且不论道家、道教和佛教的哲学，仅就儒家系统的哲学说，对《四书》的研究偏重于讲人事，而易学哲学则既讲天道，又讲人事，是“天人之学”。那种把中国哲学的特质限定为“人学”或“心性之学”的观点，是有见于《四书》之学而无见于易学哲学，实际上是囿于陆王心学的一偏之论。

2. 关于中国哲学史上的哲学基本问题

近二十年的中国哲学史研究，是以突破日丹诺夫的哲学史定义为发展契机的。以往的简单、机械地套用唯物与唯心斗争的模式，到处给历史上的哲学家硬性地“戴帽子”“贴标签”，不加分析地进行褒贬抑扬，这的确是严重违背了中国哲学史的真实，也严重妨碍了人们从中国哲学史中吸取理论思维的经验教训。但是，在这方面也存在着矫枉过正的问题，即对“唯物”与“唯心”之争弃之如敝屣，根本否认中国哲学史上有两条思维路线的斗争，甚至只要一见“唯物”与“唯心”的字样，就动辄认为是沿袭了日丹诺夫的哲学史定义的旧模式。这样就出现了一种奇怪的现象：国内外一些学者（包括罗素、梯利等人）的西方哲学史著作和马克思主义哲学史著作等，可以讲唯物主义与唯心主义之争，而唯独中国哲学史著作讳言唯物与唯心。我认为，这也同样违背了中国哲学史的真实。

朱先生的《易学哲学史》是讲最具有中国哲学特色的易学中的哲学问题，而其中最具有易学特色的又是象数学派与义理学派之争。朱先生在分析这种派别之争时说：“象数学派的易学，如果置物象于第一位，其世界观则往往是唯物主义的；如果置奇偶之数于第一位，又通向了唯心主义。义理学派的易学，如果脱离或鄙视物象而谈易理，其哲学体系则通向唯心主义；如果在物象的基础上讲易理，则形成唯物主义体系。这是易学哲学自身所具有的理论思维发展的一种规律。”[②] 朱先生在具体分析《易传》的“易与天地准”思想时指出：此命题所讨论的主题

---

① 朱伯崑：《易学哲学史》，上册，第 4—5 页。
② 朱伯崑：《易学哲学史》，上册，第 7—8 页。

是《周易》卦爻象和客观世界的关系，这一问题的实质是主观和客观、思维和存在的关系。《易传》的作者认为，卦爻象出于对自然现象的摹写，其根源在于自然界。“这种观点，虽然很幼稚，但却是一种朴素的唯物主义观点……这是受了战国时代唯物主义思潮的影响。”但是，“易与天地准”还包含一种观点，即认为《周易》包容了世界的一切法则，圣人掌握了《周易》中的法则便可以“知周乎万物而道济天下”。“这又把《周易》和筮法视为绝对真理，又陷入了形而上学和唯心论。”[①]应该说，朱先生的这种分析是切合《易传》的思想实际的，没有任何的牵强附会。

朱先生又说：“‘易与天地准’这一命题，在易学史上的影响亦很大。对这一命题的理解，形成了不同的学派。一派认为，《周易》的法则是从自然界即天地之形体和阴阳二气中引出来的。一派则认为是从天地之数，阴阳之理，天地之心以及人心中引出来的。在哲学上围绕着世界及其规律的本原问题，展开了长期的论争。”[②]据此，朱先生重点分析了宋明哲学中的五大流派，认为：“一般说来，其对哲学基本问题的回答，理学派、数学派和心学派属于唯心主义阵营，而气学派和功利学派则属于唯物主义阵营。他们之间的斗争和影响，将我国古代哲学的发展推向了一个新的水平。”[③]

朱先生并没有讳言哲学基本问题或唯物与唯心之争。我认为，这里的关键是要对中国哲学史上的思想实际作实事求是的具体分析，既不要强行给中国哲学史上的思想家都戴上唯物或唯心的“帽子”（例如以前对老庄哲学性质的判定），又不要有意回避哲学基本问题，对哲学史上的这一思想实际视而不见，将唯物与唯心这一哲学分析的工具完全弃置不用。另外，我们在运用这一哲学分析的工具时，也不要抱有“成心”，不要脱离具体的思想实际而对唯物主义哲学家尽褒扬之能事，对唯心主义哲学家则过分贬抑。例如，我们在肯定荀子、张载是唯物主义哲学家

① 朱伯崑：《易学哲学史》，上册，第 104 页。

② 朱伯崑：《易学哲学史》，上册，第 104—105 页。

③ 朱伯崑：《易学哲学史》，北京大学出版社 1988 年版，中册，第 6 页。

时，还应分析他们的思想局限或缺陷（从总结思维教训上说，这可能更为重要）；在判定佛教哲学思想和陆王心学的思想属于唯心主义时，还应指出它们的合理方面以及它们对锻炼人们的理论思维所起的积极作用。只有这样，我们才能“度之以远事，验之以近物，参之以平心”（《荀子·大略》），吸取历史上理论思维的经验教训，提高今人的理论思维水平。

3. 关于“天人合一”与“明于天人之分”

中国传统哲学既然是“天人之学”，那么关于天人关系的理论当然是其中最重要的内容之一。在天人关系方面，中国传统哲学有一主要命题是“天人合一”，还有一反命题即“明于天人之分”。在近二十年的中哲史研究和中西文化比较的讨论中，“天人合一”在20世纪80年代常被误解为天人混沌或主客不分而受到贬抑，在90年代则愈来愈被赞誉为解决今日之生态环境危机的救世良方。我认为，这里的一个主要偏颇是笼统而随意地对“天人合一”作出解释，缺乏对“天人合一”的具体内容进行实事求是的分析。

朱先生在论述两宋时期的易学哲学思想时，对数学派、理学派、气学派和心学派的天人关系理论各有分析性和比较性的论述。他在指出杨简的“天人本一”说具有主观唯心主义的特色后说：“此种天人观，同数学派、理学派和气学派的观点是不同的。……如果说，四派的易学哲学都讲天人合一，但在如何理解天和人，如何理解合一的问题上却存在着分歧。此种分歧，就其理论思维说，不仅表现为唯物论和唯心论的对立，也表现为唯心主义内部不同派别的争议。那种笼统地，不加分析地将中国哲学的特色归之于‘一天人，合内外’的说法，是不能揭示出理论思维发展的规律的。”① 他在分析王夫之的“延天以祐人”思想时也指出：“（王夫之）依其气本论，区别了天道和人道，反对将人的意识特别是人的道德观念强加于天道，从而有力地打击了心学派的天人一本说。王夫之同张载一样，并不否认‘天人合一’这一命题。但在王氏看来，

① 朱伯崑：《易学哲学史》，中册，第556页。

所谓‘合一’，只意味着人道本于天德，而不是天道合于人道，如其所说‘君子以人合天，而不强天以从人’……这又一次表明，中国传统哲学的天人合一说存在着不同的思维路线。”① 显然，朱先生对“天人合一”命题的这种分析，要比笼统而随意地解释“天人合一”，更能反映中国哲学史的实际，也更能揭示理论思维发展的规律。

一般而言，“天人合一”命题是讲人与自然的关系的；但就“强天以从人”的特殊意义而言，其实质并非讲人与自然的关系。在“天人合一”的命题下，确实包含着解决今日生态环境危机的现实意义，但在作出这种评价时：不应笼统地、不加分析地讲“天人合一”；不应将“天人合一”与科学和认识论（如主客之分）对立起来。从中国哲学史的实际来说，“天人合一”与主客之分并不构成直接对立的关系，如张载、朱熹都讲“天人合一”，但他们对主客（“内外”或“主宾”）之分也有明确的论述，王夫之亦讲“天人合一”，而他对“能所之分”更为强调。从解决今日生态环境危机的现实来说，“天人合一”的环境意识如不与现代科学技术相结合，形成环境科学和技术，则解决环境问题终是一句空话。

朱先生指出：王夫之的“天人之辩实际上所讨论的是人和自然的关系”，其主要观点是，人是自然的产物，人不能违背自然的法则，但人类应该而且能够运用自己的聪明才智改变自然的现状，使其符合于人类的利益。“此种理论思维的特征是，人与自然并存，并且相资相济，共同发展。……王夫之关于人和自然的学说，是基于农业生产的要求而提出的……有其时代的局限。但其中包含的自然和人相互依存的观点，正在为现代的科学和人类生活环境面临的问题所证实，无疑是中华传统思维的精华之一，是值得继承和发展的。”② 我想，这样的评价既符合古人的思想实际，又揭示了其对于今人的现代价值。

“天人合一”命题与其反命题“明于天人之分”构成了中国传统哲

① 朱伯崑：《易学哲学史》第 4 卷，华夏出版社 1995 年版，第 220 页。

② 朱伯崑：《易学哲学史》第 4 卷，第 229—230 页。

学思想的一对内在矛盾。因“天人合一”命题包含着不同的哲学内容，所以“明于天人之分”亦是针对着某些或某种“天人合一”的特殊意义而发。例如，荀子提出“明于天人之分”，即是针对着老庄的“知屈而不知伸”“蔽于天而不知人”，阴阳五行家的天人感应和思孟学派的性天合一思想而发；柳宗元和刘禹锡的“天人不相预”思想，亦是针对着自董仲舒以来的天人灾异思想而发。宋明时期，道学中的数学派、理学派、气学派和心学派皆讲“天人合一”，而主张“明于天人之分”者，我以前较注重王廷相的“天有天之理，地有地之理，人有人之理，物有物之理……各各差别”（《雅述》上篇）之说，读朱先生对宋代功利学派之易学思想的论述后，始知王廷相对五行说的排斥和天人有分的思想承于叶适。叶适认为，以五行说易，始于刘向父子。他强调：“易不知书，书不知易，八卦取物之大者以义象，九畴兼政之细者以类行，当禹治六府、三事，不取诸八物，安在其相表里也？且此特刘歆之言尔，后世学者尊奉之无异于古文，因而推于天人之际，以伪缘伪，是乌能致其极也！”（《习学记言·汉书二》）他又说：“若夫星文之多，气候之杂，天不以命于人，而人皆以自命者求天，曰天有是命，则人有是事，此亦古圣贤所不道，而学为君子者所当阙也。”“天自有天道，人自有人道……若不尽人道而求备于天以齐之，必如景之象形，响之应声，求天甚详，责天愈急，而人道尽废矣。”（《习学记言·汉书二》）我认为，叶适在这里表述的“明于天人之分”的思想，作为宋代哲学中一个方面的内容和宋明哲学发展中的一个环节，是应引起重视的。

4. 关于儒、道、佛三教在哲学理论上的分野

在先秦时期的百家争鸣以后，中国传统文化主要是儒、道、佛三教的思想。此三教构成既相互对立，又相互吸收和互补的关系。近些年对三教关系的研究，比较注重其互补、统一的方面，而忽视其哲学理论上的分野。我认为，这也是不利于锻炼今人的理论思维能力的。

关于战国时期《易传》的学派归属问题，近年来有不少讨论。按朱先生所说，“儒家的伦理观念，道家和阴阳五行家的天道观，成了《易传》解易的指导思想。……《易传》的作者虽然属于儒家，但其观点并

非只是来于以孔孟为代表的儒家。”[1] 这样一种看法，可能易被多数研究者所接受。朱先生认为，《易传》所谓“易有太极，是生两仪……”是讲揲蓍或画卦的过程，至汉代易学才对此作出宇宙论的解释。此说在学术界有不同看法（如陈鼓应先生认为“易有太极”章也是使用了“两套语言”[2]）。朱先生又指出：“在中国哲学史上，关于宇宙形成的理论，有两个系统：一是道家的系统，本于《老子》的‘道生一’说；一是《周易》的系统，即被后来易学家所阐发的太极生两仪说。”[3] 我认为，这两个系统可视为儒道两家在宇宙论上的基本分野，尽管历史上的思想家对这种分野并不是很自觉，而且跨越这种分野的也大有人在。

在汉代的象数之学中，孟喜、京房主要是讲卦气说，将五行系统与八卦系统相融合，这是符合自董仲舒以来的儒学发展方向的。《易纬·乾凿度》主要是提出了“四太”说，其中“太易”是气未产生的阶段，“太始”“太初”和“太素”是气质具备的阶段，可统称为“太极”。朱先生说：“《乾凿度》的宇宙发生论，并没有摆脱道家系统的影响……陷入了虚生气说。此后，在易学史和哲学史上，围绕太极问题，展开了长期的辩论。属于道家和接近道家系统的则主张虚生气，不以太极为世界的本原，或者将太极解释为虚无。反之，儒家阵营中的易学家，则竭力排除虚生气说，以太极为世界的本原，或者以太极为气，或者以太极为理……”[4] 这样一种划分，符合汉代以后儒、道两家思想发展的基本事实。

魏晋时期，王弼及其后学韩康伯弃汉易象数之烦琐，而形成了玄学中的义理学派。王弼用自然无为、动息则静、得意忘象等观点解易，尤其是将太极解释为虚无实体，这是王弼易学以老庄玄学观点解易的主要特色。朱先生说：“将王弼派易学哲学中的老庄玄学观点，加以扬弃，

---

① 朱伯崑：《易学哲学史》，上册，第 52 页。

② 陈鼓应主编：《道家文化研究》第三辑，上海古籍出版社 1993 年版，第 68 页。

③ 朱伯崑：《易学哲学史》，上册，第 64 页。

④ 朱伯崑：《易学哲学史》，上册，第 162 页。

否定其‘有必始于无’的理论，魏晋玄学则转变为宋明理学了。”[①]

在魏晋玄学与宋明理学之间，佛教和道教的思想蔚然成风；儒家思想则除柳宗元、刘禹锡和韩愈的思想外，在一般的哲学史著作中几成空白。这种儒家哲学发展的缺环，实际上是今人对易学哲学史料的忽视所造成的。讲唐代的易学哲学，孔颖达的《周易正义》是当然的重要史料。孔《疏》虽然是疏解王弼的《注》，但其打破了疏不破注的传统，不仅融合汉易与玄学易，兼采象数与义理，而且在许多基本观点上完成了从老庄玄学向儒学的回归，成为宋明理学的先导。孔《疏》云："圣人作易，本以垂教，教之所备，本备于有。""原夫易理难穷，虽复玄之又玄，至于垂范作则，便是有而教有。"这种对"有"的强调，对王弼贵无论的修正，是儒学在宇宙论上达到理论自觉的一种表现。孔《疏》将气纳入形而上的领域，以"天地未分之前元气混而为一"解释太极，又云："以气言之，存乎阴阳；以质言之，存乎爻象。""由太虚自然而有象也……由太虚自然而有数也。是太虚之象，太虚之数，是其至精至变也。"其又批判佛教观点云："若论住内住外之空，就能就所之说，斯乃义涉于释氏，非为教于孔门也。"这些思想无疑是开了宋代张载气学的先河，以往的哲学史著作忽略孔《疏》是一大缺憾。

宋代易学起始于道教系统陈抟的象数之学，明清之际的易学家多追究刘牧、周敦颐和邵雍的象数之学源于陈抟，以证明象数的非儒学性质。实际上，从学术渊源上划分儒、道是一种偏浅之见。儒道相谋，相互吸收，所由来者尚矣！刘牧亦以"元气混而为一"解释太极，又云"易既言有，则非无之谓也"（《易数钩隐图》），这是刘牧的河洛之学由道入儒的显证。周敦颐的"无极"之说沾染道家和道教的色彩较重，但其《太极图说》从整体上看"可以说是新儒家的‘原人论’"，其《通书》则"进一步从道教系统中摆脱出来"。[②]邵雍的先天易学，虽然有道教和佛教影响的因素，但其性质也仍属新儒学内部与气学派、理学派和

① 朱伯崑:《易学哲学史》，上册，第305页。
② 朱伯崑:《易学哲学史》，中册，第102、107页。

心学派并列的数学派。

值得注意的是，汉代以降《周易》成为儒道两家共同阐释的经典，至南宋王宗传、杨简等始“以禅言易”，而真正的佛僧可能迟至阳明心学兴起之后才参与其间。① 明末高僧智旭说：“吾所由解易者无他，以禅入儒，诱儒知禅耳。”（《周易禅解・自序》）禅宗解易的一大特点是以佛理比附易理而为其出世的理想服务。如智旭将“易有太极”解释为“易理固在太极之先”，“易即真如之性”，太极则是由一念而生起现象世界的“无明”，自太极以下产生两仪、四象、八卦和万物的过程乃是“顺之则生死始，逆之则轮回息”，将《说卦传》所谓“易逆数也”解释为“微示人以出世要旨”。（《灵峰宗论》卷三）智旭用《大乘起信论》的“一心开二门”之说来曲解《周易》的“生生之谓易”，故又云：“顺数则是流转门，逆数则是还灭门。流转门从阴阳二画出，还灭门从阴阳二画入，故曰乾坤其易之门。至人作易，要人即流转而悟还灭，超脱生死轮回，故曰易逆数也。”（《周易禅解・说卦》）《周易》本来是强调“生生”“日新”的，而在智旭的禅解中却成为主张“还灭”“出世”的。这里的分歧源自儒、释两家对于现象世界之“流转”的看法有着根本的不同。

宋代的程颐曾经说：“释氏言成、住、坏、空，便是不知道。只有成、坏，无住、空。”（《程氏遗书》卷十八）所谓“成、坏”也就是现象世界之“流转”，这是儒释两家都可接受的；佛教所说的“住”就是事物生成后的不变、静止，“空”则是说世间现象之“流转”终归于寂灭，其本质是空，儒家对此是反对的。程颐又曾点破《周易》的天机、神髓乃是“体用一源，显微无间”（《程氏易传序》），后来朱震也曾以此来解释太极未分之气与天地万物的关系。② “体用”关系，也就是本体与现象的关系。所谓“体用一源”，儒家强调的是本体与现象同为实在（道家和道教对本体的看法与儒家虽有差异，但以现象为实在，两家

① 参见朱伯崑《易学哲学史》，华夏出版社 1995 年版，第 3 卷“禅宗的易说”。

② 参见朱伯崑《易学哲学史》，北京大学出版社 1988 年版，中册，第 372 页。

是相同的）。而佛教也讲“体用一如”，并且常用“水波之喻”，这里的儒释之别在于：佛教认为“体”（真如之性）为真实，而“用”（现象世界）终为空幻。程颐又曾说“圣人本天，释氏本心”（《程氏遗书》卷二十一下），后来陆王也以心为本，但陆王毕竟不以现象世界为空幻。这种哲学理论上的分歧，又根源于儒、道、佛三教之价值取向的不同：佛教学说是出世之学，儒、道两家则是入世或现世之学；儒之入世强调现世的道德伦理，道家和道教则更强调自然、养生，其“有必始于无”之说对儒家的现世伦理有一种超脱或消解的作用。

5. 关于象数之学以及对象数之学的批判

象数之学盛于汉易，其实质是以“阴阳—五行”思想为核心而构造各种宇宙图式，这些图式一方面要图解全部的易理，另一方面要囊括宇宙间的万象，于是象数之学日益走向烦琐，而且愈来愈牵强附会。象数之学重在讲天道观方面的内容，对于中国古代的科学技术具有范导的作用，它实际上是中国古代科学技术的“范式”（paradigm，借用库恩《科学革命的结构》中的范畴）。汉易象数之流弊，已如王弼所说：“或者定马于乾，案文责卦，有马无乾，则伪说滋漫，难可纪矣。互体不足，遂及卦变，变又不足，推致五行。一失其源，巧愈弥甚。纵复或值，而义无所取。”（《周易略例·明象》）亦如朱先生在评论虞翻的卦变、旁通、互体等说时所指出：“此种解释，煞费苦心，同样，尽其牵强附会之能事，将汉易进一步引向了烦琐哲学的道路。”①

王弼弃汉易象数之烦琐而明玄学义理之简易，这在理论思维上是一大进步。但其偏失如李鼎祚所评论：“郑（玄）多参天象，王（弼）乃全释人事。且易之为道，岂偏滞于天、人哉！”（《周易集解序》）王弼易学的基本倾向是以玄学义理解释人事，这于发展中国古代的科学技术是裨益不大的。后来孔《疏》兼取象数和义理，李鼎祚《周易集解》则重在象数，这有纠偏滞而返归“天人之学”的意义。

宋代刘牧和邵雍的象数之学，与理学派、气学派和心学派的义理之

---

① 朱伯崑：《易学哲学史》，上册，第210页。

学，有学术风格、哲学理论上的分歧，也有重在言天道和重在言人事的分歧。与汉易相比，由于理论思维和科学技术发展之历史背景的不同，宋易象数之学如邵雍机械地讲“一分为二”，并且机械地以易理规范历法，甚至依据先天卦图制造“宇宙历史年表”，其对中国古代科学技术的积极作用要远逊于汉易象数之学，而其消极作用则比较突出。正是从这个意义上说，叶适、王廷相等更重视经验观察的实证和实用，力图解构“阴阳—五行”模式，黄宗羲、黄宗炎、毛奇龄和李塨等更追根溯源，力辨象数之伪，这在哲学史上有科学范式革命之先导的意义。当然，由于清王朝的压迫，清儒把“实事求是”的精神主要用于训诂古书，这一科学范式的革命最终没有完成，也没有结出近代意义的科学技术的果实；待鸦片战争起，中华民族就不得不经受科学技术落后的劫难了。

［原载《北京大学学报》（哲学社会科学版）1998 年第 6 期］

“一心二门”与“一本多级”

一

在中国传统哲学如何实现现代转型这一重要问题上，现代新儒家牟宗三先生提出了“内圣开出新外王”的理论格局，这一格局是基于佛教“一心二门”的思维方式。

“一心二门”的“一心”源于佛教的一切众生皆有“自性清净心”和“万法唯识”的思想，“二门”则包容了瑜伽行派的“染净”说和中观学派的真俗二谛说。“一心二门”的完整表述出于佛典《大乘起信论》（此论旧题“马鸣菩萨造”，有梁、唐两个译本，近人多疑其是中国僧人所伪托），其云：“依一心法有二种门。云何为二？一者心真如门，二者心生灭门。是二种门皆各总摄一切法。”所谓“心真如”，是指心本体自身，它“不生不灭”，“离言说相，离名字相，离心缘相”；它有“如实空”和“如实不空”二义：“如实空”是说它无染、无念、无言、无动，显示其清净本然的真如自体；“如实不空”是说它具足清净功德，含藏一切善法，因而又称“如来藏”。所谓“心生灭”，是指心本体变现为有生有灭的状态，“依如来藏故有生灭心”，它是动与静、染与净的和合，“名为阿黎（赖）耶识”；它有“觉”和“不觉”二义，由“觉”而

“不觉”即所谓“无明风动”而派生出世间一切现象（“染法”），由“不觉”而“觉”则“心体离念”，出离世间，返归清净真如本体。在《大乘起信论》看来，“三界虚伪，唯心所作”，“以心生则种种法生，心灭则种种法灭故”。这一“真如（心）缘起论”在中国佛教的发展中产生了重要影响，天台宗的“一念三千”、华严宗的“法界缘起”、禅宗的“见性成佛”等等都是在此论的基础上发展起来的。

牟宗三先生在提出“内圣开出新外王”、“良知坎陷”说时，袭用了佛教“一心二门”的思维方式。“内圣开出新外王”要借助“一心开二门”来实现，所谓“良知坎陷”也就是《大乘起信论》的“因熏习镜，谓如实不空，一切世间境界，悉于中现”。牟宗三用儒家的“良知”“本心性体”或“知体明觉”诠释、改造康德的“自由意志”，使其成为绝对、普遍的“自由无限心”，“它不但创造吾人的道德行为，使吾人的道德行为纯亦不已，它亦创生一切而为一切存在之源”。[①]他打通道德界与存在界，打通康德的“实践理性”与“纯粹理性”，实际上是用“一心开二门”来整合康德哲学。牟宗三说：“一心开二门”“是哲学思想上一个很重要的格局。这个格局非常有贡献，不能只看作是佛教内的一套说法。我们可以把它视为一个公共的模型，有普遍的适用性，可以拿它来对治一个很重要的哲学问题”。[②]

牟宗三所谓“一心开二门”也就是由“自由无限心”开出“两层存有论”，一者“本体界的存有论”，此亦曰“无执的存有论”，二者“现象界的存有论”，此亦曰“执的存有论”。“自由无限心”是“体”，其“用”有“经用”与“权用”之分。“经用”就是“于智的直觉中，物如如地呈现即是物以‘在其自己’之身分而存在”[③]，也就是知体明觉创生出康德所谓“物自身”。此“物自身”是知体明觉的“神感神应”“不与心对”，因而属于“无执的”“本体界的存有”。“权用”就是知体明觉“经由自我坎陷转为知性”，也就是“识心之执”，有了这

---

① 牟宗三:《智的直觉与中国哲学》，台北：台湾商务印书馆 1971 年版，第 191 页。

② 牟宗三:《中国哲学十九讲》，台北：台湾学生书局 1983 年版，第 291 页。

③ 牟宗三:《现象与物自身》，台北：台湾学生书局 1982 年版，第 99 页。

一“执”，物之“在其自己遂被“推出去”、被“挑起或绉起”而成为对象或现象。牟宗三认为，经由这一“自我坎陷”，良知本体“始能解决那属于人的一切特殊问题”[①]，亦即开出科学与民主的“新外王”事业。

二

牟宗三先生把“一心开二门”视为一个“有普遍的适用性”的“公共的模型”。以此来对治中国传统哲学和文化的现代转型问题。牟先生的一些弟子对这一理论格局十分推崇，而大陆和海外的另一些学人则对此表示了怀疑或否定。笔者亦在后者之列。我认为这一理论格局主要有四种困难。

其一，它不能保证作为“两层存有论”之本原的“一心”必是儒家的道德良知、本心性体。牟宗三在“证成”心本体的存在时说;“不执着者，我们名之曰无执的无限心，此在中国哲学中有种种名，如智心（佛家），道心（道家），良知之明觉（儒家）等皆是。”[②]这就是说，心本体的内涵有多种，当其“呈现”时是佛家的“智心”还是道家的“道心”抑或是儒家的“良知之明觉”，还要依不同的个人所承受的不同的学养而决定。牟宗三在论证良知坎陷的“辩证的必然性”时，诉诸黑格尔历史哲学的“精神之内在有机发展”[③];他在说到“实践理性充其极而达至‘道德的形上学’之完成”时，认为其“在中国是儒家的形态，在西方是［康德之后］德国理想主义的形态”，二者虽在“高明

① 牟宗三:《现象与物自身》，第122页。

② 牟宗三:《现象与物自身》，第17页。

③ 牟宗三:《历史哲学》，台北：台湾学生书局1984年版，“自序”。

圆熟”和“思辨入路”上有不同，但“其基本义理最后方向之属于同一类型”。[①]然而，牟宗三不免夸大了儒家义理与德国理想主义的同一性，儒家的“良知”与黑格尔的“绝对精神”虽然都是精神本体，但二者在哲理、道德的内涵上是有相当大的差别的（这一点对于多数学者不难承认）。“心本体”的差别依于社会、历史、文化以及所受学养的差别，因而它是“有对”而不是“绝对”的。如果承认其“绝对”，那么也就只能忽略它们的差别，因而也就难保它必是儒家的良知本体。陆九渊说：“千万世之前有圣人出焉，同此心同此理也；千万世之后有圣人出焉，同此心同此理也；东南西北海有圣人出焉，同此心同此理也。”（《陆九渊集・杂说》）实际上，这只是儒家心学派的一厢情愿，并不符合思想史、文化史的实际。如果必欲成其“同此心同此理”之说，那么也就只能通过“判教”把真正的“圣人”只归属于儒家心学派。

牟宗三特别重视20世纪30年代熊十力先生与冯友兰先生的一次对话，冯先生认为王阳明所讲的良知是一个假设，熊先生说“良知是呈现”[②]。牟宗三当然是以此轩轾熊、冯二先生之学，但实际上这只能说明“良知呈现”要依于心学派的学养；冯先生的“新理学”当然可以批评，但以是否“良知呈现”判别其高低并不能成为学术上的公论。退一步说，把“良知呈现”作为道德的基础，起码是“陈义太高”了。如傅伟勋所说：“如果良知论者随着熊十力老唱‘良知是真实，是呈现’的老调，而不去同情地了解非良知论者（或非性善论者）的人性（以及伦理道德的）看法，就很容易变成孤芳自赏的极端内向型，而良知论者特有的‘单元简易心态’由于曲高和寡，容易恶化而为‘自我闭锁心态’。”[③]余英时更在《钱穆与新儒家》一文中说，新儒家有可能成为一种宗派性的“致良

---

① 牟宗三：《心体与性体》，《牟宗三新儒学论著辑要》，中国广播电视出版社1992年版，第1册，第347—348页。

② 牟宗三：《心体与性体》，《牟宗三新儒学论著辑要》，第1册，第339—340页。

③ 傅伟勋：《从西方哲学到禅佛教》，台北：东大图书公司1986年版，第253页。

知教”[①]。

其二，把良知作为“自由无限心”、作为“两层存有”的本原，难以实现儒家道德学说亦即“内圣”本身的现代转型。儒家的道德学说有种种范畴，“仁、义、礼、智、信”谓之“五常”，“君臣、父子、夫妇、兄弟、朋友”谓之“五伦”，“君为臣纲、父为子纲、夫为妻纲”谓之“三纲”……其中虽然含有道德普遍意义的内容，但也较多地反映了中国特定历史时代的社会关系，这对于多数学者恐怕毋庸讳言。孔子说“为仁由己”，“我欲仁，斯仁至矣”，这只是点明了道德自律“意志自由”的形式方面的意义；但“仁者爱人”，“克己复礼为仁”，仍反映了普遍的和特殊的社会道德内容。牟宗三把儒家的仁心、性体、良知诠释为“自由无限心”，强调其“自我立法”，这当然带有一种提升、转化儒家道德学说的现代意向；但如果“自由无限心”超绝于社会历史的发展，它也就无改于历史上的儒家道德传统，也不能真正实现儒家道德学说的现代转型。牟宗三把儒家道德学说诠释为“方向伦理”“展现伦理”或“理想主义的伦理”，而否认其有“本质伦理”或规范伦理的意义，这是有违儒家伦理的真实内容和社会作用的。牟宗三在用阳明心学的“意之所在为物”来解释知体明觉涵润、创生“物自身”时说：“当事亲这一孝行实现而系属于知体明觉，在知体明觉中一体而化时，我们即有一无执的存有论。”“感应于亲，而有事亲之行；感应于兄，民，书，君，讼，等等，而有从兄，治民，读书，事君，听讼，等等之事。”[②] 在这里，有些“物”有些“事”是由古代延续到现代的，但“君”和“事君”已经是中国历史的陈迹了；而这一陈迹却仍旧在知体明觉中如如地呈现、创生，我们又怎能祈望其实现儒家道德的转型并开出民主呢？

其三，由“一心”开出“两层存有”并不符合儒家一贯的思维方式，由此并不能为道德实践确立坚实的哲学基础。“一心二门”的模式

---

① 余英时:《钱穆与新儒家》,《中国文化》1992 年第 6 期。

② 牟宗三:《现象与物自身》，第 441 页。

尽管可能受到儒家性善论的影响，但其哲学基础仍是佛教特有的“缘起论”，儒家学说与佛教的“缘起论”本来无缘（唐释宗密曾谓：“古来诸德皆判，儒宗五常，道宗自然，释宗因缘也。”见《圆觉经略疏钞》卷四）。孔子揭橥仁学，对宇宙论、存有论的问题较少涉及，但他积极入世的精神实际上是以承认我们所面对的“现象”世界的真实存在为前提的。当“子在川上曰：逝者如斯夫”（《论语·子罕》）时，他决不会想到他所面对的“境”（包括时空）是其“识心之执”所“挑起或绉起”的。孟子提出性善论，提出“尽心、知性则知天”，心、性、天虽然在内容上相通，但孟子说“心之官则思，思则得之，不思则不得也。此天之所与我者”（《孟子·告子上》），“心”仍处于“天”之下属的地位。儒家之“天”有主宰、义理、自然等义。“主宰之天”主要出于《尚书》《诗经》，在后来的儒家思想中不占主要位置；“义理之天”起于思孟，但思孟在“义理之天”下并不否认自然的真实存在；“自然之天”则主要含涉与仁学一并兴起的气论自然观的内容，承认“气”（阴阳）及其所化生的世界万物的真实存在，这是儒家的积极入世精神之所以能稳固、中国文化之所以不陷于宗教一途的真实哲学基础。战国末期，阴阳五行家将“五行”说纳入气论体系，形成“阴阳—五行”模式。汉代，“阴阳—五行”模式与仁学进一步融合（战国时期的《易传》已有阴阳、刚柔与仁义的融合），从而形成经学的宇宙论模式。此为现代新儒家所谓“儒学第一期发展”。

中国传统哲学或以“义理之天”为本，或以“气”或以“无”为本，但要之皆强调本末、体用一源，皆否认本体实而不现、现象现而不实的“自然之二分”。当“一心二门”的模式在唐代极其兴盛之时，华严宗五祖宗密即在《原人论》中将儒道两家的“元气生天地，天地生万物”思想指斥为“迷”；他在《圆觉经大疏》中更把佛与儒道在思维方式上的对立归结为：“元亨利贞，乾之德也，始于一气；常乐我净，佛之德也，本乎一心。”在“儒学第二期发展”中，周敦颐的《太极图说》在叙述了“无极之真，二五之精，妙合而凝”之后说“形既生矣，神发知矣”，“神”即心，这是继续坚持了气论哲学的“形具而神生”的思想。张载更明言：“由太虚有天之名，由气化有道之名，合虚与气有性之名，合性与知觉有心之名。”（《正蒙·太和》）“心”显然处于派生的位置。张载虽主张“大其心”“尽其心”，但他认为“思尽其心者，必知心所从来而后能”（《正蒙·大心》），也就是要明确心性的渊源在于“太虚”（气），这正是张载哲学的一个基本命题。牟宗三在划分宋明儒学之“三系”时，无视张载的这一基本思想，而其以“一心”的“有执”和“无执”开出“两层存有”，却正是张载所批判的“释氏不知天命而以心法起灭天地，以小缘大，以末缘本”（《正蒙·大心》）。

程朱一系在儒释之辨上有“圣人本天，释氏本心”（《程氏遗书》卷二十一下）之说。大程虽言“只心便是天”（《遗书》卷二上），小程亦言“在天为命，在人为性，论其所主为心，其实只是一个道”（《遗书》卷十八），但这只是在心、性、天之义理相通的意义上横讲，而不是将它们在宇宙论、存有论的意义上并列，更不是将天（理）、心的关系颠倒。当大程在吟咏“万物静观皆自得”“思入风云变态中”时，他决不会去辨别哪些是“无执”的“物之在其自己”，哪些是“有执”而被“挑起或绉起”的现象。

陆王一系认为“心即性”“心即理”，“心”即处于世界本原的位置，这诚有受于佛教的影响。但在陆象山的眼中，“心”与“宇宙”亦可视为同一；在王阳明的眼中，“心”与天地万物亦是“一气流通”。也就是说，他们对世界并不作真实与虚妄的区别。陆象山云：“且如世界如此，忽然生一个谓之禅，已自是无风起浪，平地起土堆了。”（《陆九渊集·语录上》）这里的“世界如此”是统“心”“理”“宇宙”俱为“一实”而言，所谓“无风起浪，平地起土堆”正是指斥禅宗的妄分虚实而为其“欲脱离生死”张本。牟宗三把“认知主体”及其所面对之境说成由于“识心之执”而“平地起土堆”[①]，并不符合陆象山的原意；将世界分成“两层存有”，倒似是陆象

① 牟宗三：《现家与物自身》，第125—129页。

山所批评的“起炉作灶”。

牟宗三的“一心开二门”，在强调“道德的优先性”上诚然是继承了儒家的传统；其以“心”（良知）为本体，更倾向于儒家中的陆王一系。但牟宗三在梳理、诠释儒学的历史发展时，无视或忽视了儒学与佛教在宇宙论、存有论上还有“始于一气”和“本乎一心”的对立［明儒刘宗周虽有“释氏之本心，吾儒之学亦本心”之说，但其云“盈天地间一气而已矣”，“心以物为体，离物无知”，“释氏言心便言觉……亦只是虚空圆寂之觉，与吾儒体物之知不同”。（《读易图说》、《学言》上）。其所谓儒之“本心”与佛教之“本心”意义有不同］。张灏在“当代新儒家与中国的现代化”座谈会上（见台湾《中国论坛》第15卷第1期，1982年10月）曾指出，“气化的宇宙观”（又“姑且叫它‘宇宙论式的神话’”，这后一称呼有片面性，因其还有非神话的一面），“在儒家自始至终保有一重要的地位”，而新儒家“有意无意地把这东西避开不谈，或者不像从前那么强调，有的时候甚至完全不提”，这在新儒家理论上“是一个突破”，但是“不谈这个东西，就无法正视中国儒家传统的一些基本命题，因为哲学的突破，可能是哲学很好的一个发展，但在思想史方面则很可能产生一种误解”。笔者认为，这的确点出了新儒家学说的一个重要缺陷，而正是因为有这一缺陷，其“一心开二门”的哲学“突破”在思维方式上更倾向于佛学而不是儒学，因而也就难以为道德实践确立坚实的哲学基础。

道德实践，作为社会实践的一种，从本质上说它是有“对象性”的，也就是说它是有主客体分别的。只有确信道德实践之客体的真实存在，也才会有真正的“道德心”之“诚”“敬”，它也才不至于孤悬在精神领域而不落实在实践。大乘佛教虽主张“普度众生”，但因其出离世间的“涅槃”目标和修为方式与社会实践毕竟隔着一层，所以程朱陆王等仍指斥其为“私”。陈来在以现象学的意象性理论诠释阳明心学的“心外无物”命题时说：“心外无物的提出……是着眼于实践意向对于‘事’的构成作用，因而心外无物本来与那种认为个体意识之外什么都不存在的思想不相干，至少对于一个儒家学者，绝不可能认为父母在逻辑上后于我的意识而存在，也更不可能认为我的‘意之所在’不在父母时父母便不存在。”① 这一诠释的确化解了阳明心学在道德实践上可能陷入的困境。然而，牟宗三的“自由无限心”却非要开出“存在界”：“心外无事，心外亦无物。一切盖皆在吾良知明觉之感应的贯彻与涵润中。事在良知之感应的贯彻中而为合天理之事……物亦在良知之感应的涵润中而如如地成其为物……”他在此段之前谈到“事亲”的“孝行”时说：“亲之为存在物是在事亲中被带进来的。……良知是实现孝行底‘形式因’与‘动力因’，只此还不够，还需有一‘材质因’……我们注意亲之为存在物是认知地注意之，这样注意之，以为实现事亲这一孝行提供一经验的条件，即，提供一材质因，而此是附属的。在此附属层上，我们有一现象界，有一认知的活动，有一执的存有论。”②“亲”之“在其自己”（物自身）是良知之涵润、创生，“亲”之成为对象是良知之“执”所“挑起或绉起”。尽管牟宗三的“良知”可理解为非个体的“绝对精神”，但在具体的道德实践中它必是“吾良知”即个体的良知。“亲”在“吾良知”中处于派生和“附属”的地位，这又怎能确立真正的孝心和孝行？

其四，“两层存有论”贬抑科学，不能促进和指导科学的发展。现代新儒家指出，在“内圣之学”的笼罩下，科学精神“毕竟为中国先哲之所缺”，而科学又为中国现代化所必需，这一观点是符合中国历史的实际并有进步意义的。但牟宗三又认为科学是“卑之无高论”，中国没有出现科学“乃是超过的不能，不是不及的不能”③，这又反映了新儒家对科学的贬抑和虚骄态度。在“两层存有论”的格局中，认知主体和认知对象都属于“现象界的存有”，“外而现象，内而逻辑性，皆是识心之执之痉挛或抽搐”，科学真理是“俗谛性的真理”。④ 在牟宗三看来，只有良知的“呈现”和“朗照”才是“真谛”，“我们的感性和

① 陈来：《有无之境——王阳明哲学的精神》，人民出版社 1991 年版，第 57 页。

② 牟宗三：《现象与物自身》，第 442、441 页。

③ 牟宗三：《政道与治道》，台北：台湾学生书局 1983 年版，第 52 页。

④ 牟宗三：《现象与物自身》，第 210、285 页。

知性所搅扰而扭曲的人生与宇宙不是人生与宇宙之本来面目。这是人生与宇宙之僵滞"[①]。一方面说科学为中国现代化所必需，另一方面又如此地贬抑科学，这怎能激起中华民族向科学进军而实现现代化的热情呢？

科学需要积极地向外探索，需要不断地发现和创造新事物，并不断地改进思维范畴、认识工具。然而，这一切在"两层存有论"的格局中都有待于良知的如如呈现、创生，有待于良知的"坎陷""痉挛或抽搐"。如果说科学的发展是有规律、有逻辑可循的，那么良知能否有规律、有逻辑可循地不断创生新事物，并不断将其"推出去"，使其成为新的认知客体，而且相应地为主体提供新的范畴、逻辑，这是"两层存有论"没有解决的问题。

依"两层存有论"，良知的"自我坎陷"也就是良知的自觉的"自我否定"，其中"有无明之成分"，尽管是"明的无明""'难得糊涂'的执"。"它一执持，即不是它自己，乃是它的明觉之光之凝滞而偏限于一边。"良知"只直接对物自身负责，不直接对现象负责"。[②]在现代自然科学与社会人文科学日益紧密结合、自然科学亟须社会价值学说指导的今天，执持这样的"两层存有论"并不能有效地规范、指导科学技术发展的方向。现代科学技术正以其巨大的能量迅速改变着我们周围的客观世界，它绝不是"权而生弊，则一念警策"就会"有而能无"的。"烦恼即菩提，菩提即烦恼"，这样的观点可能有益于佛教僧徒的修持，但无益于人们正视并改变现代科学技术已经和可能造成的弊端。牟宗三主张"德""福"一致的"圆善论"。但由"德"而实现"福"的"自然王国"却只是"物自身层之自然，非现象层之自然"[③]。这对于非向往彼岸世界的"俗世"大众来说是远远不够的。

---

① 牟宗三：《现象与物自身》，第30页。

② 牟宗三：《现象与物自身》，第122—123、319页。

③ 牟宗三：《圆善论》，《牟宗三新儒学论著辑要》，第655页。

三

“一心开二门”的模式引起学术界不同的思考和评价，有些学者亦着手对其进行补充。例如傅伟勋认为应把“一心开二门”扩充为“一心开多门”，即在“心真如门”和“心生灭门”之下，“至少应设纯属现实自然而价值中立的‘心性实然门’，以及暴露整个生命完全陷于昏沉埋没状态的所谓‘心性沉没门’”①。“心性实然门”包括中国古代告子的“生之谓性”和西方现代的心理分析等学说，“心性沉没门”则包括基督教的“原罪”和佛教的“无明”之类。这一补充对于克服良知论者的“单元简易心态”，完善儒家心性学说的内容当然是有意义的。然而，此论一出立即遭到一方面学者的反驳：“一心开二门之二非任意的、不决定的，此乃相应于有限理性存有之直觉而设……一心开二门之超越区分乃定然不可移者。……傅先生所谓心性实然门与心性沉没门若有地位亦只能归于心生灭门下，决不能四者并列。夫一心开二门亦有其所开之之道，岂可任意开设耶！”②这一反驳也确有道理，因“一心开二门”并非只限于讲儒家心性论，而是统“道德界”和“存在界”而言之，其“所开之之道”即本体界与现象界的“自然之二分”。如果承认此“二分”，那么就难免“一心开二门”的模式。

依笔者之见，中国传统哲学的主流是主张本末一源、体用胥有，是反对以本体为实、以现象为幻的“自然之二分”的。张岱年先生早在20世纪30年代初即指出此义：“中国哲人言本根与事物之别，不在实幻之谓，而在本末、源流、根枝之辨。万有众象同属实在，不惟本根为

① 傅伟勋：《从西方哲学到禅佛教》，第274页。

② 邱黄海：《“一心开多门”之商榷》，载傅伟勋《从西方哲学到禅佛教》，第294—295页。

实而已。自印度哲学传入，乃渐有以实义言本根者。”[①] 儒家学说之所以没有确立知识理性的地位（新儒家所谓没有开出“学统”），没有开出近现代意义的科学，不是因其良知未能“坎陷”，而是因其误把“义理之天”“天理”“本心”“良知”作为世界的本原，天地万物之“性”皆由此出；以“自然之天”（气）为本原者（如张载）亦未能免于把“太虚”作为“性之渊源”，认为“凡物莫不有是性”（《张子语录・后录下》）；主张“明于天人之分”者（如荀子）却也提出“唯圣人为不求知天”，“无用之辩，不急之察，弃而不治，若夫君臣之义、父子之亲、夫妇之别则日切磋而不舍也”（《荀子・天论》）。其中前两者虽有理、心与气孰为本原的对立，但在心性论上皆是泛道德论的形态；后者虽分出天人，但又把认识的对象局限在人伦之理。“道德压倒了知识”，这是中国传统哲学的特点，也是中国传统哲学未能开出近现代科学的原因。[②] 笔者认为，实现中国传统哲学的转型，不能再以道德之“理”或“心”为世界的本原，因为这样一开始就采取了道德与知识对立从而贬抑科学的立场；如果我们有鉴于上述后两者之所以失误的历史教训，那么我们应在尊重知识、尊重科学的前提下，从中引出以物为本、分出天人的“一本多级”模式。

在中国传统哲学中即含有“一本多级”的思想因素。例如，《易传・系辞上》云：“一阴一阳之谓道”，“鼓万物而不与圣人同忧”，也就是说此道虽鼓动、生成万物，但不具有圣人那样的道德意识；“继之者善也，成之者性也，仁者见之谓之仁，智者见之谓之知”，也就是说此道本身不是善，继此而有的天地之化是善，其所成之性也是善，“仁者见之谓之仁”，“仁”并非此道初始所本有。《易传・说卦》云：“立天之道曰阴与阳，立地之道曰柔与刚，立人之道曰仁与义。”尽管一些儒者把此“三才之道”解释为同一关系［如二程说：“至于易，只道个‘立人之道曰仁与义’……阴阳、刚柔、仁义，只是此一个道理”（《程氏

---

① 张岱年：《张岱年文集》第 1 卷，清华大学出版社 1989 年版，第 142 页。

② 参见拙著《中国气论探源与发微》，中国社会科学出版社 1990 年版，第 371 页。

遗书》卷一)]，但依文本原有的表述，它们仍有层次上的差别。尤可注意者是《易传·序卦》云:“有天地，然后有万物；有万物，然后有男女；有男女，然后有夫妇；有夫妇，然后有父子；有父子，然后有君臣；有君臣，然后有上下；有上下，然后礼义有所错。”先有天地、万物，然后有社会及社会伦理，这是合理的自然和社会进化之序。《荀子·王制》云:“水火有气而无生，草木有生而无知，禽兽有知而无义，人有气、有生、有知、亦且有义，故最为天下贵也。”这是更明确也更合理地把世界分成无机物、植物、动物和人类社会几个层次，“有义”即有伦理是人类社会所特有的并高出于自然界的价值所在。在宋明理学的泛道德论阻碍自然科学的发展时，明代中期的气论哲学家王廷相指出:“天地之间，一气生生，而常而变，万有不齐。故气一则理一，气万则理万。世儒专言理一而遗理万，偏矣！天有天之理，地有地之理，人有人之理，物有物之理，幽有幽之理，明有明之理，各各差别。”(《雅述》上篇)此论带有文化反省的意义，尽管当时没有得到社会的重视，但它实际上预示了中国传统哲学转型的一个正确方向[王夫之云:“人物有性，天地非有性。阴阳之相继也善，其未相继也不可谓之善”(《周易外传·系辞上》第五章)，“无其器则无其道……未有子而无父道，未有弟而无兄道，道之可有而且无者多矣”(《周易外传·系辞上》第五、十二章)，此亦有“一本多级”的因素]。

鸦片战争以后，进化论成为中国哲学的主流；五四运动以后，马克思主义的唯物史观又在中国得到响应。这是中国哲学和文化实际已经经历的转型历程。进化论和唯物史观都具有强调历史发展、否定道德绝对主义的意义。中国哲学在近现代的变革始于历史观、道德观的变革，这绝不是偶然的，而是被中国文化发展的主要障碍是泛道德论所决定的。20世纪30年代，张岱年先生在其“新唯物主义”的宇宙论中首次明确表述了“一本多级之论”。他说:“一本多级之论，则谓宇宙事物之演化，有若干级之不同，各级有各级之特殊规律。简言之，物为一本，而生、社会、心等为各级，生心社会不违物之规律而又自有其规律。由一本而有各级，是发展中由量转质。性质既异，故形成一新级。”[①]他把“理”分为二：“一根本的理，或普遍的理，即在一切事物之理，此理无始无终，与宇宙同久，但亦非先于事物而有。二非根本的理，即特殊事物之理，则有此特殊事物乃有此理，无此特殊事物即无此理。如未有生物则无生物之理,未有人类则无人伦之理。”[②]在这里，“一本多级”不仅被明确表述出来，而且基于现代的科学成果，采取了现代的哲学形式。

“物为一本”，继承和发展（扬弃）了中国传统的“始于一气”思想。这里所谓“物”是对宇宙演化的层级“析而言之”，若“统而言之”则一切“皆物”。[③]物为实有，中国传统的“万有众象同属实在”的思想在现代哲学形式下得到了体现。

宇宙之演化“有若干级之不同”，生物和人类社会、心知在宇宙演化中相继为后起，这是被近现代科学所证明了的真理。张先生曾说：“哲学可批评科学，可考察科学之根本假设，然而在根本上哲学是不能乖乎科学的。”[④]尽管现代的一些哲学流派避而不谈宇宙演化的层级问题，但在中国传统哲学转型的问题上，是以“一心为本”还是以物为本，却正关系到中国的新哲学是对科学采取尊重还是违背的态度问题。

以物为本，绝非以物之一般的规律来解释一切，相反，因宇宙有多级，“各级有各级之特殊的规律”，所以高级事物并不能还原为初级事物。这样，科学的研究不同学科、不同领域、不同层级的问题就是完全必要的。张先生批评“旧哲学有一普遍的倾向，即认为宇宙之最基本者必即是宇宙之最精微者”，他借用戴震所谓“乃语其至，非原其本”中的“本”“至”二词，提出“物本心至”的命题：物虽为本，但却“粗而卑”；心虽为后，但却“精而卓”。“宇宙一本一至，本与至乃是两端而非即一事。”“心出于物而可以克服物，人为境所制约而可以变化

① 张岱年:《张岱年文集》第 1 卷，第 188 页。
② 张岱年:《张岱年文集》第 1 卷，第 223 页。
③ 张岱年:《张岱年文集》第 1 卷，第 223 页。
④ 张岱年:《张岱年文集》第 1 卷，第 207 页。

境。"[①]"一本多级之论"充分肯定了心的精卓价值,亦充分高扬了人改变环境、追求理想的主观能动性。

张先生曾把人类界定为"自觉的有理想的生物"，又说"人即是宇宙中能有道德品质之物"。[②]道德是人类社会所特有，亦是人类社会的高尚价值所在。"未有人类则无人伦之理"，动物在人看来虽或有互助之行为，但因其没有自觉意识，所以只是生物的本能，而非真正的道德。弗兰克纳（W. K. Frankena）说，"道德是一种生活的社会体系，但它是能在自己的社会成员中促进理性的自我指导或自我决定的一种社会体系"[③]，这是可以被中外学术界普遍接受的观点。把道德之"理"或"心"从世界的本原还原为人类社会的特殊之理，这是中国哲学从泛道德论的传统形态转入现代形态的一个关键。人类社会的发展是连续的和有阶段性的，因而人类的道德亦是有继承性和有发展变化的。只有如此认识，儒家道德学说在现代社会生活中仍然适用的成分和已经落后的意识才能被合理地继承和剔除，新的道德观念与传统的道德观念也才能相衔接而融会成一个新的道德体系。

（原载《中国哲学史》1993 年第 3 期，亦载郑家栋、叶海烟主编《新儒家评论》，中国广播电视出版社 1994 年版）

① 张岱年:《张岱年文集》第 1 卷，第 216 页。
② 张岱年:《张岱年文集》第 1 卷，第 330 页。
③ ［美］弗兰克纳:《伦理学》，生活 · 读书 · 新知三联书店 1987 年版，第 14—15 页。

人文精神与心灵境界

——唐君毅哲学思想的一种解读

唐君毅先生在 1957 年出版《中国人文精神之发展》，20 年后又出版他的最后一部著作《生命存在与心灵境界》。这两部著作虽然相距时远，但是一脉相承，都体现了唐先生的以人文精神或道德理性为本，而又综合、融通其他文化因素，这样一种宽容、博大、圆融的致思取向。如果说前一部著作主要是疏解中国文化发展中诸种因素的冲突，那么后一部著作主要是疏解世界文化发展中诸种哲学、宗教的冲突。这样一种致思取向在当今的中国文化发展以及“全球化”潮流中仍具有重要的意义。

一

唐先生指出:《中国人文精神之发展》的宗旨，“不外说明中国人文精神之发展，系于确认中国人德性生活之发展、科学之发达、民主建国之事之成功，及宗教性信仰之树立，乃并行不悖、相依为用者”①。这里

① 唐君毅:《中国人文精神之发展》“本书旨趣”，广西师范大学出版社 2005 年版，第 3 页。

明确标出了中国人文精神之发展的四个主要因素，即德性、科学、民主和宗教。显然，德性与宗教对于中国文化的发展来说是传统的，而科学与民主对于中国文化的发展来说是现代的。唐先生认为，这四个因素“乃并行不悖、相依为用者”。可见，唐先生的思想境界是传统与现代结合的，而其致思取向是综合、融通，乃至宽容、博大、圆融的。

唐先生的这种致思取向，意在克服、疏解中国现代文化发展中的种种冲突，以解决中国文化在现代的发展问题。他说：

> 中国数十年来流行之思想，盖罕能灼见其所以能并行不悖，而相依为用之故。于是言科学民主者，黜道德宗教以为虚玄。言宗教道德者，以为言科学民主者，皆卑无高论。而言科学者，则重理论者与重实用者相争。言民主者，则重个人者与重群体者相谤。言道德者，则重内心生活、个人修养者，与重外向奋斗、成就社会事业者相违。言宗教者，则异教相讥、异端排斥。是皆庄生所云“譬诸耳目口鼻，皆有所明，不能相通”之见。道术既为天下裂，世之为政施教者，乃多往而不返，归于鲁莽灭裂，而生民道苦。区区之意，凡遇此类之偏执矛盾之见，皆在更高之胜义上立根，加以疏解。疏解之道，则要在分别就问题之所在，顺偏至之论之所极，以见其非会偏归全，不能解决问题。①

以上所说的种种冲突，就是五四运动以后中国现代文化发展中的种种冲突，而其中有些并不是中国所特有的，如其言科学之“重理论者与重实用者相争”，民主之“重个人者与重群体者相谤”，以及道德和宗教方面的相违、相讥等等，这些也是世界文化发展中的现象。唐先生将此称为“道术既为天下裂”，而其以上的列举亦不啻是新时代的《庄子·天下》。他的宗旨是要“在更高之胜义上立根”，对这些冲突“加以疏解”“会偏归全”，以解决中国文化在现代的发展问题。此问题若不解决，则“世之

---

① 唐君毅:《中国人文精神之发展》“本书旨趣”，第 3 页。

为政施教者，乃多往而不返，归于鲁莽灭裂，而生民道苦”。由此亦可见，唐先生的这部著作不仅有其思想学术的旨趣，而且更有其对现实政治、教育的关切，对“生民道苦”的悲悯情怀和责任意识。

唐先生对“人文精神”之含义的解说，先使用了类似佛教的“遮诠”方法，即先指出在人文精神以外，“尚有人的非人文、超人文或次人文、反人文的思想或精神”。所谓“非人文的思想”，是指对人以外的所经验对象，如自然、抽象的形数关系等的思想，此即如自然科学、数学中所包括之思想。所谓“超人文的思想”，是指对人以上的，一般经验所不及的超越存在，如天道、神灵、仙佛、上帝、天使之思想。所谓“次人文的思想”，是指对于人性、人伦、人道、人格、人之文化及其历史之存在与价值，未能“全幅”加以肯定尊重的思想。所谓“反人文的思想”，是指对于人性、人伦等等不仅加以忽略，而且加以抹杀曲解，以致使人同化于自然物，或使人入于如基督教所谓魔鬼、佛教所谓地狱之中的思想。经此“遮诠”，而烘托出唐先生所谓“人文精神”，即指“对于人性、人伦、人道、人格、人之文化及其历史之存在与价值，愿意“全幅”加以肯定尊重，不有意加以忽略，更决不加以抹杀曲解，以免人同于人以外、人以下之自然物等的思想”。[①]

唐先生进而指出，人文精神与非人文、超人文的思想，“是一逻辑上之相容之关系”，“当此非人文、超人文的思想本身，成人之思想的对象时，则非人文的、超人文的思想，亦即包含在人之人文的思想之内”。人文精神与次人文的思想，是前者之全体的思想包含后者之片面的思想。人文精神与反人文的思想，“则从逻辑上看，二者是不相容的矛盾关系”，“故讲人文思想，则必须反（对）反人文思想”，“但是反人文思想，亦是人的思想……于是人之反省其人文思想，亦须反省：反人文思想之何以发生”。[②] 由此可以看出，唐先生之“人文精神”的思想，具有很大的综合、包容性。我认为，这里已潜含了其晚年所作《生命存在与

① 唐君毅:《中国人文精神之发展》，第1—2页。

② 唐君毅:《中国人文精神之发展》，第2—3页。

心灵境界》的基本思想倾向。

唐先生论述“中国人文精神之起源”，认为其“重要者在对宗教性的天帝与对自然物之态度”，这与当时的印度文化、希腊文化相比则更显出其特殊性。希腊文化对自然物之态度，“是视之为客观所对，而对之惊奇，求加以了解的态度”，这是“希腊之科学与自然哲学之所自始”。唐先生将此归于“非人文的自然的思想”（或“人文之一部”）[①]。他指出，“这种态度，正是中国古代人所缺乏的。中国古代人对物只偏在利用、厚生的态度与审美的艺术态度。……则此思想，根本是人文中心的，而隶属于人文思想之下”[②]。此处可见，唐先生的“人文思想”主要是就“德性”思想而言的。在我看来，“正德、利用、厚生”，此“三事”的统一构成中国传统的“道德性的人文主义”。[③]

中国古代有对上帝、天、鬼神的信仰，但是，“如印度宗教家之思及人死后之有无尽的轮回，而产生种种如何解脱之思想，明是中国古人所未有。……纯视一死后之世界或神界为一独立自存之对象，而对之加以思索之超人文思想，是中国古人之所缺乏。同时，觉人生如幻而不实在之感、在神面前充满罪孽之感，亦中国古人所缺”。唐先生指出，“我们了解中国古代之缺乏对非人文之纯自然的思想，对超人文之死后世界及神界之思想，便知中国文化乃是一在本源上即是人文中心的文化。此文化之具体形成，应当在周”[④]。

---

① 唐君毅：《中国人文精神之发展》，第 5、22 页。与唐先生的说法不同，徐复观先生在《儒家精神的基本性格及其限定与新生》一文中称古希腊文化为“主要是以智能为基点的人文主义”，参见李维武编《中国人文精神之阐扬》，中国广播电视出版社 1996 年版，第 201 页。唐先生在《中国人文精神之发展》中亦曾说：“我们从科学之源自人之思想而生的一方面看，我们亦明可说无论为研究人文之人文科学思想，与研究非人文之自然的自然科学思想，皆为人文之一部。”唐君毅：《中国人文精神之发展》，第 22 页。

② 唐君毅：《中国人文精神之发展》，第 5 页。

③ 拙文《“三事”之说与文化的五要素》，载《炎黄文化研究》第四辑，大象出版社 2006 年版。按：“五要素”之说采自张岱年先生在 20 世纪 40 年代所作《文化通诠》，是指“正德、利用、厚生、致知、立制”。我将此发挥为“正德、利用、厚生、科学、民主”。“道德性的人文主义”采自徐复观先生的《儒家精神的基本性格及其限定与新生》。唐君毅先生在《现代世界文化交流之意义与根据》中亦曾称中国文化是“伦理的人文主义”。

④ 唐君毅：《中国人文精神之发展》，第 6 页。

唐先生进而论述孔、孟所在的先秦时期“可称为中国人文思想之自觉的形成时期”。孔子在周代传下的礼乐仪文世界的底层，“再发现一人之纯‘内心的德性世界’”，孟子则自觉地建立了“人之心性的世界”。唐先生认为，墨子思想是“次人文的”，庄子思想是“超人文的”，而商鞅至韩非的法家思想是“反人文的”。[①] 这里将庄子思想称为“超人文的”，似可商榷，因为庄子虽然“独与天地精神往来”，但是“不敖倪于万物，不谴是非，以与世俗处”（《庄子·天下》），故我认为庄子思想亦属人文精神中之重视个人自由者。

在论述了“汉人之通古今之变的历史精神”和“魏晋人之重情感之自然表现”之后，唐先生接着论述“佛学之超人文思想之兴起”和“宋明理学中之立人极之精神”。他指出，“佛学之所以入中国，则正是要解决人之生死问题，满足中国人之宗教要求。”“佛教之出世精神、出家生活，与儒家之在家生活、入世精神，互相渗透成的佛家思想，则有由天台、华严之中国佛学之教理逐渐转化出之禅宗思想。而再进一步复兴中国固有之人文精神之思想，则为宋明之理学。”宋明理学家“使人道有形而上的究极意义，所以其中含有一宗教性”，“这便开辟出另一条‘由人文世界，以通超人文世界之天心天理’的修养道路”。[②] 这里，“宗教性”概念的提出，对于当今学术界讨论儒学（包括宋明新儒学）是否属于“宗教”很有助益，盖言儒学含有“宗教性”，可在儒学是与不是“宗教”之间，或对“宗教”概念的不同理解之间，持一种有张力的折衷。[③]

唐先生又论述“清代之人文精神，比以前各时代之人文精神，是更

---

① 唐君毅：《中国人文精神之发展》，第 8—11 页。

② 唐君毅：《中国人文精神之发展》，第 16—18 页。

③ 唐先生认为“儒家非一般宗教”，“即一般宗教皆有神话或神怪之成分，而儒家自孔子起，即不语怪力乱神”。“但儒家精神，亦有与一切人类高级宗教共同之点，此共同点即其宗教性。故过去曾有儒、释、道三教之称，而今后之儒家思想，亦将不只以哲学理论姿态出现，而仍可成为儒者之教。此儒者之教与一切宗教之共同点，即它是重视人生存在自己之求得一确定的安身立命之地的。”唐君毅：《中国人文精神之发展》，第 307、309 页。按：唐先生所说的“安身立命之地”，近似于西方宗教学家蒂里希（Paul Tillich）所说的“终极关怀”。

能落到人之‘感觉经验可直接把握的实际’”，并认为“由清代之人文精神，即理当接到西方输入之自然科学思想之重视”。[①]对此，唐先生申论说：“对于中国传统人文精神，忽略科学的知识技术之缺点，我们亦无容讳。……我们今惟由此缺点与弊害之深刻认识，才知科学实为中国文化完成其自身之发展，中国文化理想自身之充量实现，所需要。”他又深具历史意识和深怀民族情感地指出：中国古代的农业经济发展到清代，“直接用人力可开发之土地，几已开发净尽。人口之逐渐加增，与水利之失修、农业产品之不足，遂使人民生活日益成为问题，而国力遂日衰。……我们再试把我们同胞的物质生活水准、国防力量，与西方国家相比，任一稍有仁心的人，都不能不承认，如不发达中国之科学技术，绝不能解除今日之中国人民生活上的所受的灾祸与困苦，而使国家盛强”[②]。

与对科学技术的肯定相同，唐先生对“民主的政治制度”亦加以肯定。他说：

> 民国成立，而政权在民之义被公认。此不仅为中国政治思想之一大改变，亦为中国固有之道德人格平等之思想当有的含义之一引申。而如何使此民主思想，体现于一有实效而表现中国人文精神之民主制度，及民主的政治生活，亦即为发展中国人文精神之一要务。[③]

在这里，唐先生不仅肯定了民主制度的价值，而且提出了建设“有实效而表现中国人文精神”的更优化民主制度的要务。这在当今世界一些国家和地区深陷西方“民主”制度的泥潭之时，反思中国的人文精神或民本思想能为自由人权和民主政治提供何种必要的补充，确实是有重要意义的。

---

① 唐君毅：《中国人文精神之发展》，第19—20页。

② 唐君毅：《中国人文精神之发展》，第112—114页。

③ 唐君毅：《中国人文精神之发展》，第24页。

唐先生思想的更主要特点是，他要以“人文精神”来疏解其与“超人文之宗教”的冲突。他所说的“人文精神”是以人为本的，即他所说：“以人为主而言文，是为‘摄末归本’。以文为主而忘人，是为‘忘本循末’。”[①]“以人为主”实即以人为本。西方的“humanism”本来就既可翻译为“人文主义”，又可翻译为“人本主义”，因此，“以人为主”或以人为本，当就是人文精神的本义。唐先生要把“超人文之宗教”涵摄在中国的人文精神之中，使二者“并行不悖、相依为用”。他说：

> 我们对任何宗教，皆可容其存在于未来之中国文化中，并相信其一方可助中国人之精神之提升，一方亦将为中国人文精神所感染而变质，且将间接引发中国之新儒学与中国文化固有宗教精神之复兴。[②]

这里所说的“为中国人文精神所感染而变质”的宗教，就是《中庸》所谓“道不远人”的宗教。唐先生强调：“如离人而言宗教，则超人文之宗教思想，亦可导致‘反人文’。”[③]不仅宗教如此，而且科学、自由人权和民主政治等等都“不可远人以为道”。由此可见，唐先生在提出“融受世界之文化”时，仍坚持了中国人文精神之发展的主体性。

对于中国文化与西方宗教的冲突，唐先生实给予极大的关注。他说：

> 由西方文化之入中国而生之现代中国文化之问题之一，乃宗教问题。这个问题之复杂性与重要性，不亚于现代中国之任何问题，

---

① 唐君毅：《中国人文精神之发展》，第 22 页。
② 唐君毅：《中国人文精神之发展》，第 22 页。
③ 唐君毅：《中国人文精神之发展》，第 24 页。

> 如科学、民主、道德、教育问题之类。[①]
>
> 百年来之中国之政治问题、文化问题，正一直与宗教问题相夹杂。政治的斗争与文化思想的冲突，都有宗教思想的冲突裹挟于其中。而政治的斗争，都多多少少，直接间接含有宗教的意义，宗教亦无异直接间接在参加政治的斗争。这正无异西方的宗教战争的精神之移入中国。[②]

认识到“宗教思想的冲突”的严重性，这是唐先生的卓见，也是他的思想在当今世界仍具有重要意义的一个远见。他希望这种冲突能够避免，各宗教间能够互相宽容。在他看来，我们“必须较五四时代进一步，即自觉的肯定宗教之价值。但同时必须建立一种确立现有的不同的宗教之不同的价值的思想，以真实的成就一各种宗教间之相互宽容，与互认对方为长，而互相取资，以求宗教精神的融通……而同时亦要肯定中国儒家思想中之宗教意义，使纯粹中国人与不信仰其他宗教的世界人士，在儒家思想的信仰中，同可发现一宗教性的安身立命之所，以建立儒家的教化之基础。此儒家的教化，并不同于狭义之宗教……而只是要建立之成为一般宗教之基础，而使一切宗教得相容俱存，而不致造成人与人之冲突敌对”[③]。唐先生要使儒家的教化“成为一般宗教之基础”，他一方面肯定世界各大宗教有其“不容代替之价值与地位”，另一方面认为各大宗教“皆根于吾人之本心本性之自身”的精神要求，而儒家正是“自信吾人之本心本性之自身，而有一超越的自我之主体之自信”，故儒家精神“终将为人类一切宗教之结局地”，“足以为一切宗教精神之一基础”。[④]这样一种从人的本心本性来“涵摄一切宗教精神”的思想，正是《生命存在与心灵境界》一书的源起。

---

① 唐君毅:《中国人文精神之发展》，第 275 页。

② 唐君毅:《中国人文精神之发展》，第 279 页。

③ 唐君毅:《中国人文精神之发展》，第 280 页。

④ 唐君毅:《中国人文精神之发展》，第 302、312—313 页。

二

唐先生在《生命存在与心灵境界》一书的“导论”中指出：“今著此书，为欲明种种世间、出世间之境界（约有九），皆吾人生命存在与心灵之诸方向（约有三）活动之感通，与此感通之种种方式相应；更求如实观之，如实知之，以起真实行，以使吾人之生命存在，成真实之存在，以立人极之哲学。”[①]这里需要讲明的是生命、存在与心灵的关系，心灵与境界的关系，以及唐先生所立之“哲学”的真实含义。

唐先生说：“生命即存在，存在即生命。若必分其义而说，则如以生命为主，则言生命存在，即谓此生命为存在的，存在的为生命之相。如以存在为主，则言生命存在，即谓此存在为有生命的，而生命为其相。至于言心灵者，则如以生命或存在为主，则心灵为其用。此心灵之用，即能知能行之用也。然心灵亦可说为生命存在之主，则有生命能存在，皆此心灵之相或用。此中体、相、用三者，可相涵而说。”[②]质言之，唐先生所说的“生命存在与心灵”，就是人的整全的生命存在与心灵活动。

唐先生说：“人有生命存在，即有心灵。则凡所以说生命或存在或心灵者，皆可互说，而此三名所表者，亦可说为一实。”[③]据此而言，唐先生所谓“心灵”，可以说即包含人的生命存在的整全意义；他所说的“心灵境界”，也就是人的生命存在与心灵感通的境界。这里仍贯彻了“以人为主”即以人为本而“言文”的思想。

---

① 唐君毅：《文化意识宇宙的探索》，中国广播电视出版社 1992 年版，第 481 页。

② 唐君毅：《文化意识宇宙的探索》，第 481—482 页。

③ 唐君毅：《文化意识宇宙的探索》，第 482—483 页。

唐先生说："言境为心所感通，不言为心所变现。心所变现者，自是心之所通及。……故此中有心境相互为用之义，不能只言心变现境。……然心之所通，不限于特定境，乃恒超于此特定境，以别有所通，而永不滞于此所通。……故只言心变现境，纵至于言一切境，皆心所变现，仍是滞词。"[①] 按"感通"一词出自《周易·系辞上》所谓"易无思也，无为也，寂然不动，感而遂通天下之故"。"心所感通"含有"心境相互为用之义"，这是儒家的"天人合一"的思维方式。不言"心变现境"，一方面避免了佛教的"唯心"的思维方式，另一方面也是"心之所通，不限于特定境"的理论需要。

唐先生认为，人的心所感通有"三向九境"，即朝向客观的万物散殊境、依类成化境、功能序运境，朝向主观的感觉互摄境、观照凌虚境、道德实践境，朝向超主客观的归向一神境、我法二空境、天德流行境。如周辅成先生所说："这种三向九境体系，是在以生命为主的心灵世界中力求真实的存在的过程所表现出来的秩序，既是认识程序，又是宇宙程序；既是如实观，又是价值观。"[②] 这个体系是要把人类的一切精神现象和文化形态收摄其中，使它们"各得其位，而不相为蔽障"。如果说唐先生在《中国人文精神之发展》中所讲的中国人文精神以及西方人文主义、科学精神和宗教之发展是历史形态的，那么他在《生命存在与心灵境界》中所讲的"三向九境"就是逻辑形态的。从形式上说，它使人想起黑格尔的历史与逻辑的统一，以及逻辑发展的正、反、合。但从实质上说，唐先生的"三向九境"体系不是黑格尔哲学那样的"绝对精神"的逻辑展开，而是人类由其生命存在和心灵感通所必然产生的诸种面向和文化形态。黑格尔哲学是"绝对"唯心主义的，而唐先生的哲学是"以人为主而言文"的道德理想主义的。更重要的是，黑格尔的哲学体系是独断而封闭性的，唐先生的哲学体系则是融通而开放性的。

---

① 唐君毅：《文化意识宇宙的探索》，第484—485页。

② 周辅成：《理想主义的新生》，载《唐君毅思想国际会议论文集（Ⅰ）》，香港：法住出版社1992年版。

唐先生在讲到“哲学义理之次序问题”时说：“吾人自为之著述，若不先提出此先后之问题则已，如已提出，则其以何者为先，必须有一自觉之理由。”“循方才所说之义理概念，乃人之所以感通于境者；则人之生命之存在之义之本身，其心灵之感通于境之义之本身，即应为先。”① 由此可见，唐先生的哲学体系是以人的生命存在和心灵感通为先或为本的。

唐先生所建构的哲学体系，自称是“哲学的哲学”。他说：

> 此即其不特依一普遍义理概念以遍观，且能于既依之以遍观之后，更超越之，另依一普遍之义理概念以遍观。……依此哲学的哲学，以观一切哲学之冲突，可既知其必有冲突之义理上之所以然，亦可知其冲突之所以似必然，更可知其似必然者之可由此不断超越之历程，而见其非必然；以见哲学义理之世界，实非一破裂之世界，或虽破裂而仍能再复其完整之世界。②

由此可见，唐先生的哲学体系不是独断、封闭、排他性的，而是疏解、融通、开放性的。他的宗旨是要疏解、融通一切哲学和宗教之冲突，在见其冲突于义理上有其原因和似必然性时，又能见这种冲突的非必然性，以彰显一切哲学和宗教不仅有其异，而且有其同，这种异似是一“破裂之世界”，而其同则实为一“整全之世界”。

唐先生所建构的哲学体系，是一个“求同存异”或“和而不同”的哲学体系。这个体系不是排他性的，即不是要把一切哲学和宗教思想囊括其中，皆取而代之，而成一“绝对真理”的体系。他说：

> 谓吾将造一哲学，以囊括一切哲学，此欲收尽一切哲学于此囊中而尽毁之，此乃一哲学世界之大杀机，而欲导致一切哲学之

---

① 唐君毅：《文化意识宇宙的探索》，第 506 页。

② 唐君毅：《文化意识宇宙的探索》，第 500—501 页。

> 死亡者。一切哲学固未必因此而死亡，而此杀机已先使其哲学归于死亡。……吾之为哲学，以通任何所知之哲学，此通之之心，虽初为一总体的加以包涵之之心，然此心必须化为一分别的加以通达之心。此加以通达之心之所为，唯是修成一桥梁、一道路，使吾心得由此而至彼。……吾不欲吾之哲学成堡垒之建筑，而唯愿其为一桥梁；吾不欲吾之哲学如山岳，而唯愿其为一道路、一河流。①

唐先生的这段话，使人想起黑格尔在《哲学史讲演录》“导言”中所说的一段话：“诚然，每一个哲学出现时，都自诩为：有了它，前此的一切哲学不仅是被驳倒了，而且它们的缺点也被补救了，正确的哲学最终被发现了。但根据以前的许多经验，倒足以表明《新约》里的另一些话同样地可以用来说这样的哲学——使徒彼得对安那吉亚说：‘看吧！将要抬你出去的人的脚,已经站在门口。’”② 黑格尔的这段话的确是深谙哲学史的经验之谈，但他本人的“绝对精神”体系却不幸重蹈了哲学史上的覆辙。唐先生的哲学体系与黑格尔哲学之不同，就在于它是立足于人的生命存在的“通达之心”，它不是哲学史上的一座城堡或山岳，而是在当今世界仍有现实意义的可以通达一切哲学和宗教的一座桥梁、一条道路。

在当今的中国社会和文化发展中，无可讳言，仍存在着某些冲突或不和谐。正是因为此，唐先生的哲学思想对于我们“以人为主而言文”，疏解、融通这些冲突，以建构和谐社会与和谐文化，是很有现实意义的。在当今世界的“全球化”潮流中，更无可讳言，存在着不同民族、国家和宗教的所谓“文明的冲突”的危险。也正是因为此，唐先生的哲学思想对于人类如何避免“文明的冲突”，加强对话和相互理解，以使各个民族、国家和宗教能够求同存异、和平相处，或达到如

---

① 唐君毅：《文化意识宇宙的探索》，第 503—504 页。

② ［德］黑格尔：《哲学史讲演录》第 1 卷，商务印书馆 1959 年版，第 22 页。

罗尔斯所言的“重叠共识”（overlapping consensus）[①]，也是很有现实意义的。

（原载《“唐君毅思想与当今世界学术研讨会暨〈唐君毅著作选〉出版纪念会”论文集》，2006 年 12 月）

① ［美］约翰·罗尔斯：《政治自由主义》，译林出版社 2000 年版，第 40 页。参见拙文《文化的全球化与多元发展——兼论儒学在全球文化对话中的作用》，《求是学刊》2002 年第 1 期。

“天人新论”与本体诠释学

在中国哲学史和思想史界近期关于“中国哲学的合法性”讨论中，我坚持认为中国古代虽无“哲学”之名，但有“哲学”之实，中国传统哲学即是“天人之学”，亦即以“知人则哲”为特色，以“原善”（善即“爱人”）、“为治”（治即“安民”）为核心，主要由天论、人论和知论构成的思想体系。[①]这样的观点主要源于张岱年先生的《中国哲学大纲》。按照成中英先生在《本体诠释学洞见和分析话语》一文中所作的区别，张先生的《中国哲学大纲》属于“中国哲学的理性重建”，即其“集中关注于用中国哲学大的框架对中国哲学的术语和观点进行理性的和分析的理解”。成先生所更注重者是“中国哲学中的本体诠释学诠释”，亦即“不是把中国哲学作为中国哲学来研究，而是把它作为对真理、存在或实在的思想来研究”。[②]这后一方面确实更为重要，这也是成先生的本体诠释学的宗旨所在。而我注意到，张岱年先生的哲学思想与成先生的本体诠释学多有相通之处。在张先生于1935—1936年完成《中国哲学大纲》时，他也提出了一个“新哲学之纲领”，这个“新哲学”就是要把“唯物、理想、解析，综合于一”；对于“新哲学之纲领”的充实论证，便是张先生在20世纪40年代撰写的哲学专著《天人新论》（因当时的

① 参见拙文《中国传统哲学是“天人之学”》，《光明日报》2003年9月23日；《“知人则哲”：中国哲学的特色》，《哲学动态》2004年第5期。

② 成中英主编：《本体与诠释：中西比较》，上海社会科学院出版社2003年版，第46页。

环境所限，此书没有最后完成，只留下五部哲学论稿，故又称《天人五论》)。本文主要就张先生的哲学思想与成先生的本体诠释学作一比较性的研究。

一 “本体”概念的诠释

成先生的本体诠释学是把西方哲学中的“本体论”（ontology）与“诠释学”（hermeneutics）结合起来，也就是说，它是“作为与对真实的诠释性理解相互有机渗透的真实的本体论的本体诠释学（onto-hermeneutics）”①。这样一种哲学的洞见,已非西方传统作为“第一哲学”的研究超验的、逻辑的“本体”世界（Sein 或 being）的“本体论”，而是经由奎因的“本体论承诺”和海德格尔的“基本（生存）本体论”思想的转换，把本体论纳入人们对“生活世界”的诠释学的认识方法之中。这种思想对西方哲学来说是一个重大的转变，而对中国哲学来说却是继承固有传统的一个现代提升。

成先生有从中国哲学的视角对“本体”概念的诠释，即：

> “本体”是中国哲学中的中心概念，兼含了“本”的思想与“体”的思想。本是根源，是历史性，是时间性，是内在性；体是整体，是体系，是空间性，是外在性。“本体”因之是包含一切事物及其发生的宇宙系统，更体现在事物发生转化的整体过程之中。因而“道”之一词是本体的动的写照，而“太极”之一词则为本体的根源涵义。就其质料言本体是气，就其秩序言本体则是理。②

---

① 成中英主编:《本体与诠释》，生活·读书·新知三联书店 2000 年版，第 17 页。

② 成中英主编:《本体与诠释》，第 5 页。

这样的诠释——我认为——已经是古与今的一种“视域的融合”，即它已不完全是中国古代哲学“文本”的原义，而是包含了现代哲学的关照。冯友兰先生在其“新理学”的形上学系统中曾主要使用了“理”“气”“道体”和“大全”四个概念，成先生对“本体”概念的诠释似已把这四个概念综合为一。其不同又在于，冯先生强调这四个概念“都是我们所谓形式底观念”，“是没有积极底内容底，是四个空底观念”①，这样的解说其实是西方柏拉图主义的；而成先生对“本体”概念的诠释则是有“积极”内容的，是一个表征宇宙的真实或实在的概念，因而它又是中国传统的。

张岱年先生在《中国哲学大纲》中也有对“本体”概念的诠释，即他指出：“宋明哲学中所谓本体，常以指一物之本然”，“本体谓本来而恒常者”；中国哲学之“本根”概念，“与今所谓本体意同，指宇宙中之至极究竟者”。②张先生所说“今所谓本体”，是指中国接受西方哲学概念之后的所谓“本体”。他认为，中国哲学的“本根”概念与西方哲学的“本体”概念意同，它们都是指“宇宙中之至极究竟者”。但张先生又有一重要的思想，即他指出“中国本根论之基本倾向”是与印度哲学和西方哲学不同的。他说：

> 印度哲学及西洋哲学讲本体，更有真实意，以为现象是假是幻，本体是真是实。本体者何？即是唯一的究竟实在。这种观念，在中国本来的哲学中，实在没有。中国哲人讲本根与事物的区别，不在于实幻之不同，而在于本末、原流、根支之不同。万有众象同属实在，不惟本根为实而已。……在先秦哲学中，无以外界为虚幻者。佛教输入后，始渐有以现象为虚幻之思想，然大多数思想家都是反对佛家以外界为虚幻之思想的。中国哲学家大都主张：本根是真实的，由本根发生的事物亦是真实的，不过有根本不根本之别而已。③

---

① 冯友兰：《三松堂全集》第5卷，河南人民出版社2000年版，第127页。

② 张岱年：《中国哲学大纲》，中国社会科学出版社1982年版，第7、8页。

③ 张岱年：《中国哲学大纲》，第9—10页。

张先生在此所说印度哲学和西方哲学以本体为真实、以现象为虚幻，即是指佛教所谓“不真（故）空”，“离识无境”，“心生则种种法生，心灭则种种法灭”，亦是指怀特海在《自然的概念》中所批判的西方传统哲学认为“本体实而不现，现象现而不实”的“自然之两分”（the bifurcation of nature）。而中国哲学的本根论则没有这样的“自然之两分”，而认为本根与事物都是真实的（此种思维方式即程颐所谓“体用一源，显微无间”，王夫之所谓“体用胥有而相需以实”）。张先生在同时期的哲学论著和以后的中国哲学史研究中都十分强调上述思想，因而我认为“这是张先生在中哲史研究中提出的一个最有‘特色’、最重要的见解”，“是张先生研究中哲史贯彻始终的一个重要思想”。[①]

张先生的《中国哲学大纲》，其“宇宙论”的第一篇讲“本根论”，第二篇讲“大化论”。他说：“大化论即是对于大化历程中之根本事实之探讨。”在此句后面的括弧中有：“按西方传统的形而上学（Metaphysics）分为 Ontology 与 Cosmology，中国古代哲学中，本根论相当于西方的 Ontology，大化论相当于西方的 Cosmology。”[②]我认为，括弧中的这句话未免太拘牵于西方哲学的划分。一般说来，在西方哲学中“本体论”与“宇宙论”是截然两分的，“本体论”不讲宇宙的生化、演变，而凡讲宇宙的生化、演变者，则其始源即已不是超验的、逻辑的“本体”了。[③]张先生在“本根论”中明确指出，中国哲学认为“本根是真实的，由本根发生的事物亦是真实的”，因此，在本根论中包含着发生论或大化论的内容，也就是说，中国哲学的本根论是与宇宙论结合在一起的，它可称为“本体—宇宙论”（onto-cosmology）。另外，中国哲学的“本原”概念与“本根”意同，如《管子·水地》云：“水者何也？万物之本原也，诸生之宗室也，美恶、贤不肖、愚俊之所产也。”朱熹

---

① 拙文《张岱年先生的中国哲学史研究》，《哲学研究》2004 年第 6 期。

② 张岱年：《中国哲学大纲》，第 92 页。

③ 成中英先生说：“西方哲学自柏拉图及亚里士多德以来，一直把本体论和宇宙论分开，以为宇宙论只讲现象，而本体论只讲本质。”见氏著《世纪之交的抉择》，知识出版社 1991 年版，第 334 页。

也曾说："若论本原，即有理然后有气。"（《朱文公文集》卷五十九《答赵致道》）"本原"不仅是始源，而且是为本、为宗、为根据的意思。因此，我在《中华文化通志·哲学志》一书中将本根论表述为"世界本原论"[①]。

成中英先生对"本体"概念的诠释，不是西方传统的"自然之两分"的所谓"本体"，而是兼含了"本是根源""体是整体"的思想，本体"因之是包含一切事物及其发生的宇宙系统，更体现在事物发生转化的整体过程之中"。这就是说，成先生的"本体"概念兼含了"本根论"和"大化论"的内容，或者说，兼含了"本根""道体"和"大全"，它是表征宇宙或"天人"的整体实在和真理的范畴。这也就是成先生在《诠释空间的本体化与价值化》一文中所说：

> 我所谓本体……要点在以本体为具有根源与功能之体系。质言之，本体即是从本到体、从体到用之整体。……本体为有本有源、能够发育万物、显示生命与精神的实体存在，含括天地宇宙万物与人的生命，并有持续不断生生不已的生命力，实现为阴阳互补、有无相继的动态创发过程。……事实上即是以认识"一阴一阳之谓道"及"太极生两仪"的易道为主要内涵的本体宇宙论（onto-cosmology）思想之所指。[②]

显然，这里的"本体"不是以"本"为唯一的究竟实在，不认为"本"与"体"、"体"与"用"有实幻之不同，而是"万有众象同属实在，不惟本根为实而已"。这种思维方式是中国传统的，亦即"在中国哲学中，本体与现象、本质与过程，实乃真实之两个方面，这两个方面绝不可分开"[③]。

---

① 李存山等：《中华文化通志·哲学志》，上海人民出版社 1998 年版，第 16 页。

② 成中英主编：《本体与诠释：中西比较》，第 7—8 页。

③ 成中英：《世纪之交的抉择》，第 145 页。

二 "本体论"的扬弃

本体诠释学的精义不仅是对"本体"概念的诠释，而且更在于对传统"本体论"的扬弃。如果说，对"本体"概念的诠释主要是把ontology与cosmology结合起来，那么，对传统"本体论"的扬弃就是把ontology与hermeneutics结合起来（亦即onto-hermeneutics）。前者为后者奠定了一个"本体论承诺"的基础，后者则是要在此基础上实现古与今、中与西的"综合创新"[①]；前者更多地体现了中国传统的思维方式，后者则是要实现中国传统思维方式的现代提升，使西方哲学走向中国，亦使中国哲学走向世界。

成中英先生在阐释本体诠释学的"要义"时指出：

> 本体诠释学主张方法与本体的结合。……新的方法论的提出应导致本体论的建立，而本体论的建立则相应于新的方法和方法论的建立。这就彰显了本体与方法的互动。[②]
>
> 所谓"本体诠释学"（onto-hermeneutics），即是方法论与本体论的融合，用方法来批评本体，同时也用本体来批评方法；在方法与本体的相互批评中，真理就逐渐显露了。[③]

---

① 张岱年先生的学术宗旨为"综合创新"，成中英先生亦主张中国哲学的"综合创造与创造综合"。参见刘鄂培、衷尔钜编《张岱年研究》（清华大学出版社 2004 年版）有关"综合创新"的文章，其中亦收有成中英先生的《论中国哲学的综合创造与创造综合》。

② 成中英：《世纪之交的抉择》，第 82—83 页。

③ 李翔海编：《知识与价值——成中英新儒学论著辑要》，中国广播电视出版社 1996 年版，第 156 页。

这里的“关键词”是本体（论）与方法（论）的“结合”或“融合”、“互动”或“相互批评”，以及真理的“逐渐显露”。有了这几个关键词，也就彰显了本体诠释学对传统本体论和方法论的超越，彰显了它对中国传统思维方式的现代提升，彰显了古与今、中与西的“综合创新”。

成先生注意到，“对方法问题的自觉也始终是西方哲学里的一大特色”①。在古希腊哲学中，对方法问题的自觉突出地表现为苏格拉底的“理性的定义”和柏拉图的“理性的超越思考方法”，也就是说，“苏格拉底（Socrates）为了求得真实乃用理性的定义展示不变普遍的性质以为真实。这是西方理性方法的首先发明与创造。运用此一方法……就自然产生了柏拉图（Plato）的真实与现象分为二橛的二元论。……柏氏所创发的理性的超越思考方法，显然是苏格拉底的定义求真方法的延伸”②。显然，西方传统的“自然之两分”的本体论是与这种理性的定义和超越思考方法相对应的。这里虽然有本体与方法的“结合”，但没有本体与方法的“互动”，更没有真理的“逐渐显露”，因为在“自然之两分”的本体论中“本体”是不变的、绝对的“唯一的究竟实在”。

在西方近现代哲学中，认识论或方法论蔚为大观，其地位超过了原本作为“第一哲学”的本体论。“新工具”启示了新世界，西方哲学的面貌遂为之一新。在康德哲学中，“本体”（“物自身”）提供了认识之源，但“本体”不在认识的范围之内（人只能认识“现象”）。而实证主义（以及实用主义）则以科学的逻辑的方法“拒斥形而上学”（亦即拒斥“本体”）。直到奎因的“本体论承诺”和海德格尔的“基本（生存）本体论”，才启示出人在世界或人在历史之中的“诠释”方法。如成先生所说：“当代诠释学的源起，则是基于对理性方法绝对性与科学客观性的批评。”③本体诠释学就是要实现“诠释”方法与“本体”之实在和真理的结合与互动。这里有“本体论”，但此“本体”不再是超绝于人的经验和体验的“本体”，而是人在其中，与“诠释”相结合与互动着

---

① 李翔海编：《知识与价值——成中英新儒学论著辑要》，第145页。

② 成中英主编：《本体与诠释》，第35页。

③ 李翔海编：《知识与价值——成中英新儒学论著辑要》，第154页。

的"本体"，因而它有部分与整体的"诠释循环"（hermeneutical circle）以及真理之逐渐显露的"本体循环"（ontological circle），"本体概念具有不完全性，但却可以透过表现本体的不同观念或模型的贯通来逐渐显示其完整性"①。这种与诠释方法相结合与互动的本体论，是对传统的作为绝对真理之超验和独断的"本体论"的扬弃。

成先生认为，"中国哲学传统中一直缺乏对方法的自觉与突破"，但中国哲学亦有"方法的潜藏性"，或者说，有"非方法论的方法论"。②在中国哲学的"潜藏"的方法论中，成先生尤其注重《易经》哲学的"观"的方法。他说："值得指出的是，本体诠释学的看法是根植于中国哲学观念之中，尤其是根植于强调整体作用的《易经》哲学之中。"③《易经》哲学的所谓"设卦观象""仰观俯察""观其会通"等等，即体现了"作为方法论和本体论的本体诠释学的统一"，"我们可以说，八卦来自于圣人'观'的活动。但是，我们也可以指出，一旦圣人设计了八卦，他就能够更多地观察事物及其活动。这样，'观'的过程总是一个开放的过程……"④

虽然中国传统哲学欠缺方法论的自觉与突破，但"天人之学"中也确实蕴含着如何"知天""知人"的"知"之方法（因而中国哲学的"实质上的系统"不仅有天论和人论，而且有知论），《易经》哲学的"观"即是其显例。因为圣人由"观"而"知天""知人"，所以《易经》哲学与本体诠释学有相通之处。不过，我认为《易经》哲学还远没有达到本体与方法的"互动"，其真理性也还不是开放式的"逐渐显露"，这与其圣人崇拜、占筮以及易理的崇拜有关。《周易·系辞上》云：

> 易与天地准，故能弥纶天地之道。仰以观于天文，俯以察于地理，是故知幽明之故。原始反终，故知死生之说。精气为物，游魂

① 李翔海编：《知识与价值——成中英新儒学论著辑要》，第155页。

② 李翔海编：《知识与价值——成中英新儒学论著辑要》，第146、177页。

③ 成中英：《世纪之交的抉择》，第83页。

④ 成中英主编：《本体诠释学》，北京大学出版社2002年版，第31—32页。

为变，是故知鬼神之情状。与天地相似，故不违。知周乎万物而道济天下，故不过。……范围天地之化而不过，曲成万物而不遗，通乎昼夜之道而知，故神无方而易无体。

这就是说，经过圣人的“仰观俯察”，《周易》已经囊括、穷尽了宇宙的一切真理和奥秘，所以“《易》之为书也，广大悉备”，它可以“彰往而察来”。“这又把《周易》和筮法视为绝对真理”[①]，失去了本体与方法的“互动”以及真理的“逐渐显露”。亦因此，在此后易学的发展中，“易道广大，无所不包……故易说愈繁”（《四库全书总目提要·易类序》）。

我认为，在中国传统哲学中，与本体诠释学最为相近的思想莫过于王夫之对体、用、知的论述。他说：

天下之用，皆其有者也。吾从其用而知其体之有，岂待疑哉？用有以为功效，体有以为性情，体用胥有而相需以实，故盈天下而皆持循之道。……故善言道者，由用以得体。不善言道者，妄立一体而消用以从之……施丹垩于空虚，而强命之曰体。聪明给于所求，测万物而得其景响，则亦可以消归其用而无余，其邪说自此逞矣。则何如求之“感而遂通”者，日观化而渐得其原也？故执子孙而问其祖考，则本支不乱。过宗庙墟墓，而孙子之名氏，其有能亿中之者哉？此亦言道者之大辨也。（《周易外传》卷二）

王夫之在此提出的“大辨”，旨在批评佛老的“消用”而妄立“一体”之空无。他认为，“体”与“用”是统一的，“体用胥有而相需以实”，对“体”的认识应该“从其用而知其体之有”，“日观化而渐得其原”，如此便可“本支不乱”；反之，如果“妄立一体而消用以从之……施丹垩于空虚，而强命之曰体”，则其“体”不过是臆想的“邪说”而已。

虽然王夫之对体、用、知有很精辟的见解，但中国传统哲学从总体

① 朱伯崑：《易学哲学史》，北京大学出版社1986年版，上册，第104页。

说来仍欠缺方法论的自觉与突破，亦因之"天人之学"主要是天论与人论，而知论则十分薄弱。张岱年先生在《中国哲学大纲》中说：

> 中国哲学中知识论及方法论颇不发达，但亦决非没有。①
>
> 中国哲学，最注重人生；然而思"知人"，便不可以不"知天"，所以亦及于宇宙。至于知识问题，则不是中国古代哲学所注重的。但论人论天，都在知中；既求"闻道"，便亦不能不研讨"闻道之方"。"闻道之方"也即是"致知之方"。……所以中国哲人，也多论及知识与方法，不过非其所重而已。②

《中国哲学大纲》的第一部分为"宇宙论"，第二部分为"人生论"，第三部分为"致知论"，其中"人生论"占全书多一半的篇幅，"宇宙论"约占全书的十分之三，而"致知论"则不足全书的十分之二。这基本上反映了此三论在中国传统哲学中各占的比重。"中国哲学中知识论及方法论颇不发达"，是可以肯定的。而且，在中国传统哲学中，"述而不作""尚古贱今""宗经崇圣"的思维方式颇占上风。虽然"我注六经"与"六经注我"两种方式也为经书的诠释提供了发展的余地，但经学的诠释方法不足以动摇"天不变，道亦不变"的思维定式。可以说，在中国传统哲学的"天—人—知"论中，诠释方法居于从属、末端的地位；其本体与方法的"互动"，乃"动"之微也。

张岱年先生在撰写《中国哲学大纲》的同时，也发表了《哲学上一个可能的综合》，提出："今后哲学之一个新路，当是将唯物、理想、解析，综合于一。"这个新的"综合"的哲学，即是张先生所要建构的"天人新论"，它"对于西洋哲学方面说，可以说是新唯物论之更进的引申，对于中国哲学方面说，可以说是王船山、颜习斋、戴东原的哲学之再度的发展，在性质上则是唯物论、理想主义、解析哲学之一种综

---

① 张岱年：《中国哲学大纲》，"序论"，第 3 页。
② 张岱年：《中国哲学大纲》，"序论"，第 495 页。

合”。[①]值得注意的是，在20世纪30年代张先生提出的“新哲学之纲领”中，第一是“方法论”，第二是“知识论”，第三是“宇宙论”，第四是“人生论”。[②]从哲学内容的含项上说，其与《中国哲学大纲》是相同的；但从先后次序上说，“方法论”和“知识论”已从中国传统“天人之学”的第三部分的位置跃居于第一和第二。在40年代张先生为“新哲学之纲领”作充实论证的《天人新论》中，也同样是第一《哲学思维论》（按即方法论），第二《知实论》（即知识论之上篇，其下篇《真知论》未完成），第三《事理论》（即宇宙论之上篇，其下篇《心物论》未完成），第四《品德论》（人生论的简纲缩写），以及第五《天人简论》（以上四论的概括简述）。这种先后次序的编排，已经突显了《天人新论》之新，首先是对方法论的自觉与突破；把方法论和知识论立于宇宙论和人生论之前，即已表明对传统“天人之学”的扬弃，它所要实现的便是方法与本体的“结合”与“互动”，以及真理的“逐渐显露”。

成中英先生曾指出，“奎因哲学有三个来源：一是怀特海的过程哲学，二是罗素的逻辑主义，三是皮尔士的实用主义”[③]。张岱年先生在三四十年代建构其哲学体系时大约处在与奎因相近的时间段，奎因哲学的前两个来源，即怀特海的过程哲学和罗素的逻辑主义，同样也是张先生哲学思想的重要来源。张先生当时对于西方现代哲学中柏格森的创造进化论、摩根的突创进化论、胡塞尔的现象学、怀特海的过程哲学、尼采的超人哲学、詹姆士和杜威的实用主义、罗素和博若德等人的新实在论、维也纳学派的逻辑实证论，以及新康德主义、新黑格尔主义等等，都曾有所评论，他所看重者是怀特海、罗素以及维也纳学派的哲学思想。而张先生最“信取”并以之为宗的则是马克思主义的新唯物论，他说：

> 唯以新唯物论与现代他派哲学对较，然后乃可见新唯物论之为

---

① 张岱年：《张岱年文集》第1卷，清华大学出版社1989年版，第210、225页。

② 张岱年：《张岱年文集》第1卷，第222—224页。

③ 成中英：《世纪之交的抉择》，第41页。

> 现代最可信取之哲学。每思新唯物论虽成立于十九世纪之中叶，而其中实能兼综二十世纪若干派哲学之长。如其言宇宙为一发展大流，则能纳柏格森哲学之长，其言一本而多级，则能纳鲁意摩根等突发进化论之长，其言实践，则能纳实用主义之长。[①]

张先生之"信取"新唯物论，是因为它能兼综众家之长，而且正确地解决了心与物以及感觉经验与理性认识的关系等问题。同时，张先生又认为，当时流行的新唯物论"形式未免粗疏，尚待精密化"，"新唯物论如欲进展，必经一番正名析辞之工作"。因而，他对于罗素和维也纳学派的逻辑解析法非常重视，认为"辩证法与逻辑解析法，必结为一，方能两益"。[②]

"新哲学之纲领"首列方法论"注重三事"：（1）知行之合一；（2）解析法；（3）对理法（按即辩证法）。[③] 这里所说的知行之合一，就是哲学与生活实践的统一。张先生在 30 年代早期作有《辩证法与生活》和《辩证法的一贯》两文，他强调辩证法"不仅能指导人们研究客观世界，还可以运用到生活中去"，"生活由矛盾而进展……用辩证法来过生活，必须'自强不息'，'日新，日日新，又日新'，决不可以现在自囿，决不可向不理想的现实妥协"，"辩证法对于任何哲学学说，都不是片面地加以排斥，而是容纳其中正确的部分"，"辩证法的哲学总在发展之中，后进的研究者有补充先进的思想家的缺欠的职责"，"辩证学说的发展应亦是辩证的"。[④] 显然，在"辩证法与生活"的统一中，方法不仅诠释和作用于"生活世界"（即本体诠释学的"本体"），而且诠释方法也是开放的，生活也作用于辩证法，此即方法与本体的结合与互动。

在三四十年代，哲学界普遍把辩证法与逻辑解析法对立起来，而张申府、张岱年则力主辩证法与逻辑解析法"必结为一，方能两益"。在

---

① 张岱年：《张岱年文集》第 1 卷，第 190 页。

② 张岱年：《张岱年文集》第 1 卷，第 55、193、233 页。

③ 张岱年：《张岱年文集》第 1 卷，第 222 页。

④ 张岱年：《张岱年文集》第 1 卷，第 55、57、63—64 页。

《哲学上一个可能的综合》中，张先生指出："对理亦非否认所谓思想律（指形式逻辑的基本规律——编者），不过认为思想律非充足的而已……对立统一则与思想律并无不两立之冲突。"[①] 在40年代所作《哲学思维论》中，他也说："今之喜形式逻辑者则鄙弃辩证法，而好谈辩证法者则非薄形式逻辑，实皆蔽于一曲之见。"[②] 在30年代中叶，孙道升著有《现代中国哲学界之解剖》一文，其中把张申府、张岱年的哲学思想称为"解析法的新唯物论"，指出当时的新唯物论有两派："一派是想把解析法输入于新唯物论中去的，另一派是沿袭俄国日本讲马克思学说的态度的。前者可称为解析法的新唯物论，此派具有批判的，分析的精神，其作品在新唯物论中，可谓最值得注意的，最有发展的。"[③]

成中英先生也曾主张：在"对中国哲学作本原的理解"的基础上，产生一种"分析的中国哲学"[④]；"中国哲学必须有一种新的语言，一种新的诠释学……我们甚至可以说，中国哲学的形式将来自两条渠道：逻辑的方法和现代生活的辩证法"[⑤]。观此可知，张先生当时虽然没有用"诠释学"或"诠释方法"的表述，但他的"解析法的新唯物论"确实与成先生的本体诠释学有着内在精神的相通。

张先生的"新哲学之纲领"第二是知识论"注重五事"。（1）知之物的基础，谓"知不能离物，而受物之决定"（按此"物"指"外界的实在"，张先生在《知实论》中说："凡无待于知，即不随知而起灭者，则谓之实在。"[⑥] 此不同于佛教的"离识无境"和贝克莱的"存在即被感知"）。（2）知与行之两一（按"两一"即对立统一），谓"行是知之基，亦是知之成"。（3）知之群性，谓"知不离群，知乃是群知……个人之知识以社会的知识为基础"（按"知之群性"包含"交往理性"之意）。（4）感与思之两一，谓"感（觉）而有思（理性认识），思原于感而又

① 张岱年：《张岱年文集》第1卷，第212页。
② 张岱年：《张岱年文集》第3卷，清华大学出版社1992年版，第27页。
③ 郭湛波：《近五十年中国思想史》，北平人文书局1936年版，第402、403页。
④ 成中英主编：《本体与诠释：中西比较》，第20页。
⑤ 成中英：《世纪之交的抉择》，第111页。
⑥ 张岱年：《张岱年文集》第3卷，第101页。

能越出感之限制……范畴概念起于思，虽常不尽合于物，而皆有其物的基础”。（5）真知之变于常，谓“在真知之变中，实有其不变之趋向，即其常。物虽非一时所能尽知，而究系可知的”。①

张先生当时对于逻辑实证论一方面取其概念命题必须清晰明确的观点，另一方面也肯定其真实命题必属“有谓”，而有谓在于“有验”的观点。但他对何为“有谓”“有验”又作出新解，指出：“过去哲学实过于注重静观经验，实则活动经验尤为重要”，“活动经验亦可称为实践经验”。因为新唯物论以实践为真知标准，所以它不像实证论那样认为“外界实在之命题为无意谓的”，“实则活动经验为重要经验之一，而外界实在之主要征验，在于人之活动经验”。②用经验证明和逻辑分析的方法来阐发“外界的实在性”，这是张先生哲学思想的一个重要特点，此既不同于旧唯物论的独断，也不同于逻辑实证论把哲学只限于作逻辑分析。

张先生说：“新唯物论乃是实践哲学。惟其以实践为表准，故不认为现象背后之实在之问题为有意义的，而又不认为外界实在的问题为无意义的。以此，故既反对玄学而又不走入实证论，虽遮拨旧唯物论而不以实在论为满足。”③张先生在此所说的“玄学”（又称“元学”），即指研究“现象背后之实在”的旧的“本体论”。他在 1933 年所作《关于新唯物论》一文中即指出：“新唯物论已舍弃旧唯物元学所谓本体之观念。”在 1936 年的《哲学上一个可能的综合》一文中又重申：“机械唯物论所谓唯物，乃谓物质是宇宙本体，而新唯物论的宇宙论，则根本已废去本体观念。新唯物论根本不主张所谓‘自然之两分’，根本不承认有所谓现象背后的实在。新唯物论之根本态度，乃认为即现象即实在，现象之外更无实在可说。新唯物论所谓唯物，非谓物质为宇宙本体，为一切现象背后之究竟实在，乃谓物质为最基本的，为生与心之所从出。（吾于民国二十二年……即曾著文说明新唯物论已废弃本体观念，而世人不

① 张岱年：《张岱年文集》第 1 卷，第 222—223 页。

② 张岱年：《张岱年文集》第 3 卷，第 13、16 页。

③ 张岱年：《张岱年文集》第 1 卷，第 212 页。

察，仍多谓新唯物论讲本体者；或者又因新唯物论反对形而上学，遂谓根本不讲宇宙论，俱属大谬。)”[①] 张先生在此所说的“宇宙论”，实即对旧的“本体论”的一种扬弃。它不是主张“自然之两分”的、以物质“为一切现象背后之究竟实在”的本体论，而是主张“即现象即实在”的、可被实践经验和理论分析来证明的“宇宙论”。这种“宇宙论”实相当于本体诠释学中的与诠释方法相结合与互动的“本体论”。

张先生在 1933 年亦曾发表《维也纳派的物理主义》，其中说：“维也纳派根本否认形而上学存在的可能。对于实在，对于物事之深藏的性质，我们所能有的认识，完全是由特殊科学得到的，这些特殊科学就是真的本体论，此外更不能有别的本体论。”[②] 这里所谓“真的本体论”，亦是指对旧的“本体论”的扬弃。它是能被科学的经验和理论所证明的“本体论”，其与本体诠释学的所谓“本体”也意义相通。张先生当时认为维也纳派与辩证唯物论派“可说是现在哲学中最新最有力的两派”，这两派“各有其优长”，“一派用逻辑解析法，一派则用辩证法”，将来的新哲学将是“这两派的一种综合，也即是兼用二种方法的成果”。[③]

张先生在阐明其方法论和知识论之后再讲宇宙论和人生论，则此“天人新论”便已非传统的作为绝对真理之哲学体系的独断。张先生说：

> 真确的哲学系统即是与客观实在相契合之系统，亦即能解释各方面之经验而圆满无憾之系统。……然新的经验，新的事物将永远时时涌出而无有穷竭，哲学家所尝试建立之摹写客观实在之理论系统，亦将永是“未济”，永须更新。[④]

这种“永是‘未济’，永须更新”的哲学系统，即是本体诠释学之方法与本体相结合与互动着的真理的“逐渐显露”。

---

① 张岱年:《张岱年文集》第 1 卷，第 187、211—212 页。

② 张岱年:《张岱年文集》第 1 卷，第 228 页。

③ 张岱年:《张岱年文集》第 1 卷，第 231 页。

④ 张岱年:《张岱年文集》第 3 卷，第 6—7 页。

三　中国哲学的重建

成中英先生的本体诠释学，其宗旨在于“中国哲学的重建”，亦即实现“中国哲学的现代化和世界化”。为此，成先生提出“现代化需要什么样的哲学”，指出：“一个新的知识和价值的系统，必须满足一些起码的或基本的条件。”这就是：“第一，这个哲学必须是范围广大的，对人类经验都能加以考虑。再者，它必须讲究秩序，能够把各种各样的经验内涵加以组合，使其符合一个简单化、普遍化的原则。这个原则……还要力求有效，力求接受理性的检验，力求理论与实际的结合，而不能虚玄蹈空。”“第二，这个哲学必须是一个开放的系统，即是一个有相当的自我批评性，容许开放和成长的系统。”中国哲学的现代化需要“对中国哲学的批评”，“一方面，融化中国哲学史上的重要观念，另一方面，在自我调整的基础上，去接受西方哲学的精华”。“中国哲学必须把传统的形式与内涵转化为现代的中国思维方式，亦即转化为适合现代生活的思维方式，并且能够充实及指导现代人生活的思维方式。重建的要求，当然是因现代生活的调整而引起的。”①

以上论述与张岱年先生在三四十年代建构其“天人新论”有着深刻的一致性，只不过两者之间又有着三四十年代与八九十年代之“时间性”的不同。张先生在1935年发表《论现在中国所需要的哲学》，指出：“尤其在现在中国，国家与文化都在存亡绝续之交……在此时，如企图民族复兴，文化再生，更必须国人对于世界对于人生都有明切的认识，共同统会于一个大理想之下，勇猛奋斗，精进不息。在此时是

① 成中英：《世纪之交的抉择》，第291—292、315、327页。

需要一个伟大的有力的哲学作一切行动事业之最高指针的。”这样的哲学“最少须能满足如下的四条件”：第一它“必须是综合的”，“对于中国过去哲学须能抉取其精粹而发展之、光大之，辨识其病痛而革正之、克服之，同时对于西洋哲学，亦要批判之、吸收之”；第二，它必须是“一种有力量的哲学，能给中华民族以勇气的哲学”；第三，“真正的综合必是一个新的创造”，它必须能创发“一个新的一贯的大原则”，并且创立“新方法、新工具”；第四，它必须“与现代科学知识相应合”。为满足这四个条件，现在中国所需要的哲学在内容上须具有如下性征：“一，在一意谓上是唯物的；二，在一意谓上是理想的；三，是对理的；四，是批评的”。[①] 显然，正是出于这样的考虑，张先生于次年系统地提出了“今后哲学之一个新路，当是将唯物、理想、解析，综合于一”。

成中英先生在讲到“重建中国哲学的途径”时指出，我们对中国哲学的“理性的了解”应有三个途径，即第一是“本体性的理解”，第二是“方法性的理解”，第三是“语言性的理解”，“三者应连锁运用，才能达到真实了解中国哲学的目的”。[②] 与此相契合的是，张先生在1935—1936年撰写《中国哲学大纲》时最注重的方法有四点，即第一“审其基本倾向”，第二“析其辞命意谓”，第三“察其条理系统”，第四“辨其发展源流”。[③] 由此四点可知，《中国哲学大纲》是张先生把辩证法与逻辑解析法相结合而运用于中国哲学史研究的重要成果，其目的就是要达到对中国哲学的真实了解。作为此书的“结论”，张先生在1936年秋发表《中国哲学中之活的与死的》，指出：“将来的中国新哲学，固然必是西洋哲学影响下的产物，而亦当是中国旧哲学之一种发展。”“中国旧哲学中，有一些倾向，在现在看来，仍是可贵的，适当的。这可以说是中国哲学中之活的。而也有一些倾向，是有害的，该排弃的，便可以说是中国哲学中之死的。”在张先生所列“中国哲学中之

① 张岱年：《张岱年文集》第1卷，第204—207页。

② 成中英：《世纪之交的抉择》，第328—330页。

③ 张岱年：《中国哲学大纲》，“自序”第18—19页。

活的”倾向中有：第一，“中国哲学中向无现代英国哲学家怀悌黑（怀特海）所破斥的‘自然之两分’”；第二，“中国哲学认为宇宙是一个变易大流，一切都在变易中……然而变易有其条理”；第三，中国哲学认为“反复”“两一”是客观世界的规律；第四，中国哲学的最大贡献在于人生理想论，“而人生理想论之最大贡献是人我和谐之道之宣示”；第五，中国哲学最注重知与行相一致，“将思想与生活打成一片，认为理想的实现不在现实生活之外，而求在日常生活中表现真理”；以及第六，中国哲学的致知论“承认物之外在与物之可知”。①这些“活的”倾向即是张先生的“天人新论”所要继承和发展的，而“尚无薄有”“崇天忘人”“重内遗外”“重理忽生”等弊端则是新哲学所要排弃的。显然，《中国哲学大纲》的目的亦是要在对中国哲学的“理性的了解”的基础上达到“中国哲学的重建”。

成中英先生很注重“从《易经》看中国哲学的重建”，他指出：“中国哲学从《易经》哲学开始，就把宇宙与本体合为一体。……这个本体化的宇宙和宇宙化的本体还包括了人的生活世界。……质言之，《易经》是中国哲学的生活宇宙经验的缩影。”在《易经》哲学中，“理与气乃是一个整体，其区别在于理是气的活动结构，也是气的活动之最后的产物；而气的活动自然而然地形成了秩序、组织、结构与和谐，因此，也就形成了理。”“中国哲学自汉以后，以气为宇宙万物根源者屡出不穷。张岱年在其所著《中国哲学大纲》中专论气两章，已就此种文献作一条陈，故我们可得出结论：气的范畴为中国哲学中有关实体最根本的范畴。”“在宋代哲学中，唯张载保存了《易经》哲学中形而上的洞见，并且在儒家和佛道二者对最初实在本体的概念之间，作了最清楚的区分。”②

成先生的以上见解不仅与张先生的《中国哲学大纲》相一致，而且与张先生的“天人新论”也思想相通。张先生在《哲学上一个可能的综

① 张岱年：《中国哲学大纲》，“自序”第 587—589 页。

② 成中英：《世纪之交的抉择》，第 334、215、156、204 页。

合》中说：

> 宋以后哲学中，唯物论表现为唯气论，唯气论成立于张横渠，认为一切皆一气之变，太虚也是气，而理亦在气之内，心也是由内外之气而成。……到清代，唯气论的潮流乃一发而不可遏，王船山、颜习斋，先后不相谋的都讲唯气……习斋以后有戴东原，讲气化流行，理在事物的宇宙论，理欲合一的人生论，皆唯物思想。[①]

张先生认为，现代中国治哲学者“应继续王、颜、戴未竟之绪而更加扩展”。他所主张的把“唯物、理想、解析，综合于一”，其“唯物”既指马克思主义的新唯物论，又指继承中国固有的唯物论或“唯气论”传统。因此，从一定的意义上说，张先生的“天人新论”可谓“接着”气论讲。[②]但实际上“天人新论”的宇宙论并不以“气”为基本范畴，而是“注重三事”：（1）历程与事物，谓“宇宙为一大历程，为一生生日新之大流，此大历程，亦可用中国古名词，谓之曰‘易’”，在此历程中“逝逝无已者为事”，“较事常住者为物，凡物皆一发展生灭之历程”（原注：此所谓“事”即怀特海所谓“事”之意义，此所谓“物”则非怀特海所谓“物相”）；（2）理或物则，谓“一物之性即一物之理”，“理即在事物之中……离事物则无所谓理”，理有二，一为“普遍的理，即在一切事物之理”，二为“特殊事物之理，则有此特殊事物乃有此理，无此特殊事物即无此理”，宇宙最根本之理即是“存在、变易”和“两一”；（3）一本多级，谓宇宙中“物为一本，生、心为二级”，生命和意识“皆物发展之结果，以物为基本”。[③]张先生在40年代所作《事理论》也主要讲事、理、物皆为实在，特强调“理在事中”。他说：

---

① 张岱年：《张岱年文集》第1卷，第272页。

② 参见拙文《新唯物论：“接着”气论讲》，《思想与文化》第一辑，华东师范大学出版社2001年版。

③ 张岱年：《张岱年文集》第1卷，第223页。

> 本书之思想与冯（友兰）先生思想之不同，颇近于王船山天下惟器论、李恕谷理在事中论与程朱学派理在事先论之不同。……吾之态度，可谓不舍事物而谈理道，不离现象而诠实在。[①]

《事理论》的“自序”说：

> 民初以来，时贤论学，于绍述西哲之余亦兼明中国往旨，于程朱、陆王、习斋、东原之学时有阐发。学人之中，述颜戴之指者，宗陆王之说者，绍程朱之统者，皆已有人。而此篇所谈，则与横渠、船山之旨为最近，于西方则兼取唯物论与解析哲学之说，非敢立异于时贤，不欲自违其所信耳。[②]

观此可知，张先生的“天人新论”确实是“接着”横渠、船山之旨讲的，但所用范畴、方法和语言已是古与今、中与西的“综合创新”，使中国传统的唯物论提升为现代的形态。

成中英先生曾把中国传统思维方式的特征概括为“和谐化的辩证法”，认为我们可以应用“和谐化的辩证法”来化解对立和冲突，“把冲突、对立的双方视为在本体上是平等的，且长远看来皆合于‘道’……经过全面的自我调整，以及对自我、对世界的关系的调整，将自我与世界投射到一种没有冲突、没有对立的境界中”。[③]这样的一种认识与张先生关于“人生之道”的思想也很一致。张先生在三四十年代虽接受马克思主义的唯物辩证法，但并不以对立和冲突为世界的根本之“道”。他在《事理论》中说：“凡物之毁灭，皆由于冲突；凡物之生成，皆由于相对的和谐。如无冲突则旧物不毁，而物物归于静止。如无和谐则新物不成，而一切止于破碎。……生命之维持，尤在于和谐。如有生机体之内部失其和谐，则必致生之破灭，而归于死亡。人群亦然，如一

---

① 张岱年:《张岱年文集》第3卷，第123页。

② 张岱年:《张岱年文集》第3卷，第111页。

③ 成中英:《世纪之交的抉择》，第173、183页。

民族内部斗争过甚，则必亡国、灭族。”[①]在“新哲学之纲领”的人生论中“注重五事”，即：(1)天与人之两一；(2)群与己之两一；(3)生与理之两一；(4)义与命之两一；(5)战斗与谐和之两一。[②]此处所谓“两一”即是指克服对立和冲突以达到和谐的统一。在40年代所作《品德论》中有“诠人(生存与理想)”一章，其中把人生之道概括为“充生以达理”“胜乖以达和”[③]，即充实人的内在的生命力，克服生活中的乖违(“对立之相互冲突谓之乖违”)，以达到合理、和谐的道德理想境界。

张先生在30年代曾批评：“讲解析者皆不喜言理想，认为哲学的本务只是解析以显真，而非所以求善美。此实不然。此种见地，亦是由于离开实践。其实，根据生活实践以创立伟大切实的理想以为人类努力的标的，正是哲学之重要任务(中国哲学以人生论为中心，人多认为畸形；西洋近世哲学以知识论为中心，乃多不认为畸形，此皆有所偏蔽)。”“哲学之目的，可以说是即在于‘致广大而尽精微’……致广大乃唯物论与理想论之事，尽精微则解析之鹄的。”[④]显然，张先生认为，只有将“唯物、理想、解析，综合于一”，才能达“致广大而尽精微”之哲学目的；如果只以解析为满足，则不过“尽精微”之一偏而已。

成中英先生亦曾评论英美哲学界在六七十年代提出的“只是清晰还不够”，指出：“追求概念的清晰，系统条理的分明、精确和论证的充分，这是分析哲学的特色。但是，这些并不能真正把握人生和道德的深刻价值、意义和真理。”“如何才能使理论既深刻又清晰，这是哲学家面临的挑战，也是诠释学哲学所追求的理想境界。”[⑤]可以说，张岱年先生所追求的哲学之“致广大而尽精微”与诠释学哲学的“理想境界”是相一致的。

以上对张先生的哲学思想与成先生的本体诠释学的比较研究，详于

---

① 张岱年：《张岱年文集》第3卷，第188—189页。

② 张岱年：《张岱年文集》第1卷，第224页。

③ 张岱年：《张岱年文集》第3卷，第201—202页。

④ 张岱年：《张岱年文集》第1卷，第218、219页。

⑤ 成中英：《世纪之交的抉择》，第56、57页。

其大方向之相通或相同，而略于其相异。由此相通或相同，可见张先生在三四十年代所创“解析法的新唯物论”确实已达很高的水平，但张先生的哲学思想毕竟是在奎因、海德格尔、哈贝马斯、伽达默尔等西方现代哲学家之前的，而成先生的本体诠释学则有着更深广的西方现代哲学的底蕴。张先生在30年代曾批评对新唯物论之“墨守”的态度：“凡宗师所已言，概不容批评；宗师所未言及者，不可有所创说。”而张先生认为，“学术之进，端赖自由思想与批评态度，以水济水，实非真学”①。遗憾的是，50年代以后对马克思主义哲学的墨守、僵化态度成为学术风气和政治禁锢，张先生对哲学理论问题遂“存而不论”了。至张先生耄耋之年时，他在中国哲学史和文化研究方面有更多的创获，而在哲学理论上，他说“我仍坚持30至40年代的一些观点而略有补充”②，惜受高龄所限，而补充未多。我认为，张先生的哲学思想和成先生的本体诠释学都启示了中国哲学发展的正确方向，沿此方向而不断创新，则中国哲学必将随着中华民族的复兴而走向世界。

（原载《本体与诠释》第五辑，上海社会科学院出版社
2005年版）

① 张岱年：《张岱年文集》第1卷，第225页。
② 张岱年：《张岱年全集》第7卷，河北人民出版社1996年版，第405页。

“道德性”和“精神”的人文主义

一

中国传统文化的特质是“人文主义”，这在20世纪80年代的“文化热”中是一个引起争议的观点。因为按照单线的历史进化论的观点，“人文主义”是在西方近代冲破“中世纪”的神学束缚之后才开始出现的，而中国传统文化是属于中国古代的。80年代的“文化热”，在理论上的一个重大突破，是文化不仅有“时代性”，而且有“民族性”。说中国传统文化的特质是“人文主义”，这是从文化的“民族性”的意义上讲，而“民族性”不能够归约到“时代性”。也就是说，“人文主义”不仅属于西方的近代，而且它也是中国文化的“民族性”特点。在这里，文化的“民族性”是超越“时代性”的。

在20世纪80年代的“文化热”中，庞朴先生曾率先提出中国传统文化的特质是“人文主义”的观点，他以《中国文化的人文精神》为题，将此观点发表在1986年1月6日的《光明日报》。此观点立即引起争议，我在1986年4月14日的《理论信息报》发表《论争应该遵守逻辑》一文，为庞朴先生的观点作了辩护。此后，我对庞朴先生作了一个访谈，题为《文化的时代性与民族性——访庞朴》，发表在《史学情报》

1987年第2期。在此访谈中，庞朴先生指出：“文化既是进化的、发展的，又是不同类型的、有民族特点的。”“时代性与民族性，不是互不相容的，而是互相促进的。”[①]讲明了文化的时代性与民族性的关系，才能在时代性的规定之外确立中国传统文化的“不同类型”或“民族特点”。

关于如何划分不同文化的“类型”，庞朴先生说：“这也是文化学的一个重要问题。我倾向用对于三种关系的重视程度来划分文化类型。这三种关系就是人与自然的关系，人与超自然的关系，人与人之间的关系。前两种关系是人的外向的追求，后一种关系是人的内向的追求。那么，中国传统文化更重视哪一种关系呢？显然它更重视人际关系的和谐，更重视内向的追求。”基于此，庞朴先生说：“我认为，这样一个基本的特征可以叫作人文主义。”“西方的人文主义相对于中世纪的神文主义而言；在中国古代，神文主义很早便退位了，中国传统文化一直重视人生的现实问题”，所以可称为“人文主义”[②]。

当时乃至现在还有一种流行的观点，是把中国传统文化归结为“王权主义”。针对此观点，庞朴先生分析说：“王权主义是人文主义的一种特殊表现形式，是人文主义在一定发展阶段上表现于政治方面的形式。人文主义是就整个文化而言的，人本主义是哲学方面的派别，人道主义是伦理学的概念，王权主义则是政治学的概念，它们既有联系也有很大差别。”[③]庞朴先生的这个分析很有文化理论的意义。“人文主义是就整个文化而言的”，此即从中国传统文化的民族性而言，这并未否认“王权主义是人文主义的一种特殊表现形式”，这在中国文化的一定发展阶段就在政治方面表现为“王权主义”的形式，但是“王权主义”并不能涵盖中国传统文化的全部领域，而中国传统文化的继续发展也不能以“王权主义”为其特征。当然，这也意味着如何克服“王权主义”是中国传统文化实现近现代转型的一个重大问题。

---

① 李存山：《文化的时代性与民族性——访庞朴》，《史学情报》1987年第2期。
② 李存山：《文化的时代性与民族性——访庞朴》，《史学情报》1987年第2期。
③ 李存山：《文化的时代性与民族性——访庞朴》，《史学情报》1987年第2期。

二

西方近代由文艺复兴开始的人文主义，与中国传统文化的人文主义，虽然都是相对于神文主义而言，但是在某些问题上也存在着差别。如庞朴先生在访谈中说："这里边应该注意一个问题，即中国和西方对于人的理解很有些差别。西方主要把人看作是自然的独立的个体，是独立人格的'演员'；而中国主要把人看作是社会的群体的分子，是处于一定关系中的'角色'。这两种看法恐怕都不够全面，合理的观点也许应该是二者的统一：人既是独立的个体，又是群体的分子，既是演员，又是角色。"①这是主张中西文化各取所长而相互包容的观点。

中西文化的不同又可上溯至中国传统文化与古希腊文化的不同。如张岱年先生在20世纪40年代所作《文化通诠》中提出，文化有五个要素，即"正德、利用、厚生、致知、立制"，"人类文化大体相同"，但是各民族文化也各有"特异之点"，"各文化之不同，在于其畸重畸轻之不同，在于其何种倾向为主导"。由此，人类文化可大别为三个类型："希腊型者，以战胜天然而餍生之欲为基本倾向"，这突显了"致知"和"利用"的价值；"印度希伯来型者，以人神合一而消弭生之欲为基本倾向"，这突显了宗教的价值；"中华型者，以天人和谐而节适生之欲为基本倾向"，这凸显了"正德"的价值。②

相对于印度、希伯来型文化突显宗教的价值而言，希腊型文化和中华型文化都可称为"人文主义"。而崇尚道德确实又是中国传统文化的一个显著特色，徐复观先生对此更有鲜明的论述。他在《儒家精神

① 李存山：《文化的时代性与民族性——访庞朴》，《史学情报》1987年第2期。

② 张岱年：《张岱年全集》第1卷，河北人民出版社1996年版，第344页。

之基本性格及其限定与新生》一文中指出:"希腊学问的主要对象是自然,是在人之外的事物,而其基本用力处则为知识。此为近代欧洲文化的传承所自。但希腊人是把这种学问当作教养,而近代则是将其用作权力的追求。"在文艺复兴之后,西方的人文主义逐渐"由神的中心降落而以人为中心","人与自然的关系,也由'自然之子'而要一天一天的变为其征服者"。因此,西方的人文主义主要是"以智能为基点的人文主义"。[①]与此不同,中国文化以儒家学说为主流。"盖儒家之基本用心,可概略之以二。一为由性善的道德内在说,以把人和一般动物分开……一为将内在的道德,客观化于人伦日用之间,由践伦而敦'锡类之爱',使人与人的关系,人与物的关系,皆成为一个'仁'的关系。"因此,中国文化的基点是"道德性的人文主义"[②],即其是突显了道德("正德")之价值的人文主义,以与西方的"以智能为基点的人文主义"相区别。

近年来,杜维明先生提出"精神人文主义"的思想,这一思想主要针对西方近代以来的"启蒙心态"或"凡俗的人文主义"而言。杜先生说:"启蒙心态在西方的出现是以反宗教为前提的。这个心态强调理性,特别是工具理性,而且不期而然地突出人类中心主义。人类中心主义就是不仅反神学,而且要争夺自然、征服自然、控制自然。"[③]"它强烈凡俗化的过程就是解咒以及征服自然",因此"表现出强烈的物质主义"。[④]

杜先生并不否认启蒙的进步性,因为"没有启蒙的出现,很多我们现代的价值领域(如自由、民主、专业化等等)是开发不出来的"[⑤]。所以他对"启蒙心态"或"凡俗的人文主义"的批评,实际上是要克服由启蒙而来的弊病或局限性。

杜先生思考的是:"能不能够从儒家传统的人文精神来对现代西方的启蒙心态进行反思。""有没有和启蒙心态所代表的人文精神相当不

---

① 徐复观:《徐复观文集》第2卷,湖北人民出版社2002年版,第44、47页。

② 徐复观:《徐复观文集》第2卷,第45、47页。

③ 杜维明:《文化中国:扎根本土的全球思维》,北京大学出版社2016年版,第166页。

④ 杜维明:《文化中国:扎根本土的全球思维》,第177页。

⑤ 杜维明:《文化中国:扎根本土的全球思维》,第166页。

同但又可以进行互补、互动的一种启蒙，或者说另一种类型的人文精神?”[①] 杜先生的“精神人文主义”就是这种反思的结果。

三

我在第24届世界哲学大会的“启动仪式”上曾发表一篇论文《天人合德：性善与成人》[②]，大要是说：中国文化自西周以来就形成了以天地为人与万物的父母，以人为万物之灵的思想，这种观念经春秋时期的发展而在战国时期成为定型。这一思想模式既是中国传统哲学的自然观，而且儒家学说的人性论、人生观、社会观、道德修养工夫论等等也是以此为基础。

据中国上古文献史料，中国文化在西周时期就已有了“郊社之礼”。如《尚书·召诰》云:“越三日丁巳，用牲于郊，牛二。越翼日戊午，乃社于新邑，牛一、羊一、豕一。”这里的“郊”即祭祀“上帝”的郊礼，“社”即祭祀“后土”的社礼。周秉钧《尚书易解》引《逸周书·作雒》篇“乃设丘兆于南郊，以祀上帝”，而“社”就是“立社以祭后土”[③]。另据《古文尚书·泰誓下》，其中指斥商纣王“郊社不修，宗庙不享”，这是对商纣王一个人的指斥，而在殷商时期是否已经有了“郊社之礼”似乎可以存疑。

《诗经·小雅·巧言》有云:“悠悠昊天，曰父母且。”这里的“昊天”也就是“上帝”，但为什么把“昊天”称为“父母”，我认为既然称“父母”，实就是在讲“昊天”时已把“后土”连带在内，只是所言有所

---

① 杜维明:《文化中国：扎根本土的全球思维》，第177页。

② 此文经修改后发表在《道德与文明》2019年第1期。

③ 周秉钧:《尚书易解》，岳麓书社1984年版，第200页。

省略而已。这在《中庸》中有其例，如云：“郊社之礼，所以事上帝也。”《礼记正义》郑玄注：“社，祭地神，不言后土者，省文。”朱熹《中庸章句》亦云：“郊，祀天；社，祭地。不言后土者，省文也。”也就是说，如果把这话说全了，应该是：“郊社之礼，所以事上帝、后土也。”

《古文尚书·泰誓上》有云：“惟天地，万物父母；惟人，万物之灵。”这句话虽然出自《古文尚书》，但它的确表达了先秦时期的思想应是无疑义的。如《左传》成公十三年记载刘康公说：“吾闻之：民受天地之中以生，所谓命也。”这句话可能包含着人与万物都是天地所生，而人与其他物类所不同者是人禀受了“天地之中”的意思，这里的“命”近似于《中庸》说的“天命之谓性”。在道家文献中有云：“黄帝曰：夫民仰天而生，恃地而食，以天为父，以地为母。”（《黄帝四经·十大经·果童》）“阴阳于人，不翅于父母。……今一以天地为大炉，以造化为大冶，恶乎往而不可哉！”（《庄子·大宗师》）“天地者，万物之父母也。”（《庄子·达生》）在儒家文献中更有云：“乾，天也，故称乎父；坤，地也，故称乎母。”（《易传·说卦》）“天地感而万物化生。”（《易传·咸卦·彖传》“天地絪缊，万物化醇。男女构精，万物化生。”（《易传·系辞下》）

《礼记·仲尼燕居》载子曰：“郊社之义，所以仁鬼神也；尝禘之礼，所以仁昭穆也……明乎郊社之义、尝禘之礼，治国其如指诸掌而已乎！”（此义又见于《中庸》）《礼记·礼运》亦云：“故先王患礼之不达于下也，故祭帝于郊，所以定天位也；祀社于国，所以列地利也；祖庙所以本仁也……”《礼运》又云：“故人者，其天地之德，阴阳之交，鬼神之会，五行之秀气也。”因为人禀受了天地间的“五行之秀气”，是天地间的精华之所在，所以人能成为“万物之灵”。这在宋代周敦颐的《太极图说》中就是“惟人也，得其秀而最灵”，因而可以“形既生矣，神发知矣，五性感动而善恶分，万事出矣”。

“郊社之礼”是祭祀天地，“宗庙之礼”是祭祀先祖，这两项最重要的礼仪在汉代以后一直传续。如《史记·封禅书》记载：“《周官》曰：冬日至，祀天于南郊，迎长日之至；夏日至，祭地祇。皆用乐舞，而神乃可得而礼也。”“周公既相成王，郊祀后稷以配天。（《集解》引王肃曰：'配天，于南郊祀之。'）宗祀文王于明堂以配上帝。（《集解》引郑玄曰：'上帝者，天之别名也……郊社所从来尚矣。'）"《汉书·郊祀志下》云："帝王之事莫大乎承天之序，承天之序莫重于郊祀……祭天于南郊，就阳之义也；瘗地于北郊，即阴之象也。"在现今的重要文物中，北京的天坛就是祭天之所，地坛就是祭地之所，而紫禁城东侧的太庙（今劳动人民文化宫）就是祭祀先祖之所。

中国传统文化以"天"或"上帝"为最高信仰的神，而此最高的神又与"地"（后土）联结在一起，天地如同夫妇，是人与万物的父母，所以中国传统文化所信仰的最高神不是存在于超越的"彼岸"世界，而是就在人类的"此岸"世界中，或者说与人类的生活世界有着"存有的连续性"①。天地信仰具有宗教性，而这种宗教性又是与中国传统文化的"人文主义"相契合的。质言之，中国传统文化是"人文主义"的，而这种"人文主义"具有宗教性，而不是"反宗教"的。

《易传》云："乾，天也，故称乎父；坤，地也，故称乎母。""天地之大德曰生。""天地变化，圣人效之。"因此而有了"天行健，君子以自强不息"，"地势坤，君子以厚德载物"的中华精神②，亦因此而有了儒家的"亲亲而仁民，仁民而爱物"，"民吾同胞，物吾与也"的高尚道德境界。"民胞物与"的思想见于宋代张载的《西铭》，而《西铭》之首句就是"乾称父，坤称母"，这实际上是把人与万物的"一体"之爱建立在天地信仰的基础上。二程曾高度肯定《西铭》"意极完备，乃仁之体也"（《程氏遗书》卷二上）。朱熹在回答对《西铭》的质疑时也曾说："人之一身固是父母所生，然父母之所以为父母者即是乾坤。若以父母而言，则一物各一父母；若以乾坤而言，则万物同一父母矣。……古之君子惟其见得道理真实如此，所以亲亲而仁民，仁民而爱物，推其所为，以至于能以天下为一

---

① 杜维明先生在引述西方汉学家牟复礼（F. W. Mote）关于中国文化没有"创世说"时指出："存有的连续性，是中国本体论的一个基调。"见《杜维明文集》第3卷，武汉出版社2002年版，第222页。

② 张岱年先生曾说：中华精神基本上凝结于《易传》的两句名言中，即"天行健，君子以自强不息"，"地势坤，君子以厚德载物"。张岱年：《张岱年全集》第6卷，河北人民出版社1996年版，第223页。

家，中国为一人，而非意之也。”（《朱文公文集》卷三十六《答陆子美》）

杜维明先生说：“儒学本身不是宗教，但富有强烈的宗教精神。这性格不表现在对上帝的礼赞，而表现在以天地万物为一体的胸襟。这种胸襟从现代生态学的立场来审视，确有其特殊的意义。”[①] 说儒学“不是宗教”，这是强调了儒学的“人文主义”的特质；说其富有“宗教精神”或“宗教性”，实亦可理解为这是一种“特殊的宗教”，即崇尚道德的人文主义的“宗教”。[②] 它富有“宗教性”，因而不是“反宗教”的。它不表现在“对上帝的礼赞”，这里的“上帝”是指西方那种“惟一”超越性的“上帝”，但它并不缺乏对“天地之大德”的信仰；它表现在“以天地万物为一体的胸襟”，但这种“胸襟”实亦建立在以天地为人与万物的父母、以人为万物之灵的基础上。“民受天地之中以生”，“惟人也，得其秀而最灵”，因而人有精神活动、道德意识，“天地之性（生）人为贵”（《孝经》），“人者，天地之心也”（《礼记·礼运》）。人为“天地之心”，但人与万物都是天地所生，故而要“仁民爱物”“民胞物与”，这不是那种主张征服自然的“人类中心主义”，而是在普世道德及生态伦理上有其特殊的意义。这应就是杜先生所说的不同于“启蒙心态”的“另一种类型的人文精神”。

四

中国文化的“另一种类型的人文精神”，如何与西方文化的启蒙精神“进行互补、互动”？杜维明先生也曾指出：“只有接受西方民主自由

① 杜维明：《儒家精神取向的当代价值：20 世纪访谈》，北京大学出版社 2016 年版，第 16 页。

② 梁启超曾说：“各国之尊天者，常崇之于万有之外，而中国则常纳之于人事之中，此吾中华所特长也。……凡先哲所经营想象，皆在人群国家之要务。其尊天也，目的不在天国而在世界，受用不在未来而在现在。……此所以虽近于宗教，而与他国之宗教自殊科也。”见氏著《论中国学术思想变迁之大势》，上海古籍出版社 2001 年版，第 11 页。

思潮的洗礼之后，儒家传统才逐渐争取到对西方文化因启蒙心态而导致的弊病加以批判的权利和义务。”[①]“假如我们没有把西方启蒙运动以来那些最深刻的价值内化为我们的资源，成为我们的文化传统，我们不仅没有资格批评，而且我们还要很虔诚地学习。”[②]

杜先生肯定五四新文化运动“对儒家所作的批判，事实上对儒家传统有一种澄清或厘清的作用”，“肯定它的批判精神，肯定‘批孔’的目的就是要对付封建遗毒”，肯定“五四揭橥的大目标‘民主’与‘科学’，到现在还是中国十分需要的，而这是儒家传统中最缺乏的”。[③]这里的“澄清或厘清”，在杜先生的思想中就是要对儒家的“道、学、政”进行分析，“道”是儒家的道德理念，“学”是儒家的文化关切，“政”是儒家的入世精神。杜先生指出：“孔子以道德理性和文化关切转化现实政权的入世精神，和秦汉以来依附王朝的御用儒者以三纲五常等伦理观念帮助统治集团控制人民思想的利禄之途是不相容的。……政权化的儒家和以人文理想转化政权的儒家，便成为传统中国政治文化中两条泾渭分明的路线。”[④]从杜先生的论述看，儒家文化并不是“王权主义”，但是儒家的入世精神又使儒家与王权密切结合在一起。五四新文化运动对儒家所作的批判，实际上所针对的是那种依附王权，使儒学成为统治集团御用工具的“政权化的儒家”。

在“三纲五常”中真正和秦以后的王权结合在一起的实际上是“三纲”。杜先生指出：“现实上的儒家三纲之说，原来的根源是韩非子。父为子纲、君为臣纲、夫为妻纲，依我看，三纲是约束性很大的一种意识形态，因为父为子纲突出权威主义，君为臣纲突出专制主义，夫为妻纲突出男性中心主义。”“传统文化中的‘三纲’与‘五伦’，是代表两个互相矛盾冲突的方面。在今天，要发挥‘五伦’，必须抛弃‘三纲’。

① 杜维明：《文化中国：扎根本土的全球思维》，第155页。

② 杜维明：《文化中国：扎根本土的全球思维》，第75页。

③ 杜维明：《儒家精神取向的当代价值：20世纪访谈》，第56、58页。

④ 杜维明：《灵根再植：八十年代儒学反思》，北京大学出版社2016年版，第18—19页。

'三纲'所要求的是君权、父权、夫权的专制，和民主不相容。"[①]在杜先生的思想中，肯定自由、民主、人权的现代价值，也就必须抛弃"三纲"，这也就是儒家传统经过自由、民主、人权的洗礼，实现"一种全面而深刻的价值转换"[②]。

杜先生说："以前儒家传统里面像三纲、什么三从四德，绝对被自由民主人权的观念所取代了。那么经过转化以后儒家的生命力是不是更旺？还是去掉三纲、三从四德之后，生命力就没有了？答案显然是明显的。"在杜先生看来，"真正的儒家理想要在一个自由民主的社会里才能得到落实，儒家士君子的理想在传统的专制社会和现代的权威社会基本上是很难发展的"——这是杜先生的"一个基本的看法"。[③]在中国文化中，"去掉三纲"也就是要克服中国文化中的"王权主义"，这是中国文化实现近现代转型的一个关键。只有如此，中国文化的"道德性"和"精神"的人文主义才能与西方启蒙所发展出来的人文精神进行"互补、互动"。

中国文化的"天地信仰"有其民族的特殊性。荀子说："礼有三本：天地者，生之本也；先祖者，类之本也；君师者，治之本也。……故礼，上事天，下事地，尊先祖，而隆君师，是礼之三本也。"（《荀子·礼论》）由此，中国民间社会普遍形成了对"天、地、君、亲、师"的祭祀崇拜。与西方基督教文化的上帝信仰相比，中国文化的"天地信仰"存在着"超越性"不足的问题，这既是中国文化的一个特长，也是中国文化的一个短缺。例如，在西方基督教文化中"让上帝的事归上帝，恺撒的事归恺撒"，而在中国文化中"天地信仰"是与"君、亲、师"联系在一起的。秦以前，君王是天之"元子"，承担着"天工，人其代之"而"敬德保民"的使命；秦以后的历代皇帝，则大多"欲以如父如天之空名禁人之窥伺"（黄宗羲:《明夷待访录·原君》），在儒家思想中也有"王道之三纲，可求于天"（董仲舒:《春秋繁露·基义》）之

---

① 杜维明:《儒家精神取向的当代价值：20世纪访谈》，第129、93页。

② 杜维明:《文化中国：扎根本土的全球思维》，第155页。

③ 杜维明:《文明对话中的儒家：21世纪访谈》，北京大学出版社2016年版，第163页。

说。这无疑给中国文化的政治观念和政治制度的近现代转型造成了困难。因此，若要“去掉三纲”，克服中国文化的“王权主义”，我认为在保留中国文化的“天地信仰”和“天人合一”的正当义理的前提下，也要有现代意义的“明于天人之分”这样一个维度。所谓“明于天人之分”，并不是完全否认“天人合一”的天人相分，而是要明于天人在哪些方面应该有分（如荀子主要是反对“天人感应”的阴阳灾异，而他也说“天有其时，地有其财，人有其治，夫是之谓能参”）。在现代意义下，“明于天人之分”的一个重要方面就是要解构“三纲”与“天道”的联系，明于它只是汉儒为了适应“汉承秦制”而提出的一个政治原则，它既不是儒家文化的“常道”，更不是“天不变，道亦不变”的一个恒久教条。[①] 在现代社会，“三纲”和“王权”已经失去了其合理性。因此，“天、地、君、亲、师”的祭祀牌位宜适时改为“天、地、国、亲、师”。中国传统的“天地信仰”和“天人合一”应与现代意义的“民主与科学”形成互补和协调。

展望中国文化的伟大复兴，我们现在所面临的仍是杜先生所说“如何继承、如何扬弃、如何引进、如何排拒”的四大问题[②]。

（原载《精神人文主义论文集》第一辑，
人民出版社 2020 年版）

---

① 参见拙文《反思儒家文化的“常道”》，《孔子研究》2011 年第 2 期；《儒家文化的“常道”与“新命”》，《孔子研究》2016 年第 1 期。

② 杜维明：《文化中国：扎根本土的全球思维》，第 85 页。

五四运动与文化转型

中华民族自1840年以来面临双重的任务，即一方面要反抗西方帝国主义的侵略，一方面要实现从古代农业社会向现代化工业社会的转型。这双重的任务是相互联系、密切结合在一起的，它们集中体现在贯穿中国近现代历史的“救亡图存”“振兴中华”的口号中。从文化发展上说，这双重的任务决定了中华民族既要学习西方文化的长处，又要反抗西方文化所带有的弱肉强食、霸权主义等等，而这也就决定了中国文化的转型同中国社会的转型一样，要选择一条既学习西方又超越西方、适应中国国情、具有中国特色的发展道路。

这种民族矛盾、社会发展、文化转型的纠葛，最初被表述为“师夷之长技以制夷”。所谓“长技”当时是指西方的“船坚炮利”“练兵之法”等表现在军事强势上的工艺技术。洋务运动的失败使中国的先进分子认识到中国的救亡图存必须实现政治制度的变革，从而戊戌变法、辛亥革命相继而起，延续数千年的君主制被共和制所取代。然而，辛亥革命是在社会力量和思想准备都很不充足的情势下进行的。辛亥革命党人向北洋军阀势力的妥协，使中国人民仍然面临着“外迫于强敌，内逼于独夫”的严峻形势，陈独秀说“吾人于共和国体之下，备受专制政治之痛苦”，他认识到民主共和“果能实现与否，纯然以多数国民能否对于政治，自觉其居于主人的主动的地位为唯一根本之条件”，“吾人果欲于政治上采用共和立宪制，复欲于伦理上保守纲常阶级制……此绝对不可能之事”，因而继“政治的觉悟”之后，“伦理的觉悟，为吾人最后觉悟之最后觉悟”。[①] 这里，所谓“伦理的觉悟”就是要以适应民主共和制的“自由平等独立”之说取代儒家的纲常名教。五四新文化运动标志着中国文化的转型从器物层面、制度层面深入到了思想价值观念的层面。

1924年，中国最早的伟大马克思主义者李大钊指出：“民族的经历”（包括其地理环境、社会经济关系等等）对于民族文化的成立“实有伟大的影响”；“迨民族文化既已发展成熟，却又为决定民族将来经历的重要因素，其间实有密切的关系”。[②] 就中国封建社会的文化来说，儒家思想本是继承中国上古时期的文化并且适应春秋战国时期的社会变革而产生的，汉代定儒学为一尊，标志着中国封建社会文化的成熟，儒学对于以后中国社会的发展起着重要的作用。在中国近代，守旧派坚持认为儒家的纲常名教是千古不变的“中学之体”，这成为阻滞中国社会变革的主要思想障碍。辛亥革命以后，儒教运动为袁世凯、张勋的帝制复辟制造了舆论。五四新文化运动倡言“伦理的觉悟”，主张把“反对共和的伦理、文学等等旧思想，完全洗刷得干干净净”[③]，而代之以新伦理、新文学，为中国的新社会建立思想文化基础，这正是“五四”新青年所谓“持续的治本的爱国主义”[④]，“从根本入手，为祖国造不能亡之因”[⑤]，“汲汲孕育青春中国之再生”，“改进立国之精神，求一可爱之国家而爱之”[⑥]。

五四新文化运动是一思想解放、思想启蒙的爱国主义运动，它开辟、奠定了中国现代文化发展的方向。

这首先是它高举了科学与民主的旗帜，而科学与民主正是中国文化从古代进入现代的首要的不可或缺的因素。在《新青年》创刊号上，陈

① 陈独秀：《吾人最后之觉悟》，《陈独秀文选》，上海远东出版社1994年版，第33—34页。
② 李大钊：《史学要论》，《李大钊文选》，上海远东出版社1995年版，第462页。
③ 陈独秀：《旧思想与国体问题》，《陈独秀文选》，第73页。
④ 陈独秀：《我之爱国主义》，《陈独秀文选》，第40页。
⑤ 胡适：《胡适留学日记》，海南出版社1994年版，第188页。
⑥ 李大钊：《李大钊文选》，第56页。

独秀就提出："国人而欲脱蒙昧时代，羞为浅化之民也，则急起直追，当以科学与人权并重。" 在《〈新青年〉罪案之答辩书》中，他更明确："我们现在认定只有（德、赛）这两位先生，可以救治中国政治上道德上学术上思想上一切的黑暗。" ①

科学从狭义上说是指自然科学，而"五四"时期更为重视的是包括自然科学和社会科学在内的广义的科学理性精神。陈独秀说："科学者何？吾人对于事物之概念，综合客观之现象，诉之主观之理性而不矛盾之谓也。""科学的精神重在怀疑、研究、分析、归纳、实证，这几层工夫。" ② 科学的对立面是违背经验与逻辑的"无常识之思维，无理由之信仰"。唯有树立科学的权威，经受"科学精神的洗礼"，中国文化才能由古代进入现代。科学精神实即注重自然和社会之客观事实的实事求是精神，它在中国除了为自然科学技术的发展开辟了道路之外，更主要是开辟了符合社会发展规律、适合现代社会需要的新的哲学社会科学发展的方向。陈独秀曾说："吾人所欲议论者，乃律以现代生活状态，孔子之道，是否尚有遵从之价值是也。""我们相信政治、道德、科学、艺术、宗教、教育，都应该以现在及将来社会生活进步的实际需要为中心。" ③ 胡适也曾说：新思潮的根本意义只是一种"重新估定一切价值"的"评判的态度"，这种评判就是以"在现代社会的价值"为标准。④ 不是以古代的圣贤经传、儒家的纲常名教为标准，而是以"现在及将来社会生活进步的实际需要"为标准，如此中国文化才能从古代进入现代。

民主从狭义上说是指民主的政治体制，它在中国是与延续数千年的封建君主专制相对立的。辛亥革命推翻帝制，建立共和，这是中国历史的一次重大飞跃。"五四"新青年高举民主的旗帜，就是要捍卫辛亥革命的成果，反对复辟帝制，反对北洋军阀政府的假共和，他们有鉴于在中国建立民主制度的社会经济基础和思想文化基础薄弱，所以他们除主

---

① 陈独秀：《陈独秀文选》，第 6、98 页。

② 陈独秀：《陈独秀文选》，第 6、132 页。

③ 陈独秀：《陈独秀文选》，第 57、117 页。

④ 胡适：《胡适文选》，上海远东出版社 1995 年版，第 232、233 页。

张政治的民主外，更注重输入现代“社会国家之基础，所谓平等人权之新信仰”，并且主张“经济的民主”“社会的民主”，后者使民主的观念发生了从资本主义民主向社会主义民主的转变。李大钊首先注重的是民主政治对于现代国家或民族的普遍意义，他在 1917 年说：“盖民治主义之治制本无定式，所可施行此制者，亦不限于某类特定国家或民族。苟其民有现代公民之觉悟，斯未有不于民治主义为强烈之要求，斯未有不可本其民质所几之程而向民治之鹄的以进者。故论一国施行民治之得失若何，但有程度之问题，全无可能之问题也。”① 在他接受马克思主义后，他认为：“现代生活的种种方面，都带着 Democracy 的颜色，都沿着 Democracy 的轨辙……战后世界上新起的那劳工问题，也是 Democracy 的表现。”“德谟克拉西与社会主义，在精神上亦复相同。”②

陈独秀后来回忆说：“五四运动前后，在《新青年》上提出民主与科学，不是信手拈来，而是经过深思熟虑，针对中国的情况才提出来的。”民主与科学虽然最初取之于西方文化，但这是适应中国社会和文化发展的需要而作出的抉择。经过半个多世纪的经验教训，我们深切地认识到如邓小平同志所说的那样：“没有民主，就没有社会主义”③，“科学技术是第一生产力”④。民主与科学对于社会主义是不可或缺的，因而我们“永远要提倡民主与科学。”⑤

与民主相联系，五四新文化运动强调“伦理的觉悟”“个性的解放”。这是指把个人从纲常名教、宗法家族的禁锢下解放出来，建立“自主的而非奴隶的”新道德，因为“自由平等的国家不是一群奴才建造得起来的”。胡适当时一方面主张“充分发展自己的个性”，另一方面主张“非个人主义的”即“社会的”新生活，把“小我”对于社会之“大我”须负重大责任的“社会的不朽论”作为“我的宗教”。⑥ 李大钊

---

① 李大钊：《李大钊文选》，第 120 页。
② 李大钊：《李大钊文选》，第 386 页。
③ 邓小平：《邓小平文选（1975—1982）》，人民出版社 1983 年版，第 154 页。
④ 邓小平：《邓小平文选》第 3 卷，人民出版社 1993 年版，第 274 页。
⑤ 胡绳同志为《五四图史》的题词，载丁守和主编《五四图史》，辽海出版社 1999 年版。
⑥ 胡适：《胡适文选》，第 253 页。

说："个人与社会并不冲突"，"真正合理的个人主义，没有不顾社会秩序的；真正合理的社会主义，没有不顾个人自由的"。"个性解放，断断不是单为求一个分裂就算了事，乃是为完成一切个性，脱离了旧绊锁，重新改造一个普通广大的新组织。一方面是个性解放，一方面是大同团结。……这两种运动，似乎是相反，实在是相成。"[①] 可以说，"五四"时期提出的"个性解放"为建立中国新文化的人生观、道德观开辟了方向。李大钊关于个性解放"乃是为完成一切个性"的思想，是与马、恩所说的在新的社会联合体中"每个人的自由发展是一切人的自由发展的条件"[②] 相一致的。

五四新文化运动的一个突出文化成果是以白话文取代了文言文的正宗地位。在中国封建社会长期存在着文言与现实生活中的语言即白话相脱离的现象，这是中国古代文化分为上层文化与下层文化，上层文化与社会现实生活相隔膜、相脱离的一种表现。"五四"时期的白话文运动就是"用汉字写白话"，从"文"与"言"相脱离实现了"文"与"言"相一致，"文"与中国社会的进化相一致。胡适说，白话文运动首先是"语言文字和文体的解放"，这不仅是"文的形式"的问题，而且它"和内容有密切的关系"。"形式上的束缚，使精神不能自由发展，使良好的内容不能充分表现。若想有一种新内容和新精神，不能不先打破那些束缚精神的枷锁镣铐。"[③] 陈独秀说，白话文并非"只以通俗易解为止境"，而更应注意其"文学的价值"。[④] 实际上，白话文也并非只限于"文学的价值"，而是具有更广泛意义的"文化的价值"。一个民族的语言文字是一个民族认识客观事物的中介或规范形式，是一个民族"存在的家园""文化的基础"。白话文是与中国社会俱进的语言形式，它是中国新文化的文字载体，它不仅产生了以鲁迅的小说为代表的中国新文学，而且为中国新的哲学、人文社会科学、自然科学技术、文艺、教育等等的发展提供了条件。

---

① 李大钊：《李大钊文选》，第 379、410 页。

② 《共产党宣言》，人民出版社 2014 年版，第 51 页。

③ 胡适：《胡适文选》，第 41 页。

④ 陈独秀：《陈独秀文选》，第 139 页。

1919年的“五四”青年爱国运动是新文化运动直接孕育的产儿，“外争主权，内除国贼”的口号鲜明地表现了这场运动的救亡图存、反帝反封建的性质。新文化运动初期在学习西方文化的同时就已包含着对西方文化之弊端的不满，如陈独秀在1915年就曾说：“政治之不平等，一变而为社会之不平等；君主贵族之压制，一变而为资本家之压制；此近世文明之缺点，无容讳言者也。”[①]第一次世界大战更加暴露了西方帝国主义的丑恶，俄国十月革命的胜利和战后帝国主义对中国主权的继续侵犯，使马克思主义、社会主义道路成为必然的选择。李大钊倡言：“为救世界之危机，非有第三新文明之崛起，不足以渡此危崖”，要为东西文明“别创一生面”。他欢呼十月革命的胜利“是庶民的胜利”，“是民主主义的胜利，是社会主义的胜利”，是马克思、列宁的“功业”。[②]陈独秀说：“我们相信世界上的军国主义和金力主义，已经造成了无穷罪恶，现在是应该抛弃的了。”“主张实际的多数幸福，只有社会主义的政治。”[③]

马克思主义对于五四新文化运动的意义，首先是唯物史观为中国社会和文化的变革提供了新的理论依据。李大钊说：“经济的构造是社会的基础构造”，“一切社会上政治的、法制的、伦理的、哲学的，简单说，凡是精神上的构造，都是随着经济的构造变化而变化”。[④]依此，“五四”新青年所讲的“道与世更”“文明进化”被提升到了科学的理论层次，儒家伦理这一曾被视为千古不变的“体”被真正还原为随着中国社会的变革而变革的“用”，这对于中国文化的现代转型来说具有深远的、伟大的意义。新文化运动“注重创造的精神”，陈独秀说：我们“不但对于东方文化不满足，对于西洋文化也要不满足才好；不满足才有创造的余地”[⑤]。马克思主义为“五四”新青年指示了一条根据中国社

① 陈独秀：《陈独秀文选》，第10页。
② 李大钊：《李大钊文选》，第154、172页。
③ 陈独秀：《陈独秀文选》，第116、146页。
④ 李大钊：《李大钊文选》，第213、219页。
⑤ 陈独秀：《陈独秀文选》，第141页。

会发展的需要而对东西方文化进行综合创造的道路。

五四运动不仅选择了马克思主义，而且为中国共产党的建立提供了干部上的准备。五四运动是中国新民主主义革命的起点，是中国社会和文化走上一条既学习西方又超越西方、适应中国国情、具有中国特色的发展道路的起点。尽管这一起点只是初步的，在方法、理论、学术上还有种种缺陷，给后人留下了需要继续探索的问题，但“五四”所开辟、奠定的方向是正确的。我们不会忘记：在“五四”之前，中国人民是带着八国联军侵入北京的耻辱进入20世纪的；我们更充满信心：在“五四”之后，中国人民经过80年的艰苦奋斗，在此新的世纪之交，我们将继往开来，带着改革开放的丰硕成果，把建设中国特色社会主义的事业全面推向21世纪。

尽管西方的敌对势力仍然亡我之心不死，他们要重温侵我主权，使中国陷入四分五裂、落后挨打境地的旧梦，这是必然要破产的。最近，以美国为首的北约又公然违背国际法和联合国公约，对一个主权国家进行野蛮的狂轰滥炸，甚至悍然轰炸我驻南斯拉夫大使馆，在世人面前再一次暴露了他们搞强权政治、霸权主义的丑恶面目，暴露了他们所谓“人权”“人道主义”的双重标准和虚伪性。西方列强的“炮舰”政策，在19、20世纪曾经给中国人民造成了深重的灾难，它激起了中国人民强烈的反抗，并且艰苦地探索一条中华民族的复兴之路。如今，中国人民正行进在建设中国特色社会主义的大道上，中华民族积贫积弱、任人欺辱的时代已经一去不复返了。西方敌对势力欲在新的世纪之交延续其野蛮的炮舰政策，这只能更加坚定我们走建设中国特色社会主义道路的信心和决心，他们欲使中国西化、分化的图谋必定要破产。在世界爱好和平的人民共同努力下，21世纪将是埋葬西方的霸权主义、“炮舰”政策的世纪。21世纪也必将是中华民族实现现代化和民族复兴的世纪。五四运动以来的历史已经证明，中华民族“自强不息”的精神是不可屈服的，中华民族的复兴是不可阻挡的！

（原载《中华文化论坛》2000年第2期）

儒学传统与“五四”传统

当进入新千年之际，我们在1999年曾度过了两个大的文化纪念日：一是纪念五四运动80周年，二是纪念孔子诞辰2550周年。这两大纪念日，作为重要的文化符号，标示了中国哲学和文化的历史、现状和进一步发展的方向。

儒学传统源远流长，“祖述尧舜，宪章文武”，继承了夏、商、周三代的文化遗产，奠定了秦以后中国两千多年封建社会的文化形态。孔子作为儒家学派的创始人，不但在中国历史上备受尊崇，而且在当今世界也被列在对人类历史影响最大的十大思想家之首。然而，儒学传统曾遭逢厄运，“打（倒）孔家店”成为一时风潮，在此风潮中形成了一个新的传统，即“五四”传统。“五四”传统的最伟大成果是“民主与科学”成为中国新文化的两面旗帜，而马克思主义被引入中国文化，则使古老的中国走上了新民主主义和社会主义的道路。继孔子的儒学传统之后，“德赛二先生”和马克思成为中国文化新统的伟人。“德赛二先生”反映了人类社会在工业化、现代化过程中形成的具有普遍价值的文化成果，而马克思则是工业资本主义社会的批判者和世界社会主义运动的引路人。在20世纪，对世界历史尤其是中国历史影响最大的思想家首推马克思。当新的世纪、新的千年之交，中华民族在建设有中国特色的社会主义、实现民族复兴和文化复兴的过程中，处理好儒学传统与五四传统（其中特别是马克思主义）的关系，是当前和今后文化建设中的一个重要问题。

一

自1840年的鸦片战争以来，中华民族被动地、屈辱地被卷入由西方资产阶级开创的“世界历史”之中，这是“数千年未有之变局”。在此之前，中国文化虽曾有外来佛教文化的输入，但此输入只是为了满足中国在“中世纪”的一定程度的宗教需求；在中华大地上也曾有“五胡乱华”、“靖康之耻”、宋元和明清鼎革等历史事件，这些事件虽曾被中国古代士人称为“天崩地解”或“亡天下”（区别于汉族统治者之间的“江山改姓”或“亡国”），但它们只是游牧民族与农耕民族之间的较量，其结果虽然是“夷狄入主中原”，但弱势的游牧文化终被强势的农耕文化所同化。在明清之际，一部分西方传教士来到中国，此时西方文化已初露其在文艺复兴以后的强势所在（如当时方以智认识到“泰西质测颇精”，而徐光启等则希望以基督教“补儒却佛”），但当时两种文化的分歧还主要反映在西方教权与中国皇权之间的较量，最终是西方基督教被逐出国门，而中西文化的交流遂出现了百年中歇。在此期间，中国文化一仍故我，而在明中期以后本已衰朽了的封建文化则因新添了游牧民族的活力，竟也出现了堪与汉唐相媲美的“康乾盛世”。在地球的那一边，则时不我待，启蒙运动、政治革命、工业革命相继而起，当其羽翼丰满、实力大增之时就挟其“船坚炮利”之威打上门来，陷中国和其他东方民族于“落后挨打”的境地。此时中西文化的冲突，已主要反映的是古代农业社会与近现代资本主义工业社会的冲突，即所谓“古今之争”。

“古今之争”并不能完全涵盖不同民族文化之间的差异。文化有其时代性与民族性、阶段性与连续性等多重维度。不同于西方文化由古希腊罗马文化和希伯来文化两个来源交汇而成，中国文化在先秦时期虽也经历了“道术将为天下裂”的百家争鸣，并且经历了经济制度（从井田制到土地私有制）和政治制度（从分封制到君主集权的郡县制）的历史变革，但中国文化自身的特性也在此时期（所谓“轴心时期”）形成。中国文化的特性从学派上分析可以说是“儒道互补”和后来的儒、释、道三教并存，从哲学内容上分析则可说主要是自然主义（实在论和唯物论）与道德理想主义两大传统的结合；对后一种分析，我倾向于将其简约为气论与仁学的“基本结构”。这一基本结构允许并且需要一定程度的宗教意识的存在，但其主流总是肯定现世生活、与“神文”相对待而言的人文精神。这一人文精神无疑有其时代的局限性，但时代性不足以掩其民族文化的特殊性。时代的发展并不能创造出一种“全新”的民族文化，而是决定着民族文化的转型和“进一步发展的方式”（恩格斯曾说：经济发展对思想文化领域的支配作用“是发生在各个领域本身所规定的那些条件的范围内：例如在哲学中，它是发生在这样一种作用所规定的条件的范围内，这种作用就是各种经济影响……对先驱所提供的现有哲学资料发生的作用。经济在这里并不重新创造出任何东西，但是它决定着现有思想材料的改变和进一步发展的方式……”①）。

当明清之际中西文化初次接触时，徐光启就曾提出“欲求超胜，必须会通”的思想。在鸦片战争以后，魏源则提出了“师夷之长技以制夷”。“长技”在当时指的是战舰、火炮和练兵之法，“制夷”指的是抵御西方列强的侵略；但从中西文化总的交往历程看，“师夷之长技”表达的就是要“会通”中西文化的长处，“制夷”则是要“超胜”。洋务派提出“中学为体，西学为用”的文化模式，其本意仍是要“会通中西，权衡新旧”，但“中学为体”在此时突显的是儒家的纲常名教，以此为“体”则中国的政治制度和伦理观念无从实现近现代的转型（张之洞《劝学篇·明纲》：“君为臣纲，父为子纲，夫为妻纲……圣人所以为

① 《马克思恩格斯选集》第4卷，人民出版社2012年版，第612—613页。

圣人，中国所以为中国，实在于此。故知君臣之纲，则民权之说不可行也；知父子之纲，则父子同罪免丧废祀之说不可行也；知夫妇之纲，则男女平权之说不可行也”）。维新派打起孔子“托古改制”的旗号，其“改制”也就是要改变中国之政“体”。严复讥洋务派的“中体西用”是“以牛为体，以马为用者也”，他认识到中华民族图自强必须“标本并治”，所谓“治本”就是要“开民智，鼓民力，新民德”，而首要之务是政治改良，“设议院于京师，而令天下之郡县各公举其守宰”（《严复集·原强》）。

中国文化的现代转型必须“标本并治”，也就是“体用兼改”。“然则今之教育，将尽去吾国之旧，以谋西人之新欤?”严复说:“是又不然。英人摩利之言曰:‘变法之难，在去其旧染矣，而能择其所善者而存之。’方其汹汹，往往俱去，不知是乃经百世圣哲所创垂，累朝变动所淘汰，设其去之，则其民之特性亡，而所谓新者从以不固。独别择之功，非暖姝囿习者之所能任耳。必将阔视远想，统新故而视其通，苞中外而计其全，而后得之，其为事之难如此。”（《与外交报主人书》）严复在此说的“民之特性”即民族特性，文化转型虽然是“标本并治”，但也并非“尽去吾国之旧，以谋西人之新”，而是要“择其所善者而存之”，“统新故而视其通，苞中外而计其全，而后得之”。这里已有了“综合创新”的意思，是一种正确的文化发展观。然而，中国文化的现代转型正是在“方其汹汹”、面临“亡国灭种”危险的急迫形势下起步的，在这种形势下不但易于陷入要将传统文化“俱去”的文化激进主义，而且又因见到西方文化的种种弊端而使一些人不断翻新“中学为体”的旧模式（严复晚年亦因西方文化“其弊日见”而走向保守），“其为事”真是如此之难!

二

梁启超在1922年曾总结出五十年来中国进化的三期发展，这三期发展是从“学然后知不足”的意义上说的：“第一期，先从器物上感觉不足。……第二期，是从制度上感觉不足。……第三期，便是从文化根本上感觉不足。”（《梁启超文选·五十年中国进化概论》）这三期对应着洋务运动、戊戌变法和辛亥革命，以及当时刚刚经过的五四新文化运动。“师夷之长技”而逐渐认识到中国文化根本上（“体”上）有不足，这也是当时内外交困的政治形势逼迫出来的。

世界各国的现代化，都需要有一能够组织动员全民族力量的政府和比较适宜的国际环境，这两条是中国近代历史所不具备的。甲午战败使人们认识到必须有政治制度的变革，继“百日维新”之后，辛亥革命虽然成功地推翻了帝制，但政权落在了施行“假共和”的北洋军阀手中，袁世凯、张勋甚至演出了复辟帝制的丑剧，中国仍然面临着“外迫于强敌，内逼于独夫”（《独秀文存·我之爱国主义》）的严峻形势。陈独秀说：“吾人于共和国体之下，备受专制政治之痛苦”；他认识到，民主共和“果能实现与否，纯然以多数国民能否对于政治，自觉其居于主人的主动的地位为唯一根本之条件”，“吾人果欲于政治上采用共和立宪制，复欲于伦理上保守纲常阶级制……此绝对不可能之事”，因而继“政治的觉悟”之后，“伦理的觉悟，为吾人最后觉悟之最后觉悟”。（《吾人最后之觉悟》）这里，所谓“伦理的觉悟”就是要以适应民主共和制的“自由平等独立”之说取代儒家的纲常名教。

“纲常名教”如果析而言之包括“纲”（三纲）和“常”（五常：仁义礼智信）两部分，二者的内涵并不完全相同，但儒家伦理的时代性正表现在二者的合而为一，“常”即伦常，“伦”即五伦（君臣、父子、夫妇、兄弟、朋友），而五伦之说至汉代发展为三纲。历史上的儒家（除明清之际黄宗羲等早期启蒙思想家之外）对“纲常”未作过分析，而儒家伦理对社会生活所起的作用也一直是以“纲常”为统一之“体”。就“纲常”统一而言，“常”的内容中就渗透了三纲。在近代中国历史上，洋务派所谓“中学为体”，其“体”所突出的也是三纲。辛亥革命之后，北洋军阀搞假共和、甚至复辟帝制，祭起“尊孔”的旗号，在宪法中写入尊孔的条文，要定孔教为国教。这些都使得“五四”时期的新青年认为“孔教与帝制，有不可离散之因缘”（陈独秀：《驳康有为致总统总理书》），“盖主张尊孔，势必立君；主张立君，势必复辟”，“去君臣之大伦，而谬言尊孔，张（勋）、康（有为）闻之，必字之曰‘逆’”（《复辟与尊孔》）。因此，若要“诚心巩固共和国体”，就必须“将这班反对共和的伦理文学等等旧思想，完全洗刷得干干净净不可，否则不但共和政治不能进行，就是这块共和招牌也是挂不住的”（《旧思想与国体问题》）。

“五四”新青年之反对尊孔、要“打（倒）孔家店”，其直接目的就是要“巩固共和国体”。这是历史和当时的政治形势使然：正是因为历史上的“孔子之道”包含“君臣之大伦”的思想，而当时的守旧派又认为三纲是万世不易的“古今之常经”，所以“五四”新青年认为尊孔与共和不能两立。

“五四”新青年“认定只有（德、赛）这两位先生，可以救治中国政治上道德上学术上思想上一切的黑暗”，而要拥护德、赛二先生，“便不得不反对孔教、礼法、贞节、旧伦理、旧政治”，以及“旧艺术、旧宗教”和“旧文学”（《〈新青年〉罪案之答辩书》）。他们把民主与科学同孔教、旧（传统）文化完全对立起来，有其时代的理论和方法的局限性（详后），但中国文化的现代转型正是在此局限中起步的。

胡适在 1919 年说：“新思潮的根本意义只是一种新态度，这种新态度可叫作‘评判的态度’”，“‘重新估定一切价值’八个字便是评判的态度的最好解释”（《胡适文存·新思潮的意义》）。“重新估定一切价值”

出于尼采的思想，但尼采是以“超人”的非理性、非道德来否定西方的传统价值，而“五四”时期则是律以科学的理性精神，用“现代社会的价值”来重新估定传统的价值。陈独秀说：“吾人所欲议论者，乃律以现代生活状态，孔子之道，是否尚有遵从之价值是也。”（《孔子之道与现代生活》）“我们相信政治、道德、科学、艺术、宗教、教育，都应该以现在及将来社会生活进步的实际需要为中心。”（《〈新青年〉宣言》）不是“信天法古”，不是“以孔子之是非为是非”，而是“以现在及将来社会生活进步的实际需要为中心”，只有确立了这样一个标准，儒学的纲常名教、洋务派的“中学之体”才不再是万世不易，而是可以重新评估、随着社会的发展而变化发展的。

新文化运动初期所向往的“民主共和”以西方的民主制度为样板，故陈独秀认为根本问题是“首先输入西洋式社会国家之基础，所谓平等人权之新信仰”（《宪法与孔教》）。当时对于西方社会的弊病也有所认识，如陈独秀在1915年就曾说：“政治之不平等，一变而为社会之不平等；君主贵族之压制，一变而为资本家之压制，此近世文明之缺点，无容讳言者也。”（《法兰西人与近世文明》）第一次世界大战进一步暴露了西方“近世文明”的缺陷，而俄国十月革命的胜利则给“五四”新青年指示了一条综合东西方文明之长处、创建“第三新文明”（《李大钊文集·东西文明根本之异点》）的社会主义道路。李大钊欢呼十月革命的胜利“是庶民的胜利”，是民主主义、社会主义的胜利，是马克思、列宁的“功业”（《Bolshevism的胜利》）。陈独秀也认识到，“主张实际的多数幸福，只有社会主义的政治”（《国庆纪念的价值》）。

马克思主义的传入，不仅在政治上回答了“中国向何处去”的问题（这比胡适在当时提倡“一点一滴的改良”要现实得多），而且为中国文化的发展确立了如何理解“现代社会”、如何根据“现在及将来社会生活进步的实际需要”来评估传统文化的新的理论体系，即唯物史观。李大钊说：“经济的构造是社会的基础构造”，“一切社会上政治的、法制的、伦理的、哲学的，简单说，凡是精神上的构造，都是随着经济的构造变化而变化”（《我的马克思主义观》）。依此，“我们可以晓得孔子主义（就是中国人所谓纲常名教）并不是永久不变的真理”，而是“经济上若发生了变动，思想上也必发生变动”（《由经济上解释中国近代思想变动的原因》）。这样，儒家伦理这一曾被视为万世不易的“体”被真正还原为随着中国社会的变革而变革的“用”，这对于中国文化的现代转型来说具有深远的伟大的意义。

三

五四新文化运动处在“方其汹汹”，“外迫于强敌，内逼于独夫”的严峻形势下，认识到中国文化“根本上有不足”，开辟了中国新文化发展的方向，其历史功绩和现实意义是必须肯定的；但毋庸讳言，历史的局限也使其在理论和方法上存在着种种缺陷，这些缺陷是中国新文化发展中必须进一步探讨和处理的问题。

李大钊在接受了唯物史观后，于1924年写了《史学要论》一书，其中提到“民族文化”的问题。他说:“民族文化者何？即是民族生存活动的效果，包括于其民族社会发展的人文现象的总体。民族文化的成立，民族的经历实有伟大的影响；迨民族文化既已发展成熟，却又为决定民族将来经历的重要因素，其间实有密切的关系。”这无疑是唯物史观中的一个应有之义，但对“民族文化”的忽略却也正是五四新文化运动的一个重要缺陷。其实，“五四”之成为“五四”，其本身即有被“民族文化”所决定的因素。例如，陈独秀在《今日之教育方针》一文中首标“现实主义”，批评“印度诸师，悉以现象世界为妄觉，以梵天真如为本体”，又批评基督教“以人生为神之事业”，其说荒诞，但对基督教“不指斥人世生存为妄幻”则给予肯定；他认为，“觉官有妄，而物体自真；现象无常，而实质常住”，“现实世界之内有事功，现实世界之外无希望”。这虽然是借西方近代的科学和哲学以为据，但又是延续了中国传统的自然观，不啻一种新的“儒释之辨”。此后，马克思主义的辩证唯物论能被中国人接受并广为传播，当有中国传统的自然观和人生观为其文化的土壤。

“五四”高标民主与科学的旗帜，但对西方的基督教则加以排斥。这种对西方文化的选择、滤取，与中国传统文化在明清之际面临的转型也有着逻辑上的联系。[①] 陈独秀在从民主主义向社会主义的转变过程中说：“(中国)自古以来，就有许行的‘并耕’，孔子的‘均无贫’种种高远理想；‘限田’的讨论，是我们历史上很热闹的问题；‘自食其力’，是无人不知的格言；因此可以证明我们的国民性里面，确实含有许多社会经济的民治主义的成分。我因为有这些理由，我相信政治的民治主义和社会经济的民治主义，将来都可以在中国大大的发展，所以我不灰心短气，所以我不抱悲观。”(《实行民治的基础》) 这说明中国传统的价值观对于“五四”新青年选择社会主义道路，并且坚定走这条道路的信心，起了积极的作用。而“五四”时期往往把“孔子之道”(或“孔子主义”)简单地归结为纲常名教的“阶级主义”，这显然是片面的。

李大钊在阐述唯物史观的社会发展学说时指出：“经济构造的本身，又按他每个进化的程级，为他那最高动因的连续体式所决定。”(《唯物史观在现代社会学上的价值》)“古代自有古代相当之价值，但古虽好，也包含于今之内。人的生活，是不断的生命(连续的生活)。”(《今与古〈二〉》) 社会发展的阶段性中包含着连续性，经济生活如此，政治、文化的变迁同样如此。这无疑也是唯物史观中的一个应有之义，但在对待“孔子之道”上，由于缺少辩证的理论分析，只看到其不适应“现代生活状态”的一面，或只认为由于中国的经济变动，“大家族制度既入了崩颓粉碎的运命，孔子主义也不能不跟着崩颓粉碎了”，而无视“孔子之道”中也包含着人类社会生活的普遍道德规则(这些规则是新时代社会生活必须继承和发扬的)，这种缺乏辩证分析的形而上学性，对唯物

① 参见拙文《明代的两大儒与五四时期的德赛二先生》，《传统文化与现代化》1997 年第 5 期。

史观的“经济基础”和“上层建筑”范畴的简单化机械理解，不仅“五四”时期存在，而且在相当程度上流传至今。李大钊在表述唯物史观时曾两次提道：“喻之建筑，社会亦有基础与上层”（《马克思的历史哲学与理恺尔的历史哲学》），“譬之建筑，社会亦有基址与上层”（《史学要论》）。为了防止把社会历史的阶段性发展机械地看作真如一幢幢“建筑物”那样是分离断裂的，而无视其连续性，我认为，我们不妨记取“喻之建筑”或“譬之建筑”的表述。

陈独秀在《一九一六年》一文中主张“尊重个人独立自主之人格，勿为他人之附属品”，又指出：“吾国自古相传之道德政治，胥反乎是……率天下之男女，为臣，为子，为妻，而不见有一独立自主之人格，三纲之说为之也。缘此而生金科玉律之道德名词，——曰忠，曰孝，曰节——皆非推己及人之主人道德，而为以己属人之奴隶道德也。”甚至李大钊在《由经济上解释中国近代思想变动的原因》一文中也认为，“孔子所谓修身，不是使人完成他的个性，乃是使人牺牲他的个性”，“孔门的伦理，是使子弟完全牺牲自己以奉其尊上的伦理；孔门的道德，是与治者以绝对的权力责被治者以片面的义务的道德”。这种抨击主要击中的是儒家伦理时代性的一面，但把儒家伦理简单地等同于“三纲之说”，完全否认儒家学说中有“推己及人之主人道德”，显然是不符合实际的［孔子所谓“为仁由己，而由人乎哉”（《论语·颜渊》），“己欲立而立人，己欲达而达人，能近取譬，可谓仁之方也已”（《论语·雍也》），“三军可夺帅也，匹夫不可夺志也”（《论语·子罕》），此皆“推己及人之主人道德”］。

陈独秀在《新文化运动是什么？》一文中说：“现代道德底理想，是要把家庭的孝弟扩充到全社会的友爱。现在有一班青年却误解了这个意思，他并没有将爱情扩充到社会上，他却打着新思想新家庭的旗帜，抛弃了他的慈爱的、可怜的老母……”这里所说的“现代道德底理想”，与孔子所谓“弟子入则孝，出则悌，谨而信，泛爱众而亲仁”（《论语·学而》），孟子所谓“老吾老以及人之老，幼吾幼以及人之幼”（《梁惠王上》），难道没有道德的继承性吗？现在的一些青年之所以对现代道德发生误解，“打着新思想新家庭的旗帜”而陷入自我中心、利己主义，与“新思想新家庭”欲断绝（“彻底决裂”）同传统道德的历史连续性，不能说没有关系。这也正印证了严复所说的“其民之特性亡，而所谓新者从以不固”。

张岱年先生在20世纪30年代著有《道德之变与常》一文（见《张岱年文集》第1卷），依据唯物史观，既讲道德的时代性（所谓“变”），又讲道德的继承性（所谓“常”）。能对道德的发展、文化的发展作出这样的辩证分析，是张先生一贯主张文化的“综合创新”说的理据。中国文化的发展要走综合创新之路，一方面消除传统对现代的抵触（弃其糟粕），另一方面化解现代与传统的紧张（取其精华），并且充分吸收西方资本主义文化中的“肯定性成果”，如此儒学传统与“五四”传统（以及“五四”传统中的马克思主义与自由主义）可望实现良性的互动和辩证的综合，中华民族和中国文化的复兴也将为人类和世界文化的发展作出重大的贡献。

（原载《哲学动态》2000年第9期）

学术之正与学者之德

——读书札记两则

今人言学术规范，犹古人言学术之正。查《辞源》，古之“学术”即指“学问、道术”，南朝梁时何逊有诗云“小子无学术，丁宁负困薪”，后来称有系统而较专门的学问为学术。近读王夫之《宋论》，其言“君子正其学于先，乃以慎其术于后”，此或可为今日学者之规诫。尝记张岱年先生讲授“中国哲学史史料学”，推荐读梁启超《清代学术概论》，其述乾嘉学派之学风，谓以何者为“不德”，此对于今日学者倡立学术道德更可借鉴。

一

《汉书·霍光传》论霍光拥立昭、宣二帝，有“匡国家，安社稷”之功，但霍光“不学亡（无）术，暗于大理”，以致死三年后，宗族诛夷。《宋史·寇准传》记：

初，张詠在成都，闻准入相，谓其僚属曰："寇公奇材，惜学术不足尔。"及准出陕，詠适自成都罢还，准严供帐，大为具待。詠将去，准送之郊，问曰："何以教准？"詠徐曰："《霍光传》不可不读也。"准莫谕其意，归取其传读之，至"不学无术"，笑曰："此张公谓我矣。"

王夫之认为，寇准并没有真正理解张詠的谕意，于是有如下议论：

统言学，则醇疵该矣；统言术，则贞邪疑矣。若夫乖崖（张詠）之教平仲（寇准）也，其云术者，贞也；则其云学者，亦非有疵也。……术之为言，路也；路者，道也。《记》曰："审端径术。"径与术则有辨。夹路之私而取便者曰径，其共由而正大者曰术。摧刚为柔、矫直为曲者，径也，非术也。……夫人之为心，至无定矣。无学以定之，则惑于多歧，而趋蹊径以迷康庄，固将以蹊径为康庄而乐蹈之。故君子不敢轻言术，而以学正其所趋。……学也者，所以择术也；术也者，所以行学也。君子正其学于先，乃以慎其术于后。……君子之学于道也，未尝以术为讳，审之端之而已矣。(《宋论》卷三)

按照王夫之对"学术"的理解，笼统言之的"学术"，有"醇疵""贞邪"之分。而张詠惜寇准"学术不足"，并不是指其学术多少的不足，而是指其学术醇正的不足。"学"与"术"虽然有别，但二者又是统一的。"术之为言，路也；路者，道也。"这是指与"学"（正学）相统一的"术"；若其"学"不正，则其"术"不过是"径也，非术也"。《老子》书有"大道甚夷，而民好径。"河上公注："径，邪不正也。"就此而言，只有醇正的学术才堪当严格意义的"学术"之名；若学术不正，则只可谓之"学径"。

王夫之说："学也者，所以择术也；术也者，所以行学也。"这或为梁启超所谓"学者术之体，术者学之用"(《学与术》)、严复所谓"学主知，术主行”（严译《原富》按语）之所本。“学”与“术”虽然可分属不同的范畴，但在中国传统哲学中，“体用一源，显微无间”（程颐语），“知行合一”（王阳明语），因此，“学”与“术”又是统一的。术之正与不正，决定于学之“择术”；若“择术”正，则术之“行学”就也正了。

王夫之说：“君子不敢轻言术，而以学正其所趋。”其所以“不敢轻言术”，是因为“无学以定之，则惑于多歧”，有可能把“蹊径”当成了“康庄”大道而乐蹈之。所以，王夫之强调，“君子正其学于先，乃以慎其术于后”。按照体与用、知与行的关系而解之，即学是体，术是用，体正则用亦正；学主知，术主行，“真知则未有不能行者”（朱熹语）。

古人论学术，合知与行而言之。儒家之正学术，实即正立身行事之“德”。《礼记·乡饮酒义》云：“德也者，得于身也。故曰：古之学术道者，将以得身也。是故圣人务焉。”（按此处“学术道”，“术道”是“学”的宾语。）王夫之认为，学术之正首先是如《大学》所谓先正其身：“正身者，刚正而不可挠，直而不可枉，言有物而不妄，行有恒而不迁，忠信守死而不移，骄泰不期而自远。”（《宋论》卷三）他之所以认为张詠所云“学术”乃醇正的学术，是因为张詠刚直不屈，“且死，以尸谏，乞斩丁谓头置国门，罢宫观以纾民命”（《宋论》卷三，参见《宋史·张詠传》）。而寇准晚节有亏，“惩刚直之取祸，而屈挠以祈合于人主之意欲，于是而任朱能以伪造‘天书’进，而生平之玷，不可磨矣”（《宋论》卷三，参见《宋史·寇准传》）——此又所以认为寇准未达张詠的谕意，“其悟也，正其迷也”。

王夫之说：“君子之学于道也，未尝以术为讳，审之端之而已矣。”在夏商周三代之时，学在王官，“古之所谓道术者……无乎不在”；春秋以降，学术下移，“道术将为天下裂”，而诸子学出，“道术纷纭，更相倍谲”（《宋论》卷三，参见《庄子·天下》篇并成玄英注）。在先秦儒学中，“道”与“术”有分。《孔丛子·抗志》篇记卫君与子思的对话：

> 卫君曰："夫道大而难明，非吾所能也。今欲学术，何如？"子思曰："君无然也。体道者，逸而不穷；任术者，劳而无功。古之笃道君子，生不足以喜之，利何足以动之？死不足以禁之，害何足以惧之？故明于死生之分，通于利害之变，虽以天下易其胫毛，无所概于志矣。是以与圣人居，使穷士忘其贫贱，使王公简其富贵。君无然也。"卫君曰："善。"

按子思所说，君子应该"体道"，而不应该"学术"（"术"是"学"的宾语）。但自汉初以来，儒学又被称为"儒术"（如汉武帝"独尊儒术"），故"术"并不完全是贬义。《汉书·霍光传》所谓"不学无术"，将"学"与"术"并举，盖为后来"学术"一词的滥觞。按王夫之对"术"的解释，"术之为言，路也；路者，道也"。与"学"（正学）相统一的"术"，亦与"道"相统一。此"术"犹如"仁之方也"的"方"。（《论语·雍也》："能近取譬，可谓仁之方也已。"何晏《集解》引孔安国曰："更为子贡说仁者之行。方，道也。"）"道"与"术"之分，不过是抽象与具体之别。因此，"君子之学于道也，未尝以术为讳"，"学于道"即是"正其学于先"，"学"正则"术"亦正。

如果"学"不正，则"道"与"术"分。南宋时庆元党禁把"道学"污为"伪学"，而朱熹的弟子蔡元定（字季通）又被斥之曰"妖"，"独婴重罚，窜死遐方"。王夫之认为，"盖季通亦有以取之，而朱子于此，亦不能无惑矣"。韩侂胄之深怨朱子，是因为争论皇室陵墓的吉凶，而"殡宫之吉凶，朱子未能知之，而季通自谓知之"，"是季通者，儒之淫于小道，而惟术人之领袖者也"。（《宋论》卷十三）王夫之把葬师的风水之说称为"小道"，而迷于风水者不过是"术人"（而非"学者"）。他由此评论说：

> 夫道之与术，其大辨严矣。道者，得失之衡也；术者，祸福之测也。理者，道之所守也；数者，术之所窥也。《大易》即数以穷理，而得失审；小术托理以起数，而祸福淫。审于得失者，喻义之

君子；淫于祸福者，喻利之小人。……以季通之好学深思也，于以望道也近矣。而其志乱，其学淫，卒以危其身于桎梏。为君子者，不以一眚丧其大德，可弗慎哉！可弗慎哉！（《宋论》卷十三）

蔡元定跟随朱熹最久，维护朱学最力，亦是“好学深思”之士，但其用《周易》的象数来讲陵墓风水的吉凶，这就不是学于儒者的“大道”，而是淫于与“大道”相对立的“小术”（按与“道”相对立的“术”，亦即上文所说的“径”）。王夫之认为，蔡元定“其志乱，其学淫”，即是说其学有不正。他力戒为君子者“可弗慎哉”，这也是强调“君子正其学于先，乃以慎其术于后”。

就今日之“学术”而言，学者亦应“正其学于先，乃以慎其术于后”。“学术”本是一崇高的事业，无论其为“求知”而从事学术，还是为“致用”（学术的正当之用）而从事学术，既为“学者”就不应该作“淫于小道”的“术人”，既从事“学术”就不应该作“学径”的勾当。学者应该有从事醇正学术的道德自律，而不应该以学术为谋取私利的手段，不应该作违背学术规范的“喻利之小人”。“正其学于先”，即学者先要端正从事学术的方向和目的；“慎其术于后”，即学者的治学之方应遵守具体的学术规范。

二

明清之际，中国学术的主流从宋明理学转为重视训诂考据和经世致用的“实学”。但乾嘉时期学者畏文字狱，“凡学术之触时讳者，不敢相讲习”，于是训诂考据独成其大，梁启超称此为清学的“正统派”。乾嘉学派之学风，梁启超述其大略如下：

一、凡立一意，必凭证据。无证据而以臆度者，在所必摈。

二、选择证据，以古为尚。以汉唐证据难宋明，不以宋明证据难汉唐；据汉魏可以难唐，据汉可以难魏晋，据先秦西汉可以难东汉；以经证经，可以难一切传记。

三、孤证不为定说。其无反证者姑存之，得有续证则渐信之，遇有力之反证则弃之。

四、隐匿证据或曲解证据，皆认为不德。

五、最喜罗列事项之同类者，为比较的研究，而求得其公则。

六、凡采用旧说，必明引之，剿说认为大不德。

七、所见不合，则相辩诘，虽弟子驳难本师，亦所不避，受之者从不以为忤。

八、辩诘以本问题为范围，词旨务笃实温厚。虽不肯枉自己意见，同时仍尊重别人意见。有盛气凌轹，或支离牵涉，或影射讥笑者，认为不德。

九、喜专治一业，为“窄而深”的研究。

十、文体贵朴实简洁，最忌“言有枝叶”。（《清代学术概论》十三）

这十条是乾嘉学派之学风，亦是其学术规范。其中第二、九两条与考据学的特殊研究对象相关，其余皆不失学术规范的普遍意义。梁启超论乾嘉学派之得失有云：“考证学之研究方法虽甚精善，其研究范围却甚拘迂。”“清代学派之运动，乃‘研究法的运动’，非‘主义的运动’也。此其收获所以不逮‘欧洲文艺复兴运动’之丰大也欤?”（《清代学术概论》十一）乾嘉学派的研究范围甚有局限，故其社会意义远远不能与欧洲文艺复兴运动相比；但就其对中国古籍的整理来说，其成绩“实足令郑（玄）、朱（熹）俛首，汉唐以来，未有其比”。乾嘉学派之所以能取得这样的成绩，梁启超说，“一言以蔽之曰：用科学的研究法而已”（《清代学术概论》十二）。

以上十条中，前五条都是讲学术研究必有证据，无证据而臆说者

“在所必摈”，这是科学的实证研究法，第五条就是在实证的基础上进行科学的归纳。学术研究重证据，旨在求真。真者，诚也。“诚”在中国传统学术中不仅具有客观之真实不妄的意义，而且具有道德之诚信不欺的意义。第四条所云“隐匿证据或曲解证据”，不唯不能求学术研究之真，而且有违学者的道德之诚，此所以认为“不德”。古人云“修辞立其诚”(《易语·文言》)，张岱年先生在20世纪三四十年代曾提出:“哲学家须有寻求客观真理之诚心”，“既已得真，然后可由真以达善。如无求真之诚，纵聪明博辩，亦止于成为粉饰之学”。[①] 不仅哲学家须如此，凡从事学术研究者都应具有“求真之诚”。无证据而臆说，或只凭孤证而执为定论，这是学术研究的“失范”；若隐匿证据或曲解证据，或对他人所举之反证置若罔闻，则是学者之“不德”。

第六条所云“凡采用旧说，必明引之”，这是今日学者尤应注意的学术规范，“剿说”即抄袭是学者之“大不德”。学术研究在于创新，而非重复性劳动。采用旧说是以前人的研究成果为基础而加以发明创新，若不明引之，则一是剽窃他人之成果，二是学术之新旧说混淆，以致鱼目混珠，泥沙俱下，失却学术研究的创新意义，此所以为“大不德”。

第七、八两条是学术讨论、学术批评的规范。“所见不合，则相辩诘”，这是学术研究活动的平常、正常之事，也是求得学术进展的必要途径。对于同一问题上与己不同的观点，置之不理，老死不相往来，正是缺乏学术责任心的表现。经过对话、商榷，可择其善者而从之；对于一时解决不了的问题，也可各备一说而存疑。倘若防戒之心甚严，动辄把学术讨论和批评视为学者或学派间的恶意攻击，则是一时学风衰败的反映。

清代考据学又被称为“汉学”，而其学术规范之超越汉学者，于第七条最为显著。汉代经学“家法”甚严，弟子不能改师说，“疏”亦不能破“注”。清代考据学“虽弟子驳难本师，亦所不避”，此乃“吾爱吾师，吾尤爱真理”的精神；“受之者从不以为忤”，老师能做到这一点很

---

① 张岱年:《张岱年文集》第3卷，清华大学出版社1992年版，第66页。

重要，若老师“以为迕”，则学生“不避”甚难。在学术是非面前，师生平等，这是中国传统学术发展至清代的一大思想解放。梁启超举高邮王氏（念孙、引之）父子为例，谓其纠正旧注旧疏之失误，“岂惟不将顺古人，虽其父师，亦不苟同”；又谓：“段（玉裁）之尊戴（震），可谓至矣。试读其《说文注》，则‘先生之言非也’，‘先生之说非也’诸文，到处皆是。”（《清代学术概论》十二）清代学者能做到这一点甚为不易，而今日学者尚有所不及。

“辩诘以本问题为范围，词旨务笃实温厚。”学术讨论和批评应建立在相互尊重的基础上，目的是辩明某问题之是非，求得学术之进展，而非“求胜不求益”，炫己而贬人。若在学术讨论和批评中“盛气凌轹，或支离牵涉，或影射讥笑”，这就超出了学术求真的范围，违背了学术讨论和批评的规范，此亦学者之“不德”。

第十条“文体贵朴实简洁，最忌‘言有枝叶’”，这是对学术文风的要求。现今的学术评价体制有重数量而轻质量、重专著而轻论文的倾向，这助长了文风的虚华而不朴实，繁赘而不简洁。有些学者不愿写论文而竞相出书，盖由于论文受篇幅所限，故“枝叶”不能任其滋蔓，而有些专著则文体“自由”，不仅“枝叶”可滋蔓，而且简直就是“注水”以充数。

清代学风的开创者是明清之际的顾炎武。梁启超说：“炎武所以能当一代开派宗师之名者何在？则在其能建设研究方法而已。”顾炎武的研究方法约略言之有三条：“一曰贵创”“二曰博证”“三曰致用”。关于“贵创”，顾炎武论著书之难曰：“必古人所未及就，后世之所不可无，而后为之。”其《日知录》自序云：“愚自少读书，有所得辄记之。其有不合，时复改定。或古人先我而有者，则遂削之。”（《清代学术概论》四）对照于此，当今一些学者著书撰文，不作所涉问题的学术史的研究，于前人成果不屑一顾，自己独往独来，实则造成低水平的重复，或陷于偏误而不自知，这是应该深戒、避免的。

乾嘉学派以“朴学”相矜尚，梁启超谓其有“为学问而学问”（《清代学术概论》十三）的精神。乾嘉之学近于所谓“纯学术”，而区别于传统儒学的直接与立身行事之“德”相联系。但乾嘉学派仍以学者的“德”与“不德”来规范自身，这种“德”应即是学者的职业道德。在当时，对于学术之“不德”者亦有批评，如梁启超引全祖望的《毛西河别传》，谓毛奇龄所著书，“有造为典故以欺人者，有造为师承以示人有本者，有前人之误已经辨正、尚袭其误而不知者，有信口臆说者，有不考古而妄言者，有前人之言本有出而妄斥为无稽者，有改古书以就己者”。全祖望于此诸项，每项举一条为例，他还著有《萧山毛氏纠谬》十卷，可见当时的学术批评是很严肃，也很下功夫的。梁启超认为，“毛氏在启蒙期，不失为一冲锋陷阵之猛将，但于‘学者的道德’缺焉，后儒不宗之宜耳”（《清代学术概论》五）。此处“学者的道德”，亦即学者的职业道德。

在明清之际，顾炎武最重视士人的“行己有耻”。他在《日知录》卷十三“廉耻”条中说：“士大夫之无耻，是谓国耻。”又引罗仲素曰：“士人有廉耻，则天下有风俗。”乾嘉时期的学术已不再承当传统儒学那样的社会责任，但学者的“行己有耻”仍十分重要。在近现代的职业分工更加多元的社会环境下，今日学者的社会角色已不同于以往的“士大夫”。虽然今日学者之“无耻”已不必同“国耻”相联系，但学者须遵守学术职业自身的道德和规范，而且学者之“廉耻”对于整个社会的“风俗”会有重要影响，这也是不能推脱和否认的。

（原载《社会科学论坛》2005 年第 4 期）

不必都是“纯学术”

近读李伯重先生的《论学术与学术标准》（载《社会科学论坛》2005年第3期），对于文中浸润的纯正学术精神以及对中国学术发展的忧患意识，我深为感佩。惟作者所说“学术就是学者在‘象牙塔’中进行的‘为学术而学术’的‘纯学术’探索工作”，我觉此问题比较复杂。如此界定“学术”，可能体现了“学术”的主要精神，但终不够全面。

一

我对此问题的看法，发端于读梁启超的《清代学术概论》。那是在1982年我刚开始读中国哲学史专业的研究生时，张岱年先生讲授“中国哲学史史料学”，推荐读此书。我对此书最感兴趣的是其论乾嘉学派之学风，此学风自戴震开之，钱大昕谓戴震“实事求是，不主一家”（《潜言堂集·戴震传》），因此，乾嘉学派之学风可用“实事求是”概括之。当张先生要求听课者写一篇作业时，我交的作业就是以“‘实事求是’乃中国哲学史研究者的职业道德”为题。我所注重者，除了梁启超列出的十条“正统派之学风”外，还有其引段玉裁的一段话：

> 校书定是非最难，是非有二：曰底本之是非，曰立说之是非。必先定底本之是非，而后可断其立说之是非。……何谓底本？著书者之稿本是也。何谓立说？著书者所言之义理是也。……不先正底本，则多诬古人；不断其立说之是非，则多误今人。（《经韵楼集·与诸同志论校书之难》）

这段话不是乾嘉“正统派”的考据学所能范围，而是更体现了其宗师戴震的治学特点。如梁启超所述，戴震之学“轶出考证学范围以外，欲建设一‘戴氏哲学’矣”（《清代学术概论》十一）。在从清初到清末之间，义理之学几乎完全荒疏，唯有“戴氏哲学”在中国哲学史上独树一帜，其代表性著作就是《原善》和《孟子字义疏证》。这两部著作都是“先定底本之是非”，而后“断其立说之是非”，特别是对程朱理学之“是非”颇有论断。我认为中国哲学的主要特点就是以“为治”（“治”即安民）和“原善”（“善”即爱人）为宗旨。“为治”出于司马迁论先秦六家要旨“夫阴阳、儒、墨、名、法、道德，此务为治者也，直所从言之异路，有省不省耳”（《史记·太史公自序》），“原善”即本于戴震之书。“为治”与“原善”都不是“为学术而学术”。

段玉裁的这段话之所以重要，与我所学的专业有关系。如果要当古文献学家，那么只要“定底本之是非”就已足矣。而研究中国哲学史，就必须“先定底本之是非”，而后还必须“断其立说之是非”。这就如张岱年先生一开始给研究生开课，除了讲“中国哲学史史料学”，还要讲“中国哲学史方法论”。张先生研究中国哲学史的方法，既不是“信古”，也不是“疑古”，而是“析古”，这里的“析”主要是史料真伪的辨析，即“先定底本之是非”，以及义理是非的解析，即“断其立说之是非”。

因受张先生“析古”研究方法的影响，再加上20世纪80年代逐渐兴起“文化热”，而当时的“文化研究”带有很强的忧国忧民和经世致用的目的，后来又渐知张先生在30年代就不仅写出了《中国哲学大纲》，而且还在哲学理论上建构了一个“新的综合哲学”体系，并参加当时“中国文化本位建设”的大讨论，提出了析取中西文化之优长的“创造的综合”说（即 80 年代后表述的“综合创新”说），所以，我最终不仅认同于梁启超所表彰的乾嘉学派之学风，而且对他所反省的康梁学派之学风也给予一定限度的肯定。梁启超说：

> 有为、启超皆抱启蒙期“致用”的观念，借经术以文饰其政论，颇失“为经学而治经学”之本意，故其业不昌，而转成为欧西思想输入之导引。(《清代学术概论》二）

康梁学派之学风可用“学以致用”概括之。在 80 年代的“文化热”中，此学风也一度比较风行。我认为，其偏失并不在于“致用”，而在于其“学以致用”之“学”有失“实事求是”之旨。因此，我主张应把乾嘉学派的“实事求是”与康梁学派的“学以致用”结合起来，做到“不诬古人，不误今人与后人”[①]。

梁启超反省康梁学派因“致用”而“其业不昌”，又反省自己治学的弊病是“爱博”“无恒”，“又屡为无聊的政治活动所牵率”(《清代学术概论》二十六），因此，他在书中特别表彰了乾嘉“正统派”之学风，主张“为学问而学问”，“治一业终身以之”，“学问即目的，故更无有用、无用之可言”，并认为“非如此则学问不能独立，不能发达”。(《清代学术概论》十三）这显然借鉴了西方文化的“学术”精神，对于中国现代学术的独立与发展具有重要的意义。

然而，梁启超终究割舍不掉他内心深处的中国文化传统。故在《清代学术概论》的最后，他对于“经世致用之一学派”仍有肯定，指出：

> 其根本观念，传自孔孟，历代多倡导之，而清代之启蒙派晚

① 参见拙文《中国传统文化与中国现代化》，《未定稿》1986 年第 9 期，此文在《人民日报》（海外版）1986 年 8 月 19、20 日分为上、下转载时，恰恰删掉了关于“研究方法”的部分。

> 出派，益扩张其范围……不期而趋集于生计问题。而我国对于生计问题之见地，自先秦诸大哲，其理想皆近于今世所谓“社会主义”。……吾敢言我国之生计社会，实为将来新学说最好之试验场，而我国学者对于此问题，实有最大之发言权，且尤当自觉悟对此问题应负最大之任务。(《清代学术概论》三十三)

梁启超仍把“经世致用”的“生计问题”作为我国“学者”(而非政治家或企业家)“应负最大之任务”。他对于乾嘉“正统派”之学风，实际上并不满意。他所真正欣赏的是清初顾炎武等“实学”家。在《清代学术概论》中，他举出顾炎武的研究方法主要有三：“一曰贵创”“二曰博证”“三曰致用”。(《清代学术概论》四)在几年后写的《中国近三百年学术史》中，他就用顾炎武的“实学”来权衡乾嘉“正统派”之不足。他说：

> 亭林是最尊实验的人，试细读《日知录》中论制度、论风俗各条，便可以看出他许多资料非专从纸片可得。就这一点论，后来的古典考证家只算学得“半个亭林”罢了。①
>
> 要之，亭林在清学界之特别位置，一在开学风……二曰开治学方法……三曰开学术门类……独有生平最注意的经世致用之学，后来因政治环境所压迫，竟没有传人。他的精神一直到晚清才渐渐复活。至于他的感化力所以能历久常新者，不徒在其学术之渊粹，而尤在其人格之崇峻。我深盼研究亭林的人，勿将这一点轻轻看过。②

观此可知，梁启超终究肯定的是将“实事求是”与“学以致用”结合起来的学风，是集“学术之渊粹”与“人格之崇峻”于一身的“整个亭

① 梁启超：《中国近三百年学术史》，中华书局1936年版，第60页。

② 梁启超：《中国近三百年学术史》，第65页。

林”，而非乾嘉“正统派”那样的“半个亭林”。

当我们考虑如何界定“学术”以及如何确立“学术标准”时，梁启超对“学术”看法的复杂性突显了中西文化传统的不同，这是需要我们深入反思、慎重择取的。

二

关于中西文化传统的不同，我近年比较重视张岱年先生在 20 世纪 40 年代写的《文化通诠》以及徐复观先生在 50 年代写的《儒家精神的基本性格及其限定与新生》。

张先生在《文化通诠》中指出文化之要素有五：“一曰正德，二曰利用，三曰厚生，四曰致知，五曰立制。”[①] 我认为，这五要素的概括虽然就文化的普遍性而言，但实亦带有中国文化的特色。《左传》文公七年有云：“正德、利用、厚生，谓之三事。”类似的说法又见于《左传》成公十六年、襄公二十八年，以及《国语·周语下》。“三事”之说历来受到重视，又因其被采入《古文尚书·大禹谟》。张先生说，“三事”之说“实有见于人生要务之大端矣。正德可赅立制，利用可赅致知。故五事可约为三事。”[②] 将“立制”（建立社会政治制度）统括于“正德”之下，又将“致知”（认知事物之理，犹今言“科学”）统括于“利用”（利用自然以发展生产，犹今言“技术”）之下，而且“三事”之中又以“正德”为最高，这鲜明地体现了中国文化的特色。《易传·系辞下》云：“精义入神，以致用也；利用安身，以崇德也。过此以往，未之或知也。”“精义入神”即中国古代之致知，这是为了“致用”；“利用安身”

① 张岱年：《张岱年全集》第 1 卷，河北人民出版社 1996 年版，第 341 页。

② 张岱年：《张岱年全集》第 1 卷，第 341 页。

即发展社会生产与生活（亦即“利用、厚生”），这是为了“崇德”。“过此以往，未之或知也”，可见中国文化是以“崇德”或“正德”为最高的价值。

在文化的诸种要素中，儒家思想把“宗教”也统括在“正德”之下，所谓“圣人以神道设教”，“慎终追远，民德归厚”等等就体现了这一点。但在西方文化（特别是西方中世纪文化）和印度文化中，“宗教”实具有比“正德”更崇高的地位。除此之外，儒家思想把“审美”也统括在“正德”之下，所谓“兴于诗，立于礼，成于乐”，“修辞立其诚”，“文以载道”是也。

徐复观先生在《儒家精神的基本性格及其限定与新生》中将中国文化称为“道德性的人文主义”，此不同于西方的“以智能为基点的人文主义”。[①] 这与中西文化在“轴心时代”（Axial Age，雅斯贝尔斯语）的不同历史机缘很有关系。徐先生说：

> 希腊求知的动机为闲暇中对自然界之惊异而追问究竟，这样便成为其哲学中之宇宙论。由宇宙法则之发展而落实下来便成为科学。中国之学术思想，起源于人生之忧患，此点言之已多，殆成定论。[②]

因中西文化在“轴心时代”的不同历史机缘，从而形成了中西文化不同的“学术”传统。关于西方哲学起源于生活之“闲暇”和对自然界之“惊异”，亚里士多德在其《形而上学》中有明确的论述。这里还应该明确的是，古希腊哲学家之所以有“闲暇”，即他们从事“学术研究的开始，都在人生的必需品以及使人快乐安适的种种事物几乎全都获得了以后”[③]，是因为他们属于当时的贵族阶层。与此不同，中国的先秦诸子属于当时介于贵族与庶民之间的“士”，他们是“四民”（士、农、工、

---

① 徐复观：《中国人文精神之阐扬》，中国广播电视出版社 1996 年版，第 201 页。

② 徐复观：《中国人文精神之阐扬》，第 199 页。

③ ［古希腊］亚里士多德：《形而上学》，商务印书馆 1981 年版，第 5 页。

商）之首，又可通过“干政”而上升为“卿相”（孔子主张“学而优则仕”，“举贤才”，从而开以后“布衣卿相”之局）。他们不是生活在奴隶社会或封建社会的稳定时期，而是生活在“礼崩乐坏”“诸侯力政”“兵革不休”的战乱环境中。因此，他们没有生活之“闲暇”，相反却是周游列国，“席不暇暖”；他们的学说不是起源于对自然界之“惊异”，而是“起源于人生之忧患”。这样也就决定了中国哲学的中心不是本体论或宇宙论，更不是认识论，而是以“为治”和“原善”为宗旨，其“究天人之际”主要是为了“推天道以明人事”。

西方文化的“学术”传统奠基在柏拉图创建的“学园”（academy），在此“学园”中人们“探索哲理只是为想脱出愚蠢，显然，他们为求知而从事学术，并无任何实用的目的”[①]。而中国文化的“学术”传统在夏商周三代乃“学在王官”，如章学诚所说：“古人不著书，古人未尝离事而言理，六经皆先王之政典也。”（《文史通义·易教上》）在春秋以降“道术将为天下裂”之后，“学术下移”，乃有先秦诸子，他们虽然“所从言之异路，有省不省耳”，但“务为治者”一也。战国时期曾有一“学术”中心，即齐国的“稷下学宫”，在此学宫中的“列大夫”虽然可以“不治而议论”，但他们议论的宗旨却正是“为治”。荀子在稷下学宫曾“三为祭酒”，而他治学是最讲“急”“用”的，如其《天论》篇所云：“无用之辩，不急之察，弃而不治。若夫君臣之义，父子之亲，夫妇之别，则日切瑳而不舍也。”

先秦诸子中与“为治”宗旨稍异的有庄子，他身处“昏上乱相”之间，认为“当今之世，仅免刑焉”（《庄子·人间世》），其“独与天地精神往来，而不敖倪于万物，不谴是非，以与世俗处”（《庄子·天下》），这也是为了人生的安顿，而不是为了“求知”。郭沫若先生曾说：“在先秦诸子中最有科学素质的人恐怕就要数”惠施[②]，但惠施之学与较有科学素质的后期墨家之学在秦以后都绝而不传。端木蕻良先生在1992年3

① ［古希腊］亚里士多德：《形而上学》，第5页。

② 郭沫若：《十批判书》，科学出版社1956年版，第235页。

月 3 日《光明日报》上曾发表《近作四首》，其中《答公木》有云：“不趁庄周热，独怜惠施寒。”我在拙著《中国气论探源与发微》（中国社会科学出版社 1990 年版）和拙文《庄子与惠施》（载《道家文化研究》第五辑）中颇有“独怜惠施寒”的意思。

秦以后无论是“独尊儒术”还是“儒道互补”，抑或儒、释、道“三教并举”，显然，这里都没有“为求知而从事学术”的传统。就作为主流的儒家“学术”传统而言，其“学术”都与正德、修身相联系，至明清之际的王夫之仍然如此（参见拙文《学术之正与学者之德》，《社会科学论坛》2005 年第 4 期）。在宋代学术中，我认为能较好地体现“三事”价值取向的是范仲淹和胡瑗在庆历新政时期确立的“明体达用之学”（参见拙文《范仲淹与宋代儒学的复兴》，《哲学研究》2003 年第 10 期）。所谓“明体”即是“正德”，亦相当于“内圣”，它是针对当时的“山林释老之学”以及士人的“功名思苟得”而发；所谓“达用”即是将知识“举而措之天下，能润泽斯民”，它体现了“三事”中的“利用、厚生”，亦相当于“外王”。《宋元学案·安定学案》述胡瑗在苏州、湖州主持郡学：

> 其教人之法，科条纤悉具备，立经义、治事二斋。经义则选择其心性疏通，有器局可任大事者，使之讲明六经；治事则一人各治一事，又兼摄一事，如治民以安其生、讲武以御其寇、堰水以利田、算历以明数是也。

这里的“治事”之学颇有“专科”教育的意涵。中国学术如果循此而发展，或可成为另一种结局。惜乎从庆历新政到熙宁变法，王安石的思想发生“转向”，即从庆历新政的以整饬吏治为首要，以砥砺士风、改革科举、兴办学校、认明经旨、培养人才为本源，兼及军事、经济等领域，转向为熙宁变法的“以理财为方今先急”。在庆历新政与熙宁变法的正反两方面作用下，宋代的道学或理学一方面更加强调“内圣”，严格分辨王霸、义利和理欲；另一方面更加强调“格君心之非”是治世的“大根本”，只有此根本“正”了，然后才可以“讲磨治道，渐次更张”。在道学的思维方式下，“治事”之学逐渐被忽视，其流风所及，至宋元之际已受到周密的批评（见《癸辛杂识》），至明清之际的黄宗羲、顾炎武等又起而矫其弊。顾炎武主张“士当求实学，凡天文、地理、兵农、水火及一代典章之故，不可不熟究”（《亭林余集·三朝纪事阙文序》），由此而欲恢复庆历时期的“治事”之学（参见拙文《庆历新政与熙宁变法》及此文的“补说”，两文载《中州学刊》2004 年第 1 期和 2005 年第 1 期）。

由上可知，中国传统文化的“三事”价值观在其发展中有愈来愈重视“正德”的倾向，文化研究者批评其“泛道德主义”是也。至乾嘉时期，因受政治环境的压迫，“凡学术之触时讳者，不敢相讲习”，于是训诂考据独成其大。乾嘉“正统派”之学风虽然有“为学问而学问”的精神，但凡违背此学风者便谓之“不德”，其“德”与“不德”的意义实比今日所言“学者的职业道德”要更看得严重。清代学术对于天文、地理、兵农、水火等“治事”之学也有所恢复和发展，但大体未离“正德、利用、厚生”的范围。

中国传统文化的“三事”价值观，其最主要的缺陷是没有给“致知”（科学认知）和“立制”（建立政治体制）以相对独立的价值或地位。鸦片战争以后，中西文化相碰撞，至五四新文化运动乃明确地将“科学”（致知）与“民主”（立制）作为“救中国”的两面旗帜。这虽然是被近现代的历史现实所决定，但从文化发展的逻辑上说，从“三事”发展到文化的“五要素”也是中国文化转型的逻辑所必然。“科学”与“民主”并不只是中国人的被动接受，也是中国人的主动选择，它们符合中国文化发展的逻辑。中国人在接受“科学”与“民主”时，又往往将其视为“救中国”的手段，这仍是受了“三事”之说的影响。

张岱年先生在晚年所作《论价值的层次》和《论价值与价值观》等文章中指出：“真、善、美”都不只是“满足人的需要”，而是具有“内在价值”或“最高价值”，它们是“人类在生活上所追求的最高目的”。[①]

① 张岱年：《张岱年全集》第 7 卷，第 33、260 页。

显然，只有将“真”也作为“内在价值”或“最高价值”，而非仅“工具价值”，我们才理解了西方的“学术”或“科学”的真谛。

中国今日的“学术现状堪忧”，如李伯重先生所说，与中国文化缺少“纯学术”的传统有关系。但我认为，还不能简单地归结于此。中国学术现状的种种腐败现象，我看主要还是“功名思苟得”，或如康有为所说“惟利禄之是慕，惟贴括之是学”（李先生文章引梁启超《南海康传》）。这是“官本位”泛滥和“商文化”越界（所谓“学术愈来愈变成牟利的手段”）所产生的结果，它不仅违背了西方的“纯学术”传统，而且也为中国传统的“正德”“致用”学风所不齿。因此，我在《学术之正与学者之德》一文中并不完全反对“正德”“致用”，而是说：“‘学术’本是一崇高的事业，无论其为‘求知’而从事学术，还是为‘致用’（学术的正当之用）而从事学术，既为‘学者’就不应该作‘淫于小道’的‘术人’……学者应该有从事醇正学术的道德自律，而不应该以学术为谋取私利的手段，不应该作违背学术规范的‘喻利之小人’。”

三

从文化的“五要素”看学术的发展，“致知”的“纯学术”应有其内在的价值，而中国传统的“正德、利用、厚生”也仍有其合理性。这种合理性就是抑制“科学技术”被用于反人类的异化。

西方文化自文艺复兴、启蒙运动以来，迅速发展的不仅有“纯学术”，而且“科学”与“技术”的结合也日益成为主流。“科学技术”是一把双刃剑，它可以为人类创造巨大的物质财富，也可能给人类造成生存的危机。如当代德国的诠释学大家伽达默尔所说，在 20 世纪，科学技术的发展和经济的可行性已经变成愈来愈强大的社会力量，“20 世纪是第一个以技术起决定作用的方式重新确立的时代，并且开始使技术知识从掌握自然力量扩转为掌握社会生活”，“所有这一切都是我们文明成熟的标志，或者也可以说，是我们文明危机的标志”。因此，他主张要建立一种“以重新恢复实践智慧或实践理性为核心的人文科学模式”。①

与伽达默尔的“实践诠释学”思想相似，在我国十几年前就曾流传着一句出自诺贝尔奖获得者的话：“人类要生存下去，就必须回到 25 个世纪以前，去汲取孔子的智慧。”这句话的出处曾经受到怀疑，但后来终被一位“传统文化爱好者”查证落实，它出自 1988 年 1 月 24 日澳大利亚《堪培拉时报》发自巴黎的一篇报道，题目即为《诺贝尔奖获得者说要汲取孔子的智慧》，直接说此话者是瑞典的汉内斯·阿尔文博士（Dr. Hannes Alfven，1970 年诺贝尔物理学奖获得者）。这篇报道还介绍：“阿尔文博士一直致力于空间研究，他的工作无意中成为‘星球大战’的序曲。他觉得，各国的国防部应当改名为‘大批杀伤平民部’。”由此可以看出，他所说的要汲取“孔子的智慧”主要是针对“科学技术”被用于反人类的异化。

当诺贝尔奖获得者说要汲取“孔子的智慧”，这句话被查证落实后，我对它的解读是尽量避免让有些人觉得“用洋人的话来夸自己”。我认为，所谓“孔子的智慧”就是“道德性的人文主义”的智慧，这种智慧与伽达默尔所要恢复的“实践智慧或实践理性”是相通的（参见拙文《孔子智慧与实践智慧》，《寻根》2003 年第 6 期）。在亚里士多德的学科分类中，除了纯粹科学（形而上学和物理学等）和应用科学（即技术）外，还有“实践智慧”即当时的伦理学和政治学。他说：

> 德性分为两类：一类是理智的，一类是伦理的。②
>
> 政治学让其余的科学为自己服务。……它自身的目的含蕴着其他科学的目的。所以，人自身的善也就是政治科学的目的。③

---

① 洪汉鼎：《诠释学——它的历史和当代发展》，人民出版社 2001 年版，第 326—331 页。

② ［古希腊］亚里士多德：《尼各马科伦理学》，中国人民大学出版社 2003 年版，第 25 页。

③ ［古希腊］亚里士多德：《尼各马科伦理学》，第 2 页。

> 这门科学的目的不是知识而是实践。[①]
>
> 一切科学和技术都以善为目的，所有之中最主要的科学尤其如此，政治学即是最主要的科学，政治上的善即是公正，也就是全体公民的共同利益。[②]

从亚里士多德对“实践智慧”的论述，可见其与中国传统的“三事”之说是相通的。这样一种“智慧”在西方的中世纪神学文化和近现代科技文化中没有得到传承，故伽达默尔主张恢复它的权威，建立一种以它为核心的人文科学模式。

中国的“三事”之说历来受到重视，但没有给予“致知”与“立制”以相对独立的价值，也是其主要的缺陷。当诺贝尔奖获得者说要汲取“孔子的智慧”、伽达默尔说要恢复亚里士多德的“实践智慧”时，我认为仍应承认“致知”的“纯学术”有其内在的价值，但学术不必都是“纯学术”，它可以为求真，也可以由真而达善，它可以“学以致用”，但其“学”必须首先是“真”，其“用”必须用于“善”的目的，而不能用于谋取私利，更不能用于反人类。

范仲淹在《四民诗》(《范文正公集》卷一）中既批评当时的士人“功名思苟得”，又批评当时做官的人“仕者浮于职”。我看中国今日学术界的腐败现象也主要是由这两方面造成的。反对学术腐败，一是要树立学术的标准为“真”，二是要树立学术的正当之用为“善”。正派的学者应谨守学术职业的道德自律，不要“功名思苟得”，不要作“喻利之小人”；而对学术研究的管理、对学术评价标准的制定，也不要“行政化”“数量化”，不要把官场和商场的作风带到学术界来。

（原载《社会科学论坛》2005 年第 7 期）

---

① ［古希腊］亚里士多德：《尼各马科伦理学》，第 3—4 页。

② ［古希腊］亚里士多德：《政治学》，第 95 页。

中国哲学研究 40 年

在改革开放的 40 年中，中国哲学研究伴随着时代前进的脚步，不仅在学术上取得了巨大的进展，而且它作为中国文化研究的一个重要组成部分，也为实现中华民族和中国文化的伟大复兴而承担着时代的使命。当然，这其中也存在着一些需要继续研究和讨论的问题。以下从五个方面对中国哲学研究 40 年作一简要的述评。

一　人的解放与思想解放

在改革开放以前的历次政治运动中，研究中国哲学的许多学者都受到不同程度的打击、伤害和束缚。比较典型的如张岱年先生，他在 1957 年就被打成“右派”，以致二十年间不能从事教学与科研。在“文革”结束以后，张先生在政治上得到解放，虽已七十高龄仍焕发了学术青春。他不仅重新走上讲台，培养了多名优秀的中国哲学专业硕士生和博士生，而且出版发表了《中国哲学史史料学》《中国哲学史方法论发凡》《中国伦理思想研究》《中国古典哲学概念范畴要论》等新著和学术论文，他在 20 世纪三四十年代著成的《中国哲学大纲》《天人五论》等等也得以出版问世。在全国性的中国哲学史学会成立后，张先生连任多届会长，为引领和推动中国哲学研究作出了重要贡献。不仅张先生如此，而且中国哲学研究领域的许多名家，他们的学术生涯虽然始于 20 世纪五六十年代，但他们都认为自己真正“独立思考”“实事求是”地从事中国哲学研究是从改革开放以后开始的。

1977 年恢复高考，以后有历届哲学系的本科生、硕士生和博士生学成毕业。最初几届的学生是经“文革”时期的十年辍学，从农村、工厂而幸运地通过高考进入大学的。恢复高考改变了他们的命运，而其中的许多学者已经是当前中国哲学研究的学科带头人和中坚力量。

人的解放必然带来思想的解放。“文革”结束以后的拨乱反正、思想解放，使中国哲学研究挣脱了以前被作为政治斗争工具的枷锁，这首先开始了对中国哲学史上的一些代表性人物和重要思想进行重新评价。如重新评价孔子思想和儒家学说，庞朴先生在 1978 年发表《孔子思想再评价》，1980 年又发表《“中庸”平议》；李泽厚先生在 1980 年也发表《孔子再评价》等等。这些“再评价”从学术的立场，终止了给中国哲学史上的一些思想家随意扣上“政治反动”的帽子，作者们的一些新视角、新观点、新话语也为以后的中国哲学研究开启了新的广阔道路。

二　突破“两个对子”注重研究中国哲学的特色

自 20 世纪 50 年代以来，受苏联日丹诺夫对哲学史定义的影响，所谓“两个对子”，即唯物与唯心的斗争、辩证法与形而上学的斗争，成为中国哲学研究中一个最具权威性和普遍性的教条。凡对一位思想家和一个哲学流派的研究，都要被打上或唯物或唯心，或辩证法或形而上学的标签。而且这种标签又与“哲学的党性”相联系，所以还要对历史上的哲学家和哲学流派作阶级分析，打上或进步或保守或反动的标签。

改革开放以后，中国哲学研究逐渐突破了“两个对子”以及对历史上的哲学家和哲学流派进行阶级分析的教条。如对老子哲学思想是属于唯物还是唯心的评判，对老子、孔子是否属于奴隶主阶级思想家的评判，一些研究者以前曾反复作出不同的评判，使人莫得其衷，而这种标签式的研究在改革开放以后逐渐被新的研究范式所取代了。

新的研究范式注重对哲学思想的理论分析，特别是注重对中国哲学特色的研究，从而使中国哲学史研究从简单地服务于政治、只是为了论证马克思主义哲学的正确性而回归到自身的思想理论特色和民族风格。

20 世纪 80 年代较多地注重对中国哲学概念范畴的研究，这是因为黑格尔在《哲学史讲演录》中曾指出：“既然文化上的区别一般地基于思想范畴的区别，则哲学上的区别更是基于思想范畴的区别。”[①]在这方面相继发表和出版了多篇重要论文和多部重要著作，如汤一介先生在 1981 年发表《论中国传统哲学范畴体系的诸问题》，张岱年先生在 1989 年出版《中国古典哲学概念范畴要论》，张立文先生主编的“中国哲学范畴精粹丛书”在 1989 年以后相继出版《道》《理》《气》《心》《知》等等。在对中国哲学的断代史研究中，也有蒙培元先生在 1989 年出版的《理学范畴系统》等等。

受张岱年先生《中国哲学大纲》的影响，学界也重视对中国哲学固有问题的研究。在这方面较系统性的成果，如方立天先生在 1990 年出版了《中国古代哲学问题发展史》。而对中国哲学某一专题的研究则成果众多，如赵馥洁先生在 1991 年出版《中国传统哲学价值论》，方克立先生在 1997 年出版《中国哲学史上的知行观》，刘文英先生在 2000

① ［德］黑格尔：《哲学史讲演录》第 1 卷，商务印书馆 1983 年版，第 47 页。

年出版《中国古代的时空观念》，冯达文先生在2001年出版《中国哲学的本源—本体论》。这种专题性的研究蔚然成风，乃至相继有对中国哲学的认识论、性情论、工夫论、境界论和历史观等等研究成果的问世。

随着对中国哲学概念范畴研究的深入，一些从事中西哲学比较的学者又认识到中国哲学的主要特点并不在特殊的概念范畴，而是更表现在具有原创性的意象思维，从而在中国哲学研究中引入了意象性和现象学方法等等。如王树人先生在1997年出版《传统智慧再发现》，继而在2005年出版《回归原创之思——“象思维”视野下的中国智慧》，从美国学成归来、对现代西方哲学的存在主义和现象学有深邃理解的张祥龙先生也在2001年出版《从现象学到孔夫子》，继而在2008年又出版《中华古学与现象学》，等等。

自近代以来的中国哲学研究，本来就深受西方哲学研究的影响。随着西方哲学的发展，它也不断为中国哲学研究提供了新的观照视角和方法论启示。在20世纪三四十年代，中国哲学研究较多受到西方哲学逻辑分析方法的影响，而在80年代以后则逐渐增加了西方哲学存在主义、现象学、诠释学乃至后现代主义的身体观等等的影响。这种影响为中国哲学研究提供了一种从“他者”的镜像来反观自身的借鉴比较，一方面反映了中西哲学的相通性，另一方面也使中国哲学研究逐渐加深了对自身特点的认识。如关于中国传统哲学中概念范畴与意象思维的关系，后者显然更加贴近于中国文化的象形文字、卦象数术、诗意表达和“书不尽言，言不尽意”的特点。对意象思维的重视，弥补了概念范畴研究的不足。当然，如果只有意象而没有概念范畴，那也称不上是中国哲学。如何恰当地处理概念范畴与意象思维的关系，这在不同的研究者中会有不同的侧重，可以各自发挥所长。而在中国哲学研究中如何认识概念范畴与意象思维乃至直觉体证的互补，也将是一个长期讨论的问题。

三　中西哲学比较与中国哲学“合法性”问题

中国古无“哲学”之名，也就没有“哲学”这样一个与其他学科界限分明的学科。“哲学”译名出自日本启蒙学者西周，他在1874年出版的《百一新论》中说:“将论明天道人道，兼立教法的philosophy译名为哲学。”自“哲学”译名的成立，“philosophy”或“哲学”就已有了东西方文化交融互鉴的性质。

“哲学”译名在1895年出现在中文著作黄遵宪的《日本国志》和郑观应的《盛世危言》(十四卷修订本)中，它在当时的直接意义是要学习西方以及日本的近现代教育学科体制，而深层意义则是提供了一种不同于经学的思维方式，要为当时的教育制度和政治制度的改革提供合法性依据。自“哲学”译名输入后，中国学人就开始了对“哲学”和“中国哲学”的研究，有识者如王国维指出“哲学为中国固有之学”，而对中国固有哲学的研究也一直是在与西方哲学的参照比较中进行的。胡适在五四新文化运动时期出版的《中国哲学史大纲》(上册)，冯友兰先生在30年代前期出版的《中国哲学史》(上、下册)，都不同程度地参照了西方哲学，而金岳霖先生在对冯著的“审查报告”中就提出了“中国哲学史”这一名称的困难，即它是“中国哲学的史”呢？还是“在中国的哲学史”呢？金先生所提出的问题，实际上是突出了如何写出中国哲学特色的问题，所谓“中国哲学的史”就是有中国哲学特色的史，所谓“在中国的哲学史”就是把西方哲学视为“普遍哲学”，所写的是这个“普遍哲学”在中国的史。

为了解决“中国哲学史”名称的困难，张岱年先生在30年代中期写成《中国哲学大纲》(又名“中国哲学问题史”)，其“序论”首列“哲学与中国哲学”一节，指出“对于哲学一词的看法”可分为两种，第一种是以西方哲学为“唯一的哲学范型”，凡与西方哲学不同者“即是另一种学问而非哲学”；第二种是“将哲学看作一个类称”，西方哲学只是此类的一个“特例”，而中国古代关于宇宙、人生的思想即使“在根本态度上”与西方不同，也仍可“名为哲学”。[①] 张先生对哲学的“类称”与“特例”的说法，也就是哲学的普遍性与特殊性的关系问题。张先生强调他所讲的“中国哲学问题”，不是“把欧洲的哲学问题当作普通的哲学问题”，而是讲中国哲学固有的问题，他由此强调了中国哲学有“一天人”“同真善”“合知行”等主要特色。金岳霖先生在 40 年代用英文发表了《中国哲学》一文，指出中国哲学有“逻辑和认识论的意识不发达”“天人合一”“哲学与伦理、政治合一”“哲学家与他的哲学合一”等特点，金先生实已不再认为“中国哲学史”有名称的困难。

在改革开放以后，中西哲学的比较研究受到重视，在西方哲学史上一些与中国哲学有较密切关系的哲学家，如莱布尼茨、罗素等等，他们论述中国哲学的一些史料文献也引起学界的兴趣，并有较深入的研究。然而，伴随着对中国哲学自身特点的强调，以及对“中国哲学”研究范式在文化研究中带有局限性的认识，使中国学界在进入 21 世纪时发生了一场关于“中国哲学合法性”的讨论，参与这场讨论的既有“中国哲学”学科之外的学者（如一些研究中国思想史和文化史的学者），也有“中国哲学”学科之内的学者。当然，也有相当一部分学者对此不屑一顾，认为这是一个“伪问题”，因为“中国哲学”早已是个事实的存在，其“合法性”是不容置疑的。

对中国哲学之“合法性”的批评，主要是针对中国哲学研究是以西方哲学之“规矩”来套中国哲学之“方圆”，也就是针对“以西释中”或所谓“汉话胡说”的问题。这些学者主张“自己讲”“讲自己”，实际上是拒绝了西方哲学的参照，而要回归中国文化自身的“学术”。然而，近代以来的中国“学术史”或“思想史”研究，也并不是土生土长的，

---

① 张岱年:《中国哲学大纲》，中国社会科学出版社 1982 年版，“序论”第 2 页。

而是也不同程度地受到西方文化的影响。尽管以往的中国哲学研究范式有局限或缺陷，但如果认为以往的中国哲学研究都是“以西释中”或“汉话胡说”，都是“照着”或“接着”西方哲学讲，那也显然不符合事实，存在着对以往的研究成果不熟悉或不够尊重的问题。

在对中国哲学“合法性”的批评中，有一种论调是反对西方话语的“霸权”。然而，如果认为只有西方文化才有“哲学”，那也恰恰是屈服于西方的“哲学”话语“霸权”。其实，“哲学”在西方文化中也是多意的，它曾经历了从重视本体论到重视认识论，再到重视价值观、伦理学的转向，这里不存在以哪个阶段、哪一种哲学为“唯一哲学范型”的问题。当西方后现代主义思想家德里达访问中国时，他说中国没有“哲学”只有“思想”，这似乎是为“中国哲学合法性”的讨论添了一把火，但细检其说，他实际上认为只有古希腊的“逻各斯”学说才是“哲学”，其余的只是“思想”而不是“哲学”。以此为判据，说中国只有“思想”而没有“哲学”，也不足怪。但这又回到张岱年先生所说对“哲学”一词的两种不同看法问题：如果你把西方的某一种哲学视为“唯一的哲学范型”，那么中国当然就没有“哲学”；如果你把“哲学”作为一个“类称”，那么中、西哲学就都是其中的“特例”。

如前所述，“哲学”是对“philosophy”的翻译，西周说“将论明天道人道，兼立教法的 philosophy 译名为哲学”。这里的“哲”字源出《尚书・皋陶谟》的“知人则哲”，是“智”或“大智”的意思。孔子在临终时慨叹而歌：“泰山坏乎！梁柱摧乎！哲人萎乎！”（《史记・孔子世家》）这里的“哲”和“哲人”有与西方哲学相通处，当然也有中国文化的特点。中国哲学所讲的“天道人道”，即关于宇宙、人生的根本道理，也与西方哲学有相通处，当然也有中国文化的特点。如果否认了“哲学”是个东西方文化相通的“类名”，亦即否认了哲学的普遍性，那么极而言之，世界上也就只有“philosophy”而没有“哲学”这个译名。

当“中国哲学”学科之外的学者批评中国哲学的“合法性”时，他们可以更多地发挥本学科的长处。而当“中国哲学”学科之内的学者否认中国哲学的“合法性”时，他们的主要意图是拒绝西方哲学的参照，但这带来的一个问题是：他们如何避免使用西学东渐以来引入的一些新词汇、新概念？而且，他们又应如何评价宋明理学也曾吸取容纳了一些来自佛教的新词汇、新概念？如果固守只是“自己讲”“讲自己”，那么是否要回到宋代以前的“经学史”或“子学史”？实际上，这是不可能的。

对“中国哲学合法性”问题的解决，最终还是要正确认识哲学的普遍性与特殊性的关系。如果否认了“哲学”的普遍性，那也就没有了“哲学”这个类称，甚至“哲学”这个译名也难以成立。而这场讨论的积极意义则在于，推动了研究者更加深入地探讨中国哲学的特色及其与西方哲学的异同关系，要正确认识和处理中国哲学研究与其他人文学科研究的互补问题，及其与中国传统的经学研究、子学研究乃至广义的中国文化研究或国学研究的关系问题。

四　中国哲学研究与“文化热”“国学热”“儒学热”“经学热”

改革开放以后，在 80 年代兴起“文化热”，90 年代以后又有“国学热”“儒学热”“经学热”等等。中国哲学研究的进展是与这几种“热”密切相关的，而且它在其中也发挥了重要的推动和引导的作用。

80 年代兴起的“文化热”，其背景是对“文革”时期文化专制的反思，其主旨是探讨中国传统文化与中国现代化的关系问题。而在对“文革”时期文化专制的反思中，出现了两种倾向。一种是反思“文革”时期把传统文化都打入了“四旧”或“封资修”的一部分，全部予以否定，只是在“文革”后期才把“法家”学说作为“批林批孔”政治斗争的一种工具，因此，若要实现对“文革”时期的拨乱反正，就要实事求是地重新认识和评价传统文化的价值，肯定传统文化与中国的现代化是可以协调并进的。另一种倾向是反思“文革”时期的文化专制是复活了中国传统的“封建主义”，因此，中国若要实现现代化，就必须要有文化的启蒙，批判“封建主义”。这两种反思本来是不矛盾的，但在与社会现实相联系的实际操作中则大致形成了对传统文化基本肯定和基本否定的两种不同观点。从社会思潮来说，似乎后一种观点占了上风；而从学术研究来说，前一种观点则在学界占了主流地位。从学风上说，后一种观点更带有康梁学派的“以经术求致用”的特点，而前一种观点则力求把乾嘉学派的“实事求是”与康梁学派的“学以致用”结合起来。中国哲学研究在80年代的“文化热”中基本倾向于前一种观点，而其注重对文献史料和思想观念的分析论证，使其避免了走向对传统文化“全盘肯定”和“全盘否定”的两个极端。80年代中期作为一个标志性事件的创办“中国文化书院”，其大部分导师是研究中国哲学的大家，其组织者和学员也是以中国哲学专业的为主，这代表了中国哲学研究在当时的“文化热”中所起的重要作用。

90年代以后兴起的“国学热”“儒学热”“经学热”等等，都是80年代“文化热”的延续和发展。当“文化热”的激荡在90年代消沉之后，对社会现实的关注遂转向了“学术”的沉潜，而对“中国学术”的研究进而为“国学”的研究。当“文化热”兴起时，它曾得到社会和学界的普遍关注；而当“国学热”兴起时，则对“国学”概念本身就产生了争论。对“国学”概念的批评，主要集中在两点：一是认为“国学”作为一个学科有点儿不伦不类，二是认为“国学”是文化保守的观念。其实，近现代意义的“国学”（不同于中国古代相对于“乡学”而言的“国学”），与“哲学”译名一样，都是在甲午战争之后从日本输入中国的。此后，它就是指与“西学”（或外来学术）相对而言的“中国固有之学”。国学研究与中国文化研究一样，在现代学科体制中应属于跨学科研究。从梁启超和国粹派较早使用“国学”概念看，他们一方面肯定“国学”的价值，另一方面主张东西方两大文明“结婚”，以产生一个新的“宁馨儿”，所以“国学”并不是完全保守的概念。自90年代以来围绕“国学”概念的争论，实际上还是学人对中国传统文化有不同认识和评价的反映。“国学”的性质不仅是学术性的，而且是学术普及性的。在一些高校中成立了“国学院”等研究机构，在民间社会也以书院、会讲、读经班等形式，适应了社会大众对国学知识和养德修身的需求。在各高校成立的国学研究机构中，研究中国哲学的学者占了较大的成分。中国哲学研究与国学研究的结合已是一个明显的趋势，而如何处理好二者的关系，在不同的研究者中会有不同的侧重。国学研究可以弥补中国哲学研究在本学科领域的局限性，而国学的普及性也为中国哲学研究增加了活力和社会责任感。

在国学的儒、释、道三教格局中儒学处于主流的地位，在国学的“四部”分类中经学处于统率的地位。因此，在“国学热”中必然会出现“儒学热”“经学热”。对儒家哲学的研究一直是中国哲学研究中的重点，“儒学热”毫无疑问也为儒家哲学的研究增加了热度、提高了层次。而“经学”自五四新文化运动以来一直受到批判，即便是比较温和的一个看法也是认为“‘经学’退出了历史舞台，但‘经学史’的研究却急待开展”，研究“经学史”起初是要“由了解‘经学’而否定‘经学’”，后来则又有“要批判和继承经学的文化遗产”之说。改革开放以后，对“经学”进行了重新评价，“六经”作为“先王之政典”，实际上是孔子“祖述尧舜，宪章文武”，以继承和发展中国上古文化优秀传统的文献集成，因此，“六经”又被视为中国文化的“根”与“魂”。汉代以后，由于汉武帝的“罢黜百家，表章六经”，遂使经学占据了中国文化的统帅地位。就像中国古代的子学、史学和文学等等是在经学的统帅之下一样，汉代以后的中国哲学史也是在经学的统帅之下发展的，冯友兰先生在其《中国哲学史》中把汉代以后的哲学史称为“经学时代”，这并不是虚说。

将中国哲学研究与经学研究密切结合起来的一个典范，是朱伯崑先生的《易学哲学史》（四册）。此书研究了《周易》之经、传的起源、传承和历代易学哲学的发展，充分展示了易学哲学在中国历代哲学发展中所占有的主导地位。汤一介先生、余敦康先生等则从诠释学的角度研究易学思想的发展，由此扩展为对经学、玄学和宋明理学的诠释学研究，遂使诠释学结合经学的考据训诂，成为内在于中国哲学研究的一个重要方法。姜广辉先生主编的《中国经学思想史》，既是经学史的研究，又注重对历代经学思想的研究，实亦是将经学研究与思想史或哲学史研究结合起来的一种形态。在对宋明理学的研究中，以往只是研究其“理、气、心、性”的哲学体系还是有局限性的，后来纳入了对宋明时期“四书学”的研究，将宋明理学与经学统一起来则更为符合思想文化发展的实际。

在“文化热”“国学热”“儒学热”“经学热”中，都内在地包含着中西文化、中西哲学的比较研究，以及中国文化、中国哲学的近现代转型问题。在“儒学热”“经学热”中还内在地包含着儒学、经学与子学、史学、佛教、道教等等的关系问题，当然更重要的还有与当代中国马克思主义的关系问题。然而，在近些年的“儒学热”“经学热”中也出现了企图恢复儒学的“独尊”地位的偏颇观点，主张“以儒学解释中国，以儒学解释世界”，“以儒教立国”，“回到经学去”等等。这种观点把儒学绝对化，夸大了儒学在当代的地位和作用，对中国社会的“古今之变”，对中国文化的“变”与“常”、“异”与“同”等等都弃之不顾，这必然受到一些学者的批评。“回到经学去”的主张与对中国哲学“合法性”的质疑和否定联系在一起，无视“哲学为中国固有之学”，也无视“哲学”这个学科在中国近现代以其“独立之精神，自由之思想”，对于破除经学的“权威真理”思维方式所起的思想解放作用。而这也从反面突出了哲学在“文化热”“国学热”“儒学热”“经学热”中所能起到的注重理论分析、兼综东西文化之优长的引导作用。

五　中国哲学的“照着讲”与“接着讲”

冯友兰先生在《新理学》一书的“绪论”中提出哲学研究有两种形式，即哲学史研究主要是“照着讲”，而哲学理论创新主要是“接着讲”。在1949年之前，几位研究中国哲学的大家，既有中国哲学史的著作，也有哲学理论创新的著作，如冯友兰先生既有《中国哲学史》也有《贞元六书》，张岱年先生既有《中国哲学大纲》也有《天人五论》，他们因此被称为“哲学家和哲学史家”。但是在1949年之后，中国哲学研究在学科的命名上就已只是中国哲学“史”的研究，而哲学理论或“哲学原理”就只是指马克思主义哲学。在改革开放的数年之后，“中国哲学史”和“西方哲学史”在学科的命名上去掉了“史”字，这意味着中国哲学研究和西方哲学研究已经不仅是哲学史的研究，而且也可以是中、西哲学的理论创新研究了。

较早作出表率的是，冯契先生在80年代提出“哲学是哲学史的总结，而哲学史是哲学的展开”[①]，他陆续出版了《中国古代哲学的逻辑发展》和《中国近代哲学的革命进程》两部哲学史著作，他在给友人的信中直抒胸怀：“我不满足于只做个哲学史家。如果天假以年，还是想把‘论真善美’一书写出来。”此后，冯契先生写成了哲学理论的《智慧说三篇》（即《认识世界和认识自己》《逻辑思维的辩证法》《人的自由和真善美》），使他名副其实地不仅是哲学史家而且是哲学家。

改革开放以后，对现代新儒学的研究也蔚然成风。梁漱溟、熊十力、冯友兰、贺麟等第一代新儒家的理论成果受到重视，身居港台和海

---

① 冯契：《认识世界与认识自己》，华东师范大学出版社1996年版，第21页。

外的牟宗三、唐君毅、徐复观、方东美、杜维明、成中英、刘述先等第二代和第三代新儒家的思想也对大陆学界产生了深远影响。这些现代新儒家的著作大多具有“哲学史”和“哲学理论”紧密结合的特点，他们的这种学风也推动了大陆的中国哲学研究把“照着讲”与“接着讲”结合起来。

在进入新世纪以后，尤其是近十年来的中国哲学研究已愈来愈多地呈现出“史”的研究和“论”的研究两种形式，“史”的研究是“照着讲”的基础性研究，而“论”的研究则是“接着讲”的哲学理论创新。

在“照着讲”方面，中国哲学研究延续了对中国传统哲学史的研究，这方面的研究成果也最为丰硕。这包括了对中国哲学发展的各个历史阶段、各个学派、各个代表人物及其后学、中国哲学的问题分支研究等等。先秦哲学，两汉经学，魏晋玄学，南北朝以后的儒、释、道三教的哲学，宋代以后的理学和心学等等，都已有丰赡的研究新成果问世，其研究的深度、广度、新颖和厚重都已超迈前贤。近年来，对孔、孟、荀、老、庄、董仲舒、朱熹、王阳明等中国重要思想家的研究都一直在升温，并不断产生新成果。对中国哲学的本体—宇宙论、天人观、人性论、价值观、工夫论、历史观和政治哲学等等，也有深化的、开拓性的研究进展。在对中国哲学的断代史研究、学派研究、代表人物研究和问题分支研究的基础上，对中国哲学的通史研究也有多部新著问世，这些新著各有自己的特点，反映了中国哲学史研究在宏观整体上的新境界和在学科教材建设上的新成就。

在 1993 年湖北荆门郭店楚墓竹简出土之后，由于这批出土文献的特殊性，研究中国哲学的学者空前地参与到对出土简帛的研究中。继之又有上海博物馆藏战国竹简，以及清华简、北大简等等的整理出版，更使对出土简帛的研究持续成为热点。王国维曾说：“古来新学问起，大都由于新发见。”① 近年来出土的竹简以及以前在马王堆出土的帛书，的确是中国哲学文献史料的重大发现，将这些出土文献的新材料与传世文

① 王国维：《王国维文集》第 4 卷，中国文史出版社 1997 年版，第 33 页。

献相互参证，即王国维所推崇的“二重证据法”，由此进行研究则必然会产生新学问。对“孔孟之间”儒学发展的研究，对《老子》早期版本以及《太一生水》和《恒先》的研究，的确使先秦时期儒、道两家哲学的研究换了新颜。一些学者把对出土文献的研究与以前的中国哲学史研究结合起来，使儒、道两家哲学的思想内容和发展脉络都产生了新的研究成果，若谓之“重写”哲学史似也不为过。

在“接着讲”方面，中国哲学研究的理论创新在近些年已经进入了一个空前活跃的阶段。有学者提出“该中国哲学登场了”，牟钟鉴先生的《新仁学构想——爱的追寻》、陈来先生的《仁学本体论》，以及“新道家”“和合学”“和生学”“情感儒学”“生活儒学”“民主儒学”“自由儒学”“社会儒学”“乡村儒学”“企业儒学”等等，与中国港台新儒家“心性儒学”相对而言的“政治儒学”“新康有为主义”等等，已经纷纷登场，虽然理论面向的形态不一，社会评价的褒贬各异，有的也引起一些争议，但中国哲学的理论创新和思想体系建构正方兴未艾，“旧学商量加邃密，新知培养转深沉”，冯友兰先生临终所说“中国哲学将来一定会大放光彩”正在逐步成为现实。

伴随着改革开放的进程，中国综合国力的增长，中国哲学的魅力和光彩也正在向世界展开。值此第 24 届世界哲学大会在中国北京召开之际，中外哲学的交流互鉴也将进入一个新的阶段。中国哲学的“走出去”与“请进来”，不忘本来、吸收外来、开创未来，中国哲学的综合创新将日益展现光辉灿烂的前景。

（原载《中国哲学年鉴 · 2018》，哲学研究杂志社 2018 年版）

后　记

这部《现代中国哲学研究论集》是应几位同事学友的提议而编选的，并被收入了“经史传统与中国哲学文库”。

昔王充有谓“夫知古不知今，谓之陆沉”，“夫知今不知古，谓之盲瞽”。（《论衡·谢短》）我曾多次引用这两句话，并常以“通古今之变”（司马迁《报任少卿书》）而自励。但实际上，我的学问主要还是研究中国古代哲学史，而对于中国近现代哲学，我虽好之，但常感学力不足也。

我受学也晚，曾谓“吾十有五而困于文革，三十而有志于学”。所谓“三十而有志于学”，就是在我从北大哲学系的本科生考入中国哲学史专业的研究生之后，才确立了我一生从事中国哲学研究的职志。在读研究生期间，受到各位老师的教诲，在朱伯崑先生的指导下完成了硕士学位论文《先秦气论的产生和发展》，因为论文是有关气论研究的，所以我从张岱年先生处受教益颇多。

在研究生毕业之后，我被分配到中国社会科学杂志社工作，因为没有续读博士学位，故常有未能“卒业”之感。亦因此，我是本着继续受教育的心态，对北大几位先生的著述成果和学术活动格外关注。1992年《社会科学战线》杂志向张岱年先生约写一篇介绍他学术生涯的文章，张先生嘱我来写。我以完成老师所布置“作业”的心态，写成了《默而好深湛之思　诚而创综合之论——张岱年学术生涯录》。当时，张先生的早期论著《真与善的探索》和《张岱年文集》第 1 卷已经出版，在研读这两部著作的过程中，我很认同张先生早年的许多哲学思想，并认为这些思想与张先生晚年的思想是相贯通的，加之结合我当时从事哲学编辑工作中遇到的一些问题，遂写了《并非“陈迹”——张岱年先生早期哲学思想的今日启示》一文。此文受到张先生的重视并给予高度肯定，这给我很大的鼓励。此后，关于介绍和阐发张先生思想的文章，以及对冯友兰先生的“旧邦新命”说和《中国哲学史》著作的评述，对张申府先生“大客观”思想的研究，还有我研读朱伯崑先生《易学哲学史》的一些体会等等，大多是应纪念他们的学术研讨会之约而撰写的。这些论文带有我本人从学受教的学思历程的特点，在论域上当然有局限，但这确实构成了我对中国现代哲学认识的一个主导方面。

自 20 世纪 80 年代中期以来，学界对现代新儒家的研究蔚为大观。我对此虽然重视，但因我对张岱年先生的“一本多级”之论十分肯定，故对牟宗三先生的“一心开二门”之说不能认同，当 1993 年国际中国哲学会在北京召开之际，我遂撰写了《“一心二门”与“一本多级”》一文，对牟、张思想的分歧作了分析。以后，我随缘而对唐君毅先生、成中英先生和杜维明先生的思想有片断的研究。在现代新儒家中，我对徐复观先生的一些思想，尤其是他把中国文化归于“道德性的人文主义”十分赞成，但这散见于我的几篇论文，而没有专论，故没有收入这部论集。

在 80 年代的“文化热”和 90 年代的“国学热”中，如何认识和处理中国传统文化与五四新文化运动的关系，一直是一个重要的问题，这也一直是我主张“通古今之变”的一个关键。我读过“五四”时期的一些重要文献，当世纪之交时写成两篇评论性的文章，一篇是《五四运动与文化转型》，另一篇是《儒学传统与五四传统》。这两篇文章虽然是二十年前的旧作，论证或有缺欠，表述或有不确切之处，但大致表明了我在传统与现代关系的问题上一贯的致思取向。

后面有两篇是我讨论学风、学术规范和学者道德的文章，即《学术之正与学者之德——读书札记两则》和《不必都是“纯学术”》。在听张岱年先生的“中国哲学史史料学”课程时，张先生推荐读梁启超的《清代学术概论》，这本书主要讲了乾嘉学派的“实事求是”学风和康梁学派的“学以致用”学风。我由此而认为“实事求是”应是学者的职业道德，在80年代的“文化热”中我又主张把“实事求是”与“学以致用”结合起来，做到不诬古人，不误今人与后人。我常以此自律，并认为这在认识和处理传统与现代的关系中尤为重要。

最后是我在2018年应学友之约而写的《中国哲学研究40年》。我辈学人是在改革开放的40多年中成长起来的，回顾中国哲学研究在这40多年发展的历程，可以更明确这个学科今后发展的方向，对于我个人来说也是一种鞭策和激励。

总之，这部论集带有我本人从学受教的学思历程的特点，在论域上有局限，且其大多是有感随缘而发，故谈不上有系统。这次结集并被收入“经史传统与中国哲学文库”，我要向几位同事学友表示感谢，并希望得到读者的批评指正。

2021年7月